詳説

中国GDP統計

MPSからSNAへ

許 憲春——著

作間逸雄——監修　李 潔——訳者代表

新曜社

許憲春
中国国民経済核算与宏観経済問題研究
(Research on Problems of Chinese Economic Accounting
and Macro-economic Issues)
Copyright ©2003 by 中国統計出版社 China Statistics Press
All Rights Reserved.
Japanese translation published by arrangement with China Statistics Press.

(本訳書は，中国統計出版社との合意に基づき，第1, 3, 5, 6, 7, 9—15, 19, 20章を訳出したものである。さらに「中国服務業統計的現状及其改革与発展」『統計研究』2004年第1期，「関与経済普査年度ＧＤＰ核算的変化関於」『経済研究』2006年第2期を全訳し，それぞれ第15章，第16章として所収した。）

日本語版への序文

　本書は，基本的に私の著書『中国国民経済核算与宏観経済問題研究』の日本語版である。
　中国経済の急成長と経済力の増大にともない，中国経済の成長を反映する国民経済計算および統計データの品質，その中でも特に国内総生産（GDP）の推計とその数値データの品質に，国内外の経済学者からの関心がますます高まり，一部の経済学者はこれら統計データの品質に疑問を呈してきた。そのため，中国の国民経済計算，その中でも，GDP推計の進展，現在採用している主なデータソースや推計方法を客観的に紹介し，事実に基づき存在する問題点を明示することによって，国内外に実際の状況を正確に把握してもらうことが，とりわけ重要で現実的な意味があると考えている。著書『中国国民経済核算与宏観経済問題研究』はこのことを目的とし，1999-2003年の研究成果を一部加筆修正の上，再構成したものである。
　中国の国民経済計算の歴史は比較的浅い。また，その短い期間において計画経済に適した物的生産体系（MPS）から市場経済体制に適している国民勘定体系（SNA）への移行過程を経験したため，現在国際的に広く採用されている国際基準——93SNAと比較しても，また先進市場経済諸国のそれと比較しても，中国の国民経済計算には，まだ大きな隔たりある。そのため，中国の国民経済計算に携わる者は，中国国民経済計算の発展を推進して，それによって社会主義市場経済体制におけるマクロ経済管理部門，社会公衆および国際社会のニーズに応えなければならない。中国国民経済計算の作成者であり，またその指揮者でもある者として，私は自分の責任の重大さを深く感じている。私は，中国の国民経済計算の取りまとめ作業に努めると同時に，私自身の実践経験を総括すること，国際基準と先進諸国の有益な方法を研究し，中国の国民経済計算の問題点と改革の施策を探求することを心がけてきた。また，そうした研究以外に，国民経済計算データを利用してマクロ経済問題に対する分析を行なうことも，私が心がけてきたことである。本書はこうした成果の一部である。
　本書は5つの部分から構成される。初めの部分では，中国GDP推計の主なデータソースと基本的な推計手法を紹介し，世界銀行がなぜ中国のGDPデータを調整したか，その調整方法及び存在する問題点を探り，中国のGDP統計

と国連93SNAにおけるGDPとの相違点を考察し，中国のGDP推計に存在する問題に定量分析を行ない，国内外の経済学者から中国経済成長率に対するさまざまな評価，批判を概述した。2番目の部分では，中国の国民経済計算に存在する問題とそれに対する改革施策を探り，1984—1992年に制定した『中国国民経済計算体系（試行案）』に対する改訂状況を解説した。3番目の部分では，中国政府統計の改革と発展について紹介し，WTO加盟が中国の政府統計に及ぼしうる諸影響について考察した。4番目の部分では，国民経済計算のデータを利用して中国90年代サービス業が比較的停滞した原因を探り，所得分配，貯蓄，投資，対外貿易状況を分析した。5番目の部分では，中国サービス業統計及びその問題点を考察し，経済センサス年のGDP推計における変更について論述した。この最後の部分は，著書『中国国民経済核算与宏観経済問題研究』の内容ではなく，本書の訳者が，2004年と2006年に『統計研究』と『経済研究』誌に掲載された私の2つの論文を本書に収録したものである。

　本書を日本の読者に捧げることを，私は非常に喜んでいる。李潔教授（埼玉大学），作間逸雄教授（専修大学），谷口昭彦氏（専修大学経済学研究科博士後期課程・当時）と寧亜東准教授（大連理工大学）は，本書の翻訳に大変な労力を費やし，作間逸雄教授，李潔教授，谷口昭彦氏，新川陸一氏（日本銀行北京事務所長），櫻本健氏（内閣府経済社会総合研究所）と佐藤勢津子氏（統計開発機構理事）は，さらに本書のために解説を付けて下さった。心から御礼を申し上げる！

　　　2009年2月26日

　　　　　　　　　　　　　　　　　　　　　　　　　　　　　　　　許憲春

目　　次

日本語版への序文　　　　　　　　　　　　　　　　　　　　　　　iii

第 1 章　中国のGDP統計　　　　　　　　　　　　　　　　　　　　 1
第 2 章　世界銀行とマディソンによる中国公式GDPに対する
　　　　 批判と調整　　　　　　　　　　　　　　　　　　　　　　25
第 3 章　中国の現行GDP概念と93SNAのGDP概念との間に存
　　　　 在する若干の相違　　　　　　　　　　　　　　　　　　　47
第 4 章　中国の国内総生産の推計に関わる諸問題の研究　　　　　　61
第 5 章　国内総生産に関する価格指数と数量指数および両者
　　　　 の関係と役割　　　　　　　　　　　　　　　　　　　　　78
第 6 章　中国鉱工業と農業の不変価格表示の付加価値の現行
　　　　 推計方法およびその見直しについて　　　　　　　　　　　85
第 7 章　内外の経済学者による中国の経済成長率に対する論
　　　　 評　　　　　　　　　　　　　　　　　　　　　　　　　　99
第 8 章　中国の国民経済計算が直面する問題と今後の改革方
　　　　 向　　　　　　　　　　　　　　　　　　　　　　　　　 110
第 9 章　『中国国民経済計算体系(試行案)』の改定について　　　 127
第10章　中国政府統計の改革　　　　　　　　　　　　　　　　　 142
第11章　WTO加盟が中国政府統計にもたらす影響　　　　　　　 160
第12章　1990年代の中国においてサービス業の成長が相対
　　　　 的に遅れた要因の分析　　　　　　　　　　　　　　　　 165
第13章　中国経済の国際収支分析　　　　　　　　　　　　　　　 179
第14章　1990年代中国経済の資金循環分析　　　　　　　　　　　 203

第15章　中国のサービス業統計およびその問題点について　224

第16章　経済センサス年のGDP推計に関する諸変更　241

訳者コラム

【column ①】産業連関表と日中GDPの作成過程の相違
　　　　　　　　　　　　　　　　　李　潔・佐藤勢津子・櫻本　健　21

【column ②】生産の境界
　　　　　　　　　　　　　　　　　　　　　　　　　　　　作間逸雄　45

【column ③】帰属（imputation）
　　　　　　　　　　　　　　　　　　　　　　　　　　　　作間逸雄　59

【column ④】SNAの部門・統計単位
　　　　　　　　　　　　　　　　　　　　　　　　　　　　作間逸雄　75

【column ⑤】実質化・デフレーター（加法的整合性が
　　　　　　成立するケース）　　　　　　　　　　　　作間逸雄　83

【column ⑥】実質化・デフレーター（連鎖方式）
　　　　　　　　　　　　　　　　　　　　　　　　　　　　作間逸雄　97

【column ⑦】購買力平価（PPP）
　　　　　　　　　　　　　　　　　　　　　　　　　　　　作間逸雄　109

【column ⑧】中国人民元の購買力平価に関する推計
　　　　　　　　　　　　　　　　　　　　　　　　　　　　李　潔　124

【column ⑨】資産境界・資産分類
　　　　　　　　　　　　　　　　　　　　　　　　　　　　作間逸雄　140

【column ⑩】中国経済統計の公表形式
　　　　　　　　　　　　　　　　　　　　　　　　　　　　新川陸一　158

【column ⑪】サービスとは何か？
　　　　　　　　　　　　　　　　　　　　　　　　　　　　作間逸雄　178

【column ⑫】最近の中国国際収支統計データの特徴
　　　　　　　　　　　　　　　　　　　　　　　　　　　　新川陸一　200

【column ⑬】FISIM
　　　　　　　　　　　　　　　　　　　　　　　　　　　　作間逸雄　239

【column ⑭】FISIM配分の中国方式について
　　　　　　　　　　　　　　　　　　　　　　　　　　　　李　潔　252

訳者解説

1 国民経済計算とは
　　　　　　　　　　　　　　　　　　　　　　　　　　作間逸雄　255

2 経済循環・グラフ・国民勘定体系・SAM
　　　　　　　　　　　　　　　　　　　　　　　　　　作間逸雄　259

3 MPSについて
　　　　　　　　　　　　　　　　　　　　谷口昭彦・作間逸雄　264

4 中国GDP統計の歴史的変遷
　　　　　　　　　　　　　　　　　李　潔・谷口昭彦・作間逸雄　267

5 不変価格表示の付加価値推計について
　　　　　　　　　　　　　　　　　李　潔・谷口昭彦・作間逸雄　277

6 海外勘定と経常収支
　　　　　　　　　　　　　　　　　　　　　　　　　　作間逸雄　280

7 中国の国際収支統計と国際収支分析
　　　　　　　　　　　　　　　　　　　　　　　　　　新川陸一　286

8 中国の資金循環統計と資金循環分析
　　　　　　　　　　　　　　　　　　　　　　　　　　谷口昭彦　289

9 中国GDP統計改革の進展と経済センサス——日本との比較
　　　　　　　　　　　　　　　　　　　　　　　　　　櫻本　健　298

10 国民経済計算体系の整備及び地域経済計算の整備について
　　　　　　　　　　　　　　　　　　　　　　　　　　佐藤勢津子　310

　参考文献（訳注・コラム・解説）　317

監修者あとがき　323

索　　引　325

装幀——気流舎図案室

第1章

中国のGDP統計[1]

(李　潔　訳)

> 要旨　本章では，中国における国内総生産（GDP）推計制度の成立と発展過程，長期遡及推計と遡及改定の経緯，数値データの作成と公表プロセス，主要データソースと推計方法，近年の国家統計局の改革施策，及び現在の問題点と今後の改革に関する若干の提案と構想などが論じられる。

I　中国GDP統計の成立と発展

1．中国GDP統計の成立

　中華人民共和国の建国初期から経済改革対外開放の初期まで，中国の国民経済計算における中心的な経済指標は，旧ソ連，東ヨーロッパに誕生した物的生産物バランス体系（MPS；A System of Material Product Balances）の国民所得であった。この指標は物的生産諸部門，すなわち農業，鉱工業，建設業，商業・飲食業，運輸業の生産活動のみを勘定対象とし，非物的サービス業の生産活動を範囲に含めていなかった。

　改革開放以後，非物的サービス業，たとえば，金融・保険業，教育，科学研究，情報産業などの産業は著しく成長し，国民経済に果たす役割がますます重要になった。マクロ経済管理諸部門はバランスのとれた産業政策の立案のために，これら産業の状況を把握する必要が出てきた。このようなマクロ経済コントロールの面からの需要に対応するために，国家統計局は1980年代の初期に国連の国民勘定体系（SNA; System of National Accounts）における国内総生産（GDP）指標の検討を開始した。1985年3月19日に，国家統計局は国務院に『第三次産業統計の構築に関する報告書』を提出し，報告書の中で第三次産業統計作成とGDP統計の必要性について述べた[2]。国務院はこの報告を認め，

---

[1]　本章は，「中国国内生産総値核算」『経済学（季刊）』第2巻第1号［2002年10月］に発表されたものである。

1985年4月5日に国務院弁公庁が,MPSの国民所得勘定を引き続き作成するとともに,早急にSNAの国内総生産統計を作成するように通達を出した。この通達の趣旨に基づき,統計部門はその年に国と省レベルにおけるGDP統計に関する制度を設立した。

2. 中国GDP統計の発展

(1) 生産(・所得)アプローチから支出アプローチへ

GDPを推計し始めた初期段階では,生産(・所得)面からの推計のみであって,使用面,すなわち支出面からのGDP推計は行なわれなかった。1989年に支出アプローチの内部での試算を始め,1993年に正式に支出系列の推計を開始した。

(2) 間接推計から直接推計に

初期段階の生産(・所得)アプローチでは,GDP計数は,独立に推計されたものではなく,MPS体系の国民所得生産勘定のデータをもとにして,調整・補充を行なって得られたものであった。その基本的な推計法として,まず,物的生産部門については,各物的生産部門の純産出額から非物的サービスの投入部分を控除し,固定資本減耗を加算すると,各物的生産部門の付加価値額が得られる。各非物的生産部門については,政府財政部門の財政決算用資料,金融部門の会計決算資料,税務部門の税収資料,非物的生産部門の給与や就業者統計資料等を利用してその部門の付加価値額を推計する。この2大部門の付加価値額を合計してGDPとした。1992年に中国のGDP統計はこのようなMPS方式の国民所得を基礎とした間接的な推計方式から,直接的な推計方式,すなわちMPS方式の勘定を経ずに,基礎資料から直接GDPを推計する方式に移行した。

(3) 付属指標から中心指標へ

GDPを推計し始めた初期には,中国では依然としてMPS方式の国民所得が主要指標とされ,GDPは補助的な役割を担い,非物的サービス産業の生産活動がカバーできないという前者の不足を補うための指標として用いられたが,改革開放の深化にともなって,マクロ経済を分析しコントロールする諸部門がマクロ経済指標としてGDPを一層重要視するようになった。このような変化

---

2 この報告書(国務院弁公庁[1988])では,国民総生産(GNP)の作成を提言したが,実施の段階では実際にはGDPを中心として推計した。

に対応して，国家統計局はGDPの推計作業に一層力を入れ，それを付属指標から中心指標に位置づけるようになった。1993年には正式にMPS方式の国民所得勘定を停止し，GDPは中国国民経済計算の中心指標となった。

(4) 年次推計から四半期推計へ

マクロ経済管理諸部門の四半期国民経済の統計情報に対する需要に応えるために，国家統計局は1992年から年次GDP推計の経験を踏まえて，四半期GDPの推計を開始した。四半期GDP推計は農業，鉱工業，建設業，運輸・通信業，商業・飲食業，金融・保険業，不動産業とその他の産業という8つの部門から構成されている。

(5) 産業部門分類の調整と細分化

新しく公表された中国標準産業分類（国家国民経済行業分類標準）に従い，国家統計局は1995年に年次GDPの産業部門分類に対して調整と細分化を行なった。従来の農業，鉱工業，建設業，運輸・通信業，商業・飲食業，サービス業（対個人サービス業と情報サービス業を含む），公益事業，金融・保険業，不動産業，教育研究・医療保健・社会福祉事業，国家機関・政党・社会団体，その他の12の産業部門から，農林水産業，鉱工業，建設業，農林水産業サービス，地質調査・水利管理業，運輸業，通信業，商業・飲食業，金融・保険業，不動産業，社会サービス業，医療保健・社会福祉事業，教育文化芸術・メディア放送・映画業，研究・綜合技術サービス業，国家機関・政党・社会団体，その他の16の産業部門に細分化した[訳注1]。

(6) 基礎統計の利用と推計方式のルーティン化

1995年以後，国家統計局はそれまでの実践経験を総括した上，相前後して『中国年次GDPの推計方法』，『中国四半期GDPの推計方法』及び『中国GDP推計マニュアル』を編纂出版し，GDP推計における基礎統計の利用と推計方式のルーティン化を図った。

訳注1) このGDPの産業部門分類の改訂及び改訂前後の部門対応関係について，第16章を参照されたい。

Ⅱ　年次GDPの推計と公表手順

　中国年次GDPの推計と公表の手順は，以下の4つの段階に分けることができる。

1．一次速報の推計と公表

　GDP一次速報は通常，対象年次の翌年年初に作成される。この段階では年次GDPを推計するための基礎資料がまだ少なく，基本的には国家統計局内部の各部門によって提供される各管轄分野の主要な速報を基礎にして推計作業が行なわれる。この初期段階での計数は，年次マクロ経済情勢を大まかに把握するニーズに応えるためのものであり，その後に入手される統計資料によって調整される。この推計値は対象年次の翌年2月に『中国統計公報』，上半期に『中国統計摘要』上で公表される。

2．一次速報に対する修正とその公表

　一次速報に対する修正が翌年第2四半期（4～6月）に行なわれる。この段階になると，国家統計局内部の各部門年次年報統計資料，国務院関連部門の年次年報統計資料及び行政管理諸部門の資料がほぼ入手可能だが，行政管理資料と会計決算資料，たとえば，財政決算の資料，金融・保険，鉄道，航空，通信産業などの会計決算資料はまだ得られないことが多い。一次速報の数字と比べて，この段階で得られる計数の精度は若干良くなるが，推計に必要な基礎統計はまだ完全ではないため，さらなる修正が必要である。この修正後のGDP計数は翌年後半に『中国統計年鑑』に公表される。

3．確報とその公表

　最終修正は翌年第4四半期に行なわれる。この時点では，推計に必要な各種統計資料，会計資料，行政管理資料がおよそそろうようになっている。利用できる基礎統計が詳細になっているので，計数の精度も上がる。この結果は確報として翌々年に出版する『中国統計要覧』と『中国統計年鑑』に公表される。

4．遡及改定とその公表

　年次GDPの確定過程は，一次速報，初期修正，確報推計の他に，多くの場

合，過去推計値に対する遡及改定も含まれる。これは以下のような場合に行なわれる。すなわち，新たに利用可能となった基礎統計が現れ，以前の推計に利用したものと比べて数値が大きく相違したり，GDP推計の分類に変更が生じたり，たとえば，産業部門分類や最終使用項目分類などに変更が生じた場合，また，基本概念，原則あるいは推計方法に大きな変更が生じた場合などである。これらの変更は，GDP計数の総額，構成，成長率に影響を及ぼすので，改定をしなければ，これらのデータの時系列比較性を維持できなくなることが考慮される。その際の遡及改定の期間範囲は，以上に取り上げた要因に影響される期間の長さによる。

III 長期遡及推計作業と遡及改定について

これまでGDPに対して2回の大きな長期遡及推計と1回遡及改定が行なわれた。

1. 長期遡及推計について

前述したように，GDP推計は1985年に開始されたが，その後，マクロ経済分析と管理諸部門からデータに対する接続性と比較可能性のニーズが高まり，中国はGDPについて2回大きな長期遡及推計作業を行なった。1回目の推計作業は，改革開放後の1978〜84年を対象とし，1986年から1988年にかけて行なわれた。2回目は改革開放前の1952〜77年を対象として，1988年から1997年にかけて行なわれた。この2回の長期遡及推計作業の内容は同じで，2回とも生産（・所得）面と支出面による推計が行なわれた。推計方法もほぼ同様であった。生産面では，まず，農業，鉱工業，建設業，運輸・通信業，商業・飲食業という5つの物的生産部門の純生産額から，非物的サービスへの支払（たとえば，金融保険サービスの費用，広告費用，情報サービス費用など）を控除し，これに固定資本減耗を加算すると，物的生産部門の粗付加価値額が得られる。次に，非物的生産部門の付加価値額を推計し，物的生産部門と非物的生産部門の付加価値を合計して，生産面からのGDP計数とする。支出面からのGDPは，MPS概念の国民所得勘定における最終消費，資本形成，財貨・サービスの輸出入計数を調整することによって得られる。具体的に，最終消費に対する調整とは，MPS概念の民間消費と政府消費から，非物的生産部門の中間消費における物的中間消費部分を控除し，非物的生産部門によって供給されるサービス

に対する民間と政府の消費支出を加算して，SNA概念の民間消費支出と政府消費支出とすることである。資本形成に対する調整とは，基本的に固定資産減耗をMPS概念の固定資本形成純額に加算して，SNAの国内総固定資本形成となるように調整を行なうことを指している。最後に財貨・サービスの輸出入に対する調整とは，基本的に非物的サービスの輸出入をMPS概念の財貨・サービス輸出入に

表1-1　GDP生産系列遡及改訂による修正率（％）

年次	GDP	第三次産業	運輸通信業	商業飲食業	非物的サービス
1978	1.0	4.4	0.0	0.0	9.3
1980	1.1	5.2	0.0	0.0	9.6
1985	5.1	20.6	0.0	52.2	11.9
1986	5.3	21.2	0.0	58.1	12.4
1987	5.8	23.0	0.0	62.3	13.2
1988	6.1	23.4	0.0	65.1	10.7
1989	5.7	20.3	0.0	66.7	8.8
1990	4.8	17.2	2.7	67.6	8.5
1991	7.1	24.7	10.4	67.6	13.9
1992	9.3	33.1	9.5	88.7	21.7
1993	10.0	32.0	11.7	73.4	24.8

出所：『中国国内総生産歴史資料（1952-1995）』東北財経大学出版社，1997年

加算し，SNA概念の財貨・サービス輸出入となるように調整することである。

　第1回目の主な推計結果はまず1988年『中国統計年鑑』に公表された。第2回目の推計値は『中国国内総生産歴史資料（1952〜1995）』に公表され，同書には第1回目の詳細な推計結果も掲載されている。

２．遡及改定について

　中国では，第1回目の第三次産業センサスを実施した後，1994年と1995年の間にGDPに対する遡及改定を行なった。

　中国では長い間，政策的に物的生産物の生産のみ重要視され，統計においてもMPS体系が採用されてきたため，非物的サービスに関する統計が軽視されてきた。1985年からGDPの推計を開始したが，非物的サービスに関連する基礎統計はずっと弱いままであった。改革開放以後，非国有の商業・飲食業と運輸業が急速な成長を遂げ，従来の統計体系ではこれらの産業の生産活動が十分にカバーできなかった。この問題に対して，中国は1993年から1995年にかけて，初めての第三次産業センサスを実施した（対象年次は1991年と1992年）。センサスから得られた統計資料に基づき，GDPに対する初めての遡及改定を行なった。対象期間は1978年から1993年までの16年間に及び，改定内容はGDPの生産系列と支出系列の両面にわたる。生産系列においては，第三次産業の部門別付加価値と付加価値の集計量であるGDPを，支出系列においては，主と

して消費支出と支出面からの集計値としてのGDPを改定した。それらのうち運輸・通信業，商業・飲食業と非物的サービスに関連する改定結果は表1 − 1に示したとおりである。

改定後のGDP及び生産系列と支出系列の主要計数はまず1995年『中国統計年鑑』に，その後，詳細な推計結果が『中国国内総生産歴史資料（1952〜1995）』に公表された(訳注2)。

2回の長期遡及推計作業によって，マクロ経済の分析とコントロールの面からの統計データへのニーズに応えることができるようになり，さらに，遡及改定は，GDP推計値に第三次産業の成長ぶりをより正確に反映させることによって，国家の産業政策立案のために良い判断材料を提供することができた。

Ⅳ GDP推計に利用される主な基礎資料と推計方法

1．推計に利用される主な基礎資料

中国のGDP推計に利用される基礎統計には，大別すると3つの種類のものがある。1つ目は政府機関の作成する統計資料である。これには国家統計局と関連する中央・地方の部局によって作成された農業統計，鉱工業統計，建設業統計，商業・飲食業統計，固定資産統計，労働賃金統計，価格統計，家計調査等の統計，国務院関連部門によって作成された交通輸送統計，税関統計，国際収支統計等の統計が含まれる。2つ目は，行政管理資料である。財政決算，工商管理等の資料がこれに含まれる。3つ目は，会計決算資料である。これには銀行関係，保険関係，航空関係，鉄道関係，郵政電信関係等の会計決算資料が含まれる。

2．推計方法

中国のGDP推計には生産（・所得）アプローチと支出アプローチが含まれており，またそれぞれの当期価格表示（名目）値と不変価格表示（実質）値が推計されている。生産（・所得）アプローチでは各産業部門の付加価値が推計

訳注2） その後，2004年を対象として第二次・第三次産業のすべての経済活動を包括する第1回経済センサスが実施され，国家統計局はまず1993年までのGDPに対する遡及改定を行なった。この改定においても第三次産業による上方修正が大きかった。改訂の内容及び方法については，許［2006b］とXu［2006］を参照されたい。その後，詳細な推計結果は『中国国内総生産歴史資料（1952〜2004）』（中国国家統計局国民経済計算司［2007］）として公表されている。

され，支出アプローチでは最終使用の各項目に対する推計が行なわれる。名目値は当期価格によって推計されるが，実質値は基準年固定価格によって表示される。現在の基準年は2000年である。以下では，その推計方法について簡単に紹介する。

(1) 生産（・所得）アプローチ
① 当期価格表示（名目）値の推計

当期価格表示の付加価値集計量であるGDPの推計には，「生産面」からのアプローチと「所得面」からのそれという2つのアプローチがある。生産面からとらえたGDPの推計式は次のとおりである。

$$\text{生産アプローチによるGDP} = \Sigma \text{産業別付加価値}$$
$$= \Sigma (\text{産出額} - \text{中間投入額})$$

ここで，産出額には，一定期間内にある国の産業部門によって生産されたすべての財貨・サービスが含まれる。中間投入とは，資本財を除いて，産業部門が同期間の生産過程に使用したすべての財貨・サービスを指す。

所得面からとらえたGDPの推計式は次のとおりである。

$$\text{所得アプローチによるGDP} = \Sigma \text{所得面からの各付加価値項目}$$
$$= \Sigma (\text{労働者報酬} + \text{純生産税}$$
$$+ \text{固定資本減耗} + \text{営業余剰})$$

ここで，労働者報酬[訳注3]とは，労働者（就業者）が生産活動に従事することによって報酬として受け取った金額の合計であり，貨幣賃金，現物賃金，社会保険料という3つの部分からなる。純生産税とは，生産税から生産補助金を差し引いた差額である。生産税とは，生産者が生産活動に従事することによって課された税，または生産に用いられる固定資産，土地，労働力などの生産要素に対して課された各種の税金である。具体的には売上税，付加価値税，営業税，印税，不動産税及び車両船舶使用税などが含まれる。生産補助金とは，生産者が生産活動に従事することによって受け取った政府補助金を指し，価格補助金と損失補助金が含まれる。固定資本減耗は，生産過程で消耗した固定資産の価値，あるいはその帰属計算値である。営業余剰とは，付加価値から，労働者報酬，純生産税及び固定資本減耗引当を差し引いた差額で，主に企業の営業利益を指す。

訳注3） 日本の「雇用者報酬」と「混合所得」とを合わせた概念になる。「労働者報酬」については，第3章の第6節の「混合所得」に関する記述を見よ。

当期価格GDPの生産（・所得）アプローチでは，各産業部門の推計に利用できる基礎統計によって推計方法が異なっており，一部の産業部門には生産アプローチを，一部の産業部門には所得アプローチを採用している。表1－2は主要産業部門の当期価格表示付加価値推計に利用する主な基礎統計と推計方式を示している。

　表1－2で，鉱工業における「一定規模以上の企業」とは，鉱工業国有企業と年売上高500万元以上のその他の鉱工業企業を指し，「一定規模以下の企業」とはそれ以外の鉱工業企業を指す（以下同）。建設業における「資質等級」とは，企業の従業員属性，管理水準，資金量，請負能力と工事実績による総合評価で付けられたものである[3]。「資質等級」4級未満の企業とは，「資質等級」4級以上に評価された企業以外のすべての建設企業である。運輸通信業における「部内」とは，国の鉄道輸送，交通部（日本では国土交通省）直属企業の道路輸送と水運，交通部関係の地方企業の道路輸送と水運，国と地方の航空輸送，国のパイプ輸送，国の郵便・電気通信を指し，「部外」とはそれを除くその他の運輸・通信業を指す。金融・保険業における「主要銀行」とは，中国人民銀行，政策銀行，国が全額出資した商業銀行とその他の商業銀行を指し，「主要保険会社」とは，中国人民保険公司，太平洋保険公司，平安保険公司などの生命保険と生命保険以外の主要保険会社を指し，「その他の金融保険部門」は，それらを除くその他の金融保険部門である。最後に不動産業における「都市部と農村部住民の持ち家住宅サービス」は，その持ち家住宅の帰属減耗額に等しく，農村部と都市部それぞれ持ち家住宅の帰属計算式は以下のとおりである[訳注4]。

　　農村部持ち家の帰属減耗額＝部屋当たりの年末平均価値
　　　　　　　　　　　　　　×年末世帯平均部屋保有数
　　　　　　　　　　　　　　×農村世帯数×2％（減価償却率）
　　都市部持ち家の帰属減耗額＝私有住宅の平米当たり工事費
　　　　　　　　　　　　　　×都市私有住宅建築面積
　　　　　　　　　　　　　　×4％（減価償却率）

　3　「資質等級」の付与方法の詳細については，中国建設部（日本の旧建設省に相当）『建築企業資質等級基準』（建施字［1989］224号）を参照されたい。
　訳注4）　第一回経済センサス後に行なわれたGDP遡及改定の際に，持ち家住宅の帰属計算式における減価償却率は，農村部3％，都市部2％に変更された。詳細は第16章を参照されたい。

表1－2　産業別名目付加価値の推計概要

産業部門	直接推計部分			間接推計部分	
	範囲	推計方法	推計資料	範囲	推計方法	推計資料

産業部門	範囲	推計方法	推計資料	範囲	推計方法	推計資料
農林水産業	全部	生産アプローチ	国家統計局「農林水産統計」			
鉱工業	一定規模以上の企業	生産アプローチ	国家統計局「鉱工業統計」	一定規模以下の企業	産出額×付加価値率	これら企業の産出額は国家統計局「規模以下鉱工業サンプル調査」によって算出
建設業	資質等級4級以上の企業	所得アプローチ	国家統計局「建設業統計」	資質等級4級未満の企業	産出額×付加価値率	産出額は国家統計局「固定資産投資統計」を、付加価値率は資質等級4級以上の企業の数値を参照して推計
運輸・通信業	部内	所得アプローチ	交通部、鉄道部、民航総局、国家郵政総局の会計資料	部外	産出指数による外挿	交通部、鉄道部、民航総局、天然ガス総公司、国家郵政総局「運輸通信統計」
商業・飲食業	国有企業とその他の大中企業	所得アプローチ	財政部、対外経済貿易部の会計資料と国家統計局「大中型商業飲食業企業財務統計」	その他の零細企業	消費財小売総額による推計	国家統計局「社会消費品小売総額統計」
金融・保険業	主要銀行と保険会社	所得アプローチ	主要銀行と保険会社社会計資料	その他金融保険機構	預金貸金残高、保険料による推計	中国人民銀行「金融統計」と保険監督会「保険統計」
不動産業	不動産開発、管理	所得アプローチ	国家統計局「不動産開発統計」、建設部「都市不動産管理部門財務決算資料」	都市・農村住民持ち家サービス	持家の固定資本減耗に関する帰属計算	国家統計局「農村都市住宅調査」、建設部「家屋コスト資料」

② **不変価格表示（実質）値の推計**

不変価格表示のGDP生産推計には，基本的に2つのアプローチ，価格をデフレートするアプローチと数量指数によって外挿するアプローチとがある。前者，すなわち，デフレーション法には，さらにダブル・デフレーション法とシングル・デフレーション法とがある。ダブル・デフレーションとは，産出額と中間投入の名目値をそれぞれのデフレーターでデフレートし，その実質値の差額として実質付加価値額を求める方法である。シングル・デフレーションとは，主として産出価格指数で付加価値をデフレートすることによって実質化する方法を指す。外挿法もダブル外挿法とシングル外挿法とに分けられ，前者は，基準年次の産出額と中間投入額にそれぞれ産出数量指数と中間投入数量指数を掛けて実質値を求め，両者の差額を実質付加価値とする方法であり，後者は，基準年次の付加価値額を主として産出数量指数によって外挿して実質値を求める方法である。

実際には，推計資料によって，デフレーション法と外挿法とをミックスして利用することもしばしばある。その場合，2つのタイプがある。1つは，産出額にはデフレーションを，中間投入には外挿を使うことである。もう1つは，産出額に外挿を，中間投入にデフレーションを用いる方法である。

表1-3には各主要産業部門の実質付加価値の推計方法がまとめられている。表中の農林水産業産出数量指数は，不変価格表示の当期産出額÷不変価格表示の基準年次産出額である。不変価格表示産出額の推計方法より，不変価格表示の基準年次産出額は当期価格表示の基準年次産出額に等しいが，同基準のその他の年次の不変価格表示産出額は，農林水産業統計における産出数量指数によって外挿したものである。表中の13項目の中間投入とは，農林水産業生産統計における種子，飼料，肥料，燃料，農薬，牧畜用薬品，農業用ビニールフィルム，電気，小農具などの中間投入を指している。金融・保険業の加重平均のウェイトには，支出系列における民間最終消費支出と国内総固定資本形成を利用している。

(2) **支出アプローチ**
① **当期価格表示（名目）値の推計方法**

当期価格で表示されたGDPの使用側からの推計，つまり，支出面からとらえたGDPの推計式は次のとおりである。

支出アプローチによるGDP＝最終消費支出＋総資本形成＋純輸出

表1-3　産業別実質付加価値の推計概要

産業部門	推計方法	利用する指数等
農林水産業	混合法（産出は外挿アプローチ，中間投入はデフレーション）	産出額実質値は基準時農林水産業産出額をその産出数量指数により外挿，中間投入実質値は農林水産業中間投入を13項目の物的投入と1項目のサービスに細分してそれぞれ対応する価格指数でデフレートする
鉱工業	シングル・デフレーション	基本的に鉱工業産出価格指数を用いてその名目付加価値をデフレートするが，中間投入の価格変動によって若干調整を行なう場合もある
建設業	シングル・デフレーション	固定資産投資価格指数における「建築据付工事価格指数」を用いて建設業の名目付加価値をデフレートするが，人件費価格指数と原材料価格指数との差異を考慮して調整を行なうことがある
運輸・通信業	数量指数による外挿	運輸業はその基準時付加価値額に旅客貨物運送数量指数を，通信業は郵政通信業務数量指数を外挿する
商業・飲食業	シングル・デフレーション	商品小売価格指数
金融・保険業	シングル・デフレーション	消費者物価指数と固定資産投資価格指数の加重平均指数による
不動産業	シングル・デフレーション	その内，不動産開発業と不動産管理業の純付加価値はそれぞれ不動産売上価格指数，消費者物価指数でデフレート，新規持ち家住宅の減耗は固定資産投資価格指数でデフレート，既存の持ち家住宅の減耗は不変価格表示の前期持ち家住宅の減耗に対する調整による

　最終消費支出は家計最終消費支出と政府最終消費支出に分かれ，総資本形成は総固定資本形成と在庫品増加に分かれる。純輸出は財貨・サービスの輸出からその輸入を差引いたものである。

　家計最終消費支出は，居住者の財貨・サービスへの支出であるが，それは居住者の貨幣形態の消費支出だけでなく，財貨・サービスの享受に際して市場でその対価の支払いが行なわれなかったものに対する帰属計算も含まれる。家計最終消費支出に関する帰属計算には，居住者が現物給付，現物移転の形で受けた財貨・サービス，居住者の自家生産による財貨サービス，たとえば，農家の自家消費分の食糧が含まれる。なお，持ち家の購入，またそれを建築するための支出は家計最終消費支出に含まれず，国内総固定資本形成に加算される。実際の推計では，家計最終消費支出は，商品消費（市場で入手する財の消費），自家消費，現物給付，サービス消費，住宅水道電気ガス，公費医療（の自己負

担分），社会福祉関係という7つの項目になっている。

　政府最終消費支出は，政府部門の公共サービスへの支出と，無償または低価格で家計部門に提供する財貨・サービスへの純支出（SNA上の個別的政府サービスの政府自己消費分）からなる。

　総固定資本形成は，居住者が一定期間に購入，資本移転によって取得した固定資本ストックや自家用固定資本の増加分から，売却，資本移転によって処分した固定資本を控除したものである。

　在庫品増加は，一定期間内における在庫品の期末価格表示から期首価格表示を差引いた差額であり，在庫の量的変動を市場価格で表示したものである。

　当期価格表示支出系列の推計に利用する統計資料と推計方法について，**表1－4**にまとめた。

② **不変価格表示（実質）値の推計方法**

　支出系列実質値の推計では，関連の各種物価指数を用いて各支出構成項目をデフレートし，個々の実質値を求める。実質GDPはそれらの実質値の合計と等しくなる。各項目の実質化に利用するデフレーターについては，**表1－5**に示している。

V　GDP推計を改善するための措置

　近年，国民経済計算を改善し，統計データの精度を向上させるために，国家統計局はいくつかの措置をとってきた。

1．調査方法の見直し

　中国の伝統的統計調査制度は，悉皆でなされる報告制度が主なものであった。その制度は従来の計画経済の下ではうまくいっていたのかもしれないが，社会主義市場経済へ移行してから，多くの問題が現われた。というのは，市場経済の下では，私営企業，株式制企業，外資企業，香港台湾系投資企業の市場シェアが大きくなり，従来の報告制度のように頻繁に統計報告を求めることには，企業の負担が重く，企業からの抵抗が大きい。また，市場経済の進行にともない，規模の小さい企業や個人業者が多く現われ，生産，収支，資産負債に関する記録が整備されていないものが多く，統計調査票の記入が困難であるケースが多くなった。

表1-4 支出項目別名目値推計概要

項　　目	推計資料	推計方法
家計最終消費支出		
商品消費	国家統計局「社会消費品小売総額」	左項から政府機関や企業に販売する部分と持ち家の建築・内装および大修繕用の建築材料部分を控除して算出
自家消費	国家統計局「農村家計調査」	農家消費支出合計から農家現金消費支出を差引く
現物収入	国家統計局「都市家計調査」	世帯当たり現物収入×現物収入を持つ世帯数の対調査世帯の比重×全国都市世帯数
サービス消費	国家統計局「農村家計調査」「都市家計調査」	交通費，通信費，医療保健費，学費，技術研修費，文化娯楽費，加工修理費およびその他のサービス費の合計
住宅および電気・水道・ガス	国家統計局「農村家計調査」「都市家計調査」「国勢調査」，建設部「平米当り家屋コスト資料」	家賃および電気・水道・ガスへの支出合計＋農村部と都市部の持ち家帰属家賃
公費医療	労働と社会保障部「保険福祉統計」	国有企業，集団企業の公費医療支出の合計
福祉関係	労働と社会保障部「保険福祉統計」	国有企業，集団企業の企業福祉施設費と企業福祉補助の合計
政府最終消費支出	財政部財政決算資料，全国第三次産業センサス資料	財政予算内事業費支出中の経常業務支出部分，財政予算外の経常業務支出部分，行政機関と非営利事業に関する帰属固定資本減耗，都市住民委員会と農村住民委員会の産出額から財貨・サービス販売を控除した額
総固定資本形成	国家統計局「固定資産投資統計」，財政部「財政決算資料」，建設部「不動産業会計決算資料」，国土資源部「土地開発面積と原価資料」「地質調査費用資料」	固定資産投資額－土地購入費－既存建物と既存設備購入費＋50万元以下固定資産投資額＋住宅売上＋住宅所有権移転費用＋無形固定資産増加＋土地改良支出
在庫品増加	国家統計局各部門統計報告表，財政部に集計された国有企業会計決算書，交通部，鉄道部，国家郵政総局，対外経済貿易部，備蓄局の会計決算報告	分類別の企業在庫品の期首と期末の残高の差額を推計したうえで，合計する
輸　　出	国際収支統計	財貨・サービスの輸出
輸　　入	国際収支統計	財貨・サービスの輸入

表1－5　支出項目別実質値推計概要

項　目	推計資料
家計最終消費支出	
商品消費	商品小売価格指数
自家消費	農林水産業産出価格指数
現物収入	消費者物価指数における「財貨物価指数」
サービス消費	同上「サービス価格指数」
住宅及び電気・水道・ガス	その内，家賃および電気・水道・ガスはそれぞれ消費者物価指数の家賃，電気，水道，ガス価格指数を，持ち家新規住宅帰属家賃は固定資産投資価格指数を，持ち家既存住宅帰属家賃は前期不変価格表示持家減価償却に対する調整による
公費医療	消費者物価指数における「医療保健用品価格指数」と「医療保健サービス価格指数」の単純算術平均
福祉関係	消費者物価指数における「サービス価格指数」
政府最終消費支出	財貨支出は商品小売価格指数，サービス支出はサービス価格指数，公務員給与は消費者物価指数，新規固定資本減耗は固定資産投資価格指数，既存固定資本減耗は前期不変価格固定資本減耗に対する調整による
総固定資本形成	固定資産価格指数
在庫品増加	生産財は生産財出荷価格指数，消費財は消費財出荷価格指数，農産物は農産物買付価格指数を利用
財貨・サービスの輸出	財貨輸出価格指数
財貨・サービスの輸入	財貨輸入価格指数

　被調査者の負担を軽減し，統計データの品質を向上させるために，近年，国家統計局は標本調査を取り入れるようにした。食糧生産量，綿花生産量，一定規模以下の鉱工業に関する調査などはいずれも標本調査である。これらの標本調査はGDPの精度向上に貢献した。

2．集計方法の見直し

　伝統的な統計調査では，調査結果を統計行政の下から上に順次集計していく方法が基本的に取られていた。この集計方法は各レベルの経済管理諸部門の統計データに対する需要を満たすメリットがあったが，調査結果が各集計段階で，不正な操作を受けやすいというデメリットも明らかになった。

　ここ数年，国家統計局は集計データの精度向上を図るとともに，集計方法に

対する見直しを行ない，重要な統計報告表と統計データに関して直接集計の方法を取るようになってきた。1999年以来，『鉱工業統計年報』の「鉱工業企業生産と売上高表」と「鉱工業企業財務状況表」，食糧生産量と農村住民所得などの標本調査等について直接集計を行なった。

3．調査範囲の拡大

近年，国家統計局は統計調査範囲の拡大に努めてきた。たとえば，一定規模以下の鉱工業に関する統計は，従来それぞれの管理部門から受け取ることになっており，国家統計局による直接調査の対象ではなかったが，第3回の全国鉱工業センサスを実施した際に，各管理部門によって作成された農村工業統計データが，明らかに過大推計されていたことがわかった。そのため，1999年以後，一定規模以下の鉱工業企業に対する標本調査が開始された。また，中国の伝統的サービス業に関する調査範囲に不備があることもわかった。サービス業のベンチマーク値を得るため，国家統計局は1993年から定期的に第三次産業センサスを実施することが制度化されている。さらに，国内総固定資本形成（投資額）の推計範囲も狭く，都市における私営と自営業者の固定資産投資額が含まれていないことが判明した（彼らの持ち家に関する投資額は含まれていた）。そのことを受け，試算を重ねた結果，国家統計局はこの部分の投資額を国内総固定資本形成の推計範囲に取り入れることにした。

4．鉱工業付加価値の実質化に関する見直し

中国の鉱工業付加価値の実質値は，これまで伝統的に利用してきたMPS概念の固定価格表示の鉱工業産出額をもとに推計されていた。その固定価格表示の鉱工業産出額の推計の際には，まず，国家統計局が国務院の関係部門の協力を得て，基準期の価格をもとにして各種の鉱工業製品の不変価格を決め，省（日本では，県）統計局が省政府関係部門に意見を求め，必要に応じて不変価格の微調整を行なう。次に，鉱工業企業がこの不変価格をもとに，各自不変価格表示の産出額を推計して，末端地方政府から中央へ順次に集計することによって，各地方レベルと国の不変価格表示の鉱工業産出額が得られる。

この推計方式は，各レベルの経済管理諸部門から統計に対する需要に応じるというメリットがある一方，次に指摘するような問題もあった。①基準期以後に生産された新製品は不変価格が存在しないため，企業が当期価格を用いがちで，このように推計された不変価格表示産出額は価格の変動要因を排除しきれ

ない面がある。特に改革開放以来，郷鎮企業の急成長にともない，統計担当者と会計担当者の業務資質が低下傾向にあり，当期価格を不変価格に代用するケースが増加している。②推計結果を各段階で順次に集計する方法は，不正操作の余地ができてしまうことになり，一部の企業と地方政府が業績作りに，統計データの作成に直接，間接に関与するケースもよくあった。③経済理論と実証研究に示されたように，価格下落製品（たとえば電子製品）の生産は，価格上昇のものより成長が速いため，生産構造が常に価格下落製品の生産にシフトする傾向がある。価格が低下傾向にあり，生産量が急速に伸びてきた製品は，基準時のウェイトが相対的に大きくなっているため，固定価格ウェイトで推計された産出額の伸び率は過大評価の傾向にあり，基準時を離れるほどこの傾向が顕著になる。これは不変価格推計を行なう際に世界各国で共通に現れる問題である[4]。

中国の90年代以後の鉱工業不変価格産出額は，1990年を基準年とし，固定価格ウェイトを使用している。基準改定の間隔が長く，その間に数量構成と価格構成に大きな変化があったため，鉱工業産出額成長率へのその影響は避けられない。それは鉱工業付加価値とGDPの成長率にも影響を与える。この問題に対して，国家統計局はここ数年，不変価格表示の鉱工業付加価値の推計方法について試行錯誤を重ねてきたが，2001年に，不変価格表示の鉱工業付加価値の推計にデフレーションを試行的に採用することを決定した。

Ⅵ　問題点と改革に関する構想

筆者はこれまでの実務経験から，中国のGDP統計には以下のような問題が存在していると考えている。

1）産業部門分類と支出項目分類が粗すぎて，生産構造と需要構造分析のニーズに応えられておらず，国連などの国際機関に統計を提出する義務も完全に果せない状態である。鉱工業に関する統計はその典型的な例であるが，鉱工業付加価値のGDPに占める比重は現在44％となっており，一部門としての集計値しか公表されていないので，鉱工業部門に属する様々産業部門の発展状況と構造変化を分析することができない。その主な原因は，一定規模以下の鉱工

4　その対策として，国際的によく採用される方法として，基準改定の間隔を短縮したり，連鎖指数を導入したりすることによって，数量構成と価格構造の変化による経済成長率への影響を除去しようとしている。アメリカは1995年に連鎖指数を導入し，遡及改定を行なった。

業標本調査を実施してきた期間が短く，詳細な産業部門別に分類されたデータを提供することができないことにあるといえる。

　2）第1回サービス業センサスを実施した後も，経常的なサービス業統計制度がないため，新しく発展してきたサービス業の多く，たとえば，会計士サービス，弁護士サービス，情報サービス，民間による教育事業などが統計に十分反映されていない。

　3）基礎統計の制約を受け，四半期別GDPの推計は，累計生産推計のみとなっており，四半期別の生産推計及び支出サイドによる四半期別GDPの推計が行なわれていない。累計生産推計に比べると，四半期別GDP生産推計の方が，足下の国民経済生産発展の傾向をよりよく反映し，タイムリーに短期マクロ経済分析と政策立案に判断材料を与えることができる。支出サイドから四半期別GDP推計を行なえば，四半期ごとの最終需要の動きがわかり，これらの情報は四半期別生産推計と同様に，短期マクロ経済分析と政策立案のための重要な判断材料となる。特に積極的な財政政策と安定的な貨幣政策の基で，インフラ整備による投資拡大，消費誘発，輸出促進を目指している現在の中国では，四半期別GDPを支出サイドから推計することが一層重要となっている。

　4）価格指数の整備が不十分であることから，実質GDPの推計に弱点が存在している。まず，中国ではサービス業に関する生産者価格指数が作成されていないため，サービス業の実質付加価値の推計には，基本的に消費者物価指数のサービス項目価格指数を対応づけて利用している。しかし広告などのような家計を対象としない企業向けサービスについては，その実質付加価値を推計する際に，対応する消費者物価指数が存在しないので，その場合には代替的な価格指数を利用するしかなく，この部分のサービス業実質付加価値の精度に悪影響を与えることになる。

　また，中国では今のところサービス貿易価格指数が作成されておらず，不変価格表示のサービス輸出入に関する推計は財貨貿易価格指数と国内外の関連するサービス価格指数を参考にして対応している。このこともサービス輸出入実質値の推計に不都合を与えている。

　5）未観測経済に関する推計が不十分である。OECDの定義によれば，未観測経済は，非合法生産，地下経済，及び非公式部門の生産活動などを含む。これらの生産活動は統計調査から漏れやすく，OECDによれば，これら経済活動のGDPに占める比率は，オーストラリアが3％，イタリアが15％，ロシアが25％となっている。中国のGDPにも未観測経済が一部含まれている（農家の

自家消費）が，まだ未観測経済に関する包括な研究が行なわれていないため，有効な統計手段を講ずることができず，それに関する統計脱漏が当然存在すると考えられる。

　6）統計作成に地方政府の関与を受けやすい。地方統計部門は独立性が弱いので，一部の地方政府が業績作りのため，統計データの作成に直接的または間接的に関与することがしばしばおきる。国家統計局としては，いろいろなデータの確認と調整を行なうが，その影響を完全に排除することは困難である。

　これらの問題を改善するために，以下のような提案と構想を提示したい。

①国際分類基準に従い，徐々に基礎統計における産業部門分類と支出項目分類を細分化する。特に一定規模以下の鉱工業統計調査の産業部門分類を細分化する必要がある。
②経常的なサービス業統計調査制度，特に新規サービスに対する統計調査制度を早急に設立し，生産アプローチと支出アプローチにおけるサービス業の推計方法を改善する。
③四半期別GDPの生産推計と支出推計を作成するための基礎として，各分野の四半期別統計調査制度を整備・改善する。
④サービス業生産者価格指数やサービス貿易価格指数などのような価格指数の空白を埋めるように，価格統計を整備・改善して，実質GDP推計値の精度を高める。
⑤未観測経済に関する研究を深め，諸外国の経験を踏まえて，それに対応する統計制度と推計方法を構築する。
⑥統計作成に対する地方政府からの不正操作を排除するように，相対的に独立した統計管理システムを構築する。

【参考文献】
国務院弁公庁［1988］「国家統計局『第三次産業統計の構築に関する報告書』の転送に関する国務院弁公庁の通達」『統計制度方法公文書選編（1950～1987）』中国計画出版社
国家統計局［1985］『国民総生産作成方案』
国家統計局国民経済平衡統計司［1990］『国民所得・国民総生産統計に関する主要指標解釈』1月制定
国家統計局国民経済平衡統計司［1992］『国内総生産・国民所得に関する指標解釈及び推計方

案』12月制定
国家統計局国民経済平衡統計司［1993］『国内総生産に関する指標解釈及び推計方案』10月制定
国家統計局国民経済核算司編著第［1997］『中国年次国内総生産の推計方法』中国統計出版社
国家統計局国民経済核算司編著［1997］『中国四半期国内総生産の推計方法』中国統計出版社
国家統計局国民経済核算司［2001］『中国国内総生産作成マニュアル』
許憲春［1999］『中国国民経済計算の理論方法と実践』中国統計出版社
許憲春編著［2000］『中国の国内総生産統計』北京大学出版社
許憲春編著［2001］『中国の国民経済計算と分析』中国財政経済出版社
許憲春［1998］「GDPデータになぜ定期的な変化が起こるか」『経済学消息新聞』7月10日付
許憲春「我が国のGDP統計に関する遡及改定」『経済学消息新聞』9月25日付
許憲春「中国国内総生産統計の成立と発展」『経済学消息新聞』7月2日付
許憲春「中国国内総生産の主要資料来源と推計方法」『経済学消息新聞』10月22日付
許憲春「国家統計局はGDP統計についてどのような見直しをしているか」『経済学消息新聞』2000年1月14日付
許憲春［2001］「我が国内総生産における産業部門分類に関する調整」『統計と情報論壇』第2号
許憲春［2002］「中国国民経済計算の直面している問題と改革方向」『統計研究』第4号

【column ①】産業連関表と日中GDPの作成過程の相違

産業連関表とは

産業連関表は，国民経済計算統計を構成する一要素である。どのような統計であるかを見ておこう。封鎖経済を仮定しておくと，国民勘定行列（解説第2節の図1）の生産勘定部分について，経済活動分類（産業分類）を行ない，残りの2つの勘定はひとまとめにしたものと考えるとわかりやすい。

ある産業について，表を列方向に見てゆくと，その産業が投入したさまざまな財・サービスがわかり，行方向に見てゆくと，生産物の使途が知られる。経済活動分類は，アクティヴィティー・ベースのものであるから，副次的生産物は極力排除され，商品×商品の純粋な投入・産出構造が把握されることが期待される。英語でInput-Output Table（略称I-O表）といわれるゆえんである。図1は，基本表の構造を示したものである。

この産業連関表の歴史をたどってゆくと，ワシリー・レオンチェフによる1936年の試算までさかのぼることができる。政府の手による本格的な産業連関表は1939年アメリカ労働統計局（BLS）で作成されたもので，BLSは，この産業連関表を使って雇用予測を行なった。1944年にはアメリカ戦時生産計画部が経済予測に利用し，精度の高い結果が得られたことで，急速に全世界に普及した。日本でも，昭和26年表から平成17年表まで5年ごとに作成されている。

産業連関表は商品×商品の投入・産出構造を詳細に記録するものであるのに対して，国民勘定統計は，制度単位や事業所の活動を記録するように設計されている。後者の産業分類は，事業所ベースのそれである。産業連関表と国民勘定統計との間には基本

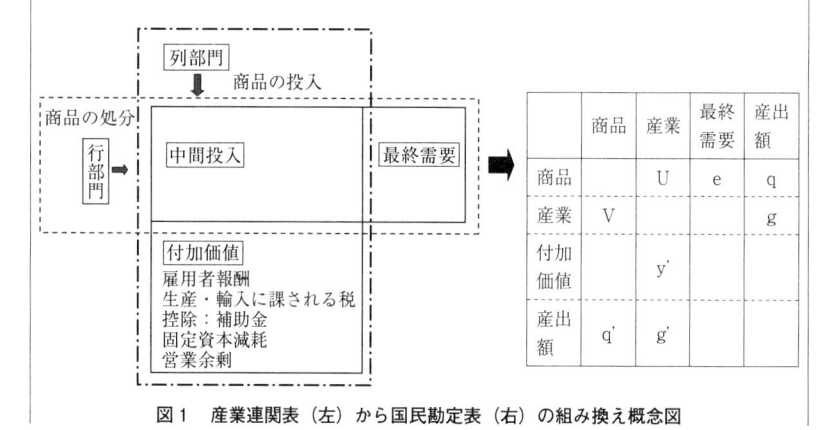

図1　産業連関表（左）から国民勘定表（右）の組み換え概念図

産業連関表から国民勘定統計へ

そこで，産業連関表の商品×商品の投入・産出構造を国民勘定統計の生産勘定に組み替えるためには，商品技術仮定（ある商品はどの産業で生産されようとも同じ投入構造を持つという仮定）と産業技術仮定（産業は主たる財・サービスをひとつ生産するという仮定）を前提としてX表とV表からU表を導き出し，V表より得られる産出額からU表より得られる中間投入額を控除して付加価値額を推計する。図1（右）の「国民勘定表」が構成される。

一方，産業連関表の行方向を組み替え，生産と支出の二面等価を維持しながら，各需要項目を推計する手法がコモディティ・フロー法である。生産者価格の供給（産出＋輸入）から，マージン率や配分比率を特定することにより，購入者価格の需要側諸項目（中間消費＋民間最終消費支出＋総資本形成＋輸出）を推計する。また，上で得られた付加価値額は，雇用者報酬，固定資本減耗，生産物に課される税（控除）補助金に分配し，残差を営業余剰／混合所得とする。

生産，支出，分配の各勘定間の整合性がこのように確保されるわけであり，それを「三面等価」という誤解を招きやすい語で言いあらわしてきた。しかし，「三面等価」とは，本来「推計の三面」として理解されるべきであり，国民勘定集計量を多様な一次データによって推計することにより，推計値のチェックを行なったり，基礎統計の整備を進める指針を得たりすることにその意義がある。したがって，ここで述べた方法は，「三面等価」を表面的に実現したものに過ぎない。

中間年推計・四半期推計・問題点

なお，産業連関表が存在する基準年は，5年おきにしか存在しないが，基準年でない中間年（当期産業連関表と次期産業連関表の間の年）の生産勘定推計では，V表は毎年新しく作成されるものの，U表は基準年U表をベースに様々な統計資料を使って延長推計する方法が取られている。支出勘定のうち，民間最終消費支出はコモディティ・フロー法によって得られた民間最終消費支出に「家計調査」で得られた計数の動向を参考に推計し，総資本形成も同様に，機械などの設備投資はコモディティ・フロー法により，住宅は建設コモ法をベースに各種建設統計を用いて推計している。

四半期推計も同様に，基準年をベースに，中間年「国民勘定表」の需要側を様々な統計を利用して延長推計している。なお，日本では供給側の四半期推計は公表していない。それは，U表を四半期延長推計することが困難なためである。

以上述べてきた推計手法は，日本では，近年の技術革新等による経済構造の急速な

変化に耐えられなくなってきている。特に，コモディティ・フロー法の核となっている供給側から需要側へ配分される各種商品の配分比率については，毎年各種資料を使って見直しを行ない流通経路の再検討を毎年行なっている。さらに，新たに生み出された財・サービスをどのように取り込むかを苦心しているところは，各国共通の悩みといえよう。サービス経済の進展にともなって，日本ではサービス業，特に「事業所サービス業」は労働者派遣業は労働形態の多様化にともなう事業所の概念整備が，「請負業」か「派遣業」か，といった「グレーゾーン」を生み出すなど複雑化しており，それに対応した統計整備が遅れていることも事実である一方，電子マネー決済の日常化にともなう業種とその需要との関連を把握するためにはコモディティ・フロー法では限界があるのではないかという指摘もある。

GDP推計の日中比較

このように，日本のGDP統計の場合，産業連関統計をベースに，生産側，支出側のGDPが，前者は，付加価値法，後者は，コモ法によって推計され，ありうる開差を生産側に「統計上の不突合」を計上することによって処理しているから，その三面が直接推計されているわけではなく，本来の三面の「不突合」は産業連関統計作成の過程で調整済みであることに注意する。その点，中国の場合，GDP統計と産業連関統計との連携がなく，よくいわれるような物的推計法の利点は生かせないものの，基礎統計とGDP推計とのつながりがより直接的であるため，生産側と支出側との開差を分析することによって，日本の場合より容易に基礎統計の不備や不整合を分析する

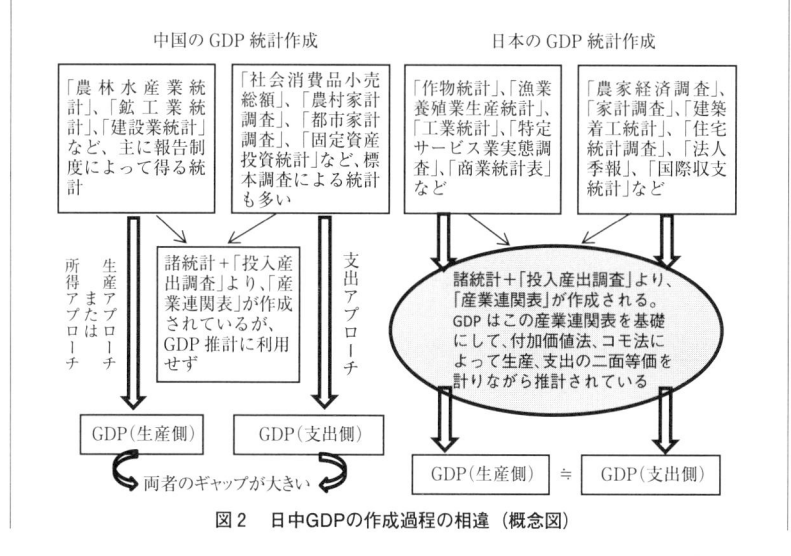

図2　日中GDPの作成過程の相違（概念図）

ことができると考えられる。

　図2「日中GDPの作成過程の相違（概念図）」で示されているように，それぞれ両国のGDP作成過程は一長一短がある。

　なお，技術仮定（商品技術仮定や産業技術仮定）については，倉林・作間『国民経済計算』（東洋経済新報社，1980年），コモディティ・フロー法については，作間編『SNAがわかる経済統計学』（有斐閣，2003年）を参照のこと。

（李　潔，佐藤勢津子，櫻本　健）

第2章

世界銀行とマディソンによる中国公式GDPに対する批判と調整[1]

（谷口昭彦 訳）

要旨 1994年から1998年の間，世銀は，中国の統計システムは2種類の歪みをもつとして，中国の公式GDPの調整を行なった。

(1) 経済取引の取扱の不整合性
(2) 中国の行政上の生産報告制度の不適切な範囲

これら2つの歪みは，GDPの過小推計をもたらす。価格改革は中国全体で実施されているが，いまなお一部の高価格の財と他の低価格の財とが並存する状態が維持されている。このような歪んだ価格システムはGDPの過小評価を招く。1990年代初め以降，中国は価格システムと統計システムの分野において包括的な改革をした。このため，世銀によるGDPの調整は中国の実際の状況を反映していない。1999年前半，中国国家統計局と財政部は世銀と協議をした。この協議を通して，世銀は，世銀が中国の公式GDPを調整する根拠は批判に耐えられるものではないという結論に達した。同時に世銀は，今後，世銀の刊行物に掲載される中国の一人当たりGNPを計算する場合，中国政府によって提供された公式GDP数値を直接使い，一切の調整を行なわないと表明した。さらに，世銀はこれまでに出版された中国の一人当たり年次GNPを改訂するために中国の公式GDP数値を利用することとした。

1998年8月に，OECDシニアコンサルタント，オランダ・フローニンゲン大学教授のアンガス・マディソンによって書かれた『中国経済の長期的パフォーマンス』(*Chinese Economic Performance in the Long Run*) がOECD開発センターから刊行された。同書中，マディソン教授は一部の産業部門の統計データを調整あるいは再評価して，新たな中国経済成長データセットを作成した。

本章では，主として世銀及びマディソン教授が調整のために用いた手段と

---

[1] 本章は *The Journal of Econometric Study of Northeast Asia*, Vol. 1 No2. 1999, Japanに発表されたものである。

:::
その推計結果を吟味しそれらの問題点を検討したい。
:::

　中国経済の急速な発展と経済力の増大にともなって，多くの国際機関や世界的に著名な学者らは中国経済の集計値と経済成長を研究するということに多大な関心を持つようになった。同時に，彼らは中国の公式GDPの（統計上の）質を疑問視した。彼らはさまざまな見地からさまざまな方法を採用し，中国のGDPのさまざまな推計値を得ている。本章は世銀とマディソン教授によって行なわれた評価と調整を吟味し，その方法の問題点を研究する。

I　世界銀行による中国公式GDPの調整と評価

1．評価と調整の方法

　1990年代初め，世銀の統計ミッションが中国を訪れ，中国の統計システムを研究した。このミッションの報告『中国——移行中の統計システム』（*China: Statistical System in Transition*）の中で，包括的な改革が中国の統計システムに実現されているが，そこには基本的概念，調査範囲，調査手法に欠点があることを明らかにした。中国の基本的概念は深くMPSに根付いたもので，調査範囲はいまなお物的生産に集中していて，調査方法は伝統的な行政上の生産報告制度である。かなりの価格改革にもかかわらず，価格システムは伝統的な特徴を残し，多くの生産物価格が政府の管理下にある。そのため，中国のGDPは過小推計され経済成長は過大推計されてしまう。

　1994年の世銀の報告『中国の一人当たりGNP』（*China GNP per Capita*）では『中国——移行中の統計システム』で示された中国の1992年のGDP推計を上方調整した。調整は，整合性調整，範囲調整，評価調整の3点である。これらの調整の結果，中国公式GDPを34.3％増加させることになった。整合性と範囲の調整は統計システムの不完全性を根拠にしたものである。評価調整は価格システムからの影響に対する調整である。

(1)　整合性の調整

　この調整は中国の報告制度が一部の取引を報告する方法の不整合性に対処しようとするものである。以下の調整が行なわれる。

①　自己使用の穀物

世銀報告『中国の一人当たりGNP』では，中国の統計は概して，農場で生産された農家家計の自己消費分の穀物を自由市場価格よりも低い価格で評価していると述べている。そのことに対処するために，報告中になされた仮定に基づき，すべての自己消費分穀物の評価額を20％上方調整する。その調整が，家計消費支出に対する影響は1.6％，GDPに対する影響は0.8％である。

②　在庫変動

世銀報告では中国の統計制度における重大な不整合性の潜在的要因の1つが在庫増加の問題であると述べている。在庫増加は販売することができない産出，むしろ産出のときに用いた価格では販売することができない産出からなる。在庫は翌年に繰り越され，結局は廃棄されるか，かなりの割引価格で販売されると報告では考えられている。その結果として，在庫変動は首尾一貫した統計報告に表れる数字より大きくなる。世銀報告は在庫変動が報告された数字よりも1/3近く低いと想定し，GDPを1.6％下方調整している。

③　企業内の福祉サービス

世銀報告は重要な企業改革の内容のひとつが住宅や保健のような企業内の福祉サービスの市場化にあると述べている。今後もそうした要素はGDPを増加させるだろう。世銀報告では，企業内の労働力の10％がそうした企業内福祉サービスの供給に従事していると仮定し，その労働力が市場化されたサービスへシフトすることを仮定する。その想定のもとに，GDP全体への影響を，1.6％の上方調整としている。

④　資本減耗

世銀報告では，中国は陳腐化よりもむしろ物理的な意味での減耗をベースとして固定資産の長期の耐用年数を仮定するので，比較的低い資本減耗率を使う傾向にあるとしている。そのため，世銀報告では，資本減耗の31％の増加を想定している。しかしながら，資本減耗率の調整はGDPに影響しない。実際，資本減耗を大きくした分だけ，自動的に利潤から差し引かれる費用の増加となり，総付加価値に変化はないからである。支出側において総投資は資本減耗の変化から影響を受けない。

⑤ 企業損失のための政府補助金

中国の統計的慣行では，GDP推計上の負の項目として，企業損失のための政府補助金を記録する。世銀報告では，企業損失は政府の価格政策の慢性的な結果であることを見出している。経済学的見地からは，そうした補助金は，政府政策の一部分としてより低い価格で財・サービスを供給することに対する補償である。統計報告は，その政策の目標とする受益者への分配を意図した，財・サービスの政府購入として取扱うべきである。GDPの負項目としてではなく，政府最終支出に含め，正の項目とすべきだろう。世銀報告では中国の1987年産業連関表で10部門の企業損失がゼロに削減されると，政府最終支出を7％増加させ，GDP推計値を0.8％引き上げることが示されている。

全体として上に述べた想定では，GDPを1.6％上方調整する。

(2) 範囲の調整

世銀報告は(1)産出額調整，(2)最終支出調整という２つの形態の範囲の調整を行なっている。産出額調整を行なった項目では，標準的な投入産出計算手法を用いて産出額を対応する最終支出項目に変換する。そして，そのようにして得られた最終支出調整値を直接最終支出調整を行なって得られた最終支出調整値と比較する。その上で産業連関表の支出部門ごとに２つの最終支出調整値のうち大きい方を選ぶ。

GDP全体の影響を見るためには，それらの（選ばれた大きい方の）調整値を合計する。

中国の統計カバレッジの問題の中で，世銀報告が最大級の関心を寄せているのは農村統計のそれである。世銀報告は人民公社の解体とともに，集団労働から個別の家計単位[訳注1]の耕作へ転換したこと，そのことにともなって，穀物と野菜の産出額の過小報告が問題となったことを指摘している。さらに，同報告によると郷鎮企業等の産出額も過小報告されている。郷鎮企業等の過小報告は，その家内産業的性質，急速な成長，不十分な統計調査制度のためにサービス業で特に深刻になっている。

① 産出額の範囲調整

調整は次のとおりである。

訳注1） 生産請負制あるいは家庭連産請負制。人民公社の後に取られた政策。

1）穀物産出額

世銀報告は，穀物の耕地面積が1/10から1/3くらい過小報告されていると指摘する（人工衛星写真によって測定された耕作地域と比較して）。同時に，サンプルとなった地域の穀物収穫の推計は高すぎるだろう。2つの要素を考慮して，穀物産出の10％上方調整をする。

2）野菜産出額

世銀報告の指摘によれば，野菜の産出額は，野菜の産出量が物理的単位で見て時間的に変動するということを反映しないし，市場価格がより高い端境期に生産を行なう誘因が高まるという事実を反映していないという。耕作面積の正確な測定はなされていない。これらの要素を考慮し，同報告では野菜産出額について30％上方調整がなされる。

3）農村鉱工業

村あるいはそれ以下のレベルの鉱工業産出額の報告は，そうした企業が一般的にわずかな財務記録しか持たず，通常，国家統計局によって直接に管理されている統計報告制度ではカバーされていないので，やや過小報告されていると思われる。農村鉱工業の急速な成長や租税の回避も過小報告の原因となっている。建設資材のような急速に成長をした農村鉱工業部門では，高い価格と利潤が産出額の過小報告を促す。また，石炭産業[訳注2]のような低利潤部門でも自由市場の高い石炭価格が過小報告のインセンティブとなっている。しかしながら，世銀報告はまた，地方政府当局者の中には業績の粉飾のために産出を過大報告する傾向もあると指摘する。農村鉱工業の産出額の上方調整は10％から15％である。

4）農村サービス

世銀報告は，たとえば，農村のトラック輸送とトラクター輸送は急速に拡大しているが，運輸のような農村サービスを測定する体系的なプログラムがないと指摘する。農村サービスの統計は一時的に都市で働き生活するという農村労働者の行動を含まない。たとえば，自営の修繕屋，行商人，飲食店主，理容師，家事使用人などである。こうしたさまざまな要素を考慮して，50％から60％の上方調整が農村サービスの産出額についてなされる。

訳注2）石炭産業は国に納める量以外は市場で売却できるため，国が買い取る価格と市場価格の二重価格となっている。

② 最終支出の範囲調整

最終支出の範囲調整は2つの基本的な要素で構成される。

1）住宅サービス

中国のGDPの過小報告に関して潜在的に重要な原因として世銀報告が関心を寄せているのは住宅サービスである。住宅サービスについてのデータは範囲と評価双方に問題がある。都市と農村の住宅サービスについて統計体系のカバレッジが不十分なのではないかということが問題になるほか、評価についても以下のような問題がある。すなわち、中国は住宅サービスの付加価値の推計を次の2つのデータソースを用いて行なっている。①カテゴリー別の住宅面積，②当初建設コストの推計に基づく、構築物の資本減耗をベースとした平米あたりのレンタル料近似値。一般的に、建設コスト推計値も資本減耗率も低い。

また、住宅面積調査では都市で生活している農村戸籍の居住者の住宅サービスをカバーしていない。もっとも重大な問題は、農村の住宅面積の調査カバレッジが不十分なことである。中国の統計ネットワークの捕捉率が中国の住宅全体の2／3と3／4の間であるという粗い推計により、以上の要因をあわせ想定される調整は40％である。したがって、最終消費支出は173億元の上昇となる。

2）農村サービス

世銀報告によると、調査に基づいたデータは実際の農村家計サービス関連取引の2／3しか反映していないという。そして、それは、サンプルデータ収集を管理し、調査対象者に十分なインセンティブを保証し、結果を加工することについて、農村地域における資源が不足しているためだと指摘している。以上の想定にしたがって、世銀報告は、人的サービス（教育，健康，社会サービス）の50％上方調整とその他サービス（交通，商業，娯楽）の60％上方調整を行なった。

上記の要素を考慮すると、中国GDPは1348億元、言い換えれば11.7％の上方調整となる。

③ 評価の調整

世銀報告は中国の歪んだ価格体系の結果として、また、産業部門の生産性の格差により、中国の改革期間においては鉱工業の資本収益率と土地収益率が他の産業部門よりもはるかに高かったことを示している。消費財産業の資本収益率と土地収益率は最も高く、サービス業と石炭産業の資本収益率と土地収益率

表2－1　世銀による一人当たり中国GNP（USドル）

年	1992	1993	1994	1995	1996	1997
一人当りGNP	470	490	540	620	750	860

は最も低かった。農業の資本収益率と土地収益率も比較的に低かった。中国の価格改革がさらに進めばこうした産業別パターンを変えていくだろう。世銀報告は全産業部門平均に近づくように産業部門ごとの資本収益率と土地収益率を調整するよう試みている。中国の対外貿易に占める繊維産業の重要性を考慮し、繊維については価格を調整しない。住宅サービスとその他不動産産業の価格は上方調整されて、そして繊維以外の消費財産業の価格は下方調整された。1987年中国産業連関表を基礎にして、GDPの18.3％の上方調整が行なわれた。

以上3つの調整を考慮して、1992年のGDPについて34.3％の上方調整が行なわれた。

1992年については、上記の調整値に基づいて、その他の年は中国の公式統計中のGDP成長率から、世銀は中国のこれまでのGDPデータを推計しなおし、中国の一人当たりGNPを計算し発表した。

1992年から1997年までについて世銀が公表した一人当たりGNPは上の表のとおりである。

1993年を除き、世銀が公表した数字は、USドルに換算した中国公式GNPよりもすべて高かった。1997年では100ドル以上違っていた。

2．世銀による調整の問題点

世銀による調整は1980年代後半から1990年代前半の中国の統計システムと価格体系に関する彼らの理解と判断におおよそ基づいている。したがって、われわれが今日それを見るとき、その方法には2つの欠点がある。一方では、その判断は当時の中国の状況に対する不完全な理解に基づいていること、他方では、その当時としての合理的な判断でも、中国の現在の状況を反映しているとはいえないことである。1990年代前半以来、中国の統計システム改革と価格体系改革は大きな進展が見られる。統計システムについては、国民勘定体系の改革とともに、その基本概念と枠組みは、現在、最新の国際基準‐93SNAに沿ったものになっている。統計調査の範囲は物的生産分野だけではなく、非物的生産分野もカバーしている。包括的な行政上の報告は全数調査と標本調査に切り替えられている。たとえば、すでに、農業センサス、鉱工業センサス、第三次産

業センサス，および基本単位センサスといった数種類のセンサスが行なわれている。特定分野の統計では標本調査が行なわれている。たとえば，農産物量の調査，農村と都市の家計調査，価格調査，小規模の鉱工業企業調査，小規模の卸売・小売業販売額調査，および飲食業調査である。これらの統計改革は中国の統計システムを改良した。また，中国は広範で徹底的な価格改革を行なった。今や市場価格は中国の価格システムの基礎となっている。

具体的には，世銀による中国の公式GDP推計に対する調整は次のようないくつかの問題がある。

(1) 整合性の調整
① 自己使用の穀物

1995年の中国農業統計の規定に従うと，農家が自己使用する穀物は総合平均価格に従い計算されるべきで，これは政府買付価格と市場価格の平均価格である。近年，大豊作時には，穀物の市場価格は極めて低く，政府は農家の利益を確保するために，市場価格より高く買付価格を設定しなければならなかったほどであった。このような状況では総合平均価格が市場価格より低いはずがない。穀物自己使用の価格が低いという世銀の仮定は中国の現状と符合しない。したがって，自己使用穀物の20％の上方修正はGDPを過大評価に導く。

② 在庫変動

1980年代後半に，計画経済体制の影響下で，かなり多くの企業が高い生産水準を追求して，市場の需要や利益には目を向けなかった。それらの企業の一部製品は販路を見出だせず，処分されたか，またはかなり低い価格で販売された。したがって，在庫増加を1/3近く下方調整するという世銀の方法は当時としては妥当性があった。しかしながら，中国経済システムの改革目標として市場経済メカニズムを設定した第14回人民大会以来，多くの変化が中国では起こっている。企業の意思決定は，市場の需要に支配され，より利益指向となった。製品を処分したり，あるいは低い価格で販売したりする現象は以前ほど起こらなくなっている。したがって，世銀の調整幅はもはや妥当ではない。

③ 企業内の福祉サービス

近年，企業改革の最も重要な要素の1つは企業内の福祉サービスの市場化である。そのため，福祉サービスに従事している被用者の比率は徐々に低下して

いる。したがって，企業の被用者のうち10％が福祉サービスに従事している仮定は過大である。そうしたGDPの調整はもはや妥当ではない。

④ 資本減耗

企業と企業指向機関に関して，より高い資本減耗は費用の増加となり，費用は利益から自動的に差し引かれるので，付加価値は変化しない。したがって，資本減耗の調整はGDPに対して影響しない。世銀のこの視点は正しい。しかしながら，それは行政機関と非営利団体には該当しない。なぜならばそれらの機関では，利益が発生せず，付加価値がコストの観点から計算されているため，コストの一部の資本減耗の増加は直接，付加価値の増加につながる。言い換えれば，資本減耗の調整はGDPに対して影響を与えるだろう。

(2) 範囲の調整
① 穀物の産出

耕地面積に関する中国の公式データは人工衛星による推計値より小さい。しかしながら，人工衛星を使って推計されたデータは角度25度以上の丘陵，氾濫原，灌漑用運河，水路，および田畑の間の道路を含んでいる。実際には，それらの地面を通常の耕地と見なすべきではない。中国の公式データと通常の耕地面積との違いはそれが世銀で推計されたほどには大きくない。

そのうえ，農業統計による穀物産出の調査のほかに，農村家計調査でも農村家計の農業生産表と農村家計の穀物のバランス表[2]が作成されている。これらの表は，農村家計の生産，年初の穀物ストック，年内の穀物による所得，年内の穀物に関する支出，および年末の穀物ストックを示すものである。したがって，農村統計と農村家計調査の異なったタイプの調査によって穀物産出のダブルチェックができる。上記の事実に基づいて，われわれは，穀物産出のデータが真の状況と符合していると考えている。世銀による10％の上方調整はGDPの過大評価をもたらしているだろう。

② 畜産業の産出

世銀報告は中国農業生産を過小評価と判断している。むしろ実際には，中国の農業統計は，農業生産を過大評価する傾向にある。農業センサスの結果によ

---

[2] 農村家計農業生産表と農村家計穀物バランス表は*Scheme of Rural Household Survey*にある。

ると，1996年の年次報告における肉の産出が実際の生産より22%高かったことがわかる。豚と牛と羊の家畜量の過大評価は，それぞれ20.7%と21.1%と21.8%[3]であった。これは産出量と農業の付加価値の過大評価に通じる。言い換えれば，GDPの下方調整をするべきであり，これは世銀の予想を超えている。

③　農村鉱工業

中国の第3回鉱工業センサスの結果は，従来の統計で示された郷鎮企業（町，村レベル，共同経営，私営，個体経済を含む）の産出額が1兆8000億元（1995）過大評価されたことを示している。それは農村鉱工業の産出額の40%を占める。これは世銀の判断と矛盾する。したがって，上方調整でなく下方調整をするべきである。世銀による上方調整はGDPの過大評価につながる。

④　農村のサービス業

世銀による中国の農村サービス統計に関する判断とデータ調整は1980年代の終わりか，1990年代初めにおける統計の状況に基づいている。そして，それらは当時としては，現状を反映したものと言えた。しかしながら，1993年から1995年にかけて最初の第三次産業センサスが実施され，そこでは，農村サービスを含むすべてのサービス部門について全般的な調査が行なわれた。同時に，その結果を用いてGDPに関する時系列データを使って，上方調整を行なった。

事実上，この上方調整は世銀によるものよりさらに大きいものだった。たとえば，世銀報告では，その農村サービスデータの仮定に基づき，1992年GDPについて6.5%上方調整したが，国家統計局は第三次産業センサスのデータを用いて，同年，9.3%の調整を行なった。この数字は世銀がサービス全体で行なった調整（8%）[4]よりさらに高い。世銀による調整は中国の現状と符合しない。

3　この計算は中国統計年鑑（1997，1998）中の家畜数と畜産品に基づいている。
4　統計カバレッジの調整に関して，世界銀行のサービス業の調整には農村サービスと都市・農村での住宅サービスが含まれている。そのうち，農村サービスには農村居住者の住宅サービスを含んでいない。農村サービスの調整はGDPの6.5%上方調整につながり，そして，都市部・農村部の住宅サービスの調整はGDPの1.5%の上方調整につながっている。

表2-2 第三次産業センサス後のサービス部門付加価値調整率とGDP調整率

年	GDP	第三次	輸送・郵便・通信(訳注3)	商業	非物的サービス
1978	1.1	4.4	0.0	0.0	9.3
1980	1.1	5.2	0.0	0.0	9.6
1985	5.1	20.6	0.0	52.2	11.9
1986	5.3	21.2	0.0	58.1	12.4
1987	5.8	23.0	0.0	62.3	13.2
1988	6.1	23.4	0.0	65.1	10.7
1989	5.7	20.3	0.0	66.7	8.8
1990	4.8	17.2	2.7	67.6	8.5
1991	7.1	24.7	10.4	67.6	13.9
1992	9.3	33.1	9.5	88.7	21.7
1993	10.0	32.0	11.7	73.4	24.8

注:中国統計年鑑(1994,1995)から作成

(3) 評価調整

1990年代初め以来，中国は社会主義市場経済の価格メカニズムを確立するという目標を設定している。価格改革で歪んだ価格構造が明確に改善された。たとえば，1990年から1997年まで，世銀によって低い資本収益率及び土地収益率を持つと見なされるサービス部門と石炭産業の価格は222%と206%上昇した。高い資本収益率及び土地収益率をもつと見なされる消費財産業と繊維産業の価格は96.8%と60.3%の上昇だった。近年，市場原理は中国で主導的な役割を果たしている。福祉住宅サービスを除いて，財・サービスの価格は市場で決定される。福祉住宅サービスの価格でさえ市場価格から乖離しつつも，その方向にシフトしつつある。たとえば，住宅システム改革で，住宅サービスは市場化されるだろう，そして，福祉住宅サービスはもはや存在しなくなるだろう。

そのうえ，1998年11月に関連部門によって行なわれた33品目の代表的商品の国際価格比較によると，選択された商品のうち22品目の価格は世界市場のものより高かった。それは69%を占める。主にそれらは小麦，とうもろこし，大豆，豆油，およびその他の農産物，硫酸，塩酸，尿素，およびその他の化学製品，ガソリン，ディーゼル，およびその他のエネルギー製品，アルミニウム，銑鉄，その他の冶金の製品などが含まれる[5]

訳注3) 輸送は貨物輸送と考えられる。
[5] 「国際市場における主要商品の価格変化とその要因」*Price Monitoring and Analysis* 22号，1998。

総じていえば，中国の価格メカニズム，価格水準，および価格構造では大きな変化が起こしている。したがって，もし世銀が1987年産業連関表を用いて価格調整を様々な部門について行なうと，GDPの過大評価をもたらすだろう。

1999年の前半，国家統計局が世銀と協議を行ない，その結果，世銀はGDPを調整する根拠はもはや存在しないとの結論に至った。世銀は，通常のやり方にしたがって，今後，直接，中国の公式データを使って，刊行物の中で中国の一人当たりGNPを公表し，一切の調整を行なわないと表明した。そのうえ，世銀は，中国一人当たりGNPについて過去に調整した推計値を修正するのに中国の公式データを利用するだろうとした。

II　マディソン教授による中国GDPの調整と評価

アンガス・マディソンはオランダのフローニンゲン大学教授であり，OECDのシニアコンサルタントでもある。世界的に著名な経済学者として，同教授を中心としたグループは世界の経済成長の解明に貢献した。

マディソン教授は中国経済のパフォーマンスを研究することに強い関心を持っている。有名な『世界経済の成長史1820年-1992年』(Monitoring the World Economy, 1820-1992) のプログラムでも中国経済のパフォーマンスに関する研究が含まれているが，同教授の最近の著書『中国経済の長期的パフォーマンス』の中で，中国長期経済発展の研究を提示している。以下で，著者が主として焦点を当てようとしているのは同書における同教授の仮定と，その採用したデータリソースと推計方法を含む1952年から1995年までの経済成長に関する推計，およびその結果である。さらに，中国の公式データと同教授のデータとを比較して，推計の問題について検討する。

1．データリソースと推計方法

(1) 農業

マディソン教授の推計では農業を穀物，林業，畜産業，副業，および漁業[6]の5つの部門に区分している。基準年として1987年を取り，同教授は，穀物と畜産業の付加価値に関する推計を1952年から1995年まで不変価格によって行なった。最初に，同教授は年次ごとの不変価格表示の穀物と畜産業の産出額を

6　2つの主要な調整では農業の分類が1984年と1993年に行なわれた。

推計するために国連食糧農業機関（FAO）の1987年価格でウェイト付けされたFAOと国家統計局の数量データを利用した[7]。次に，同教授は，これら2部門の中間投入を推計するために中国の1987年産業連関表を利用し，その他の年次を外挿法で推計して，穀物と畜産業の付加価値を得た。

　1987年の漁業の付加価値について，マディソン教授は中国の1987年産業連関表の当該部門データを利用し，そして，その他の年次の不変価格表示付加価値は以下の方法で推計された。不変価格表示で年次ごとの漁業の産出額を推計するのに1987年中国産業連関表と1993年と1996年の中国統計年鑑の物量データとしての生産量を利用した。そして，同教授は，付加価値率を利用して不変価格表示の漁業付加価値を推計した。各年について漁業の付加価値の動きが穀物と畜産業の付加価値率の動きと同一であると仮定された。

　林業の付加価値の推計は漁業のものと同様である。唯一の違いは不変価格表示で推計された産出額が物量データとしての生産量でなく産出数量指数を利用したのだということである。産出数量指数は『中国農村経済統計年鑑（1989）』と，1993年と1996年の『中国統計年鑑』から得た。林業付加価値についても各年について付加価値率の動きが穀物と畜産業のものと同一であることが仮定されている。

　1987年の副業の付加価値については，同教授は中国の1987年産業連関表の該当部門のデータを用いた。その他の年次については，1987年産業連関表における副業部門の付加価値率が各年についても適当なものと仮定して，不変価格表示付加価値を推計した。同教授は，副業活動の推計は非常に難しいと指摘している。1971年以前，中国の公式統計では，副業は，村営鉱工業，家計手工業と採取狩猟活動を含んでいた。しかし，1971年以降，村営鉱工業は鉱工業生産として扱われている[8]。データリソースの制約で，中国の公式統計と同じカバレッジを採用しなければならなかったというのが同教授の説明である。1971年以前のデータの調整はなされていない。また，1993年中国統計年鑑とその後の版は，1991年以降の副業の産出量を推計していない。そこで，マディソン教授は，1991-1995年の成長率が1987-1991年と同じであると仮定し，1978年以降の副業産出量の公式推計値が鉱工業と比べて過小デフレートされていると想定した。そのため，同教授は鉱工業生産に対して行なったのと同様な修正を副業に

7　データは国連食糧農業機関が得られない部分については国家統計局のデータから推計。
8　これはマディソン教授の誤解だろう。この調整は，実際には1984年に行なわれた。脚注6及び問題点の項を参照せよ。

ついても行なった。

(2) 鉱工業

マディソン教授は，中国の鉱工業の産出額と付加価値，さらに，関連する中国の物価指数を研究した。同教授は，鉱工業の不変価格表示の付加価値が価格要素を過小評価していると考えている。同教授はHarry X. Wuの推計を利用した[9]。Wuは，中国の各年の不変価格表示産業付加価値を推計するために中国の1987年産業連関表の価値額データと『中国工業統計年鑑』の物量データを利用した。同教授は，鉱工業内訳部門に各々に属するさまざまな生産物の量をウェイト付けするためのウェイトとして1987年単価を用いて，各年の産出指数（ラスパイレス指数）を算出した。次に，この指数を用いて1987年の鉱工業内訳部門別の鉱工業付加価値をその他の年次に外挿する。こうして，各年次の不変価格表示の鉱工業内訳部門別付加価値を得て，最後に各年次の鉱工業全体の不変価格表示の鉱工業付加価値を得るというのがウーの推計方法であった。

(3) 建設

1987年建設業の付加価値については，マディソン教授は公式データを利用し，その他の年次の不変価格表示の付加価値を推計するために，外挿法を利用した。同教授が利用した指数は中国の1952年から1986年までと1988年から1995年までの建設業の付加価値の公式成長指数だった。

(4) 運輸・通信と商業・飲食業

マディソン教授による運輸，通信，商業，飲食業の不変価格表示での付加価値推計は次の方法に基づいていた。1987年の付加価値については，公式データを利用し，不変価格表示のその他の年次の付加価値については，外挿法を利用した。1957-1995年については，公式の付加価値指数を，1952-1957年については，Ta-Chung LiuとKung-Chia Yeh[10]によって推計された付加価値指数を利用

---

9 Wuはオーストラリア貿易省東アジア部のシニアエコノミスト，アデレード大学中国経済リサーチセンター研究員であった。現在，彼は香港理工大学助教授である。フローニンゲン大学マネジメントリサーチセンターからの財源によって，彼は中国の鉱工業成長を研究し，その結果，中国経済問題の専門家から注目を集めた。

10 LiuとYehは1933年から1959年までの中国の経済成長について共同研究している。*The Economy of the Chinese Mainland: National Income and Economic Development*, 1933-1959, Princeton University Press参照

(5) その他サービス[11]

マディソン教授は，1994年中国統計年鑑と比べて，最新の公式統計ではその他サービスの1987年の値が13.2％だけ上方調整されているのを見出した。同教授は，公式統計には軍事活動[12]が含まれていないこと，住宅サービスが過小評価されていることから，このような調整を行なった上でも公式統計は依然として不適切なものと考えている。そこで,同教授は1987年のその他サービスの付加価値を1／3上方調整した。諸外国の経験では，この部門の労働生産性の推計は難しく，その変動は国民勘定上で非常にわずかであり，それゆえ，マディソン教授は雇用成長と同じペースであると仮定して付加価値を求めた。

2．推計結果と比較分析

以上の定量分析から，マディソン教授は以下の結論に至った。すなわち，中国の公式統計は，経済成長を過大評価したが，集計量を過小評価した。産業部門別に見ると，農業成長が過小評価されていると同教授は考えている。鉱工業とその他サービスの物価上昇率は過小評価され，したがって，これらの部門の成長率は過大評価されている。

(1) GDP

表2－3は，中国の公式GDP成長，マディソン教授による推計及び両者の開差を示す。表2－3から，一部の年を例外として，同教授によって推計されたGDP成長率が公式のものより低いということがわかる。1952年から1978年までの年平均成長率に関して，同教授の推計は公式統計よりおよそ1.7％低く，1978年から1995年までは，2.4％で，そして，1952年から1995年までは，2％低かった。したがって，中国の公式統計は成長率を過大評価しているとし，同教授は，中国の改革開放以来，年平均成長率は9.9％でなく7.5％，改革開放以前，年平均成長率は6.1％でなく4.4％，結局，1952年から1995年まで，年平均成長率は7.6％でなく5.6％であるべきだろうと結論付けた。

マディソン教授が基準年として利用した1987年に関してGDPの，公式統計

11　運輸・通信，商業，飲食業は除く。
12　これはマディソン教授の誤解である。軍事活動は国民勘定のその他サービスに含まれている。本論文の問題点の項を参照せよ。

表2-3　公式GDP成長率とマディソン教授推計の比較

	公式推計	マディソン推計	開差		公式推計	マディソン推計	開差
1953	15.6	5.3	10.3	1976	-0.6	-1.0	0.4
1954	4.2	3.2	1.0	1977	7.6	6.4	1.2
1955	6.8	5.4	1.4	1978	11.7	10.9	0.8
1956	15.0	9.9	5.1	1979	7.6	7.7	-0.1
1957	5.1	5.6	-0.5	1980	7.8	3.9	3.9
1958	21.3	11.4	9.9	1981	5.2	4.8	0.4
1959	8.8	2.5	6.3	1982	9.1	8.7	0.4
1960	-0.3	-3.3	3.0	1983	10.9	8.5	2.4
1961	-27.3	-18.0	-9.3	1984	15.2	11.8	3.4
1962	-5.6	0.0	-5.6	1985	13.5	10.5	3.0
1963	10.2	9.7	0.5	1986	8.8	6.5	2.3
1964	18.3	12.1	6.2	1987	11.6	8.6	3.0
1965	17.0	11.6	5.4	1988	11.3	8.1	3.2
1966	10.7	9.6	1.1	1989	4.1	2.2	1.9
1967	-5.7	-3.0	-2.7	1990	3.8	3.2	0.6
1968	-4.1	-2.2	-1.9	1991	9.2	5.8	3.4
1969	16.9	9.4	7.5	1992	14.2	9.5	4.7
1970	19.4	11.5	7.9	1993	13.5	9.8	3.7
1971	7.0	4.8	2.2	1994	12.6	9.9	2.7
1972	3.8	2.9	0.9	1995	10.5	8.3	2.2
1973	7.9	7.0	0.9	1952-1978	6.1	4.4	1.7
1974	2.3	1.7	0.6	1978-1995	9.9	7.5	2.4
1975	8.7	6.4	2.3	1952-1995	7.6	5.6	2.0

注：第1列は*Historical Data of GDP of China*より　第2列は*Chinese Economic Performance in the Long Run*より。第3列は前の2列の差分。

は1兆1962億5000万元であった。同教授の推計は1兆3192億8000万元であった。後者は前者より，1230億3000万元高くすなわち10.3％高かった。したがって，同教授は，公式統計が経済集計量を過小評価していると考えている。

(2) 農業

表2-4は，1952年から1995年まで，1978年から1995年まで，1952年から1978年までの農業の付加価値の公式年平均成長率，マディソン教授の推計及び両者の開差である。

表2-4から，マディソン教授の推計結果は公式統計より高いことがわかる。1952年から1978年までの公式統計は2.1％で，マディソン教授の推計は，2.2％で，0.1％高い。1978年から1995年までは，公式統計が5.1％で，マディソン教授の推計も5.1％であった。1952年から1995年までについては，公式統計が

3.3％で、マディソン教授の推計は、3.4％で0.1％高い。

実数に関して、基準年として利用した1987年公式統計は3204億3000万元で、マディソン教授の推計は3810億1000万元であった。つまり、後者は前者より19％高い。

(3) 鉱工業

先に言及したように、マディソン教授はHarry X. Wuの産業付加価値の1952年から1995年までの推計を主に利用した。表2－5は、1978年から1995年まで、1952年から1978年まで、1952年から1995年までの公式年平均成長率と、Wuの推計とその開差である。

表2－4 農業付加価値の公式年平均成長率とマディソン教授推計値（％）

	公式推計	マディソン推計	開差
1952-1978	2.1	2.2	-0.1
1978-1995	5.1	5.1	0.0
1952-1995	3.3	3.4	-0.1

表2－5 鉱工業の公式年間平均成長率とHarry X. Wuの推計値（％）

	公式推計	Harry X. Wu推計	開差
1952-1978	11.5	9.6	1.9
1978-1995	12.0	8.6	3.4
1952-1995	11.7	9.2	2.5

表2－5をみると、Wuの推計が公式統計より明らかに低いことがわかる。1952年から1978年までの公式統計は11.5％で、そして、Wuの推計では9.6％であり、1.9％低い。1978年から1995年までの公式統計は12％で、そして、Wuの推計では8.6％であり、3.4％低い。1952年から1995年までの公式統計は11.7％で、そして、Wuの推計では9.2％であり、2.5％低い。GDP値に関しては、1987年鉱工業の付加価値の公式統計が4585億8000万元であり、Wuの推計が4609億4000万元で、非常に近いものであった（事実上、この差異は1987年中国公式GDP数値と同年の産業連関表GDP数値との違いだけであった）。

(4) 建設業

マディソン教授が1952年から1986年までと1988年から1995年までの1987年建設業の付加価値と建設業の付加価値成長率に中国公式データを利用したため、同教授の推計は公式のものと同じであった。

(5) 運輸・通信、商業

マディソン教授は1987年付加価値の公式統計を利用した。したがって、同教授の推計は公式のものと同じであった。1957年から1995年まで、同教授は中国の公式付加価値指数統計を利用している。したがって、これら部門の付加価値

成長率の推計は公式推計と同じであった。しかしながら，1952年から1957年では，Ta-Chung LiuとKung-Chia Yehの変動指数を利用している。この期間の輸送とテレコミュニケーションの付加価値の公式年平均成長率は13％だった。それに対して，同教授の推計は5.3％であり，そのギャップは7.7％だった。この期間の商業と飲食業の付加価値の公式年平均成長率は8.5％で，それに対する，同教授の推計は3.5％であり，そのギャップは5％であった。公式データとマディソン教授の推計のギャップが非常に大きいのは，明白である。

(6) その他サービス

1987年についてその他サービス付加価値の公式統計数値は1802億4000万元で，マディソン教授の推計は，2403億2000万元であった。この推計は公式統計より33％高かった。1952年から1995年まで，その他サービス付加価値の公式年平均成長率は8％であり，同教授の推計は5.2％であった，その差は2.8％である。

3．問題点

マディソン教授の1952年から1995年までの中国経済成長推計を余すところなく吟味した結果，著者は少なくとも2つの問題点があると考える。

(1) 農業

中国の公式統計において，農業分類で2つの大きな調整を行なった。1回目は1984年に調整され，そして，1993年に2回目が行なわれた。1984年以前に，中国の公式農業統計は穀物，林業，畜産業，副業，および漁業を含んでいた。その中で，副業は農村工業，家計手工業，採取・狩猟を含んでいた。1984年に，副業の農村工業は産業部門に移行した[13]。1993年に，先述した農業は農業，林業，畜産業，および漁業部門（あるいは単に，農業）として呼ばれ，農業，林業，畜産業，および漁業の4つの内訳部門を含むことになった。農業はさらに穀物とその他農業に分割された。その他農業は野生植物の採取を含んでいた。畜産業は，狩猟を含んでいた。1993年の調整では副業活動をさらに分類し，ある部分はその他農業に配分され，また，ある部分は畜産業の下に置かれた。したがって，副業部門は農業のカテゴリーにはない。マディソン教授の農業付加

---

[13] 1984年11月6日，国家統計局は鉱工業部門への村営工業企業のシフトと農村地域総産出計算についての国民投票を国民会議で提出した。1984年12月27日，国民会議はそれを承認し国家統計局は適切な調整を行なった。

価値の推計から，われわれは，同教授が先述のデータ系列の変化を知らないと推測する。そして，それは中国経済成長のマディソン教授の推計と中国の公式データの違いにつながる。

(2) 国防

マディソン教授は，その他サービス付加価値における中国の公式統計が完全なものではないと信じていた。同教授は中国の軍事活動に関する事例を提示した。しかしながら，その事例は中国の実際の状況とは一致しない。中国が1985年にGDPの推計を始めて以来，政府機関の一部として，軍と警察の付加価値は，政府機関，党，および社会団体の付加価値に含まれている。同教授は，自らの判断によって，1987年を基準年として，公式に公表されたその他サービス付加価値を1/3上方調整した。軍サービスの誤解のために，その調整はその他サービスの付加価値を過大評価している。

【参考文献】

Maddison, A. [1998] *Chinese Economic Performance in the Long Run*, OECD.

National Bureau of Statistics of China [1994] *Rural Social and Economic Statistical Annual Report* (1984, 1985), Beijing.

National Bureau of Statistics of China [1985] *National Agriculture Data* (1978-1983), Beijing.

National Bureau of Statistics of China (Regulation and Methodology Department) [1998] *Selected Documents of Statistical System and Methodologies* (1950-1987), China Planning Press, Beijing.

National Bureau of Statistics of China [1993] *Definition of statistical Indicators of Agriculture, Forest, Animal Husbandry and Fishery*, Beijing.

National Bureau of Statistics of China [1993-1998] *China Statistical Yearbook* (1993-1998), Beijing.

National Bureau of Statistics of China (Industry and Transportation Department) [1994, 1995] *China Industrial Economic Statistical Yearbook* (1994, 1995), Beijing.

National Bureau of Statistics of China (Department of National Accounts) [1997] *Historical Data of GDP of China* (1952-1995), Northeast Financial and Economic University Press, Dalian.

National Bureau of Statistics of China [1998] *National Statistical Reporting System*, Beijing.

National Bureau of Statistics of China [1998] *Scheme of Rural Household Survey*, Beijing.

National Committee of Development and Plan [1998] *Price Monitoring and Analysis*, the 22nd Issue, Beijing.

World Bank [1991] *China: Statistical System In Transition*, Document of the World Bank, No.9557-CHA, Washington, D.C.

World Bank [1994] *China GNP per Capita*, Document of the World Bank, No.13580-CHA, Washington, D.C.

Wu, H.X. [1997] "Reconstructing Chinese GDP According to the National Accounts Concept of Value Added: the Industrial Sector, 1949-1994".

Xu, X. [1997] *Reform and Development of the System of National Accounts for China*, Economic Science Press, Beijing.

【column ②】生産の境界

 「生産の境界」とは，何が生産とみなされ，何がそうでないかという境界線のことである。SNAの生産の境界を理解するうえで重要なことは，生産の境界の〈二重性〉である。すなわち，「生産」とは何かという問いに対して，一般的に答える場合の境界，すなわち，一般的な経済的意味における生産と，統計作成上の便宜のために一種の〈約束事〉あるいは〈慣行〉としてSNAで用意されている境界とのふたとおりの境界が存在する。

 第一の「一般的生産境界」について，SNAでは，「ヒル基準」（または，「第三者基準」）と呼ばれる基準が採用されている。

 人間の活動の中には，睡眠，運動，勉強等のようにひとに代わってもらえない活動と，仕事や家事を典型とする，ひとに代わってもらえる活動とがある。家事や育児は，実際には主婦が自分でやっているかもしれないが，ほかのひとに（たとえば，家政婦さんや保母さんに）代わってやってもらうことができる活動である。ヒル基準は，そうした，ほかのひとに代わってやってもらうことができるような活動が生産の境界内にある活動の根本的特徴であるとする。

 なぜならば，そうした性質をもたない活動については分業が生じることはないし，したがって，市場が発生し，産業が成立する可能性が閉ざされているからである。

 一方，体系の（慣行上の）生産境界，すなわち，SNAが統計作成上，各国に勧告する目的で用意したより狭い境界については，以下のように規定される。

 ① 財（サービスでなく）の生産は，原則としてすべて生産の境界内とする。

 とくに途上国では，農産物など一次産品の生産がもっぱら自家消費向けに行なわれている可能性が比較的高いと思われる（自給農業，市場向けに販売するために農業を

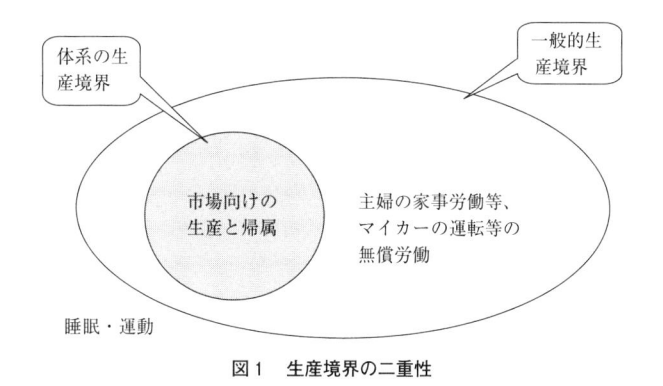

図1　生産境界の二重性

営んでいる農家が自家向けに生産物を保留しておくことは,自給農業とは呼ばれない。しかし,先進国の〈家庭菜園〉の類のものに推計する価値があるかどうかは疑問だから,細部に関しては,統計作成国の裁量に委ねられていると考えるべきである。

② サービスの生産に関しては,原則として他の経済主体にそれが提供される場合に限定して,生産の境界内とする。

したがって,家計というひとつの経済主体の内部で行なわれているサービスの提供(家事・介護・育児)は,生産の境界外である。その場合,あくまで,個人でなく,家計(世帯,家族)が経済単位である。家計(世帯,家族)でなく個人を独立な経済主体(観察上の)単位とすると,まったく異なる経済像が生まれるであろう。

政府の生産するサービスには,二種類のものが混在していると考えられる。教育のように個別にサービスが提供され,個人がそのサービスを享受する場合と法秩序の維持のように社会全体に向けられたサービスを提供する場合であるが,いずれも,生産の境界内と考えられている。非営利団体についても同様の議論ができる。

③ 家計によるサービスの自己勘定生産であっても生産の境界内とされるのが住宅サービスである。同種の賃貸住宅ならいくらかかるかを推計して〈帰属家賃〉として計上する。次項に述べる。さらに,有給のスタッフを雇用することによって生産される家事サービスも同様である。

この,より狭い生産境界が国民勘定統計の作成において準拠される基準になる。しかし,一般的生産境界が統計作成上無意味であるわけではない。伝統的国民勘定統計が担ってきた,景気動向を把握するという役割では,体系の生産境界がいくぶんの優位性をもつように思われるが,環境を含め,社会が関心を向ける特定の問題領域に焦点をあわせた勘定(サテライト勘定)を伝統的国民勘定(中枢体系)と一定の連繫を保ちながら相対的に自由に構築しようとする場合,体系の生産境界から離れ,一般的生産境界を準拠基準とする必要が生じる可能性がある。たとえば,環境問題を統計的に把握しようとする際,運送会社のトラック(生産境界内)であってもマイカー(生産境界外)であっても,環境に与える負荷という面では似たようなものであろう。そうした場合,体系の生産境界をはずして考える必要がある。

(作間逸雄)

第3章

中国の現行GDP概念と93SNAのGDP概念との間に存在する若干の相違[1]

(李　潔訳)

> 要旨　本章では，中国の現行のGDP概念と93SNAのGDP概念との間に存在する相違点について，生産の境界，事業所と産業分類，産出額・中間投入・付加価値の定義，付加価値の評価，固定資本減耗，混合所得，金融仲介サービスなど12の側面から検討する。

　1993年に改訂SNA（System of National Accounts 1993）が公刊されたのち，この新しい国際基準へ移行した国は多い。たとえば，カナダ，オーストラリアとドイツはそれぞれ1997，1998と1999年にこの新基準へ移行した[訳注1]。そうした移行過程において，これらの国々は自国の勘定体系に対して，特にGDPに影響を与えそうな問題について，全面的な改訂を行ない，出来るだけ93SNAと一致するようにしているが，種々の原因によって，これらの国々の改訂後の勘定体系には，GDP概念を含めて，依然として93SNAとの間に多くの不一致が見られる[2]。したがって，93SNA移行への過渡期にある中国の国民経済計算体系に，93SNAとの距離があるのは当然のことである。

　本章では，中国の現行のGDP概念と93SNAのGDP概念の間に存在している若干の相違点について検討してみる。

I　生産の境界

　中国GDP統計における生産の境界は93SNAの生産の境界と基本的に同様であり，両者とも以下の生産活動が含まれる。

1　本章は，『経済研究』2001年第11期に発表されたものである。第1回中国国家統計局優秀科研成果1等賞（2001年）と第6回全国統計科研優秀成果（論文）2等賞（2002年）を受賞した。
訳注1）　日本では2000年に93SNAに移行した。
2　詳細については，許憲春［2001］を参照。

① 他の経済主体に提供する，または提供する予定であるすべての財貨・サービスの生産，また，これらの財貨・サービスを生産する過程に投入された財貨・サービスの生産。
② 生産者の自己最終消費や資本形成のために使われるすべての財貨の自己勘定生産（自家生産），たとえば，農家の自家用食料の生産や企業の自家用機器設備の生産。
③ 持ち家住宅サービスと有給の家事スタッフによって提供される家庭または個人向けサービスの自己勘定生産。

換言すれば，両者の生産の境界には，財の生産がすべて含まれ，そのうち，自家用財貨の生産も含まれる。サービスの生産に関しては，主として他の経済主体にサービスを提供する場合に限定される。自己勘定サービスについては持ち家住宅サービス，有給の家事スタッフによって提供される家庭または個人向けサービスのみが含まれ，報酬を伴わない家事労働，たとえば主婦による育児，介護，家事一般などの自己勘定サービスは，GDP統計の生産の境界内に含まれていない。

しかし，93SNAでは，麻薬の製造，販売と密貿易や，売春など非合法生産活動を明確に生産の境界内としており，非合法の財貨・サービスの取引を記録することは，生産と消費の包括的な測定値を得るためだけではなく，非合法取引を記録しないことによって他の勘定のバランスに誤差をもたらすことを防ぐためでもあることが述べられている。というのは，非合法生産活動によって生じた所得や非合法的な財貨・サービスに対する支出は，合法的生産活動による所得と合法的財貨・サービスへの支出と同様に，金融資産や負債の変動を引き起こすからであり，非合法取引を記録しなければ，関連経済主体と部門の金融勘定と対外取引勘定に重大な誤差をもたらす恐れがあるからである。

中国GDP統計の生産勘定には，これに関する統計データの制約を受け，売春，麻薬販売などの非合法生産活動が含まれていない。

Ⅱ 事業所と産業部門分類

事業所と産業部門分類はそれぞれ93SNAの基本単位と基本部門分類の1つであり，93SNAの生産勘定は基本的にこのような基本単位と部門分類に基礎を置いている。事業所とは，1種類だけ，あるいは主として1種類だけの生産活動を行なう一定の場所である。ここで「主として1種類だけの生産活動を行

なう」という意味は，当該経済活動による付加価値が事業所全体の付加価値の大半を占めることである。この事業所の定義から見ると，ただ1種類の生産活動を行なうか，または，主生産活動以外に，まだ1種類あるいは1種類以上の副次的生産活動を行なうが，これら副次的生産活動の総規模が主生産活動を下回らなければならないということとなる。もし副次的生産活動の規模が主生産活動と同等，あるいはほぼ同等な大きさになるなら，この副次的生産活動をその主生産活動と分離して，別の独立とした事業所として取り扱わなければならない。93SNAの産業部門分類はこのような事業所分類をベースにしている。換言すれば，1つの産業部門は主要経済活動が同じ，あるいは類似する事業所によって構成された集合である。この事業所の定義と産業部門分類の原則によっても，各産業部門には，いくらかの副次的生産物を含まれる可能性があるが，それは，主生産物と比べて，副次的生産物の合計が産業全体に占めるシェアが比較的小さい場合に限られる。したがって，SNAの基本原則の上では，同一の産業部門における生産物の等質性は比較的強い。

　中国の現行生産統計で採用されている基本統計単位は，93SNAで定義された事業所とは異なっている。たとえば，鉱工業統計では，1つの企業（企業グループを除く）であれば，何種類の生産活動が行なわれても，分割されることがなく，1つの基本統計単位とされている[訳注2]。産業部門分類を行なう際には，この統計単位をベースにその企業で行なわれている主生産活動に基づいて各産業部門への振り分けを行なっている。

　中国のGDP統計は，現行統計制度の上に成立っているため，GDP統計で採用されている基本統計単位と産業部門分類は，現行の生産統計のものと基本的に一致している。93SNAの生産勘定と比べて，中国のGDP統計で採用されている基本統計単位に含まれる副次的生産物，したがって，この基本統計単位を基礎としている産業部門に含まれる副次的生産物の種類は多く，その規模もかなり大きい。そのため，同一の産業部門内における生産物の等質性は弱いと考えられる。

Ⅲ　産出額・中間投入・付加価値の定義

　この問題は前述の第2の問題と密接に関連している。

訳注2）　次節を参照。

93SNAでは，産出額を事業所ベースで定義している。それは次のような意味を持つ。
① 1つの事業所が生産し，この事業所の生産活動以外に提供したすべての財貨・サービスは，同一の企業内における他の事業所に提供した財貨・サービスも含めて，その事業所の産出とする。
② 1つの企業に1つ以上の事業所が含まれる場合に，その企業の産出額は所属する各事業所の産出額の合計となる。
③ 1つの事業所が生産し，同一会計期間内に同一事業所内の他の生産過程に使用された財貨・サービスはこの事業所の産出としない。

中国のGDP統計では，基礎統計の制約を受け，産出額の定義は93SNA概念の事業所ベースのものとなっていない。たとえば，鉱工業産出額は基本的に鉱工業統計における鉱工業産出額を利用しているが，それは「工場法」の概念に基づいている。この概念に基づいた鉱工業産出額は，事業所が生産し，同一の企業内における他の事業所に提供した財貨・サービスが含まれていない。また，事業所の定義と産業部門分類に関するSNA上の原則通りに，事業所を基本単位とする産出額の定義による場合，同一の産業部門産出に含まれる財貨・サービスは等質性が強いから，経済全体についての産業部門構造と商品構造は類似的であり，産業構造の変化が商品構造によく反映されるようになるだけでなく，産出の規模が企業の独立分離や統合合併の影響を受けないことになる。一方，「工場法」に基づいて定義される産出額は，1つ以上の事業所を持っている企業の副次的生産物の占める割合が大きいため，同一の産業部門の産出額であっても生産技術の等質性が弱く，鉱工業産出額における産業部門の構造は商品の構造と大きく離れ，前者の変化から後者の変化を読み取ることが困難となり，企業の統合合併や独立分離が産出額の規模に多大な影響をもたらす可能性も出てくる。

93SNAの生産勘定では，中間投入の定義においても産出額を定義したのと同様に事業所をベースとしなければならないから，前述したように，ある事業所が生産し，同一企業内の別の事業所に提供した財貨・サービスは，前者の事業所の産出額であるとともに，後者の事業所の中間投入でもある。しかし，中国のGDP統計における鉱工業産出は企業ベースであるため，ある事業所が生産し，同一企業の別の事業所に提供した鉱工業生産物は，前者の事業所の産出額でも，また後者の事業所の中間投入でもない。

このような産出額，中間投入の93SNAとの定義の違いは，そのまま付加価

値の定義の相違となる。この相違は集計量としてのGDPには影響しないが，GDPの産業構造には影響を及ぼしている。

Ⅳ　付加価値の評価

　93SNAでは，付加価値について主に2つの概念が提示されている。すなわち，基本価格で評価された付加価値（基本価格表示の付加価値）と生産者価格で評価された付加価値（生産者価格表示の付加価値）との2つである。前者，基本価格表示の付加価値は基本価格表示の産出から購入者価格表示の中間投入を控除することによって得られるが，後者は生産者価格表示の付加価値は生産者価格表示の産出から購入者価格表示の中間投入を控除することによって得られる。両者の相違は産出額の評価に利用する価格が異なることにあり，前者は基本価格を，後者は生産者価格を利用している。基本価格とは，生産者が財貨・サービス単位当たりに購入者から受け取った金額から，この単位当たりの財貨・サービスにかかる商品税を控除して，その生産または販売において受け取った補助金を加えたものであり，さらに生産者が受け取った運送費用を含めていない。生産者価格とは，生産者が財貨・サービス単位当たりに購入者から受け取った金額から，付加価値税および類似の控除可能な税を控除したものであり，そこにも生産者が受け取った運送費用を含めていない。購入者価格とは，購入者がその指定した時間と場所で渡された財貨・サービスに支払う単位当たりの価格であり，そこには運送費用が含まれるが，付加価値税および類似の控除可能な税は一切含まれない。

　この2つの付加価値評価について，93SNAでは基本価格表示の付加価値の方が望ましいとし，産出額に関しては基本価格，中間投入に関しては購入者価格が，生産者の実際に受け取った価格を反映し，取扱いやすい上に，集計値としてのGDPの推計に好都合であることを指摘している。確かに基本価格表示の付加価値は，異なる産業部門間での商品税の支払と補助金の受取の相違によって生じる付加価値の歪みを排除しているというメリットがある。中国のGDP統計では，基本価格表示の付加価値ではなく，基本的に生産者価格表示の付加価値を採用しているが，その生産者価格表示の付加価値は，93SNA概念の生産者価格表示の付加価値との間に若干の相違が存在する。それは，93SNAでは，生産者価格には付加価値税および類似の控除可能な税が含まれず，購入者価格にも付加価値税および類似の控除可能な税が一切含まれないこ

とになっているが，中国のGDP統計では，生産者価格と購入者価格にそうした税の控除を求めていないという点である。

V 固定資本減耗

93SNAの生産勘定では，生産者が保有し，生産過程に用いるすべての固定資産について，固定資本減耗を計上することとされており，土地改良のために建造された排水・灌漑システム，ダムなどの固定資産や，道路，鉄道，トンネルなどのような固定資産も，その例外ではなく，固定資本減耗を計上すべき固定資産とされている。しかし，中国のGDP統計では，上に挙げたような固定資産に対して減価償却を行なっていない[訳注3]。そのこともあり，「固定資本減耗」を「固定資産減価償却」と呼んでいる。

また，93SNAでは，固定資本減耗はその固定資産が使用される時点の当期市場価格，いわゆる「再調達費用」によって評価することになっている。この価格はその固定資産が実際に購入された時点の価格，すなわち，取得費用価格としばしば異なっている。たとえば，インフレが続く場合には，固定資産の再調達費用がその取得費用価格より高くなることが多く，したがって，再調達費用によって評価される固定資本減耗も取得費用価格により評価された固定資本減耗より高くなることが多い。しかし，資料上の制約等を考慮して，中国のGDP統計における固定資産減価償却は，従来通り固定資産の取得費用価格に基づいた推計となっている。

VI 混合所得

93SNAでは，労働者が被雇用者と自営業者に区分されている。被雇用者が職場から労働に対する報酬として得られる現金，または現物の報酬の合計を「雇用者報酬」と呼ぶ。自営業者とは，非法人企業（準法人企業を含まず）の唯一の所有者または共同所有者でありながら，自らこの企業で働く者を指している。この種の企業の場合には，業主とその家族従業者の得た利益はその労働に対する報酬か，業主としての収益かを区別し難いため，93SNAでは新しい概念として，「混合所得」が導入されている。したがって，「混合所得」には，

訳注3) 本文中に述べられている理由で，中国では「固定資産減価償却」が使われているが，しかし，本訳書では「固定資本減耗」のほうを用いる。

労働に対する報酬と業主の収益という2つの内容が含まれている。しかし，中国のGDP統計では「混合所得」の概念は，導入されていない。

中国のGDP統計では，企業，事業機関や行政機関に就労している労働者の労働に対する報酬として得られる現金または現物の報酬の合計は，すべて「労働者報酬」に計上されている。さらに，個人企業の業主とその家族従業者のその労働に対する報酬と業主としての収益もあわせて「労働者報酬」として計上されている。

以上から，93SNAにおける「雇用者報酬」はすべての労働者の労働報酬ではないことが示唆されよう。実際，そこには，自営業者の労働報酬が含まれていない。一方，中国のGDP統計における「労働者報酬」には，すべての労働者の労働報酬が含められている。その中には，企業，事業機関や行政機関の労働者の労働報酬だけではなく，個人企業の労働者の労働報酬が含まれるほか，さらに個人企業の業主としての収益も含まれている。この意味で，中国のGDP統計における「労働者報酬」のカバレッジは93SNAの「雇用者報酬」より大きいと言える[訳注4]。

Ⅶ 金融仲介サービス

金融機関は，多くの場合，取引先から費用を直接受け取る方式ではなく，資金の借手から比較的高い貸付利子を受け取り，預金者に低い利子を支払うという間接的な方式によって，収益を得，各種の営業コストに当て，さらに利益を計上している。この状況に対して，SNA（68SNAと93SNAを含めて）では金融機関によって産出される金融仲介サービスの計測に関して以下に述べるような間接的な方法を採用している。

間接的に計測される金融仲介サービス（FISIM: Financial Intermediation Services Indirectly Measured）は，金融機関の受け取る財産所得の合計と支払利子の合計の差額から，金融機関の自己資金によって得た財産所得を控除した額に等しい。FISIMの使用について，93SNAでは2つの選択肢を提示した。1つは68SNAにおける取扱いと同じもので，すなわちFISIMを丸ごと1つの「名目産業」の中間投入とする。この名目産業の産出はゼロであり，付加価値（＝営業余剰）の大きさはFISIMと等しく，その符号は逆となる。もう1つの

訳注4）　本章以外では「労働者報酬」を「雇用者報酬および混合所得」と訳す。

取扱いは，まず預金利子率と貸出利子率との間にある「参照利子率」を想定して，金融機関が実際に受け取った貸出利息とこの参照利子率で算出される仮想的な貸出利息の差額を借り手に提供する金融仲介サービスとし，金融機関がこの参照利子率で算出される仮想的な預金利息と実際に支払った預金利息の差額を預金者に提供する金融仲介サービスとするものである。上記の取扱いにおける預金者と借り手には，企業ばかりでなく，政府や家計も含まれると同時に，居住者と非居住者の双方が含まれている。後者の取扱いは明らかに前者と異なる。実際，前者ではFISIMをすべて中間投入としているが，後者ではFISIMの一部を中間投入とし，一部を最終需要としている。また，後者ではFISIMの一部が預金者に配分されるが，家計はしばしば主要な預金者（同様に借り手でも）であるために，FISIMの一部は最終消費として取り扱われることになる。また，非居住者もしばしば同様に預金者であり，借り手であるために，FISIMは輸出入にまで及ぶことになる。それゆえに，前者の取扱いと比べて，後者はGDPの増加をもたらす。93SNAは後者の取扱いを推奨しており，この金融仲介サービス取扱いの見直しは93SNAの最も重要な改訂点の1つと考えられている。

　FISIMの測度自体に関しては，中国のGDP統計上の取扱いは基本的に93SNAまたは68SNAの計測方法と同様であるが，FISIMの使用に関しては，中国のGDP統計は，93SNAの推奨する新しい方法を採用せず，68SNAの取扱いも採用しないで，次のような特別な取扱いをしている。すなわち，まず，各産業部門の純支払利子をすべて中間投入として取り扱う。すると，各産業部門の純支払利子の合計は間接的に計測される金融仲介サービスよりも大きいため[3]，産業部門付加価値の合計値が過小評価されることになり，この過小評価分を補うために，家計預金利子を金融部門の付加価値に加算するという方法を採用している。この方法はある程度68SNAの取扱いに似ている。68SNA方式も，ここに記した方式も取り扱いやすいという特徴を共通に持っているが，後

3　　間接的に計測される金融仲介サービスの産出額
　　　　＝各産業部門純支払利子＋最終需要部門純支払利子
　　もし，比較的に影響の少ない部分（政府財政に関する純支払利子，国外部門の純支払利子と家計向け生活ローンの支払利子）を無視してしまえば，上式は次のようになる。
　　　　間接的に計測される金融仲介サービスの産出額
　　　　＝各産業部門純支払利子－家計預金利子
　　よって，間接的に計測される金融仲介サービスは産業部門純支払利子より小であり，その差額は家計預金利子である。

第3章　中国の現行GDP概念と93SNAのGDP概念との間に存在する若干の相違 | 55

者は，それぞれの産業部門の付加価値がGDPに占める比率（十分に合理的というわけではないが）を算出しやすいというメリットがある。一方，68SNA方式では，名目産業の付加価値が負値となるため，各産業部門の付加価値がGDPに占める構成比を計算するにはやや不都合である。この構成比は，中国のマクロ経済分析と政策立案によく使われる重要な指標であることから考えて，68SNAの取扱いは望ましくないと判断される。

VIII　最終消費支出と現実最終消費

93SNAでは現実最終消費という概念を新設し，最終消費支出と現実最終消費との関係を示している。家計現実最終消費とは，居住者家計が個別消費として現実に得たすべての財貨・サービスの価額であり[4]，家計自身の支払によって得た個別的財貨・サービスの価額，対家計民間非営利団体によってなされた現物社会移転からもたらされる個別的財貨・サービスの価額，一般政府によってなされた現物社会移転からもたらされる個別的財貨・サービスの価額が含まれ，それぞれ家計最終消費支出，対家計民間非営利団体最終消費支出と個別的財貨・サービスに関する一般政府の最終消費支出に等しい。一般政府現実最終消費は，政府の集合的サービスに関する最終消費支出をさす。なお，対家計民間非営利団体には現実最終消費が存在しないとされている。

中国のGDP統計では，政府の個別的財貨・サービスに関する最終消費支出を推計するための基礎資料がないことから，現在のところ，現実最終消費の概念を導入していない。

IX　建設工事の取扱い

93SNAでは，生産者の自己最終使用のため，または前もって合意された販

---

[4] 93SNAでは，財貨・サービスの消費を定義し，それをさらに個別消費としての財貨・サービスと集合消費としてのサービスに分類している。財貨・サービスの消費とは，家計，対家計民間非営利団体および政府機関が，個人または社会構成員共同の需要のために直接に使われ，生産過程を経由してさらに転換する必要のない財貨・サービスの使用のことである。個別消費としての財貨・サービスとは，家計が得，家計が個別にその便益を享受する財貨・サービスである。個別的財貨・サービスは市場において売買可能であるという特性を持った財貨・サービスである。集合消費としてのサービスとは，同時に社会構成員の全体または一部の構成員に同時に提供するサービスである。集合的サービスは市場で個別に売買できないという特性を持った財貨・サービスである。

売契約のもとに行なわれている建設活動は，工事の進捗段階に応じて順次に総固定資本形成に計上するが，それ以外の建設工事は，その所有権がエンドユーザーに移転するまでは，建設企業の生産勘定の産出に生産者の在庫品増加の一部として，完成品なら，生産者の製品在庫増加とし，完成していないものであれば，生産者の仕掛品在庫として記録するように勧告している。

中国のGDP統計では，すべての建設工事に対して，それが生産者の自己最終使用のためかどうか，販売契約があるかどうかに関係なく，全部を工事の進捗段階に応じて総固定資本形成に計上している。この取扱いは中国の現行固定資産投資統計制度によるものである。

X　貴重品の取扱い

93SNAでは，新たに生産資産として，貴重品項目を設け，そこに貴金属および宝石，古董品およびその他の芸術作品などが含まれている。こうした貴重品は，主として生産や消費に使用されるものでなく，主として価値の貯蔵手段として取得され保有される資産である。貴重品は，その価格が他の財貨およびサービスに対する相対価格で見て，時間を通して上昇する傾向があるか，あるいは少なくとも下落しないであろうという期待によって保有される。このような資産の純フロー，すなわち，貴重品の取得マイナス処分は支出アプローチGDPにおける総資本形成の内訳項目の1つとされている。

推計の際の資料上の制約等を考慮して，中国のGDP統計ではまだこの項目を設けていない。企業の場合は，実際の企業会計における取扱いの違いによって，企業会計上，在庫品増加に該当する部分は，総資本形成に含まれるが，そうでない部分は総資本形成に含まれていないことになる。家計部門について，そうした資産購入は実際には家計消費として取り扱われている。

XI　コンピュータ・ソフトウェア

93SNAでは，企業が1年を超えて生産に使用することを予定しているコンピュータ・ソフトウェアは，それが外注によるものか，自社開発によるものかに関係なく，固定資本形成として取り扱うことを勧告している。市場で購入されたソフトウェアは，購入者価格によって評価する。社内で開発されたソフトウェアは，推定基本価格，もしくは生産費用によって評価される。

中国のGDP統計では，コンピュータ・ソフトウェアの取扱いについて明確な規定は存在しない。実際には，企業がコンピュータ本体と同時に購入しているソフトウェアは本体とともに固定資産投資として取り扱われている可能性があり，この場合はそのソフトウェアの価額がGDP統計における総固定資本形成に含まれることになるが，企業がコンピュータ本体とは別に発注したソフトウェアおよび自社開発のソフトウェアは総固定資本形成に含まれていないことになる。

XII　娯楽，文学または芸術作品の原本

93SNAは，娯楽，文学または芸術作品の原本の取得を資本形成として取り扱うことを勧告している。ここで原本とは，演劇公演，ラジオおよびテレビ番組，音楽演奏，スポーツ行事，文学および芸術作品等が記録ないし，体化されているフィルム，音響録音物，原稿，テープ，モデル等のオリジナルのことである。推計の際の資料上の制約等を考慮して，中国のGDP統計では娯楽，文学と芸術作品を資本形成として取り扱う規定はなく，実際には，それら一部は在庫品増加として記録され，一部は中間投入として取り扱われていると考えられる。

今後，基礎統計の改善と充実にともない，中国のGDP統計と93SNAとの相違が着実に少なくなっていくであろう。しかしながら，筆者が最後に指摘しておきたいことは，たとえ両者の間に本稿に述べたようないくつかの相違点が存在していても，中国のGDP数値が諸外国のGDP数値と比較性を持たないなどと大げさに考える必要はないということである。早い時期にSNAを採用した先進市場経済諸国でもそのGDP統計と93SNAとの間にはさまざまな相違が存在しているが，だからといって，そうした諸国のGDP数値の国際比較性を否定する人はほとんどいない。

【参考文献】

国連等編著，中国国家統計局国民経済計算司訳［1995］『国民経済計算体系（SNA），1993』中国統計出版社

許憲春［1999］『中国国民経済計算体系の改革と発展』（改訂版）経済科学出版社

許憲春［2001］「先進市場経済諸国家はどのように93SNAを実施しているか」『統計研究』第10

号

W. Mclennan [1997] *Implementation of Revised International Standards in the Australian National Accounts*.

Kishori Lal [1998] *The 1997 Historical Revision of the Canadian System of National Accounts: Record of Changes in Classification of Sectors and Transactions, Concepts and Methodology*.

Kishori Lal [1998] *The 1997 Historical Revision of the Canadian System of National Accounts: Remaining Differences between the 1997 Canadian System of National Accounts and the 1993 International System of National Accounts*.

Kishori Lal [1999] *Value Added by Industry —— A Problem of International Comparison*.

Kishori Lal [1999] *Implementation of the 1993 SNA in Canada —— Backcasting Issues*.

【column ③】帰属（imputation）

　帰属（または帰属計算 imputation）とは，実際の取引は存在しないのに，国民経済計算上，あたかもそれが存在するかのように記録することを意味する。"imputation" とは，〈みなし〉のことである。国民経済計算にとって，帰属は，きわめて重要なことがらであるにもかかわらず，帰属ほど，国民経済計算を取っつきにくくし，ある場合には，反感をもたれかねないことがらも少ない。

　なぜ，帰属を行なうのか。それは，現実に行なわれた取引を記録するだけでは，経済の営みの記録としては不十分なものとなってしまうからである。

　いうまでもなく，現実に観察される取引の圧倒的多くにおいては，貨幣対価がともなう。しかし，生産，消費，実物的蓄積といった経済の営みの重要な部分は実物的なプロセスに対応している。そのため，貨幣対価がともなうものだけを記述対象とするのでは不十分の感を否めない。

　とくに，体系の生産の境界がどのように設定されているかは，行なわなければならない帰属の範囲を決める大きな要因となる。たとえば，すべての住宅が生産の境界内に置かれるため，帰属家賃の計算が行なわれる。政府や非営利団体の生産活動も生産の境界内に置かれ，その産出額を〈費用〉で計測する。

　しかし，帰属に対する反対論もある。帰属家賃を代表例とする〈自己勘定（own account）〉活動を計上することは，市場の需要，供給に同じ金額を付け加えるから，〈不均衡〉の測定と分析とに役立たない，それどころか，たとえば，景気の微妙な動向を把握しようとするさい，むしろ〈じゃま〉になりかねないというのである。

　SNAの代表的な帰属としての「帰属家賃」（imputed rents）を例として取り上げる。賃貸住宅に住んでいる人は，家賃（住宅サービスへの対価）を支払っているが，持ち家の場合にはその必要がない。持ち家に関して特別な措置を行なわないと，国民勘定上，持ち家について，何の記録も行なわないことになってしまう。その不合理さについては，たとえば，給料の額が同じでも，賃貸住宅に住むA氏と，先祖伝来の持ち家に住むB氏との所得は同じだといえるだろうか，考えてみればよい。さらに，ここでは，現実に英国で90年代前半に深刻な社会問題となった "negative equity" 問題を取り上げよう。

　よく知られているように，1980年代にサッチャー政権が地方自治体の公営住宅をかなり大量に，しかも，安価に払い下げた。そのことによって，持ち家がかなり増えたことはいうまでもないが，帰属を行なわないとGDPは減ってしまう。

　ところが，90年代初頭の〈バブル崩壊〉によって不動産価格が大幅に下落する。し

かも，そのうえに，深刻な景気後退がおこる。そこで起こった問題が"negative equity"であった。公営住宅の払い下げに応じるときに人々は，住宅を抵当にして住宅ローン（モーゲージ）を組むのだが，不動産価格の下落により"negative equity"（住宅所有者の持ち分"equity"（＝住宅価格－借入額）が，負になってしまうこと，いわゆる〈担保割れ〉）が生じた。住宅ローンを提供した抵当会社等は，返済が滞り担保割れをおこした債権（「不良債権」）の処理を急ごうとして，抵当となっている住宅物件を差し押さえ（逆取得，"repossession"）してしまう例が多かった。それが重大な社会問題化し，1997年の総選挙で保守党が大敗をする１つの要因になったと考えられている。

このケースで帰属を行なわないと，持ち家を取り上げられ，賃貸住宅に逆戻りすれば，GDPは増大し，むしろホームレスになっていれば，GDPに変化がないことになる。そのような指標では景気動向の指標としてさえも不十分なものであるといわざるをえない。

SNAのもうひとつの代表的な帰属計算であるFISIMについては，別コラムで取り上げることにする。

(作間逸雄)

第 4 章

中国の国内総生産の推計に関わる諸問題の研究[1]

(作間逸雄 訳)

　本章は，中国の国内総生産（GDP）の当期価格推計値に関する5つの主要な問題を論じる。すなわち，以下では，住宅サービスの測定，財政補助金，企業内でなされる福祉サービス，農村工業および畜産品の5項目の問題を取り上げ，こうした諸分野の問題から発生するありうる誤差の幅を推計するとともに，それがGDPの推計値に対し，どの程度の数量的影響をもつかを示す。その結果，そうした問題が中国のGDPの構成に若干の影響をもつものの，中国のGDP全体の規模には限られた影響しかもたないという結論が得られることが示される。したがって，中国の当期価格GDPの規模について，公式推計は，比較的正確な測度を提供しているといえる。

I　イントロダクション

　近年，中国の公式の国民勘定推計値をめぐっては，世界銀行による批判[2]や著名な経済学者アンガス・マディソン教授からの批判[3]がある。より最近の動きとしては，OECDが中国の国民勘定のデータソースおよび推計方法についての報告書[4]を出版し，その中で中国の公式推計中弱いと思われるいくつかの分野を指摘している。中国国家統計局（NBS）で国民経済計算を担当するスタッフも，その基礎的ソース・データに含まれる弱さについては十分認識しているし，その中のいくつかについては，最近の鉱工業センサスや農業センサスを通じてその要因を究明することができた。われわれは，こうしたさまざまな批判を考慮するとともに，われわれ自身の国民経済計算統計実務の経験に基づき，中国のGDP推計には5つの主要な問題があると考えている。それは，(1)住宅サービスの測定，(2)財政補助金，(3)企業内でなされる福祉サービス，(4)農村工

1　本章は，*Review of Income and Wealth*, Series 48, No.2, June 2002に発表されたものである。
2　World Bank［1994］．
3　Maddison［1998］．
4　Organization for Economic Corporation and Development［2000］．

業および(5)畜産品の5項目である。本章は，こうした問題を研究し，GDPへの影響を数量的に推計する。

　1985年まで中国の国民勘定統計は，ソ連で開発され，中央計画経済諸国で広く使われてきた物的生産体系（MPS）に準拠して作成されていた。その後，1985年から1992年までは，MPSと1968年版の国民勘定体系（SNA）とが併用された。SNAだけに準拠して国民勘定統計が作成されるようになったのは，1992年以降のことである。本章のテーマでもあるのは，このように，おおよそ93SNAに準拠したものとしての中国の国民勘定統計である。とはいえ，実際には，中国経済には依然として多くの「中央計画」的要素があるから，市場経済諸国に向けて設計されている93SNAを厳密に適用するのには時として困難がともなう。「財政補助金」の問題は，中国経済の客観的状況にSNAを適用するむずかしさを示す例証となる。

　なお，本研究が取り上げるのが当期価格表示の推計値だけであることに注意しよう。不変価格表示のGDPの公式推計値には，さらに追加的な問題がある。たとえば，国家統計局（NBS）に報告される鉱工業生産は，公式の「比較可能価格（一種の不変価格）」リストを使ったものであり，品質の変化を適切に反映するものではない。そこで，NBSは，それを調整処理するのであるが，既存の諸手法には改善の必要があることが認識されている。現在，NBSのスタッフは，不変価格表示の工業生産を推計するための代替的な方法を研究中である。しかしながら，当期価格表示の推計値だけを対象とする本章では，そうした問題は論じられない。自信をもって発表できる不変価格推計値を得るためにも，当期価格推計値をきちんと推計することが不可欠である。

II　住宅サービス

　中国のGDPに占める住宅サービスの付加価値シェアは，先進諸国と比べてはるかに低いだけでなく，他の途上国と比べても低い。それは，すべての住宅サービスをカバーする基礎統計がないことと高率で補助された住宅サービスを適切に測定することが困難であることによる。住宅サービスが適切に計上されていないことは中国のGDPの過小推計の最重要な原因である。中国の住宅サービスには，次のような種類がある。

・営利的サービス……不動産業者，都市部および農村部の家計およびその他の経済主体による住宅の賃貸。

- 非市場サービス……都市家計に向けられた都市部の不動産管理部門によって供給される住宅サービスおよび企業や政府機関による雇用者向けの住宅サービス。
- 持ち家住宅サービス……都市部および農村部の家計の持ち家住宅についての住宅サービス[5]。

中国の国民経済計算では，上記の住宅サービスの一部しか推計されていない。すなわち，不動産業者による利益追求型の住宅サービスと都市部の不動産管理部門による非市場住宅サービスおよび都市部・農村部の持ち家住宅サービスは，推計されているが，家計およびその他の経済主体による利益追求型の住宅サービス，さらに最も重要な項目としては，企業および政府機関がその雇用者に提供する非市場住宅サービスが現在のところ推計から抜け落ちている。1996年の数字であるが，勤務先の企業や政府機関から提供された住宅に住んでいる人々は，都市人口の58%にのぼる。

データソースの欠如によるカバレッジの問題に加え，国民勘定における住宅サービスの測定には方法上の問題もある。

- 中国政府の福祉政策の一環として，都市部の不動産管理部門によって供給されている住宅には，国による補助があり，そのため，支払われる家賃は市場価格よりかなり低い。実際，不動産管理部門がその活動によって現実に得た収入（家賃収入，光熱費収入等）が不動産管理部門の産出額として取り扱われるから，産出と付加価値が過小推計になってしまう。さらに，こうしたアクティヴィティーのカバレッジは，不完全であると考えられている。そのことも，産出額と付加価値の過小推計の度合いを強める。
- 第2の問題は，持ち家住宅ストックの資本減耗の推計値が持ち家住宅の付加価値になるように推計されていることである。先進国では通常，持ち家住宅サービスの推計は類似の住宅の市場価格に基づいて行なわれているから，資本減耗分だけでなく営業余剰も付加価値に含められていることになる。中国では，持ち家住宅と類似の住宅はほとんどすべて公的所有であり，市場家賃以下の家賃で賃貸されているから，このような先進国のアプローチは使えない。
- 国民経済計算の原則によれば，固定資産減耗は当期市場価格に再評価した固定資産価値額に基づいて測定されるべきであるが，現行の固定資産減耗

5　Xu, X. and Li, W. [1998].

の推計は全面的に取得原価に基づいたものであり，このことも持ち家住宅に関する付加価値の過小推計につながっている。

　国民勘定における住宅サービスの取扱いに見られるこうした問題を考慮にいれた調整を行なうために，われわれは，利用可能な情報を使って都市部の住宅サービスの付加価値を推計しなおすための2つの方法を試みた。1つの方法は，市場家賃法，もう一つの方法は，費用に基づいた方法である。

　市場家賃法の基本的アイディアは次の通りである。まず，都市部の住宅の可住面積合計に市場ベースで賃貸されている都市部の住宅1m^2当たりの平均家賃を掛け合わせることにより，家賃収入を計算する。これが都市部家計の住宅サービスの産出額の推計値となる。次に，このように推計された産出額に，不動産業者の付加価値／産出額比を当てはめることによって都市部家計の住宅サービスの付加価値を計算する。1996年についてこの方法を使って推計しなおすと，都市部家計の住宅サービスの付加価値を推計する現行の方法と比べ，都市部家計の住宅サービスの付加価値がGDP中に占めるシェアが4.7%高くなるという結果が得られた。

　費用法は，都市部家計の住宅サービスの付加価値をその建設費により推計する方法である。この方法では，まず，都市部家計の住宅の可住面積合計に1m^2当たりの平均建設費を掛け合わせることによって都市部の住宅ストックの合計評価額を計算する。次に，上で計算されたストック評価額に4%の減耗率を掛けることによって固定資産の帰属減耗額を得る。この帰属減耗額を都市部家計の住宅サービスの付加価値とみなすのである。1996年についてこの方法を使って推計しなおすと，都市部家計の住宅サービスの付加価値を推計する現行の方法と比べ，都市部家計の住宅サービスの付加価値がGDP中に占めるシェアが1.8%高くなる。

　理論的には，最初の方法が若干の優位性をもつ。実際，都市部の住宅類型すべてについて市場家賃額が使われるので，付加価値推計額に減耗分だけでなく純営業余剰分も含まれるし，現行方法による住宅サービスのカバレッジの低さを改善する。しかし，欠点もある。今のところ，中国では都市部の賃貸住宅は非常に少なく，市場家賃は一般的に高い。より高い家賃を使って都市部のすべての住宅サービスを推計すると都市部の住宅サービスが過大推計されてしまうだろう。したがって，この方法を用いた場合，住宅サービスがGDPに占める割合を過大に推計してしまうことになることは疑いなく，若干の下方調整が必要となるだろう。

費用法も都市部のすべての住宅サービスをカバーしているという点では市場家賃法と同じであり，現行方法における住宅サービスの過小カバレッジを補正するが，保守的推計値を与えてしまう。実際，この方法を用いる場合，減耗以外の付加価値要素をまったく無視してしまっているため，都市部の住宅サービスの付加価値は過小推計となる。

以上2つのアプローチの得失を考慮した結果，両者を併用し，両者の平均値を住宅サービスの付加価値とするのが適当であるように思われた。たとえば，1996年について，上記2つの方法でそれぞれ推計された住宅サービス付加価値がGDP中に占める割合を平均すると，現行の方法と比べて3.3％高い推計値が得られる。経済発展のさまざまな段階にある諸外国の住宅サービス付加価値がGDPに占める割合を観察し，かつ，中国経済の経済発展上の位置とその住宅サービスの発展状況を考慮することにより，この数字が妥当なものであると考えている[6]。

III 財政補助金

1978年に開始された，改革・外部世界への開放以後，中国政府は，国有企業へかなりの額の補助金を毎年提供してきた。2種類の補助金がある。産出の価格を低くすることを目的とした補助金（価格補助金）と企業の営業損失を補償する補助金（損失補助金）である。表4－1は，1991-1997年の補助金の額を示したものである。

この表から，1991-1997年について財政補助金が歳入およびGDPに占める割合は，平均で，それぞれ15.3％および1.9％，最高で，それぞれ26.7％，3.9％である。GDPを正しく測定することができるかどうかは，このような補助金を正しく取り扱うことができるかどうかにかかっている。しかし，現行のGDP推計では，企業に対するすべての補助金は，負の生産税として取り扱われるから，補助金の額が大きく高くなればなるほど，GDPがそれだけ減額されることになる。この取扱は，93SNAの勧告に沿ったものである。

純粋な市場経済でも，企業に対する補助金は，負の生産税として取り扱われる。しかしながら，その場合，補助金は，市場で販売される産出の価格のパーセンテージとして計算されており，補助金を受領する企業は，その直接的な受

6　Xu, X. and Li, W. [1998].

表4-1 中国政府による国有企業への補助金

年 (1)	価格補助金 (億元) (2)	損失補助金 (億元) (3)	財政補助金計 (億元) (4)	財政補助金が歳入に占める割合（%）(5)	財政補助金がGDPに占める割合（%）(6)
1991	331.3	510.2	841.5	26.7	3.9
1992	283.1	445.0	728.1	20.9	2.7
1993	269.4	411.3	680.7	15.7	2.0
1994	289.1	366.2	655.3	12.6	1.4
1995	340.7	327.8	668.5	10.7	1.1
1996	426.5	337.4	763.9	10.3	1.1
1997	523.7	368.5	892.2	10.3	1.2
平均			747.2	15.3	1.9

1. (2)欄は、『中国統計年鑑』(1998年)にある「価格補助金への歳出」の表から。ただし、食肉についての価格補助金は、個人に支給されるため除外している。
2. (3)欄は、『中国統計年鑑』(1998年)の「源泉別歳入」の表のもの。
3. (4)欄は、(2)欄(3)欄の合計。
4. 歳入は、『中国統計年鑑』(1998年)の「歳入・歳出とその成長率」の表のもの。
5. GDPの数字は、『中国統計年鑑』(1998年)の「国内総生産」の表のもの。

益者となっている。したがって、補助を受ける企業の存続と成長に直接的役割を果たす。しかし、中国の場合事情が異なる。中国では、企業に対する補助金は、価格補助金でも損失補助金でも、政府の価格統制政策の直接的帰結であることが多い。換言すれば、政府の立法によって、企業は、その産出を安価に販売することを要求されるわけであり、その補償として補助金を受け取っている。したがって、通常、その受益者は補助金を受領する企業ではなく、その生産物を購入する企業や消費者である。

補助を受けている企業から生産物を購入する企業が受益者である場合、受益者である企業の利潤および付加価値が大きくなっているだろう。つまり、購入する財・サービスの価格が安くなったことによる利益の生じた企業へ、補助を受けた企業から付加価値の移転が起こっていることになる。したがって、補助金のうちこの部分については、付加価値のパターンには影響があるが、GDP全体の規模には影響がないという結論になる。

しかしながら、受益者が消費者の場合、消費者は、補助金によって利益を享受してはいるが、補助金を受け取った企業の付加価値の減少を相殺するための項目がなく、そのため、GDPの総額を直接減少させてしまう。すでに述べた

ことであるが，SNAは，市場経済諸国を対象に設計されたものであるから，そこで想定されている政府は，中国政府ほどには，消費者の利便を考慮して価格を低位に保つような目的で市場に干渉しない。そこで，われわれは，政府の価格政策の効果を中立化するために，SNAを部分変更して適用することを提案する。すなわち，消費者に直接便益を与える補助金を政府の最終消費支出として取り扱うとともに，政府から消費者への同額の移転支払いを計上することを提案する。

しかし，実際には，補助金を企業に便益を与えるか，消費者に便益を与えるかによって区別し，上に述べたような2つの部分に分類するのは容易ではないから，単純

表4－2 財政補助金の取扱いの変更がGDPに及ぼす影響

年 (1)	GDPの調整 (億元) (2)	GDPの調整 (億元) (3)
1991	420.8	2.0
1992	364.1	1.4
1993	340.4	1.0
1994	327.7	0.7
1995	334.3	0.6
1996	382.0	0.6
1997	446.1	0.6
平均	373.6	1.0

1．(2)欄の数字は，表4－1の(4)欄の数字を半分にしたもの。
2．(3)欄の数字は，(2)欄の数字を同じ年のGDPで除したもの。
3．GDPの数字は，『中国統計年鑑』(1998) から。

化のため，われわれは補助金総額の半分が企業に便益を与え，残りの半分が消費者に便益を与えることを仮定する。この仮定のもとに，財政補助金の半分をGDPに上乗せする。表4－1のデータを用いて，1991-1997年の期間について，GDP推計値の調整を行なったものが表4－2として示されている。

表4－2では，企業に支払われる財政補助金の半分を政府最終消費支出と見なした場合に，1991-1997年の期間の平均で，GDP総額を1.0%だけ押し上げることが示されている。この期間では，1992年の2.0%が最大で，1995-1997年の0.6%が最小である。

Ⅳ 企業内福祉サービス

中国では，国有ないし集団所有の企業が雇用者やその家族にかなり広範な福祉サービスを提供している。それは，医療，託児，教育，理髪，共同浴場等々である。こうした福祉サービスは，類似の市場サービスと比べて，非常に安い価格で提供されている。場合によっては，無料で提供されることすらある。そのため，そうしたサービスの付加価値は過小推計されてしまうことになる。同時に，このような福祉サービスの費用の大半は中間消費として取り扱われ当該

企業の主活動の産出から差し引かれるため，そうした福祉サービスを提供している企業の付加価値も過小推計されてしまうことになる。

データソースの制約から，われわれができるのは，福祉サービスの過小推計がGDPに及ぼす影響を世界銀行が「中国の１人当たりGNP」に関するレポート[7]において使用した方法によって推計することだけである。このレポートで世界銀行は，中国の国有企業および集団所有企業の雇用者の10％が福祉サービスの生産に携わっていることを仮定している。この仮定に基づき，福祉サービスの付加価値を産業連関表の助けを借りて推計することができる。その結果，世銀レポートでは，企業によって提供される福祉サービスが考慮に入れられる場合，GDPは，1.6％増加することが示唆されたのである。

しかし，われわれは，国有企業および集団所有企業の雇用者の10％が福祉サービスの生産に携わっているとする世銀レポートの仮定は過大であると考えている。1990年代初頭から国有企業および集団所有企業の改革が始まり，かつては企業内できわめて安価にあるいは無料で提供されていた福祉サービスがしだいに市場ベースで提供されるようになってきたため，無料ないし高い助成率で補助された福祉サービスは減少しつつあるからである。そこで，われわれは，国有企業および集団所有企業の雇用者の５％のみが福祉サービスに従事していると仮定する。この仮定のもとでは，福祉サービスを正しく計上する場合のGDPの増加率は0.8％に過ぎない。

V　農村工業

農村工業の産出額については，農業省町村企業局（郷鎮企業局）による年次データがあり，このデータが国民勘定中の農村工業の推計に使われている。しかしながら，第３回鉱工業センサス（参照年＝1995年）は，1995年の農村工業の産出額が１兆8,000億元過大推計されていることを示した。この額は，農村工業の産出額の40％にあたる。そこで，国家統計局は，1991-1994年の工業生産の数値を下方調整した。各年の下方調整比率は以下の**表４−３**の通りである。

農村工業は，①町営企業，②村営企業，③農村共同経営企業，④農村個人経営企業の４つの型の工業企業からなる。1991-1997年の工業産出額全体に占める農村工業の産出額の比率を『中国統計年鑑』，『工業統計年次報告』，第３回

7　World Bank [1994].

鉱工業センサスのそれぞれの対応するデータから計算した結果を，表4－4に掲げる。

表4－4の中で，1995年について示した比率は，第3回鉱工業センサスに基づいたものであり，最も正確な推計値であるとみなされる。それ以外の年の数字は，定期的に実施される工業統計のデータを使って計算されたものであるが，国家統計局は，後者の統計データに上方バイアスがあると考えている。実際，対象期間全体について，1995年

表4－3　工業産出額の下方調整

年	1991	1992	1993	1994
調整（％）	5.7	6.7	8.1	8.8

注）「所有別『中国統計年鑑』1996年版および1995年版

表4－4　農村工業の産出額が工業産出額全体に占める比率

年	1991	1992	1993	1994	1995	1996	1997
比率（％）	28.0	32.5	36.3	43.8	33.7	44.2	45.8

1. 1991年－1994年の数字は，『中国統計年鑑』（1995年）による。
2. 1995年の数字は，第3回全国鉱工業センサス（参照年＝1995年）による。
3. 1996年と1997年の数字は，『中国統計年鑑』（1996年）および『工業統計年次報告』（1997年）のデータから計算したもの。

表4－5　工業産出額の調整

年	1991	1992	1993	1994	1995	1996	1997
調整（％）	5.7	6.7	8.1	8.8	0.0	8.8	8.8

の数字が一番低い。それは，非センサス年に相対的に高い比率をもたらした最も重要な要因が完全には除かれていないことによる[8]。農村工業が安定的に成長してきたことは明らかであり，表4－4に見られるような，年ごとの大きな変動は，ありそうなことではない。そこで，1996年と1997年の農村工業の過大推計比率が1994年にも該当することを仮定し，1996年と1997年の工業産出額を1994年と同じだけ，すなわち，表4－3で見られるように8.8％下方調整している。表4－5は，1991-1997年の工業産出額になされる下方調整を一覧表にしたものである。

単純化のため，対象期間中，付加価値／産出額比率が一定であったことにしよう。すると，付加価値も産出額と同じ比率だけ下方調整することになる。表4－6は，こうした調整が工業産出額およびGDPに及ぼす影響をまとめたものである。

この結果を見ると，工業付加価値の過大推計を除去すると，1991-1997年の

8　工業センサス実施以前にも，中国国家統計局は農業省町村企業局から報告された農村産業の産出額を下方調整していた。

表 4 - 6　工業付加価値の調整がGDPに及ぼす影響

年	1991	1992	1993	1994	1995	1996	1997
工業付加価値の調整（％）	5.7	6.7	8.1	8.8	0.0	8.8	8.8
工業付加価値の調整（1億元）	461.0	689.1	1145.6	1703.6	0.0	2559.3	2794.2
GDPの調整（％）	2.1	2.6	3.3	3.6	0.0	3.8	3.7

1．第2行の数字は，表4-5のもの。
2．第3行の数字は，第2行の数字に同年の工業付加価値を乗じたもの。
3．第4行の数字は，第3行の数字を同年のGDPで除したもの。
4．GDPデータの出所は，『中国統計年鑑』（1998年）。

平均でGDPを総額で2.7％減少させることがわかる。この期間では，1996年についての下方調整が最も大きい（3.8％）。センサス年である1995年については，調整は行なわれない。

Ⅵ　畜産物

全国農業センサス（参照年＝1996年）は，年次ベースで定期的に刊行される統計が食肉の生産を22％，豚・牛・羊のストックをそれぞれ，20.7％，21.1％，21.8％過大推計していたことを示した[9]。このことは，豚・牛・羊の産出額の20％前後の過大推計につながる。一般的に，豚・牛・羊の産出は，畜産産出額のおよそ70％を占める。そこで，食肉生産と豚・牛・羊のストックが同程度に過大推計されているとし，さらに，1991-1997年の豚・牛・羊の産出／畜産産出比率が一定であるとする。表4-7は，このような仮定に基づいて，畜産と農業の産出額に対して，また，農業とGDPの付加価値に対して実行する必要のある下方調整を示したものである。

Ⅶ　GDPへの全体的影響

表4-8は，以上に述べてきたさまざまな上方や下方への調整をとりまとめ，GDP全体への影響を見ようとしたものである。

表4-8では，本章で考察された5種類の調整が1991-1997年の平均で1.5％だけGDP総額を増加されることが示されている。1995年の3.8％が最大で，

9　この推計値は，「家畜頭数と畜産」，『中国統計年鑑』（1997年および1998年）に基づいたものである。

表4－7　豚・牛・羊の産出額の過大推計が畜産と農業の産出額，農業とGDPの付加価値に与える影響

年 (1)	豚・牛・羊の産出に対する調整（％） (2)	畜産産出に対する調整（％） (3)	農業産出に対する調整（％） (4)	農業付加価値に対する調整（％） (5)	GDPに対する調整（％） (6)
1991	20	14	3.7	3.7	0.9
1992	20	14	3.8	3.8	0.8
1993	20	14	3.8	3.8	0.8
1994	20	14	4.2	4.2	0.9
1995	20	14	4.2	4.2	0.9
1996	20	14	4.2	4.2	0.9
1997	20	14	4.3	4.3	0.8
平均	20	14	4.0	4.0	0.8

1．(2)欄の調整比率は，農業センサスによる。
2．(3)欄の数字は，(2)欄の数字に70％を乗じたもの。
3．(4)欄の数字は，(3)欄の数字に対応年の畜産の産出額／農業全体の産出額の比率を乗じたもの。
4．(5)欄の数字は，農業の付加価値／産出額比率が一定であるという仮定に基づいたもの。
5．(6)欄の数字は，(5)欄の数字に，農業の付加価値がGDPに占めるシェアを乗じたもの。
6．GDPおよびGDP中に種々のアクティヴィティーが占めるシェアの数字は，『中国統計年鑑』(1998) からのもの。

1996年については調整の必要はまったくなく，1994年，1997年についてもわずかな調整しか必要でなかった。本章で得られたこの控えめな数字は，1992年について34％の上方調整の必要を示唆した世界銀行の研究[10]や，1995年について10％を超える下方調整の必要を示唆したマディソン教授の研究[11]と比較されるべきである。われわれの結果が示唆するのは，中国のGDPが中国の経済規模のイメージとしてほどほどには正確なものを提供しているということである。図4－1で，調整済みのGDPと公式のGDPの推計値が示されている。

現在，住宅サービスの供給，企業により提供される福祉・保健サービスや穀物への補助金に影響を及ぼすような改革が進行中である。ありそうなこととしては，そうした改革がGDPの過小推計につながる要因の重要性を徐々に減殺

10　Xu, X.［1999a］．
11　Xu, X.［1999b］を見よ。ただし，アンガス・マディソン教授は，不変価格表示のGDPを比較しているのに対して，本研究で考察されるのは，当期価格表示の推計値に限定されていることに注意する。

表 4 − 8　GDPに対する調整

年 (1)	当期価格表示のGDP (億元) (2)	住宅サービスの調整 (%) (3)	財政補助金の調整 (%) (4)	企業内福祉サービの調整 (%) (5)	農村工業調整 (%) (6)	農業調整 (%) (7)	調整計 (%) (8)	調整計 (億元) (9)	調整済GDP当期価格表示 (億元) (10)
1991	21,517.8	3.3	2.07	0.8	−2.1	−0.9	3.1	670.2	22,288.0
1992	26,638.1	3.3	1.4	0.8	−2.6	−0.8	2.1	559.4	27,197.5
1993	34,634.4	3.3	1.0	0.8	−3.3	−0.8	1.0	346.3	34,980.7
1994	46,759.4	3.3	0.7	0.8	−3.6	−0.8	0.4	187.0	46,946.4
1995	58,478.1	3.3	0.6	0.8	−0.0	−0.9	3.8	2,222.2	60,700.3
1996	67,884.6	3.3	0.6	0.8	−3.8	−0.9	0.0	0.0	67,884.6
1997	74,772.4	3.3	0.6	0.8	−3.7	−0.8	0.2	149.5	74,921.9
平均		3.3	1.0	0.8	−2.7	−0.8	1.5	590.7	

1. (2)欄の数字は、『中国統計年鑑』(1998年) のもの。
2. (3)欄の数字は、本章の第2節から算出。
3. (4)欄の数字は、表4−2の(3)欄。
4. (5)欄の数字は、本章の第4節から算出。
5. (6)欄の数字は、表4−6の第4行。
6. (7)欄の数字は、表4−7の(6)欄。
7. (8)欄の数字は、(3)欄 −(7)欄の合計。
8. (9)欄の数字は、(2)欄の数字に(8)欄の数字を掛け合わせたもの。
9. (10)欄の数字は、(2)欄と(9)欄の合計。

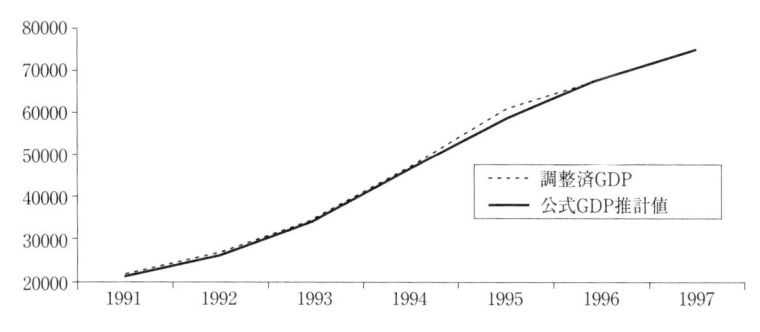

図4-1　調整済GDPと公式GDP推計値（当期価格1億元）

してゆくであろうということである。また，同時に，中国の統計制度の漸次的改革と改良がGDPの過大推計につながるような諸要因を根絶するであろう。近い将来には，中国のGDP集計値は，中国経済の規模をより正確に反映することができるようになるであろう。

本章が依拠した研究は，予備的なものに過ぎないから，そこから得られた結論は，公式のGDP推計値を調整するのに使用できるほど十分堅固なものとみなすことはできない。むしろ，本章の目的は，われわれが直面している課題を，国民経済計算に対する理論的あるいは実務的知識をもつ，統計学者・統計実務家に知ってもらうことにある。われわれの目標は，中国のGDP統計を改善し，そのGDP推計値が中国経済の真の規模をよりよく反映するようにすること，そして，マクロ経済の分析と管理にとってより正確なデータを提供することにある。

【参考文献】

Maddison, A.[1998] *Chinese Economic Performance in the Long Run*, OECD.
National Bureau of Statistics of China[1995, 1996, 1997 and 1998] *China Statistical Yearbook*.
National Bureau of Statistics of China[1996 and 1997] *Industrial Statistical Yearly Reports*.
The Office of the Third National Industrial Census(1995) *Data of the Third National Industrial Census of China*.
Organization for Economic Corporation and Development[2000] *National Accounts for China, Source and Method*, Paris.
World Bank[1994] *China GNP per Capita*, World Bank Document Number 13580-CHA.

Washington D. C., December 15.

World Bank, *China: Statistical System in Transition*, World Bank Document Number 9557CHA.

Xu, X. [1997] *Reform and Development of the System of National Accounts for China*, Economic Science Press.

Xu, X. [1999a] "Overestimation of China's GDP by the World Bank," *China National Condition and Strength*, 1.

Xu, X. [1999b] "How Fast Does Chinese National Economy Develop? Comments by Prof. Angus Maddison," *China National Condition and Strength*, 2.

Xu, X. and Li, W. [1998] "Current Situation, Problem and Proposed Methods for Real Estate Accounting of China," *Research References*, 55.

【column ④】SNAの部門・統計単位

「部門」，すなわち，経済主体のグループ分けについて説明する。SNAでは，一国経済を二重に「部門」分類する。ひとつは，経済活動別分類と呼ばれる分類であり，もうひとつは，制度部門分類と呼ばれる分類である。

そのような二重分類の方針は，68SNAで「実物と金融の二分法」という名で呼ばれていた考え方を反映したものである。この考え方は，経済の実体的側面での営み（生産，消費，資本形成）を記述する勘定で用いられる部門や統計単位（実際の統計作成において観察・分類される基本単位）の設定と経済の金融的側面での営み（所得支出，資本調達）でのそれを区別するというものであった。前者における部門が経済活動別分類，後者における部門が制度部門だった。この考え方は，93SNAでは後退し，制度部門についてのみ，生産勘定を含むフルセットの勘定が推計されることになり，経済活動別分類の役割は，体系の投入・産出構造を示す部分など（『年報』中の付表の一部）に限定されることになった。なお，日本では，データ面の理由から，制度部門の生産勘定の推計は行なわれていない。

68SNAの経済活動別分類において，産業単位と非産業単位との区別が重要な役割を果たしていた。すなわち，「産業」とは，「主として市場に向けて，通常，費用をカバーできる価格で財・サービスを販売する目的で生産する単位」のことであった。なお，産業単位の生産物は，「商品」と呼ばれていた。ここで「商品」も68SNA特有の用語で，「主として市場に向けて，通常，費用をカバーできる価格で販売する目的で生産される財・サービス」のことをさしていた。要するに産業とは，市場向けの生産者のことだった。93SNAでも，市場向けであるかないかには重要な関心が置かれているが，費用をカバーできるかどうかではなく，市場の需給調整機能に注目した新しい概念が登場しているが，日本では現在でも「産業」概念が若干修正されたうえで使われていると考えられる。

非産業単位には，政府サービス生産者，対家計民間非営利サービス生産者，家計（家事サービスの生産者でもある）が該当する。官庁や公立の学校が政府サービス生産者の例，私立の学校，労働組合などが，対家計民間非営利サービス生産者の例となる。なお，ここで家事サービスとは，家計間で提供される有給のサービスのことで，無償労働としての主婦の家事労働のことではない。ある種の家庭教師が適例であろう。日本では，推計対象からはずされている。

制度部門に関しては，68SNAと93SNAとでとくに差はない。非金融法人・準法人企業，金融機関，一般政府，対家計民間非営利団体，家計（非法人企業を含む）とい

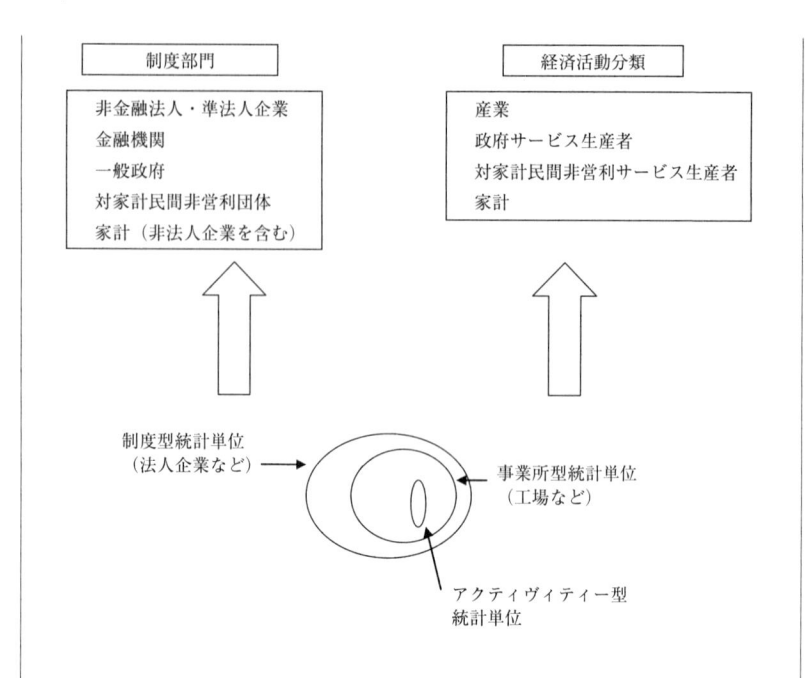

```
┌──────────────┐              ┌──────────────┐
│   制度部門    │              │  経済活動分類  │
└──────────────┘              └──────────────┘
  非金融法人・準法人企業          産業
  金融機関                      政府サービス生産者
  一般政府                      対家計民間非営利サービス生産者
  対家計民間非営利団体            家計
  家計（非法人企業を含む）
         ↑                            ↑

   制度型統計単位
   （法人企業など）  →  ( ( o ) )  ← 事業所型統計単位
                                    （工場など）
                           ↓
                      アクティヴィティー型
                          統計単位
```

う5つの制度部門が存在する。日本の推計作業では，制度部門としての一般政府と対家計民間非営利団体部門は，経済活動別分類としての政府サービス生産者と対家計民間非営利サービス生産者とに，そのまま対応している。産業単位の中で法人企業とそれに準ずる準法人企業の部分が非金融法人・準法人企業と金融機関にわかれていることと，非法人企業（農家，その他の個人業主，帰属家賃を生み出す産業としての持ち家住宅を含む）の部分が制度部門としては家計に属することに注意。また，一般政府は，中央政府，地方政府，社会保障基金の3つの内訳部門に分けられる。

　経済活動別分類において用いられる統計単位は，基本的に事業所型の単位である。事業所（establishment）のイメージとしては，ひとつづきの敷地に建設された工場であろう。ひとつの「会社」全体を単位としてしまうと，経済活動別分類に必要な均質性を確保できない。工場のなかに立ち入って，さらに均質性の高い単位が得られれば，それを観察・分類上の単位とすべきであろう。制度部門に関しては，法的主体である法人企業などの制度単位が統計単位になる。

　最後に，SNAの勘定系列を概観した表を掲げる。フルセットの勘定（完全勘定系列）が供給されるのは，制度部門・制度単位についてである。

第4章 中国の国内総生産の推計に関わる諸問題の研究

93SNAの勘定区分	勘定名	バランス項目	68SNAの勘定区分
生産勘定	生産勘定	付加価値	生産勘定
所得の分配・使用勘定	所得の発生勘定	営業余剰・混合所得	
	第1次所得の配分勘定 所得の第2次分配勘定 現物所得の再分配勘定 可処分所得の使用勘定 調整可処分所得の使用勘定	第1次所得バランス 可処分所得 調整可処分所得 貯蓄 貯蓄	所得支出勘定
蓄積勘定	資本勘定 金融勘定	貯蓄投資差額 資金過不足	資本調達勘定
	その他の資産量変動勘定	その他の資産量変動による正味資産の変動	調整勘定
	再評価勘定	名目保有利得による正味資産の変動	
	再評価勘定・中立保有利得	中立保有利得による正味資産の変動	
	再評価勘定・実質保有利得	実質保有利得による正味資産の変動	
貸借対照表	期首貸借対照表 貸借対照表における変動 期末貸借対照表	正味資産 正味資産の変動 正味資産	貸借対照表

出所：内閣府経済社会総合研究所「我が国の93SNAへの移行について（暫定版）」

（作間逸雄）

第 5 章

国内総生産に関する価格指数と数量指数およびその関係と役割[1]

(李　潔　訳)

> **要旨** 本章は，国内総生産（GDP）に関する価格指数と数量指数および両者の関係を検討し，この2つの指数から得られる一連の重要なマクロ経済指標を論じて，不変価格表示GDPの推計方法の概略を紹介する。

　GDP統計には2つの重要な指数が含まれており，1つはGDP価格指数で，もう1つはGDP数量指数である。そのうち，GDP価格指数は通常GDPデフレーターと呼ばれる。いずれも重要な経済指標であり，マクロ経済分析に最もよく使われる指標——経済成長率とインフレ率はこの2つの指数で算出している。

I　GDP価格指数

　GDPは，時価表示GDP（名目GDPとも言う）と不変価格表示GDP（実質GDPとも言う）を含む。時価表示GDPは当期価格で評価されるものであり，不変価格表示GDPは基準時点価格で評価されるものである。GDPデフレーターは時価表示GDPと不変価格表示GDPの比率である。すなわち，

　　　　GDPデフレーター ＝ 時価表示GDP ÷ 不変価格表示GDP　　　（1）

　それは一国（地域）の一定期間における総合価格水準の変動を表している。生産面から見ると，それは農業，鉱工業，建設業，運輸通信業，商業飲食業，金融保険業などの各産業の価格変動を総合的に表し，また，使用面から見ると，それは家計消費，政府消費，総固定資本形成，在庫増加，財貨・サービス純輸出などの最終使用項目の価格変動を総合的に表している。

　たとえば，生産面から見ると，2000年時価表示GDPは89,404億元，1990年

---

[1] 本章は『中国統計』2002年第5号に発表されたものである。

価格で計算される実質GDPは48,605億元であるので[2]，1990年を基準時点とした2000年のGDPデフレーターは183.9％となり，それは，2000年の総合価格水準が1990年の183.9％で，83.9％上昇したということになる。

Ⅱ　GDP数量指数

GDP数量指数とは，比較時点の不変価格表示GDPと基準時点の不変価格表示GDPの比率である。すなわち，

　　　GDP数量指数 ＝ 比較時点の実質GDP ÷ 基準時点の実質GDP（2）

それは一国（地域）の一定期間における国内総生産の量的変化を表している。生産面から見ると，それは農業，鉱工業，建設業，運輸通信業，商業飲食業，金融保険業などの各産業の量的変化を総合的に表し，また，使用面から見ると，それは家計消費，政府消費，総固定資本形成，在庫増加，財貨・サービス純輸出などの最終使用項目の量的変化を総合的に表している。

たとえば，生産面から見ると，1990年価格で計算される2000年の実質GDPは48,605億元で，1990年価格で計算される1990年の実質GDPは18,548億元であるので，1990年を基準時点とした2000年のGDP数量指数は262.0％となり，それは，2000年の実質GDPが1990年の262.0％で，162.0％増加したということになる。

Ⅲ　GDP価格指数とGDP数量指数の関係

同一の基準年を適用する期間においては，各年の実質GDPはすべて同じ基準年次の価格で算出されており，基準年次自身の実質GDPも同様にその基準年次の価格で算出されるので，基準年次の時価表示GDPと基準年次の不変価格表示GDPは等しい。よって，

　　　GDPデフレーター×GDP数量指数
　　　　＝（当期時価表示GDP÷当期不変価格表示GDP）
　　　　　×（当期不変価格表示GDP÷基準年次不変価格表示GDP）
　　　　＝（当期時価表示GDP÷基準年次不変価格表示GDP）

---

[2] 中国では不変価格表示GDPが公表されておらず，この数字は1990年を基準時点とする2000年GDP数量指数を1990年GDPに掛けて算出したものであり，四捨五入のため，実際の数字と若干のずれがある。

　　　　＝（当期時価表示GDP÷基準年次時価表示GDP）
　　　　＝GDP金額指数　　　　　　　　　　　　　　　　　　　　　　（3）

　上の式から，GDP金額指数はGDPデフレーターとGDP数量指数の積であることが分かる。それは，基準時点から当期までの時価表示GDPの動きは2つの部分に分解することができることを示し，1つは価格変動で，もう1つは数量的変化である。たとえば，生産面から見ると，2000年時価表示GDPは89,404億元，1990年価格で計算される実質GDPは48,605億元，1990年時価表示GDPは18,548億元であるので，2000年中国GDP金額指数は482.0％，GDPデフレーターは183.9％，GDP数量指数は262.0％ということになる。これによって，

　　　　GDP金額指数＝482.0％＝183.9％×262.0％
　　　　　　　　　　＝GDPデフレーター×GDP数量指数

　（3）式から，GDP金額指数，GDPデフレーターとGDP数量指数は相互依存関係にあることが分かり，そのうちの2つの指数が分かれば，もう1つの指数も得られる。実際の作成においては，まず，時価表示GDPと不変価格表示GDPを推計することによってGDP金額指数とGDP数量指数を得，それからGDPデフレーターを算出することがほとんどである。

Ⅳ　GDP価格指数と数量指数から得られる重要なマクロ経済指標

　GDPデフレーターとGDP数量指数から，いくつかの重要なマクロ経済指標を得ることができる。

1．経済成長率とインフレ率

　周知のように，経済成長率，インフレ率及び失業率は，マクロ経済分析上，最も重要な指標である。そのうち，前者の2つの指標は通常GDP数量指数とGDPデフレーターから算出される。

　当期GDP数量指数と前期GDP数量指数の比率から1を引けば，当期不変価格表示GDP増加率となる。これはいわゆる経済成長率である。たとえば，1990年を基準時点とする1999年と2000年のGDP数量指数はそれぞれ242.6％と262.0％であり，両者の比率である108.0％から1を引いて，8.0％が得られるので，2000年の中国経済成長率は8％ということになる。当期GDPデフレーターと前期GDPデフレーターの比率から1を引けば，当期不変価格表示GDP

価格上昇率となり、経済学者はこれをインフレ率と呼ぶ[3]。たとえば、1990年を基準時点とする1999年と2000年のGDPデフレーターはそれぞれ182.4%と183.9%であり、両者の比率である100.8%から1を引いて、0.8%が得られるので、2000年の中国のインフレ率は0.8%ということになる。

2．年平均成長率と年平均インフレ率

基準年次から比較年次までn年とし、比較年次GDP数量指数のn乗根から1を引けば、基準年次から比較年次までの年平均経済成長率が得られる。この指標は基準年次から比較年次までの一国経済の年ごとの数量的変化を平均したものを表している。比較年次GDPデフレーターのn乗根から1を引けば、基準年次から比較年次までの年平均インフレ率が得られる。この指標は基準年次から比較年次までの一国経済の年ごとの価格変動を平均したものを表している。

たとえば、1990年を基準時点とする2000年のGDP数量指数（262.0%）に対して10乗根をとると、110.1%になり、それから1を引いて、10.1%が得られる。つまり、1990年から2000年までの平均成長率は10.1%ということになる。また、1990年を基準時点とする2000年のGDPデフレーター（183.9%）に対して10乗根をとると、106.3%になり、それから1を引いて、6.3%が得られる。つまり、1990年から2000年までの年平均インフレ率は6.3%ということになる。

V 不変価格表示GDPの推計方法

GDPデフレーターとGDP数量指数の式から分かるように、この2つの指数算出のカギは不変価格表示GDPにある。生産面から見ると、不変価格表示GDPとは農業、鉱工業、建設業、運輸通信業、商業飲食業、金融保険業などの各産業の不変価格表示付加価値の合計である。また、使用面から見ると、不変価格表示GDPとは不変価格表示の家計消費、政府消費、総固定資本形成、在庫増加、財貨・サービスの純輸出などの最終使用項目の合計である。

各産業の不変価格表示付加価値の算出には基本的に2つのアプローチがあって、価格をデフレートするアプローチと数量指数によって外挿するアプローチである。デフレートするアプローチには、さらにダブル・デフレーションとシングル・デフレーションがある。ダブル・デフレーションとは、時価表示の産

---

[3] 物価上昇を表すもう1つの指標として、消費者物価指数（CPI）がある。

出額と中間投入に対してそれぞれのデフレーターでデフレートし，その実質値の差額として実質付加価値額を求める方法である。シングル・デフレーションとは，主として産出価格指数で時価表示付加価値をデフレートすることによって実質化する方法を指す。外挿するアプローチにもダブルとシングルに分けられ，ダブル外挿とは，基準年次の産出額と中間投入額にそれぞれ産出数量指数と中間投入数量指数を掛けて実質値を求め，両者の差額を実質付加価値とする方法であり，シングル外挿は，主として基準年次の付加価値額を産出数量指数によって外挿して実質値を求める方法である。実際に推計する際には，推計資料によって，デフレーションと外挿をミックスして利用されることもしばしばある。ミックスする方法には2つのタイプがある。1つは，産出額にはデフレーションを，中間投入には外挿を使うことである。もう1つは，産出額を外挿し，中間投入にはデフレーションを用いる方法である。中国GDP統計の場合は，農業，鉱工業，建設業，商業飲食業，金融保険業の不変価格表示付加価値の推計にはデフレーションを採用している，または採用しようとしている（農業と鉱工業）。運輸通信業の不変価格表示付加価値は外挿法によって推計している。

　不変価格表示のGDP使用（すなわち，支出面からの不変価格表示GDP）の各項目は，通常，それぞれ対応するデフレーターによって時価表示GDPの各支出項目をデフレートして求められる。たとえば，中国の不変価格表示の家計消費の中の市場消費（商品性消費）は時価表示市場消費/小売物価指数であり，不変価格表示の総固定資本形成は時価表示総固定資本形成/固定資産投資価格指数である。

【column ⑤】実質化・デフレーター(加法的整合性が成立するケース)

　統計の重要な目的のひとつは,比較をすることであろう。たとえば,出生率の国際比較をすること,その時間的推移を分析することなどを想起すればよい。成長率の計算にしても,今年と1年前の集計生産量GDPの比較を行なっている。この場合,金額の比較に価格の変動が反映されてしまうことが問題であり,そのことに対処するために実質化が行なわれる。

　実質化には,2つの意味がある。ひとつは,名目金額を適当な物価指数でわり算する(デフレートする)こと。もうひとつは,不変価格表示という意味である。前者の意味での実質化は,どのような金額フロー,ストックに対しても実行できるが,物価指数算式の選択が必要である。そこに恣意性がともなう可能性がある。後者の意味での実質化が可能なフロー・ストックは,金額=価格×数量のかたちで書けるようなそれでなければならない。

　たとえば,後者の意味での実質GDPとは,不変価格表示のGDPのことである。具体的には,ある基準年を選び,比較対象になる年(比較年)のGDPに含まれる財・サービスの数量をその基準年の財・サービスの価格で評価する。GDP=最終需要(C+I+G+X)－輸入(M)であり,最終需要に含まれる財・サービスのベクトルをQ,輸入に含まれる財・サービスのベクトルをq,上付きの添え字0で基準年,1で比較年をあらわすと,実質GDP=不変価格表示のGDPは,

$$\sum p^0 Q^1 - \sum p^0 q^1 \qquad (*)$$

と表現することができる。一般に,この意味での実質値と前者の方法で作成された実質値が一致する保証はない。しかし,両者を一致させるように物価指数算式を特定することはできる。すなわち,次式によって,物価指数算式を決めればよい。GDPの場合,このように構成された,間接的に(インプリシット方式で)導出された物価指数をインプリシットGDPデフレーター(implicit GDP deflator)という。

$$不変価格表示値 = \frac{当期価格表示値}{選択された物価指数} \quad (\sum p_0 q_1 = \frac{\sum p_1 q_1}{P})$$

上式からわかるように,このようなインプリシット方式で作成された物価指数は,パーシェ式である。

　GDPを構成項目別に書くことにより,

$$GDP = C + I + G + X - M$$

という名目値のバランス関係を得るが，実質値についても，

$$\widetilde{GDP}=\tilde{C}+\tilde{I}+\tilde{G}+\tilde{X}-\tilde{M} \quad (\sim は，実質値)$$

というバランス関係が成り立つことを仮定する。ここで，
$\tilde{C}=\dfrac{C}{P_c}$（P_cは，パーシェ式の物価指数）等々とすれば，GDPデフレーターをPと書くことにすると，

$$\frac{GDP}{P}=\frac{C}{P_C}+\frac{I}{P_I}+\frac{G}{P_G}+\frac{X}{P_X}-\frac{M}{P_M}$$

という式が得られる。あるいは，GDPデフレーター（P）がこの式で定義される。式を変形して，

$$P=\frac{1}{\dfrac{C}{GDP}\cdot\dfrac{1}{P_c}+\dfrac{I}{GDP}\cdot\dfrac{1}{P_I}+\dfrac{G}{GDP}\cdot\dfrac{1}{P_G}+\dfrac{X}{GDP}\cdot\dfrac{1}{P_X}-\dfrac{M}{GDP}\cdot\dfrac{1}{P_M}}$$

この式がGDPデフレーターを導出するための式である。GDPデフレーターは，内訳項目のデフレーターの「加重調和平均」である。

　ダブル・デフレーションについて付言する。（＊）式でQ，qを産出および中間消費として解釈しなおすと，付加価値の実質化の方法としてのダブル・デフレーション法を定義する式になる。すなわち，

　　　実質GDP＝実質付加価値計
　　　　　　　＝不変価格表示の産出計－不変価格表示の中間消費計

が得られる。

　産出－中間消費でも，最終需要－輸入でもその数量ベクトル（Q－q）は同じだから，それを評価する価格ベクトルがp^0であっても，他の価格ベクトルであっても，生産・支出の二面等価が成立する。つまり，実質二面等価（支出側の実質GDPと生産側の実質GDPとが等しいこと）がダブル・デフレーション法によって保証されることがわかる。

（作間逸雄）

第6章

中国鉱工業と農業の不変価格表示の付加価値の現行推計方法およびその見直しについて[1]

(李　潔訳)

> **要旨**　本章は，鉱工業と農業の不変価格表示の付加価値に関する中国の現行推計方法を紹介し，そこに存在する問題を検討する。また，鉱工業と農業の不変価格表示の付加価値の推計に試験的に使われている推計方法を紹介し，これらの推計方法のメリットとデメリットについても評価してみる。

　経済成長率はマクロ経済状況を判断する最も重要な統計指標のひとつである。周知のように，それは不変価格表示の国内総生産（実質GDPとも言う）によって算出されている。鉱工業と農業の不変価格表示の付加価値は実質GDPの重要な構成部分であり，その推計方法の良し悪しは鉱工業と農業だけでなく，マクロ経済全体の状況判断にかかわっている。

　ここ数年，国家統計局は鉱工業と農業の不変価格表示の付加価値の推計方法に対する見直しを非常に重視し，鉱工業と農業の付加価値の伸び率や経済成長率が実際の当該産業の成長，または国民経済全体の成長ぶりをより反映するようにさまざまな努力が払われてきた。

　本章は，鉱工業と農業の不変価格表示の付加価値に関する中国の現行推計方法を紹介し，そこに存在する問題を検討するとともに，試験的に使われている新しい推計方法を紹介し，それに対する簡単な評価を行なう。

I　鉱工業と農業の不変価格表示の付加価値の現行推計方法

1．不変価格表示の鉱工業付加価値の推計

(1) 鉱工業統計における不変価格表示の産出額に関する推計

　現在，中国の鉱工業統計における不変価格表示産出額の算出には50年代初期

---

[1] 本章は『管理世界』2001年第3号に発表されたものである。

に開発された伝統的な方法がまだそのまま利用されている。
　その方法では，まず，国家統計局が国務院の関係部門の協力を得て，各種の鉱工業製品の不変価格を決め，省統計局が省政府関係部門に意見を求め，必要に応じて不変価格の微調整を行なう。次に，鉱工業企業がこの不変価格をもとに，各々の企業が不変価格表示の産出額を推計して，それを末端地方政府から中央へ順次集計することによって，各地方レベルと国の不変価格表示の鉱工業産出額を得る。
　50年代以来，1952年，1957年，1970年，1980年と1990年を対象として5回の鉱工業不変価格が制定されてきた。現在の不変価格表示の鉱工業産出額の算出には1990年鉱工業不変価格が使用されている。
　不変価格表示の鉱工業産出額を推計するカギは鉱工業不変価格の制定である。ここでは，1990年の鉱工業不変価格を例として，その作成の経緯，方法を紹介する。
　1990年鉱工業不変価格を制定するために，1989年に国家統計局，国家計画委員会，国家物価管理局および国務院の鉱工業関係部門からの責任者によって構成されるワーキンググループが組織され，その事務局は国家統計局に設け，具体的な実施作業が委ねられた。
　鉱工業不変価格の制定とは，実際には鉱工業不変価格リストを作成することであるが，1990年鉱工業不変価格リストの作成には，統一リストと省・県レベルのリストを相互に結合する方法をとった。すなわち，国家統計局と国務院の関係部門は全国統一の鉱工業不変価格リストを作成し，各省（日本では県相当）はその省の実情に合わせてその省の補充リストを，各県（日本では市町村相当）は県の実情に基づき県レベルの補充リストを作成する。全国統一の鉱工業不変価格リストの作成には管轄部門原則をとっており，すなわち国務院の各関係部門はその管轄範囲の鉱工業生産物不変価格リストを作成し，部門間にまたがる生産物については，部門間協議を行なうか，または国家統計局に設けた事務局によって調整することとなる。
　生産物の価格は，原則として1989年第4四半期の総合平均価格を利用するが，その際に，加重算術平均算式を採用するか，単純算術平均算式を採用するかについては，各部門の生産物によって異なっている。国家統一価格を指定されている生産物については，1990年1月1日の国家計画価格を利用する。90年以後に登場した新製品については，その不変価格は実際の販売価格を基礎とし，国務院の管轄部門が決定し，それを各省の統計局と企業の担当部署に通達して，

表6－1　1990年の鉱工業当期価格表示産出額と不変価格表示産出額　（単位：億元）

不変価格表示産出額 （1990年基準）	当期価格表示産出額	開　差	開差率
24962.50	23924.36	1038.14	4.3%

全国規模で統一的に実施し，地方と企業はその不変価格を決めることができないようになっている。

　1989年9月から1990年9月にかけて，国家統計局と関係部門が1年をかけて1990年全国鉱工業不変価格を作成した。1990年9月30日に，国家統計局，国家計画委員会と国家物価管理局の連名で『1990年鉱工業製品不変価格』を印刷物として公布し，1990年の鉱工業統計年報から実施するように求め，現在でもそれを使用中である。

(2) GDP統計における不変価格表示の鉱工業産出額の推計

　以上のことから示唆されるように，国家統計局等によって作成された1990年の各鉱工業製品の不変価格は，1990年の当期市場価格とは一致していない。そのため，鉱工業統計における1990年不変価格で算出された1990年の不変価格表示の鉱工業産出額はその年の当期価格表示の鉱工業産出額とは等しくない。

　そのままでは国民経済計算の原則にそぐわないため，GDP推計においては，鉱工業統計の1990年の不変価格表示産出額を利用せず，その年の当期価格表示の産出額をそのままGDP推計上の不変価格表示産出額として利用し，1990年を基準年とするその他の年次の不変価格表示産出額は，鉱工業統計における産出数量指数を用いた外挿アプローチによっている。たとえば，1990年の当期価格表示の鉱工業産出額が23924.36億元であり，1991年と1992年の不変価格表示の鉱工業産出額の伸び率がそれぞれ14.77%と24.70%であったとすると，1990年不変価格表示の1990年，1991年と1992年の鉱工業実質産出額は23924.36億元，27458.00億元と34240.13億元となる。

(3) 不変価格表示の鉱工業付加価値の推計

　不変価格表示の鉱工業付加価値の推計には，シングル・デフレーションが採用されている。すなわち，産出デフレーターで当期価格表示付加価値をデフレートして，実質付加価値を算出している。ここで，産出デフレーターは当期価格表示の産出額/不変価格表示の産出額の比である。鉱工業産出価格と原材

料価格とが明らかに異なる変動をする場合には，両者の違いに基づき産出デフレーターに対して調整を行なう。

2. 不変価格表示の農業付加価値の推計方法

(1) 農業統計における不変価格表示の産出額の推計方法

　農業統計における不変価格表示産出額の推計方法は鉱工業統計における不変価格表示産出額の推計方法とほぼ同じで，まず，国家統計局が関連部門の協力を得て，各種農産物の不変価格を決め，次に，農場，または農村における末端の管理部門がこの不変価格をもとに，それぞれが不変価格表示の産出額を推計し，さらに，それを末端地方政府から中央へ順次集計することによって，各地方レベルと国の不変価格表示の農業産出額を得る。50年代以来，1952年，1957年，1970年，1980年と1990年を対象として5回の農産物不変価格が制定されてきた。現在の不変価格表示の農業産出額の算出には1990年農産物不変価格が使用されている。

　1990年農産物不変価格の制定にも，国家統計局，国家計画委員会，国家物価管理局が全体の組織と調整の役割を果たし，国家統計局が具体的な実施作業を行なった。また，その不変価格リストの作成には，同じく統一リストと省・県レベルのリストを相互に結合する方法をとり，国家統計局と国務院の関係部門は全国統一の農産物不変価格リストを作成し，各省はその省の実情に合わせて補充リストを作成した。

　1990年の農産物不変価格は，1989年4月初めから1990年3月末までの総合平均価格とした。国家による買付けの農産物は，国家計画価格，指導価格と協議価格の平均価格とし，価格の自由化が行なわれている農産物は，市場で大量取引されている時の平均価格を利用する。農家自家用の農産物は，販売契約のあるものについては，販売契約の平均価格（すなわち，販売契約における統一買付け価格と超過分に対する購入価格の加重平均価格である）を，販売契約のないものについては，市場で大量取引されている時の平均価格を利用する。

(2) GDP統計における不変価格表示の農業産出額の推計

　以上のことから示唆されるように，国家統計局等によって作成された1990年の各農産物の不変価格は，1990年の当期市場価格とは一致していない。そのため，農業統計における1990年不変価格で算出された1990年の不変価格表示の農業産出額はその年の当期価格表示の農業産出額とは等しくない。

第6章 中国鉱工業と農業の不変価格表示の付加価値の現行推計方法およびその見直しについて | 89

表6-2 1990年の農業当期価格表示産出額と不変価格表示産出額　(単位：億元)

不変価格表示産出額 （1990年基準）	当期価格表示産出額	開差	開差率
8151.21	7662.09	489.12	6.4%

表6-3 農業中間消費の項目およびそれに対応する価格指数

農業中間消費の項目	対応する価格指数
中間投入合計	
1．物的中間投入	
1）種子	農村商品小売価格指数における「食糧類」
2）飼料	農業生産財価格指数における「飼料類」
3）肥料	農業生産財価格指数における「化学肥料類」
4）燃料	農村商品小売価格指数における「燃料類」
5）農薬	農業生産財価格指数における「農薬および農薬機械類」
6）牧畜用薬品	農村商品小売価格指数における「漢方と西洋薬品類」
7）農業用ビニールフィルム	農業生産財価格指数における「その他の種類」の「農業用ビニールフィルム類」
8）電気	工業交通司の当期価格表示電力生産額÷不変価格表示生産額の比
9）小農具購入費	農業生産財価格指数における「小農具類」
10）原材料	鉱工業品出荷価格指数における「原材料工業価格指数」
11）オフィス用品購入	農村家計消費価格指数における「家具類」
12）物的サービス支出	農村家計消費価格指数における「サービス項目類」
13）その他の物的投入	農業生産財価格指数における「その他の種類」
2．非物的サービス支出	農村家計消費価格指数における「サービス項目類」

　そのままでは国民経済計算の原則にそぐわないため，不変価格表示の鉱工業産出額の推計と同様，GDP推計においては，農業統計の1990年不変価格表示産出額を利用せず，その年の当期価格表示の産出額をそのままGDP推計上の1990年の不変価格表示産出額として利用し，1990年を基準年とするその他の年次の不変価格表示産出額は，農業統計における産出数量指数を用いた外挿アプローチによっている。

(3) 不変価格表示の農業中間消費の推計

　不変価格表示の農業の中間消費は，農業統計における各種物的投入，物的サービス投入，非物的サービス投入を，それぞれ価格統計における対応する価

格指数でデフレートしてから合計することによって得られる。**表6－3**はその推計概要を示したものである。

(4) **不変価格表示の農業付加価値の推計**

不変価格表示の農業付加価値は、上記の方法で算出された不変価格表示の農業産出額と不変価格表示の農業中間消費の差額である。

3．不変価格表示の鉱工業・農業の付加価値推計の問題点

以上のことから示唆されるように、鉱工業統計における不変価格表示産出額の推計には、大変な作業量が必要であり、コストも高くつく。

まず、鉱工業生産物の種類が非常に多いため、その不変価格の制定は厖大な作業となる。第2に、この推計方法では、すべての企業が鉱工業品不変価格リストに基づきその企業の不変価格表示産出額を算出し、下位の統計行政レベルから上位の統計行政レベルへと順次集計するので、企業と各統計部門に人的・物的両面で多大な負担をもたらしている。あまり経済的なやり方でないことが明らかである。科学技術が発達しておらず、生産物の種類が限られた伝統経済の時代では、うまくいったとしても、今日のように科学技術が日進月歩で発展し、生産物の種類が急激に増え続けている時代では、その実施は非常に困難である。

それだけではなく、この推計方法にはまだいくつか克服しがたい問題がある。

1）基準年次以降に出現した新しい製品は不変価格が存在しないため、その不変価格表示の生産額は当期価格で計算されているケースが多い。その場合は価格の変動要素が取り除かれていない。
2）推計結果は末端組織にある担当者の業務遂行能力などの影響を受ける。特に郷鎮企業の場合は、統計担当者と会計士の業務能力などの問題もあって、当期価格を不変価格に代用するケースが目立つ。
3）推計結果を各段階で順次集計する方法では、不正操作の余地ができ、一部の企業と地方政府が業績作りのために、統計データの作成に直接、間接に関与するケースもよく見られた。

農業統計における不変価格表示産出額の推計にも同じような問題が存在している。

鉱工業と農業の付加価値実質値は鉱工業統計と農業統計における不変価格表示産出額を基礎にしているので、鉱工業統計と農業統計における不変価格表示

産出額の推計に存在するこれらの問題がそのまま鉱工業と農業の付加価値実質値の推計に影響を及ぼし、さらにGDP実質値の精度に悪影響を与えることになる。鉱工業付加価値の伸び率やGDP成長率は不変価格表示の計数を使って計算するわけで、当然ながら不変価格表示の鉱工業産出額の推計に存在する前述した問題がこれらの指標にも影響を及ぼすことになる。

II 鉱工業と農業の不変価格表示の付加価値の推計に関する見直し

不変価格表示の鉱工業付加価値の推計に存在するこれらの問題に対して、近年、国家統計局はさまざまな見直しを試みてきた。1997年に鉱工業生産指数アプローチを、1999年には価格指数によるデフレーションを用いたアプローチを検討し始めた。試算結果を検証したうえで、国家統計局は不変価格表示の鉱工業付加価値の推計に、新しい、より科学的な方法を採用するだろう。

不変価格表示の農業付加価値の推計に存在する問題に対しても、国家統計局は農産物に関する生産者価格指数を試験的に作成中であり、これが成功すれば、不変価格表示の農業付加価値の推計にもデフレーション・アプローチを採用することになる。

1. 不変価格表示の鉱工業付加価値の推計に関する見直し

(1) デフレーション・アプローチ

デフレーション・アプローチにはダブル・デフレーションとシングル・デフレーションがある。国家統計局は1999年には2つのアプローチを同時に検討し、試算を行なったが、2000年には、前年の試算結果を踏まえて、シングル・デフレーションのみについて検討することになった。ダブル・デフレーションには鉱工業生産物出荷価格指数および原材料、燃料、動力の購入価格指数をデフレーターとし、シングル・デフレーションには鉱工業生産物出荷価格指数をデフレーターとして採用した。

① デフレーターの作成

デフレーション・アプローチのカギはデフレーターの作成である。たとえば、鉱工業生産物出荷価格に関するデフレーターの作成手順を見てみよう。

まず、代表銘柄のデフレーターを作成するが、この段階のデフレーターは単純幾何平均によるもので、計算式は次である。

$$K = \sqrt[n]{k_1 \times k_2 \times \cdots \times k_n}$$

ただし，Kはある代表銘柄のデフレーターであり，k_iは第i企業における当該代表銘柄の価格指数であり，nは当該代表銘柄の生産企業の数である。

次に，代表品目のデフレーターを作成するが，この段階のデフレーターは単純算術平均によるもので，計算式は次である。

$$K = \frac{\sum K_i}{n}$$

ただし，Kはある代表品目のデフレーターであり，K_iはその代表品目の第i代表銘柄の価格指数であり，nはその代表品目における代表銘柄の数である。

最後に，鉱工業生産物出荷価格に関するデフレーターを作成するが，その際に加重算術平均を使っている。その計算式は次である。

$$K = \frac{\sum K_i W_i}{\sum W_i}$$

ただし，Kは鉱工業生産物出荷価格に関するデフレーターであり，K_iは第i代表品目のデフレーターであり，W_iは第i代表品目のウェイトである。

ウェイトは鉱工業生産物販売額から算定され，現時点では1995年鉱工業センサスの資料を利用しているが，センサスのない年には国家統計局の鉱工業統計資料とその他の政府諸機関統計資料を利用する。ウェイトは5年ごとに更新する。

原材料，燃料と動力の購入価格指数の作成は，鉱工業生産物出荷価格に関するデフレーターと基本的に同じであるが，その際に利用するウェイトは原材料，燃料と動力の投入額から算定され，現時点では，同じく1995年鉱工業センサスの結果を利用しているが，センサスのない年には国家統計局の鉱工業統計資料とその他の政府諸機関統計資料を利用する。ウェイトも同じく5年ごとに更新する。

鉱工業生産物出荷価格に関するデフレーターおよび原材料，燃料と動力の購入価格指数のいずれも，代表品目の価格変動をもって全体の価格変動として見なしているため，ここで代表品目の選出が非常に重要となり，作成されるデフレーターが鉱工業製品や原材料，燃料，動力の価格変動全体を正しく反映するかどうかはそのことにかかっている。鉱工業生産物出荷価格デフレーターの算出には1140の代表品目，3120の代表銘柄が採用されている。原材料，燃料と動力の購入価格指数の算出には280の代表品目，430の代表銘柄が使われている。これらの代表品目はその販売額（または購入額）全体の70％を超えており，代

表性は十分あるといえる。
　代表品目の選出は次の原則にしたがっている。
1) 鉱工業の産業分類に基づいて代表品目を選出する。その際，産業ごとに適切な代表品目を含み，それぞれの産業の価格変動をデフレーターに反映するようにする。
2) 販売額（投入額）に基づいてウェイトの大きい順に代表品目を決定する。
3) ［製品の出現から消滅までの］経済的寿命が比較的長く，一定期間にわたって相対的に安定な品目を優先的に選ぶ。さもないと，時間の推移につれて，品目の代表性を失ってしまうからである。
4) 将来性のある品目，すなわち，当期の販売額はそれほど大きくないが，販売額が上昇傾向にある製品を選ぶ。このような製品を代表品目に入れないと，将来のデフレーターの代表性に悪影響を与えると考えるからである。

② 不変価格表示の鉱工業付加価値の算出
　ダブル・デフレーションによる鉱工業実質付加価値の算出式は次のとおりである

$$鉱工業実質産出額 = \frac{当期価格表示の鉱工業産出額}{鉱工業出荷価格のデフレーター}$$

$$鉱工業実質中間消費 = \frac{当期価格表示の鉱工業中間消費}{原材料，燃料と動力の購入価格指数}$$

$$鉱工業実質付加価値 = 鉱工業実質産出額 - 鉱工業実質中間消費$$

シングル・デフレーションによる鉱工業実質付加価値の算出式は次のとおりである

$$鉱工業実質産出額 = \frac{当期価格表示の鉱工業産出額}{鉱工業出荷価格のデフレーター}$$

$$鉱工業実質付加価値 = 鉱工業実質産出額 \times 付加価値率$$

$$付加価値率 = \frac{前年の当期価格表示の鉱工業付加価値}{前年の当期価格表示の鉱工業産出額}$$

(2) 生産指数アプローチ
　生産指数アプローチとは，基準期鉱工業付加価値に生産指数を掛けることで鉱工業付加価値実質値を得る方法で，そのカギは鉱工業生産指数の作成である。
　鉱工業生産指数は固定基準で作成されているが，現在の基準時点は1995年で，

5年ごとに基準改訂を行なう予定である。指数算式はラスパイレス型の数量指数を採用している。

$$K = \frac{\sum (Q_t/Q_0) W_0}{\sum W_0}$$

ただし，Kは全体の数量指数あるいは分類別数量指数であり，Q_tは比較時点の代表品目の産出量であり，Q_0は基準時点の代表品目の産出量である。W_0は基準時点の代表品目付加価値が付加価値全体に占めるウェイトである。

今回のウェイトW_0の算出には1995年鉱工業センサスの製品生産量，製品販売価格および産業別付加価値を使用した。その算出手順は次のとおりである。

まず，基準時点代表品目の付加価値を次式によって算出する。

　　基準時点代表品目付加価値
　　　= 基準時点代表品目生産量
　　　　× 基準時点代表品目価格
　　　　× 基準時点代表品目付加価値率

ここで基準時点代表品目付加価値率には，当該代表品目を含む小分類の産業の付加価値率を代用している。

次に，代表品目全体の付加価値で各代表品目の付加価値を割れば，W_0が得られる。

産業ごとにその産業の代表品目のウェイトを合計すると，その産業のウェイトとなり，同様に小分類，中分類，大分類のウェイトが計算でき，上の式を使って各分類レベルの産業生産指数が算出できる。

代表品目は国家統計局によってそれぞれの産業における代表性に基づいて選定され，年次の場合は1108品目で，月次は440品目となっている。代表品目の選定基準は鉱工業出荷価格デフレーターと同様な原則に準拠したものである。

2．不変価格表示の農業付加価値の推計に関する見直し

不変価格表示の農業付加価値は，不変価格表示の農業産出額と不変価格表示の農業中間消費の差額であり，その見直しの主な目的とは，現行の不変価格表示の農業産出額の推計方法から，名目値をデフレートするアプローチに変えることである。すなわち，

$$\text{不変価格表示の農業産出額} = \frac{\text{当期価格の農業産出額}}{\text{農産物生産者価格指数}}$$

である。

不変価格表示の農業中間消費の計算は現行のままである。したがって，見直しのカギは農産物生産者価格指数の作成にある。現在，国家統計局が農産物生産者価格指数の作成案を制定している。

3．各種の試みに対する評価

不変価格表示の鉱工業付加価値の現行の推計方法と比べて，試算中の新しいアプローチは明らかに以下のメリットがある。

1）作業量と作業コストを大幅に低減させることができること。現行のやり方ではすべての鉱工業生産物の不変価格を測定しなければならないが，新しいアプローチは代表品目の価格と生産量だけを調査すればよいので，作業量とコストが大きく低減することになる。

2）現行のやり方では，すべての鉱工業企業に不変価格表示の産出額の推計作業に従事する専任または兼任のスタッフを設けなければならないが，新しいアプローチでは，少数の専門家だけが代表品目の価格と数量を調査すればよいので，末端組織における担当者の業務遂行能力低下問題による統計への悪影響を免れることができる。

3）新しい調査では，採集した代表品目の価格と数量が国家統計局に直接集計され，各集計段階での不正操作を免れることができる。

不変価格表示の農業付加価値の推計の見直しにも同様なメリットがあるといえる。

不変価格表示の鉱工業付加価値のダブル・デフレーションに関する試算では，中間消費に使うデフレーターは原材料，燃料と動力のみに関するものであり，中間消費としてのサービスの価格変動が考慮されていない。90年代には，中国のサービスの価格上昇幅は原材料，燃料と動力の購入価格のそれより大きく，特に1998年と1999年には，サービスの価格は上昇したが，原材料，燃料と動力の購入価格が下がったので，ダブル・デフレーションの試算結果は鉱工業の実質付加価値を過大推計している可能性がある。

不変価格表示の鉱工業付加価値のシングル・デフレーションに関する試算では，中間消費の価格変動幅が鉱工業産出額のそれと同じであることが想定されているが，90年代には，中国のサービスの価格上昇幅は鉱工業生産物出荷価格のそれより大きいので，鉱工業中間消費の価格上昇幅は鉱工業産出額の価格上昇より大きくなる。したがって，シングル・デフレーションの試算結果は鉱工業の実質付加価値を過小推計している可能性がある。

鉱工業生産指数は，実際上産出数量指数の1種である。したがって，生産指数によって鉱工業の実質付加価値を推計するという今回の試算は，実際には産出数量指数による外挿である。このアプローチでは鉱工業中間消費の数量変動幅が産出のそれと同じであることが仮定されている。現実の状況はその仮定と異なる可能性があり，鉱工業における技術水準や管理水準の向上によって，鉱工業における中間消費の数量変動幅と産出額の数量変動幅が一致しなくなることがある。したがって，このアプローチでも鉱工業の実質付加価値を過大，あるいは過小推計する可能性がある。

以上のことから，鉱工業の実質付加価値に関するいくつかの試算から示唆されることは，いずれの方法にも何らかの欠点があるということである。実際には，実質付加価値を推計するアプローチに完全無欠なものが存在するわけではない。われわれは理論的な科学性と統計作成における実施可能性のバランスを考慮して相対的により受け入れられる方法を選択しなければならない。国家統計局はすべての試算結果に対して全面的な検証を行ない，最終的にどのアプローチを採用するかを決定するだろう。

【参考文献】

国家統計局統計設計管理司『統計制度方法公文書集1987-1993』
国家統計局［1996］「鉱工業生産指数作成案」10月制定
国家統計局［1999］「デフレーションで鉱工業成長率を推計する試行案」3月制定
国家統計局［2000］「デフレーションで鉱工業成長率を推計する第2試行案」6月制定
国家統計局都市部調査隊［1999］「工業品価格調査案」3月制定
国家統計局工業交通統計司編［1999］『新編鉱工業統計工作指南』中国統計出版社

【column ⑥】実質化・デフレーター（連鎖方式）

　連鎖方式には，ドリフトや加法性の欠如などかなり重大な欠陥があることが知られている。しかし，2004年に内閣府の国民勘定統計（GDP支出系列，内訳を含む）に連鎖方式（実質値は連鎖ラスパイレス，デフレーターは，連鎖パーシェ）が正規に採用された。それは，デフレーターの基準年が他の物価指数統計と比べて最大5年程度古くなってしまうという日本の統計制度上の問題があったことによる部分が大きい。実際，2004年の連鎖方式の採用がなければ，1995年価格が2005年まで使われるはずであった。したがって，パーシェ・ラスパイレス・スプレッドの問題がCPI（Consumer Price Index）やCGPI（Corporate Goods Price Index）と比べて深刻であったことに対処するために，従来参考系列であった連鎖方式を主たる系列に，従来の加法整合的系列（固定基準年方式）を参考系列とすることにした。2005年の基準改定では，再度方針変更が行なわれたが，それについては，後述する。

　まず，連鎖方式とは何か？　いわば前年を「基準年」とする指数を作り，それを鎖のようにつなげてゆく方式のことである。たとえば，ラスパイレス式指数の場合，以下のようになる。PLは，ラスパイレス物価指数（基準年0，比較年2），PLCは，連鎖ラスパイレス式物価指数（基準年0，比較年2）。

$$PL = \frac{\sum p_2 q_0}{\sum p_0 q_0} \longrightarrow PLC = \frac{\sum p_1 q_0}{\sum p_0 q_0} \times \frac{\sum p_2 q_1}{\sum p_1 q_1}$$

　連鎖方式では，加法性が欠如しているから，上位項目の実質値がそれを構成する下位項目の実質値の和となっていない。連鎖方式は，部分と全体の関係をうまく表現できない。それは，構造をもった統計である国民経済計算にとって重大な欠陥である。「国民経済計算」の主要系列表（国内総支出）では，GDP連鎖実質値とその内訳項目の連鎖実質値の合計との間に「開差」を置いて処理している。

　「ドリフト」（漂流）という語であらわされている連鎖指数の欠陥は，指数の専門家の間では古くから，よく知られていた。どこか，あらぬかたを行方しれずさまよっている指数という意味であろう。

　指数は，本来ベクトルであるものをスカラーで表現するわけだから，もともと無理なことをやっているわけであるが，それにしても，たとえば，すべての財・サービスの数量が2倍（ベクトルとして2倍）になったら，数量指数値も2倍になるのは当然だと思われるであろう。しかし，連鎖数量指数値は2倍になってくれるとはかぎらない。

　基準年の数量ベクトルから出発して，比較年に，ある数量ベクトルに到達したとす

る。そのさいの連鎖数量指数値は，基準年から比較年までどのような経路をとったかに依存してしまうことは，連鎖指数の「経路依存性」という名で知られている欠陥である。極端な場合，数量ベクトルが出発点のそれに戻っても，数量指数値は1になるとは限らない。経済主体の合理的行動を組み込んで，効用関数が経時的に一定であることを仮定したうえでも，そのようなアノマリーのおこる数値例をいくらでもつくることができる。

　2005年の基準改定を前にして，国民経済計算調査会議（基準改定課題検討委員会）で，GDP生産系列への連鎖方式の導入についての議論が行なわれていた。その際，QEでは，連鎖方式が優先されるものの，年報では，支出系列も含め，連鎖方式によるそれと加法性をもつ不変価格表示値とを，下記のように，一方が主，一方が従という区別なく，併置することが決定された。

　実質GDP（支出側）連鎖方式
　実質GDP（支出側）固定基準年方式
　実質GDP（生産側）連鎖方式
　実質GDP（生産側）固定基準年方式

（作間逸雄）

第 7 章

内外の経済学者による中国の
経済成長率に対する論評[1]

(寧　亜東　訳)

> **要旨**　中国経済の持続的な高成長に伴い，中国の経済成長に関する政府統計データは内外の経済学者から広範な注目を集めてきた。本稿では，その中で，米国の経済学者トーマス・ロースキー（T. G. Rawski）教授が「中国のGDP統計にどんな問題が発生したか」という論文で発表した見解とその根拠，さらにその問題点を検討する。また，ロースキー教授の見解に対しては，内外からの批判がある。その中から，中国国内からのものとして，経済学者任若恩教授による批判を紹介する。さらに，米国の経済学者クライン（Lawrence R. Klein），ラーディ（Nicholas R. Lardy），ノートン（Barry J. Naughton）の各教授による中国の経済成長率に関する論評についても論及する。

　2001年末に，米国の経済学者トーマス・ロースキー教授が中国の経済成長率を疑問視する見解を示す論文を発表してから，イギリスの『エコノミスト』，『フィナンシャル・タイムズ』，アメリカの『ニューズ・ウィーク』，『ビジネス・ウィーク』など西側の主要メディアは次々とその見解を大々的に報じた。そのため，同教授の中国経済成長率過大評価論は世界中に相当大きな影響を及ぼした。しかしながら，同時に，以下に紹介するように，ロースキー見解に対しては，有力な反論を含む，内外の経済学者による多くの論評がある。

I　ロースキー教授の中国の経済成長率に関する論評

　ロースキー氏は米ピッツバーグ大学の経済学教授で，中国問題専門家として著名である。2001年12月，同教授は『中国経済評論（*China Economic Re-*

---

[1]　本章は『財貿経済』中国社会科学院財貿経済研究所2003年第2号に発表されたものである。

view)』に「中国のGDP統計にどんな問題が発生したか（"What is happening to China's GDP statistics?"）」という論文を発表し，その中で，中国の公式統計が1998年以降のGDP成長率を明らかに過大評価しているということを指摘した。中国政府が公表した1998年，1999年，2000年，2001年の経済成長率はそれぞれ7.8％，7.1％，8.0％，7.3％であるが，同教授は真の経済成長率はそれぞれ－2.0％～2.0％，－2.5％～2.0％，2.0％～3.0％，3.0％～4.0％であり，4年間の累積経済成長率は中国政府が公表したデータの3分の1にも及ばないか，あるいはさらに低い可能性もあると指摘した。同教授は，前掲論文で，その見解を次の3つの側面から論証している。

1．データ間の不整合

同論文では，中国の公式統計には多くの不整合があると指摘している。

(1)経済成長率データはエネルギー消費や就業，さらに，消費者物価のデータと整合的でない。1997-2000年の間に中国のGDPが累積で24.7％成長しているのに対し，同じ期間のエネルギー消費量が累積で12.8％減少している。これは3年間で，（対GDP）エネルギー消費原単位が30％も減少したことを意味する。IT産業と他の低エネルギー消費産業が急速に発展したとはいえ，エネルギー消費原単位のこのような減少は信じがたいものであるし，また，中国経済にはこのようなエネルギー効率の急速な向上は起こっていないと同教授は考えている。同論文には，1998年，1999年，2000年，2001年の各年について中国政府が公表したGDP，エネルギー消費，都市部就業と消費者物価指数の成長率のデータが掲げられているので，**表7－1**として再掲した。一方，**表7－2**に再掲したのは，中国を含む東アジアの国・地域における1950年代以降のそれぞれの国・地域の高成長期について，GDP，エネルギー消費，就業，消費者物価指数のデータを並べて示したものである。この表によって，同教授は，過去10年間の中国を含む各ケースにおいて高い実質GDP成長率は，エネルギー消費量の高い増加率，高い就業増加率，消費者物価の高率の上昇と同時に起こっていることを指摘する。したがって，国際比較のうえからも，中国自身の経験から見ても，近年の経済成長率は信じがたいと論じている。

(2)生産データ間及び生産データと投資データ間に整合性がない。1998年の水害は20世紀の中国十大自然災害の1つでありながら，統計上は，1省を除いて農業産出は増加したことになっている。また，94種類の主要鉱工業製品のうち，産出額の伸びが2桁に届いたのは14種類に止まり，逆に53種類の製品は減産し

表7-1 中国政府が公表したGDP，エネルギー消費，都市部就業と消費者物価指数の成長率（%）

	1998	1999	2000	2001	1998-2001
GDP	7.8	7.1	8.0	7.3[2]	33.8
エネルギー消費	-6.4	-7.8	1.1	1.1	-5.5
都市部就業	2.3	1.6	1.2	1.2	0.8
消費者物価指数	-0.8	-1.4	0.4	-0.5	-2.3

出所：Thomas G. Rawski "What is happening to China's GDP statistics?"

表7-2 東アジア地域におけるGDP，エネルギー消費，就業と消費者物価指数の累積成長率（%）

	日本 1957-1961	台湾 1967-1971	韓国 1977-1981	中国 1987-1991	中国 1997-2001
実質GDP	52.8	49.7	21.6	31.8	33.8
エネルギー消費	40.1	85.2	33.6	19.8	-5.5
就業	4.6	17.0	9.4	23.2	0.8
消費者物価指数	10.6	20.6	111.7	46.6	-2.3

出所：Thomas G. Rawski "What is happening to China's GDP statistics?"

ているにもかかわらず，統計上鉱工業産出額は10.75％増加したことになっている。さらに，投資額は13.9％も増加したのに対して，統計のうえでは，鉄鋼消費とセメント生産の増加は5％以下に止まっている。

(3)消費データ間に整合性がない。2000年を除いて消費財小売総額の伸びは家計調査の一人当り消費支出額の伸びより大きく，毎年約1％の人口増加率では両者の開差を説明できない。

(4)消費データと所得データとの間に整合性がない。消費財小売総額の伸びが家計所得の伸びより大きいことは，平均消費性向が上昇傾向にあることを意味しているが，最近の研究によると，消費支出が所得に占める割合は，低下傾向にあることが知られている。

---

2 Rawski [2001]

2．中国語の論評や記事からの情報

ロースキー論文は，中国の公式統計データに関する中国語の論評や記事を多数引用し，そうした大量の中国語文献が存在すること自体，企業でも，また，中央政府や地方政府でも経済成長指標の水増しが横行していることに対する疑問の余地のない証拠であると論じている。

おそらくこうした中国語文献に依拠しながら同論文は，次のように論じている。1）1998年から国家統計局は省レベルの経済成長データを放棄した。2）近年，国家統計局は地方や省を横断する統計ネットワークを構築しようとしている。3）しかし，当該ネットワークの能力が乏しく，地方・省レベルの政府機構を通じた情報収集以上のことはできない。

同論文は，さらに中国の経済学者でも経済政策を論評する際にしばしば中国の公式経済成長率データを無視する例があることを挙げている。

3．経済成長率の上限

ロースキー教授によれば，自分と同じように中国の公式統計データに戸惑いを感じる読者が最近の中国経済の動向を分析するためにまずやらなければならないことは，中国の公式統計データに替わる何らかのデータを探し出すことであるという。中国経済の規模及び多様性のためにこのような努力には克服し難い様々な障害をともなうとはしながらも，近年の中国経済成長率を別推計する出発点となりうるのは，同教授によれば，中国の航空業に注目することであるという。

飛行機は高所得の旅客によく利用されており，所得格差の拡大は90年代の中国経済の顕著な特徴であるから，豊かな航空旅客の所得の増加が平均的な所得水準の増加より速やかであったことは疑いないとロースキー論文は論じる。1998年の猛烈な価格競争により中国の航空会社は国内路線の旅客に30％～40％の値引きを提供しており，旅客の所得の向上とチケット価格の下落に因る旅客輸送量の成長は，国民総所得と国民総支出の最重要な構成要素である家計可処分所得と家計消費の成長よりはるかに速かったと考えられる。しかし，1997年と1998年のデータにより中国航空旅客輸送量（人・キロベース）の成長は国内路線が2.2％，全路線で3.4％に止まった。

同論文は，GDPの構成に大きな変化がなかった以上，GDPの需要側の状況，または消費側の状況がもたらす，1998年の中国の経済成長率の上限値は2.2％

であるとしている。エネルギー消費量の減少，多くの種類の鉱工業産出の減少，大量の失業，生産能力の普遍的な過剰，在庫品の増加及び水害の影響により，この結果は，公式成長率である7.8％より妥当なものと考えられるが，実際には，更に低く，マイナス成長の可能性もあるというのが同論文の見解である。

また，同論文では，1998年以降についても，過剰な供給，デフレの圧力，ゼロに近い就業増加率，生産能力の普遍的な過剰，在庫品の増加，貸出にまわされない多額の銀行預金残額が存在することなど，各側面の状況から，実際のGDP成長率は7％を大幅に下回る水準に止まっていたと考えられると論じている。

自身の中国近年のGDPの推計については，厳密な経験データに基づいたものではないとするものの，中国の公式GDPデータとは対照的に，就業・価格・エネルギー消費の動向に関する中国の公式統計データと整合的であるとしている。

Ⅱ　任若恩教授のロースキー見解への論評

任若恩氏は北京航空航天大学経済管理学院教授であり，同教授による中国経済の国際比較に関する研究結果は世界銀行やOECDにも認められている。同教授は上に示されたロースキー見解に反論する論文[3]を発表した。同論文では，ロースキー教授の研究手法が適切でなく，中国の経済成長率の推計としては信憑性が低いと指摘している。

ロースキー教授は経済成長率とエネルギー消費データの不整合により中国の公式の経済成長率に疑いを抱いたわけであったが，任教授はドイツ，イギリス，アメリカ，日本と韓国の経済成長率とエネルギー消費増加率の関係を考察し，これらの国でも経済成長率とエネルギー消費データの間には不整合が見られると指摘している。

ドイツの場合，1989年から1992年連続4年間のエネルギー増加率は経済成長率より少なくとも4％低く，累積経済成長率が12％であったのに対してエネルギー消費は同期間に7％減少した。また，1981年と1999年のエネルギー消費量の増加率も経済成長率より4％以上低い。

イギリスは，1973年，1975年，1983年，1988年と1995年においてエネルギー

3　任若恩［2002］

消費量の増加率は経済成長率より少なくとも4％低く，両者の開差は1980年と1997年には6％にまで達していた。

米国についても，1980年，1981年，1983年と1990年においてエネルギー消費量の増加率は経済成長率より4％以上低い。

日本では，1978年，1980年と1985年においてエネルギー消費量の増加率が経済成長率より4％低く，両者の開差は1981年には6％にまで達していた。

韓国の場合，1981年のエネルギー消費量の増加率は経済成長率より7％以上低いのに対して，1977年，1979年，1981年，1990年と1992年についてはエネルギー消費量の増加率は経済成長率よりかなり高く，1979年にはその開差は9％に達していた。任教授はエネルギー消費量の増加率が経済成長率より低い場合には経済成長率が過大評価されていると考えるのならば，エネルギー消費量の増加率が経済成長率より高い場合には逆に経済成長率が過小評価されている疑いもあると指摘している。

国内航空旅客輸送量の成長率を中国の経済成長率の上限値にするロースキーの見解について，任教授は，1983-2000年の中国の経済成長率と国内航空旅客輸送量の成長率の比較を行なった結果，確かに多くの年次については後者が前者より高かったが，個別の年次については後者が前者より低かった場合もあるとしている。1998年の国内航空旅客輸送量の成長率を同年の経済成長率の上限値とすることができるのであれば，2000年の国内航空旅客輸送量の成長率の20.07％[4]を2000年の経済成長率の上限値とすべきであろうとロースキー教授に反問している。

任教授は，中国の経済成長率の推定に関する関連文献を展望し，ロースキーの推定方法を吟味したうえ，中国の公式統計データの真実性に関するロースキーの論評方法があまりにも素朴，倉卒なる断定であり，研究の水準を失うものであると指摘している。

III　クライン教授による中国の経済成長率への論評

ロレンス・クライン（Lawrence R. Klein）氏は，米ペンシルバニア大学教授で，著名な計量経済学者であり，ノーベル経済学賞の受賞者でもある。中国の経済成長率の過大評価をめぐる各方面からの批判に関連して，オズマク

---

[4] 著者が精査した結果，2000年の国内航空旅客輸送量（人・キロベース）の成長率は13.2％である。

表7－3　GDPに関連する15の重要な指標

電力（kwh）	第三次産業就業の割合（％）
石炭（トン）	食糧の生産量（トン）
原油（トン）	輸出（不変価格表示のドル）
鉄鋼生産量（トン）	輸入（不変価格表示のドル）
貨物輸送量（トン・キロ）	政府支出（実質）
航空輸送量（トン・キロ）	実質賃金
長距離電話通信回数（回）	インフレ率（消費者価格指数）
	畜産品生産量（トン）

(S. Ozmucur) 教授とともに「中国経済成長率の推定」(The Estimation of China's Economic Growth Rate) と題した論文を発表した。

両教授は，新たな視角から中国のGDPを研究するために，中国経済をめぐる各種統計系列と公式GDP推計値との整合性を検討した。検討対象とした統計系列は，上表の15系列である（**表7－3を参照**）。

検討対象とした系列には，エネルギー，交通，通信，労働力，農業，公共部門，賃金，インフレをめぐる指標が含まれている。同論文は，これら15の系列に関して主成分分析を行なっている。どの国でも経済成長の決定要因は多様であり，現代経済のような複雑な状況をただ1つの指標で解釈すること，とりわけ中国のような大規模な経済の状況を解釈することは不可能であり，異なる資料を出所とするこうした15の指標は，中国経済に対して十分な代表性をもつと論じる。そのうえで，その主成分の変動が中国の公式GDPの変動と整合的であるという分析結果が示されている。

だからと言って，同論文における著者たちの意図は，中国の公式GDPの正しさを証明することではない。著者たちが指摘しているように正しい推定値は誰も知らず，推計方法により結果が違うということは世界共通の事実であるからである。

IV　ラーディ氏による中国経済成長率への論評

ニコラス・ラーディ（Nicholas R. Lardy）氏は米ブルッキングス（Brookings）研究所の上級研究員である。同氏は，香港で出版されている米誌『アジアン・ウォールストリート・ジャーナル（Asian Wall Street Journal）』の2002年6月14日号に，「中国経済は成長し続ける」（China Will Keep on Growing）を発表した。

この論文の中で，過去４年間の中国経済の不振は深刻で，経済成長率は政府が公表した７％超ではありえないとするロースキー教授の批判について，ラーディ氏は二つの経済指標を用いて分析した。すなわち，輸入額と歳入である。中国の公式統計データによると，1997-2001年の輸入額が70％，歳入が90％増加した。貿易統計の責任を持つ税関は，輸入額に応じて政府財政部門に関税を納めなければならないので，輸入額が水増しされた可能性は低いと考えられる。この期間において関税の低下により輸入品の価格が下落しているが，関税の低下幅は大きいものではなく，それによる輸入額の拡大が輸入額全体に占める割合は20％を超えないと考えられる。現在の通貨価値は1997年の通貨価値とあまり変わっていないので，輸入額増加の残余の部分について最も合理的な解釈はGDPの増加をその原因と考えることであろうとする。

　また，失業給付，国営企業労働者の退職金，環境悪化の改善と軍事近代化の出費などを含んだ社会資金の需要の拡大が歳出増加に対する巨大な圧力となっている状況では，歳入の水増しも不可能であると同氏は考察する。どの国でも経済成長率の顕著な下落の場合には，企業の利潤減少と個人所得，個人消費の停滞により税収の伸びは必ず緩慢になると考えられるから，過去４年間の中国経済の不振が深刻であったという主張と税収の大幅な伸びとは不整合であるとラーディは指摘している。

　米カリフォルニア大学サンディエゴ校の中国問題専門家のノートン（Barry J. Naughton）教授は，ラーディ氏の分析は正鵠を得ているとしながらも，エネルギー消費量の減少や失業率の上昇など他の要因から中国経済の高成長を不可能と見る見解を当面のところ完全には論破しにくいと指摘している。しかし，ノートン教授はこの論争が決着するとき，中国経済が着実に高成長していることが分かるだろうと確信している。同教授は次のように述べている。「中国経済成長率の論争に関するすべての問題が解決されたときにはっきりわかるであろうが，中国の経済成長率は，それほど完全でない中国政府のデータに非常に近いものになるであろう。それは決してある一部の人が論じているような低成長データではない」。

V　ロースキー論文の問題点

　以上の経済学者の指摘のほか，ロースキー教授の論文にはさらに多くの問題が存在している。ここでその１，２を挙げる。

(1)中国の公式統計データと現実との不整合を非難しているロースキー論文自身にも多くの現実との不整合が存在している。例えば,同論文には,1998年から中国国家統計局は省レベルの経済成長データを放棄したと書かれているが,それは事実誤認である。中国がGDPの推計を開始した1985年から,国家統計局が統計システムと推計方法を統一的に制定し,地方と国とが独立にGDPを推計する方式を採用している。すなわち,国家統計局が全国のGDPを推計し,省,自治区,直轄市は対応する地域のGDPを推計する。したがって,全国のGDPは省レベルGDPの合計と一致しない。そのため,現在に至るまで省レベル合計の経済成長率と全国レベルの経済成長率とは等しくなったことはなく,1998年以前についても省レベル合計の経済成長率と全国の経済成長率との差が1998年以降より大きかった年もある。よって,国家統計局が省レベルの経済成長データを放棄したという事実はない。

 また,ロースキー論文には,国家統計局が近年地方や省政府にまたがる統計ネットワークの構築に努力したが,通常の(政府間)情報ルート以外のデータ収集能力を備えていないことを指摘している。これも事実誤認である。中国国家統計局は20世紀の80年代,90年代に3つの直属調査チーム:農村社会経済調査チーム,都市社会経済調査チームと企業調査チームを設立した。農村社会経済調査チームは全国の857県,都市社会経済調査チームは226都市,企業調査チームは185都市に置かれている。農産物産出統計,農村固定資産投資の統計,都市と農村住民の家計調査,価格調査,一定規模以下の企業のサンプル調査など多くの重要な統計調査は,この3つの直属調査チームにより展開されている。

 (2)中国の公式統計データ内部に存在する矛盾を非難するロースキー論文にも多くの矛盾点が存在する。例えば,同論文では,中国国内航空旅客輸送量の成長率を根拠として1998年の中国経済成長率の上限値を2%と臆断している。しかし,2000年の国内航空旅客輸送量の成長率は13.2%であるのにもかかわらず,2000年の経済成長率を2%~3%,したがって,上限値が3%ほどと推定している。これは,明らかに矛盾である。

【参考文献】

Rawski, T. G. [2001] "What is happening to China's GDP statistics?" *China Economic Review*, Vol. 12, pp. 347-354.

Rawski, T. G. [2002] "How Fast is China's Economy Really Growing?" *The China Business*

Review, March-April 2002.

"How Cooked Are the Books?" *The Economist*, March 16, 2002.

Balfour, F. [2002] "How Much is China Cooking Its Numbers?" *Business Week, Asian Edition*, April 8, 2002.

Liu, M. [2002] "Why China Cooks the Books?" *Newsweek International*, April 1 Issue.

任若恩[2002]「中国GDP統計はどのくらい水増しされているのか――中国のGDPをめぐるふたつの推定研究に関する若干の方法問題」『経済学(季刊誌)』, 第2巻第1号, 2002年10月

Klein, L. R. and Ozmucur, S. [2002] "The estimation of China's economic growth rate," paper presented at the UN Project Link meeting, April 2002.

Lardy, N. R. [2002] "China will keep on growing," *Asian Wall Street Journal*, June 14.

【column ⑦】購買力平価（PPP）

PPP（Purchasing Power Parity）は，国際金融論では，「購買力平価説」（が成り立っていること）を指す場合もあるが，ここでは，一種の物価指数としての購買力平価について説明する。たとえば，ラスパイレス指数の添え字（基準期間が0，比較期間が1）を読み替える（基準国j，比較国u）ことにより，ラスパイレス式の購買力平価の算式が得られる。ただし，時間比較の指数と異なり，単位は，通貨単位の比。

$$\frac{\sum p_1 q_0}{\sum p_0 q_0} \rightarrow \frac{\sum p_u q_j}{\sum p_j q_j}$$

しかし，二国間比較から多国間比較に進むと，時間比較の指数とは異なり，推移性と呼ばれる，次の性質を満たすことが必須の要件となる。なぜ，必須となるかは，為替レートとの比喩（裁定，arbitrage）によって考えてみるのがわかりやすい。

$$PPP_{ub} = \frac{PPP_{uj}}{PPP_{bj}}$$

ICP（International Comparison Programme）は，為替レートに頼ることなしに，言い換えれば，購買力平価によって，GDPおよびその構成項目の国際比較を行なうための国際プログラムである。1968年に発足した。その一部であり，OECD諸国に限定された計測結果は，時々，新聞紙上で見られる。

GDP全体の計測結果とその構成項目に対する計測結果の整合性を保証する条件が「行列整合性」（matrix consistency）である（厳密にいえば，若干異なるが，行列整合性のかわりに加法的整合性という用語も使われる）。推移性を保ちながら，行列整合性をも確保する購買力平価算出法としてよく知られている方法がGK（Geary-Khamis）法である。GK法は，ICPで採用されているふたつの方法のうちのひとつであるが，GK法では，次の連立方程式により，世界価格（財・サービス別の国際価格）とPPPとが同時決定される。

$$p_i = \sum_j (p_{ij}/ppp_j)(q_{ij}/\sum_j q_{ij})$$
$$ppp_j = \sum_i p_{ij} q_{ij} / \sum_i p_i q_{ij}$$

記号は，以下の通り。

p_i：第i財・サービスの世界価格
ppp_j：第j国のPPP
p_{ij}：第i財・サービスの第j国における価格
q_{ij}：第i財・サービスの第j国における数量

（作間逸雄）

第8章

中国の国民経済計算が直面する問題と今後の改革方向[1]

(李　潔　訳)

> 要旨　本章では，改革開放以後の中国国民経済計算の発展の歴史を振り返り，これまでの成果を確認するとともに，存在する問題点を指摘し，今後の改革方向について論じる。

I　改革開放以後における国民経済計算の進歩

　50年代，中国の統計部門は，旧ソ連の経験に学びながら，物的生産体系（MPS）の基本理論と方法に基づいて新中国の国民経済計算の整備を進めてきた。まず，MPS概念の国民所得勘定が作成され，その後，社会生産物の生産，蓄積および消費のバランス表，社会生産物と国民所得の生産，分配，再分配のバランス表，労働力資源と分配バランス表などのMPS概念の一連の重要な表が相次いで作成されたが，不幸なことに，これらのバランス表の作成がスタートしたころ，大躍進期の「反教条主義運動」に遭い，作成作業は批判を受け，過度に煩瑣であるという理由で多くのバランス表の作成が停止され，中国の国民経済計算は初めての大きな挫折を経験した。2回目の大きな挫折は文化大革命であった。文化大革命期には，統計機関の活動は停止し，多くの統計スタッフが下放されて，国民経済計算の作成業務が完全に中断された。

　改革開放以後，統計作成業務の再開・回復が徐々に進められた。まず，MPS体系の国民所得勘定が復活し，その後，MPS型の全国産業連関表が2回作成された。それは1981年産業連関表[訳注1]と1983年産業連関表であった。

　改革開放の深化と国民経済の成長にともない，MPS型の統計作成だけでは，

---

[1]　本章は，2001年中国全国国民経済計算統計会議における国家統計局国民経済計算司長（当時）許氏の報告の一部であり，のちに『統計研究』2002年第4号に発表され，また，『中国国民経済核算与宏観経済問題研究』（中国統計出版社，2003年）の第9章として収録された。

訳注1）　1981年産業連関表は未公表である。

もはやマクロ経済管理のニーズに応えることができなくなってきた。たとえば，改革開放以降，第三次産業は急速な成長を遂げたため，マクロ経済管理部門が産業政策の策定のうえで，第三次産業の発展状況を把握する必要が出てきたが，MPS型の統計ではこれに対して無力である。この状況の下で，MPS型の統計作成を継続すると同時に，それと平行して，SNAの調査研究とSNA型の統計の作成作業を順次行なってきた。1985年にはSNA概念の国内総生産（GDP）が初めて推計され，1987年にはSNA概念に基づく産業連関表が，さらに1992年にはSNA概念に基づく資金循環表の作成が開始された。

それと同時に，1984年から国務院は，新国民経済計算体系の立案と設計のために，専門委員会を設けた。この委員会の指導の下で，国家統計局は関係部門と共同して理論的な検討を深め，広く各方面からの意見聴取を行ない，一部の試算も行なった上で，1992年に『中国国民経済計算体系（試行案）』を確定した。この試行案はSNAの基本的な枠組みを採用しながら，部分的にMPSの内容を保留し，MPSとSNAをミックスした体系であった。

1993年のMPS概念の国民所得勘定の廃止をひとつの象徴として，中国の国民経済計算はMPSとSNAの混合体系の段階から，SNA体系そのものを実施する段階に入った。この段階では，これまでの経験を総括し，93SNAの検討を進める中で，国民経済計算の制度面・方法面についてさまざまな見直しが行われた。それは，たとえば，社会消費，総消費，総投資，財産所得などの基本概念と用語を改め，制度部門分類と産業部門分類を調整・細分化し，基本表式・勘定における指標設定方式を調整することなどであった。また，この段階で，SNA型の貸借対照表と国民経済勘定の作成が開始された。

さらに，1999年から，われわれは1992年以来の改革の成果を踏まえて，『中国国民経済計算体系（試行案）』の抜本的改訂を行ない，『中国国民経済計算体系』案を作成した。この案については各方面から広く意見聴取が行なわれており，認可プロセスを経て，正式に出版され，今後一定期間における中国国民経済計算作成の指針になるだろう。

以上で分かるように，改革開放以降，中国の国民経済計算には大きな進歩があった。基本的な枠組みがMPS体系からSNA体系に移行したこと，中心的な集計量がMPS概念の国民所得からSNA概念の国内総生産に変更されたこと，産業連関表の作成についてもMPS型の物的部門のみの産業連関表からSNA型の物的部門と非物的部門の両方を含む産業連関表へと発展し，SNA型の資金循環表，貸借対照表および国民経済勘定の作成も開始された。しかも，これら

の統計のいずれについても統計作成業務上の改善・進展が引き続き見られる。たとえば，GDP推計が，MPS方式の国民所得推計をベースに，その調整・補充によって間接的にGDPを推計する方式から，原資料から直接GDPを推計する方式に変更された。また，初期には生産面のみの推計からスタートしたが，その後，使用面の推計も行なわれるようになり，さらに年次推計から四半期推計へと発展した。

　改革開放以来，国民経済計算は党と政府が社会主義市場経済の運営状況を把握するための重要な手段となっており，経済発展戦略，中長期ビジョン，年次計画など，さまざまなマクロ経済政策を策定するための重要な判断材料を提供している。たとえば，中国共産党第14期中央委員会第5回全体会議では，1980年から2000年までに，人口が約3億人増加するという前提の下で，1人当たりGDPを1980年の4倍とする戦略的な目標を提起したが，それはGDP統計と経済発展状況に関する予測を基礎にして設定されたものである。また，中国政府が第7回5ヵ年計画，第8回5ヵ年計画，第9回5ヵ年計画と2010年長期計画の中で提示された経済成長目標および各年次計画の中で示された経済成長目標も，GDP統計と経済発展状況に関する予測を基礎にして提起されたものである。1998年以後，中国は積極的な財政政策と慎重な金融政策をとってきたが，これも国民経済計算データに示された経済成長率の低下，最終需要の不足と密接な関係がある。

　改革開放以来，中国国民経済計算は長足の進歩を遂げてきた。これは国民経済計算に携わる新旧のスタッフがともに努力してきた結果である。

Ⅱ　現在の中国国民経済計算に存在する諸問題

　中国の国民経済計算は改革開放以来大きく進歩はしたが，まだ歴史が浅く，しかも，その間にMPSからSNAへの移行過程を経験したため，統計作成上の制度的基盤が依然として脆弱である。それに加えて経済体制面の要素などの制約もあり，現時点では，国民経済計算の水準はいまだに比較的低い。朱之鑫局長が2000年全国統計局長会議で指摘したことであるが，「統計作成はその3つのニーズに応じきれていない」という評価は，国民経済計算についてもそのまま当てはまる。

　第1に，党と政府のマクロ経済管理からのニーズに応じきれていない。

　周知のように，国民経済計算は，党と政府が国民経済の運営状況を把握する

ための重要な手段であり，経済政策を策定するための重要な根拠を提供するものでもある。しかしながら，現実には，生産アプローチによるGDP推計にも所得アプローチによるGDP推計にも欠落があり，産業の部門分類は粗く，また，産業部門別資本ストックの推計が行なわれていないため，産業構造の状況，産業部門別に見た所得水準の格差，産業部門別の労働生産性，資本産出効率と投入産出効率などの重要な経済情報を把握するという党と政府のニーズに応えられていない。また，四半期GDPの推計をしていないため，党と政府がタイムリーに四半期ごとの国民経済の変動と趨勢を把握するニーズに応えられていない。さらに，不変価格推計の方法が未確立であり，不変価格表示のGDPおよびその産業部門別・最終使用別構造データを提供することができない。そのため，党と政府が，経済の規模と構造の異なる年度にまたがる時系列的変化や総合物価水準の変動を比較可能なかたちで把握するニーズに応えられていない。また，各地方別GDPデータの精度が異なり，地方別GDPデータの集計値と国のデータとの開きが大きいため，党と政府が各地域の経済水準や成長ぶりの相違を正確に把握するニーズに応えられていない。

　改革開放の深化，経済の急速な成長と社会の進歩にともない，党と政府は国民経済計算にますます多くの期待を寄せている。たとえば，近年，異なる経済類型（ウクラード）の国民経済に占めるシェア，ハイテク産業，情報産業，観光産業，文化産業の国民経済に占めるシェアおよびそれが経済全体や国民生活に及ぼす影響の度合い，経済発展が資源環境に与える影響およびその相互作用，等々の問題への，党と関連政府諸部門からの関心が高いが，国民経済計算統計はまだこうしたニーズに十分応えられていない。

　第2に，国民からのニーズに十分応えられていない。計画経済体制下の伝統的観念の名残で，国民経済計算担当部署は国民に統計サービスを提供するという意識がまだ足りない。たとえば，公表データの速報性と整合性が十分重視されておらず，また，国民経済計算の概念，方法，項目のカバレッジやそれらが改訂なされる際の周知・宣伝や解説も不十分である。したがって，国民経済計算データに対する国民からのニーズと，そうしたデータを理解するための正確な情報へのアクセスに対するニーズに十分応えられていない。

　最後に，国際交流のニーズに十分対応できていない。中国の国民経済計算は長足の進歩を遂げたが，先進国と比べ，また，93SNAの基準と比べると，依然として大きな開きが存在している。我々の分類は粗く，また，未推計の項目があり，推計方法についても比較可能性を持たないところがある。そのため，

国連などの国際機関に国民経済計算関連統計を提出する義務も完全には果せない状態である。改革開放以来，我々は国外，特に先進国の国民経済計算の推計方法を研究することに力を入れてきた。一方，中国は世界最大の発展途上国であり，改革開放以来，急速な経済成長を遂げ，国際的地位がますます重要になるにつれ，中国の国民経済計算の推計方法について知りたいという国際社会からのニーズが大きくなっている。このニーズに対する我々の認識は，まだ不十分である。たとえば，中国は国民経済計算においていくつか特殊な取扱いを行なっているが，これについて海外に対して宣伝，説明がほとんど行なわれてこなかったため，海外の専門家たちはやむをえず彼ら自身の経験に基づいて中国の推計方法に対して推測し，往々にして間違った結論を導くことになってしまっている。

　中国の経済はすでに供給不足の段階から脱出したが，以上に述べてきたように，国民経済計算に関しては，まだ多くのニーズに応えることができないでいること，いわば，それは供給不足の段階にあることがわかる。社会主義市場経済の発展，経済のグローバル化の進行，WTO加盟にともない，党と政府，国民さらに国際社会からも我々に対する要望がいっそう高まるであろう。それに応えることが我々の国民経済計算に対するチャレンジでもある。

　具体的には，中国の国民経済計算について次のような問題が存在していると考えている。

1．GDP推計の問題

(1) 付加価値の推計方法が統一されていない

　付加価値の推計については，現時点ではミックス法が採用されている。いわゆるミックス法とは，一部の産業部門の付加価値は生産アプローチで推計され，一部の産業部門付加価値は所得アプローチで推計されるということである。この方法は，付加価値推計のための資料データが不足しているという問題に対応するためにやむをえず採用しているが，しかしながら，結果としては全ての産業の生産アプローチの構造データも，すべての産業の所得アプローチの構造データも得られないことになっており，GDP分析の応用範囲が大きく制約されることになっている。たとえば，産業部門別の投入産出分析や，労働者報酬，純生産税，固定資産減耗と営業余剰の各産業部門の分布状況の分析を行なう際などに制約となっている。

(2) 産業分類と支出項目分類の問題

　GDPの生産勘定については，産業分類が粗すぎる。特に鉱工業と一部のサービス業の部門分類はそうである。鉱工業の付加価値は4万億元弱で，GDPに占める比重は44%（2000年）となっているにもかかわらず，一部門としての集計値しか公表されていないので，鉱工業部門に属する異なる産業部門の発展状況と構造変化を分析することができない。その主な原因は，一定規模以下の鉱工業標本調査の実施期間がまだ短く，詳細な産業部門別に分類されたデータを提供することができないことにあるといえる。鉱工業と比べて，サービス業の部門分類は相対的に詳細であるが，依然として管理機関からの，情報産業，観光産業，文化産業などのような複合産業への分類ニーズに応えられない。その原因の1つはサービス業の部門分類がなお粗くて，このような複合産業の分類に対応できないことである。

　また，国際基準と比べて，支出アプローチによるGDPの項目分類が粗すぎる。たとえば，政府消費は1つの項目に止まっており，93SNAの求めているような政府機能による細分化はまだしていない。

(3) サービス業の推計問題

　中国の伝統的な国民経済の生産と使用に関する推計は物的生産物の範囲に限定されていた歴史があり，その名残として，今でもサービス業統計の基盤が非常に薄弱である。その影響を受け，サービス業付加価値の推計方法にも問題が多い。ここ数年，GDPに占めるサービス業のシェアは33%前後となっているが，これは先進国よりはるかに低いだけでなく，多くの発展途上国よりも明らかに低い。たとえば，インド，フィリピン，ベトナム，カザフスタン，バングラデシュなどの国はサービス業付加価値のシェアがいずれも40%以上である。中国サービス業のシェアが先進国と比べて低いことはまだ受け入れられるが，上のような発展途上国と比べてもこんなに大きな開きが存在しているとは信じがたいことである。しかし，中国サービス業統計の現況にかんがみて，我々はまだ満足できる回答を与えることができない[訳注2]。

　訳注2）　2004年を対象として，第二次・第三次産業のすべての経済活動を包括する中国第1回経済センサスが実施された。この経済センサスの結果を踏まえ，2004年の国内総生産（GDP）が16.8%上方改定された。その増加分の92.6%は第三次産業によるもので，2004年GDPに占めるサービス業のシェアは31.9%から一気に40.7%に変更された。

(4) 四半期推計の問題

現在行なわれている四半期GDPの推計は，生産側の四半期データで積み上げた累計生産推計があるだけで，四半期毎の生産推計が行なわれておらず，使用推計，すなわち支出サイドの四半期GDP推計も行なわれていない。四半期別の生産推計は各四半期の国民経済の生産を描写するものであり，累計生産推計に比べて，より足下の国民経済生産発展の傾向を反映し，タイムリーに短期マクロ経済分析と政策立案の判断材料を与えることができる。支出サイドから四半期別GDP推計を行なえば，四半期ごとの最終需要の動きが分かり，これらの情報は四半期別生産推計と同様に，短期マクロ経済分析と政策立案のための重要な判断材料となる。特に積極的な財政政策と安定的な金融政策の下で，インフラ整備による投資拡大，消費誘発，輸出促進を目指している現在の中国では，四半期別GDPを支出サイドから推計することがいっそう重要となっている。

(5) 不変価格表示のGDP推計における問題

当期価格表示のGDPと比較して，不変価格表示のGDP推計がいっそう薄弱と言えよう。不変価格表示のGDP推計の問題は主に以下のいくつかの面に表れている。

第1に，鉱工業と農業の不変価格表示の付加価値に関する推計方法に問題がある。鉱工業と農業の不変価格表示の付加価値推計の問題は，実際，鉱工業と農業の不変価格表示産出額の算出問題から由来する。鉱工業を例として説明しよう。中国の鉱工業統計における不変価格表示産出額の算出には，50年代初期に開発された伝統的な方法がそのまま利用されている。その方法では，まず，国家統計局が国務院の関係部門の協力を得て，各種の鉱工業製品の不変価格を決める。次に，鉱工業企業がこの不変価格をもとに，各自不変価格表示の産出額を推計して，末端地方政府から中央へ順次に集計することによって，各地方レベルと国の不変価格表示の鉱工業産出額が得られる。この推計方式には次のような問題があった。すなわち，①作業が厖大であり，コストが高い。②基準期以後に生産された新製品については価格の変動要因を排除しきれない面がある。③推計結果は末端組織にある担当者の業務遂行能力などの影響を受ける。④各段階で順次に集計する方法は，不正操作の余地ができてしまう。

第2に，サービス業価格指数の整備が不十分である。中国ではサービス業に関する生産者価格指数が作成されていないため，サービス業の実質付加価値の

推計には，基本的に消費者物価指数におけるサービス項目価格指数を対応させて利用しているが，広告などのような家計を対象としない企業向けサービスについては，その実質付加価値を推計する際に，対応する消費者物価指数が存在しないので，その場合には代替的な価格指数を利用するしかなく，この部分のサービス業実質付加価値の精度に悪影響を与えることになる。

第3に，サービス貿易価格指数が存在しないことである。中国では今のところサービス貿易価格指数が作成されておらず，不変価格表示のサービス輸出入に関する推計は財貨貿易価格指数と国内外の関連するサービス価格指数を参考にして対応している。このこともサービス輸出入実質値の推計に不都合を与える。

第4に，支出アプローチによるGDPの項目分類が粗すぎるため，不変価格表示の推計に不都合を与える。不変価格表示の推計は，できるだけ詳細な品目分類のもとで行なうことが望ましい。それは，異なる品目では価格変動が異なるからである。分類が詳細であればあるほど，価格変動要素が比較的排除しやすい。中国の支出アプローチによるGDPの項目分類が粗いことは，実質GDPの精度に悪影響を与えることになる。

(6) 未観測経済推計の問題

OECDの定義によれば，未観測経済は，非合法生産，地下経済，および非公式部門の生産活動などを含む。これらの生産活動は統計調査から漏れやすく，OECDによれば，これら経済活動のGDPに占める比率は，オーストラリアが3％，イタリアが15％，ロシアが25％となっている。中国のGDPは未観測経済の要素を一部考慮しているが，まだ未観測経済に関する系統だった本格的な研究も，その問題に的をしぼった推計も行なわれていない。

2．産業連関表の作成における問題

産業連関表には，供給表，使用表と対称型産業連関表が含まれる。そのうち，対称型産業連関表には，さらに商品×商品表と産業×産業表が含まれる。対称型産業連関表は産業連関分析を行なうための分析型の表であるのに対して，供給表と使用表は主として勘定の役割を果たしている。たとえば，使用表は生産アプローチ・所得アプローチ・支出アプローチの国内総生産を一表で表現し，GDPの3つのアプローチの相互関係を提示し，GDP統計の細分化された情報を提供することができる。しかしながら，現時点では，中国は依然として商品

×商品表のような分析型産業連関表の作成を主としており，国民経済計算によって求められているような完全な供給表と使用表を作成していないため，国民経済計算におけるそれらの機能を発揮することができていない。特に，GDPを細分化したり，GDP推計の3つのアプローチを接続するというような使用表のもつ機能をまだ発揮できていない。

　もっぱら産業連関表の分析機能が重視されているため，中国の商品×商品表の作成方法も国際的に慣用されている方法と異なっている。国際的に慣用されている方法とは，先に供給表と使用表を作成した上で，商品×商品表を導くことであるが，中国は「直接分解法」で商品×商品表を作成している。「直接分解法」は，生産過程に投入されたさまざまな財・サービスおよびその他のコストを商品部門別に，企業が自らそれを分解することが求められることになる。市場経済の下では，このような作業を企業に要求することは非常に困難である。というのは，この分解作業は非常に複雑で，多大な労力の投入が必要とされるが，それは企業のコストを増大させる一方，企業にとって直接的な利益があるわけでもない。このほか，このような分解調査は多数の被調査企業と大勢の調査担当スタッフを動員することになるので，その中には一部の無責任な被調査企業や調査担当スタッフが混在することになりかねない。そうなると，調査結果の精度にも悪影響を与えることになり，したがって「直接分解法」によって作成された産業連関表が現実を反映したものとは言いがたくなる。

3．貸借対照表の作成における問題

　貸借対照表の問題には，固定資産分類の問題と固定資産ストックの価格評価の問題がある。

　まず，国際基準と比べて，中国の固定資産の分類は粗すぎる。たとえば，93SNAで勧告されているように，固定資産を有形固定資産と無形固定資産に分け，そのうち，有形固定資産をさらに住宅，他の家屋と建築物，機械・設備などのように細分することをしていない。また，それを産業部門に応じて分類することも行なっていない。実際，こうした分類は固定資産ストックの構造分析や，各産業部門の資本産出効率分析などに非常に有用である。

　93SNAでは，固定資産のストックは貸借対照表を作成する時点の当期市場価格，すなわち，再調達費用価格によって評価することが勧告されている。この価格はその固定資産が実際に購入された時点の価格，すなわち，取得費用価格としばしば異なっている。たとえば，インフレが続く場合には，固定資産の

再調達費用がその取得費用価格より高くなることが多く,したがって,再調達費用によって評価される固定資本ストックも取得費用価格により評価された固定資本ストックより高くなることが多い。しかし,資料上の制約があるため,中国の貸借対照表における固定資産ストックは,従来通り固定資産の取得費用価格に基づいた推計となっている[訳注3]。

4. 地域経済計算における問題

地域経済計算の問題には,地域経済計算固有の問題の取扱い,地域経済計算データと国民経済計算データとの接合の問題,さらに地域経済計算の推計範囲の問題が含まれる。

国民経済計算と比べて,地域経済計算には多くの特殊性がある。たとえば,財の国家間での移動は,通常,税関を通過しなければならないため,財の輸出・輸入を推計するための資料は比較的入手しやすい。しかし,財の地域間での移動は,通常自由に行なわれており,それを審査・登録する専門機関が存在しないので,財の地域間の移出・移入に関する資料の取得は非常に困難である。またほかの例として,国内子会社とその海外本社との会計は通常比較的に強い独立性をもつことに対し,ある地域にある子会社と他の地域にある本社とは財務上の独立性が相対的に弱い。これは地域の要素所得の流出・流入の推計や,貸借対照表の推計には大きな困難をもたらすことになっている。こうした地域経済計算の固有の問題については,我々の研究はまだ非常に不十分であり,適切な解決方法は今のところ見出されていない。

1995年以降,地域と国とのGDPの集計値・構造・成長率の推計数値には大きな開差が存在する。ここ数年,データ品質評価を行なうことによって,成長率の開きをある程度抑止することができたが,集計値と構造の開きは依然として楽観視できない。

中国では,地域間の経済発展格差が大きい。そのため,政府部門や国民一般の国民経済計算統計に対する要望がそれぞれ異なる。したがって,そのことを反映して国民経済計算部門の統計的資源配分も一律ではない。しかし,現在の地域経済計算では推計項目や表章には統一のパターンが採用されており,上下も左右も同じことをしなければならない。その結果として,一方では,需要の非常に高いデータが提供できなくなり,他方では,非常に人手不足の状況であ

訳注3) 貸借対照表は未公表である。

るにも関わらずニーズのないデータを提供し続けているのが現状である。

93SNAと比べて，中国の国民経済計算にはこのほかにもまだ多くの不足がある。たとえば，現実最終消費の推計，娯楽・文学または芸術作品の原本などの無形固定資本の推計，貴重品の推計，土地と地下資産に関する評価と再評価勘定，文化財史跡に関する勘定，非取引要素による資産量変動とその他の変動勘定等々がまだ実施されていない。しかし，これらの項目については現時点では多くの先進国も正式には未実施であり，中国で近いうちにこれらの問題を解決する可能性は低いので，ここでは検討しないこととする。

Ⅲ 中国国民経済計算の今後の改革方向

中国国民経済計算の今後の任務は，改革開放以来の国民経済計算における統計作成の実践経験を総括するとともに，中国の実情に配慮しつつ国民経済計算の国際基準をいっそう研究し，諸外国の先進的方法に学びながら，着実に中国の国民経済計算統計を改善し，社会主義市場経済体制における政府，国民のニーズ，さらに国際交流のための様々なニーズに応えるように，国民経済計算統計の水準を全面的に高めることである。

中国の国民経済計算統計はこれまでの改革成果を基礎としながら発展しなければならない。MPS体系からSNA体系への移行においてもそうであったが，SNA体系における新たな発展も同様である。そのために，改革開放以来行なわれてきた国民経済計算統計作成業務における実践経験を総括し，それと同時に，精励克己して学習し，果敢に探求する精神を持って，新機軸を開拓しなければならない。これはマルクス主義の「与時俱進［時代とともに発展するという意味，中国共産党第16回全国代表大会（2002年11月）で採択された報告の中のスローガン］」の理論精神が我々の国民経済計算の実践に対する要求でもある。また，国際社会で広く受け入れられている国際基準である93SNAをよく学習・研究しなければならない。93SNAは，社会主義諸国を含めた世界中の多くの国，特に先進国の国民経済計算の経験を総括しており，世界中の多くの国民経済計算専門家の共同の知恵を集約するものでもある。93SNAは世界における国民経済計算の発展水準を代表しているものでもあるので，それを模範として中国の国民経済計算を発展させなければならない。そのため，93SNAの実施をめぐって国連などの国際機関によって作成された一連のマニュアルを学習しなければならない。それらは我々が93SNAをよりよく実施するための

手助けになるであろう。さらに，我々はまた諸外国の国民経済計算に関する先進的な方法を学び参考にしなければならない。それによって回り道をせずに，中国の国民経済計算の発展を加速し，先進国との距離を縮められるであろう。

　我々の仕事である国民経済計算では，他の統計作成と同様に，概念の正確性，分類の規範性，カバレッジの明確性，推計方法の実行可能性，時系列の比較可能性が特に重視されている。これは我々の仕事の特徴である。しかし，これらの特徴は我々を思考停止に陥らせ，小心翼々として，自らを束縛し，進取の精神を失わせるものともなる。我々は自己批判の精神，自ら新機軸を打ち出す精神，進取の精神を持たなければならない。そうすることは中国の国民経済計算に存在する様々な問題の解決に有利であり，国民経済計算の一層の発展を可能とする。

　中国の実情に基づいて，概念，カバレッジと推計方法に対して常に革新をしなければならない。いつまでも比較可能性を理由にし，以前の概念はこうだから，今後も同じ概念にしなければならないとか，以前のカバレッジはこうだから，今後も同じカバレッジを取らなければならないとか，以前はこの推計方法を採用したから，今後も同じ方法を採用しなければならない，といったような判断は慎むべきである。いつも同じことを繰り返しすることになると，中国の国民経済計算は進歩できない。これについて，先進国のやり方を学ぶ必要がある。たとえば，アメリカは，1942年以来，国民所得と生産勘定に対して11回も包括的な改訂を行なって来た。ほぼ毎回の改訂には概念の調整，カバレッジの調整，利用する資料の調整，推計方法の調整をともなっている。これが科学的な態度と私は考える。古くなった概念や，現状を反映しなくなったカバレッジを調整しなければ，常に変化している現実の状況を正確に捉えなくなる。より良い資料や，より科学的な方法が現れても，それを利用しなければ，国民経済計算の統計数値と経済の実情との乖離がますます拡大することになる。そうなると，マクロ的・ミクロ的な経済決定に悪影響を与え，国民経済計算のもつ役割も果たせなくなる。

　我々は経験を総括するとともに，国民経済計算の国際基準をいっそう研究し，かつ先進市場経済諸国の進んだやり方を参考としながら，中国の実情から出発して，国民経済計算の統計作成に存在する具体的な問題を解決していかなければならない。

(1)生産アプローチと所得アプローチによるGDPの推計方法を改善し，現在のミックス法を徐々に廃止する。産業分類と支出項目の分類を細分化する。

サービス業推計の精度を向上させる。徐々に四半期GDPの生産勘定と使用勘定を構築する。不変価格表示のGDP推計，とりわけ鉱工業と農業の不変価格表示の付加価値の推計方法を改革しなければならない。未観測経済の推計方法を研究し，徐々にその推計を進めなければならない。

(2)社会主義市場経済の実情に適応して，企業の負担を軽減し，産業連関表の精度を向上させるために，現行の産業連関表の作成方法を研究し，徐々に改革しなければならない。産業連関表と国内総生産勘定とのつながりを強化し，産業連関表がGDP統計を細分化，3つのアプローチの整合性の追求に果たす勘定としての役割を強化する。

(3)固定資産の分類を細分化して，固定資産ストックについて，現行の取得費用価格評価から，徐々に恒久棚卸法による推計に移行する。

(4)実情から出発して，地域経済計算の推計方法の改善に努め，地域と国との国民経済計算データ間の接合を良くし，「実事求是（実際に即して正確な方法を見出す）」の考え方により地域経済計算の推計範囲を確定する。

(5)中国の実情に配慮しながら，資源環境勘定の作成を進め，中国の経済・資源環境統合勘定体系を構築する。

各分野別統計［専業統計］は国民経済計算の重要な基盤である。中国国民経済計算に存在している多くの問題，たとえば，GDP推計におけるミックス推計法の問題，産業部門分類の問題，サービス業推計の問題，四半期推計の問題，不変価格評価の問題など，いずれもこうした各分野別統計と関わっている。国民経済計算がもつ経済統計のフレームワークとしての役割，データ間の調整機能を十分発揮して，各分野内の諸統計間の橋渡しと調整機能を果たすとともに，異なる分野間の諸統計の橋渡しと調整作業にも積極的に協力して，分野別統計制度・方法の改善を促進することによって，国民経済計算の基礎となる分野別統計の充実を図る。

現行の統計制度の下では，各行政部門が管轄している諸統計も政府統計に重要な役割を果たしている。各行政部門統計の協力がなければ，国民経済計算の推計作業は同様に困難である。このために，国民経済計算と分野別統計との交流と調和を図ると同時に，行政部門別統計との交流と調和も強化しなければならない。各行政部門が管轄している統計の基本概念，カバレッジや取り扱いなどについて国民経済計算との接合を促進し，国民経済計算の基礎となる行政部門別統計の充実を図る。

地域と国との国民経済計算データの大きな開きは，中国の国民経済計算の

データ品質の問題の1つの側面を表している。データ品質の問題は多方面にわたる多くの要素によってもたらされたものであるが，国民経済計算推計作業自体の問題以外に，制度的問題，分野別統計による問題などもある。地域によって，または場合によって，制度的問題のほうが国民経済計算のデータ品質により大きな悪影響を与えているかも知れない。しかし，だからといって，私たちはデータ品質の問題をなおざりにしてはいけない。いくら原因があったからと言って，国民経済計算統計は私たちの手から出ていったものなので，そのデータに問題があれば，私たちはその責任から逃れることができない，これについて，我々ははっきりと認識し，あらゆる手段を講じて，国民経済計算統計の品質を高めなければならない。

我々の仕事は共和国の歴史を記録している。我々の仕事は現実に重要な意味を持つだけではなく，また深遠な歴史的な意味を持っている。現在だけではなく，何年もたった後でも，我々が提供した国民経済計算統計は，中国の国民経済の発展を研究する上で不可欠な財産となる。歴史に背いてはならない，また，国民の期待に背いてはならない，そのために，我々は強い責任感を持って，国民経済計算統計作成におけるさまざまな問題に科学的かつ真摯に取り組み，それを解決して，我々が提供する国民経済計算統計が真の国民経済の状況を反映するように努めなければならない。

【参考文献】

国連等編著，中国国家統計局国民経済計算司訳［1995］『国民経済計算体系（SNA），1993』中国統計出版社

許憲春［1999］『中国国民経済計算体系の改革と発展』（改訂版）経済科学出版社

許憲春［1999］『中国国民経済計算体系の理論と実践』中国統計出版社

【column ⑧】中国人民元の購買力平価に関する推計

　購買力平価（Purchasing Power Parity：略称PPP）に関する最も代表的な推計は，国連，世界銀行，IMF，OECD，EU等の協力のもとで推進されてきた国際比較プログラム（International Comparison Programme; ICP）によるものである。各国通貨の購買力平価を算定して，各国のGNPまたはGDPの実質比較を行なうことを目的としたICP事業は，国連統計委員会の勧告に基づき，国連統計部により1969年に開始された。日本は，第3期事業（1975年対象）から，調査対象品目の価格データ，支出ウェイトのデータ提供を行なってきた。第6期事業（1993年対象）終了後，事業が一時中断され，事業実施体制等の再構築が行なわれた。現在，世界銀行の主導により，2005年を対象年とする世界事業が開始され，中国もこれに初参加している（現在実施されている世界事業購買力平価プログラムについては，世界銀行のホームページhttp://web.worldbank.org/WBSITE/EXTERNAL/DATASTATISTICS/ICPEXT/0,,pageP K:62002243~theSitePK:270065,00.htmを参照）。

　表1は世界銀行によって公表されている，購買力平価によるGDPの国際比較を示している。中国の2007年GDPは，市場為替レートによってドルに換算される場合の32,801億ドルから，購買力平価ベースの70,551億ドルへと，2倍以上大きくふくらむことになっているのがわかる。

表1　購買力平価によるGDP国際比較

単位：億ドル

国名	購買力平価ベースの2007年GDP	順位	為替レートベースの2007年GDP	順位
アメリカ	138,112	1	138,112	1
中国	70,551	2	32,801	4
日本	42,835	3	43,767	2
インド	30,921	4	11,710	12
ドイツ	27,518	5	32,972	3
ロシア	20,882	6	12,910	11
イギリス	20,816	7	27,278	5
フランス	20,537	8	25,623	6
ブラジル	18,336	9	13,142	10
イタリア	17,801	10	21,075	7

出所：(1) World Development Indicators database, World Bank, revised 17 October 2008
　　　(2) World Development Indicators database, World Bank, revised 10 September 2008

表2　中国購買力平価に関する各推計結果比較
中国平均価格の対米比較　　アメリカ＝1

推計者	(1) kravis (1981)	(2) Taylor (1991)	(3) Field (1996)	(4) Ren・ Chen (1994)	(5) Ren (1997)	(6) Mizogu chi他 (1989)	(7) 篠崎他 (1994)	(8) 李(1995), 李(2001), 泉他(2007)	参考 為替レート
推計対象	GDP	GDP	GDP	GDP	GDP	家計消費支出	国内生産額	GDP	元／ドル
1975	0.25								1.86
1981		0.67	0.67						1.70
1985			0.42			0.15			2.94
1986			0.39	0.25	0.27				3.45
1987			0.37				0.05		3.72
1990			0.33					0.15	4.78
1995								0.12	8.35
2000								0.22	8.28

注：中国の平均価格＝為替レートによる換算値÷購買力平価による換算値

　中国は世界最大の人口をもつ大国であり，ここ30年ほど，中国経済は，高成長をとげてきた。当然，中国の経済規模や経済構造を正確に把握することに多くの関心が集まってきたが，これまで中国経済は世界のなぞとされ，多くの憶測と議論が絶えなかった。そのひとつの要因は，これまで中国がICPに参加していなかったことかもしれない。

　中国の購買力平価については，多くの研究者によってさまざまな推計が行なわれてきた。表2はICPによるもの以外の，中国購買力平価に関する推計をまとめている。同表から各推計結果の間に大きな開きが存在することがわかり，中国購買力平価の推計が複雑で困難な課題であることが示唆される。

　また，これまでICPの購買力平価は各国のGNPまたはGDPを実質化することを主要目的にしているため，支出サイドからのアプローチが採用され，産業レベルの生産性比較に必要な生産サイドによる購買力平価の推計が行なわれてこなかった。表3は二国間アプローチによる産業別購買力平価から見る産業規模・構造と労働生産性の日中比較例を示す。産業構成を見てみると，農林水産業：鉱工建設業（2〜10部門）：サービス（11〜15部門）の構成比率は，為替レート換算の13.0：67.3：19.7に対して，購買力平価換算の15.3：46.4：38.2となり，日本の1.6：46.3：52.1と比べて，中国のサービス業構成比率がなお日本よりかなり低い。労働生産性を見ると，為替レート換算の結果で日本と比較すると，どの産業でも日本は中国の数十倍となっており，特別に高いとは考えにくい日本の農林水産業が中国の51倍，労働に大きく依存している

表3　1995年産業別国内生産額及び労働生産性の日中比較

部門	1995年国内生産額 単位：億円、%					従業者1人当たり国内生産額 単位：千円		
	中国[1]	構成比	中国[2]	構成比	日本	構成比	中国[1]	中国[2]	日本
1）農林水産業	229,040	13.0	1,923,404	15.3	152,923	1.6	64	541	3,313
2）鉱業	61,443	3.5	381,008	3.0	16,595	0.2	612	3,795	26,244
3）食料品	120,673	6.8	698,219	5.6	387,059	4.2	1,252	7,244	22,430
4）繊維産業	153,846	8.7	655,709	5.2	119,967	1.3	802	3,420	10,040
5）製材・紙工業	66,755	3.8	254,253	2.0	297,495	3.2	874	3,331	18,457
6）エネルギー・化学工業	198,895	11.3	914,385	7.3	679,903	7.3	1,027	4,722	46,076
7）金属・金属製品	129,543	7.3	497,244	4.0	403,817	4.4	1,000	3,837	25,944
8）機械工業	229,023	13.0	1,048,674	8.4	1,266,737	13.7	715	3,276	28,150
9）他の工業製品	74,549	4.2	224,701	1.8	183,733	2.0	817	2,463	25,472
10）建設	150,905	8.6	1,146,126	9.1	940,623	10.1	422	3,202	12,019
11）輸送・通信	59,343	3.4	970,097	7.7	444,656	4.8	284	4,637	15,379
12）商業・飲食業	123,875	7.0	1,143,889	9.1	1,291,308	13.9	268	2,474	7,252
13）教育・研究・医療	50,341	2.9	1,010,717	8.1	1,473,459	15.9	222	4,463	12,344
14）金融・保険	27,682	1.6	257,827	2.1	363,346	3.9	931	8,671	17,333
15）公共事業・公務	86,783	4.9	1,405,353	11.2	1,257,222	13.5	441	7,148	17,093
合計（平均）	1,762,696	100	12,531,604	100	9,278,843	100	283	2,009	13,772

注：中国[1]とは為替レートによって元から円に換算されたものであり，中国[2]とは購買力平価によって元から円に換算されたものである。
出所：李（2005）『産業連関構造の日中・日韓比較と購買力平価』より。

教育・研究・医療や公共事業・公務でも56倍や39倍になる。一方，購買力平価換算では，日本は中国に比較して，農林水産・鉱業（1・2部門）では6.1~6.9倍，軽工業（3~5部門）では2.9~5.5倍，重化学先端工業（6~8部門）では6.8~9.8倍，サービス・建設（10~15部門）では2.0~3.8倍の生産性となっている。

(李　潔)

第9章

『中国国民経済計算体系（試行案）』の改定について[1]

(李　潔訳)

> **要旨**　本章では，中国の新しい国民経済計算体系の改定案に含まれる『中国国民経済計算体系（試行案）』に対する改定を，MPS体系による勘定内容の削除，基本概念と用語の整理，制度部門分類と産業分類に関する改定，基本的フレームワークの修正とそれに関する指標と項目の修正と細分化などの面から論じる。

　社会主義市場経済の下でのマクロ経済運営のニーズと国際交流の必要性に応えるために，われわれは1992年以来行なわれてきた中国国民経済計算における統計システムと推計手法の改革の成果を総括するとともに，国民経済計算の国際基準——国連の93SNA（*System of National Accounts 1993*）——を研究し，かつ先進国の国民経済計算の経験を参考としながら，『中国国民経済計算体系（試行案）』（以下では『試行案』と呼ぶ[2]）の全面的改定を行なった。本章では『試行案』に対する主要な改定点を論じる。

I　MPS体系に基づく勘定内容の削除

　1990年代の初め，旧ソ連・東欧諸国は今後MPS体系（A System of Material Product Balances）に準拠しないことを決定した。1992年には，中国共産党第14回全国大会で社会主義市場経済体制という改革目標が確立された。国内外のこうした変化に呼応して，中国は1993年から高度集権的計画経済に適したMPS体系の勘定内容を国民経済計算の統計システムから削除することにした。したがって，今回の改定で『試行案』からMPS体系に対応する内容を，国民

---

[1] 本章は『統計研究』2001年第4号に発表されたものである。
[2] 『中国国民経済計算体系（試行案）』は国務院が1992年8月30日に公布し実施したものである。

所得の生産勘定と使用勘定などを含めて，削除することにしたのは当然のことである。

Ⅱ　基本概念と用語に関する改定

今回の改定では，『試行案』の基本概念と用語が逐一検討され，多くの修正が行なわれている。以下はそのいくつかの重要な修正である。

1．支出アプローチGDPに関する項目

現行『試行案』では，支出アプローチGDPは「総消費」，「総投資」および「純輸出」の3項目からなっている。93SNAでは，この「総消費」と「総投資」に対応する項目はそれぞれ「最終消費支出」と「総資本形成」と称している。国際基準上の名称と一致させるため，『改定案』では「総消費」と「総投資」を「最終消費」と「総資本形成」に改称することにした。

また，現行『試行案』では，「総消費」は「家計消費」と「社会消費」からなり，そのうちの「社会消費」はさらに「政府消費」と「集団消費」からなっている。ここでの「集団消費」はMPSの概念であり，企業，非営利事業と行政機関の就業者によって共同消費される財・サービスのことを指す。93SNAでは，こうした財貨・サービスは現物報酬であり，家計最終消費支出の一部を構成する。国際基準と一致させるために，『改定案』では「集団消費」の概念を廃し，それに対応する財・サービスを現物報酬の形で「労働者報酬」[訳注1)]に計上し，同時に「家計消費」（旧称は「住民消費」）に計上することにした。「集団消費」概念を削除すると同時に，「社会消費」の概念もそれにともなって消滅した。

さらに，現行『試行案』では，「総投資」は「固定資本形成」と「在庫増加」からなる。この「固定資本形成」には固定資本減耗を含めており，それは93SNAにおける総固定資本形成に対応する項目である。国際基準と一致させ解釈上の煩雑さを避けるため，『改定案』ではこの項目の名称を「固定資本形成総額」とした。また，中国国内の経済学用語にあわせて，『改定案』では「在庫増加」の中国語名称「庫存増加」から「存貨増加」に改め，対応するストック項目も「庫存」から「存貨」に改称した。

訳注1)　日本の「雇用者報酬」と「混合所得」を合わせた概念になる。第3章を参照。

第 9 章 『中国国民経済計算体系（試行案）』の改定について | 129

産業連関表，資金循環表と貸借対照表における対応項目の名称も同時に変更した。

2．財産所得

現行『試行案』では，「財産所得」の定義は「他の部門の金融資産，土地および，著作権や特許権などの無形資産を使用することによって発生した所得移転であり，利子，配当，土地賃貸料，特許権使用料と保険財産の帰属収益額を含む」となっている。しかし，93SNAでは，「財産所得」に金融資産と土地などの有形非生産資産の所有者が，それを他の経済主体の使用に提供することによって得られた対価のみを含む。

そのため，『改定案』では「財産所得」の定義を次のように修正した。すなわち，「金融資産，あるいは有形非生産資産の所有者が他の制度単位に資金，あるいは有形非生産資産を提供し，彼らに自由に利用させることにともなう対価として得られた所得を指し，その主な形式には利子，配当，地代などがある」とした。明らかに，この定義では従来の定義にある特許権などの無形非生産資産によって発生する所得を排除している。こうした所得は，生産から得られる収益として処理することになった。

3．準備資産

現行『試行案』では，準備資産を次のように定義している。すなわち，「一国が保有し，対外支払に直接利用可能な金準備，外国為替資産，SDR，IMFリザーブ・ポジションおよびIMF借款の利用など」である。IMF『国際収支マニュアル』（第5版）と93SNAに基づいて，『改定案』ではその定義を「中央銀行が保有し，直ちに利用可能であるか，または実効的に管理している対外資産であり，貨幣用金，SDR，外国為替資産，IMFリザーブ・ポジションおよびその他の債権から構成される」と改定した。

この新しい定義は明らかに前者と異なっている。まず，準備資産の保有者を中央銀行に限定し，他の部門によって保有される対外資産は準備資産の範囲から外している。第2には，IMF借款の利用を外している。実際には，上述した2つの国際基準と同様に，『改定案』では，IMF借款の利用を「その他の投資」における「国際機関からの借入」項目に分類することにした。第3には，さらに「その他の債権」という項目を追加している。その項目は準備資産から貨幣用金，SDR，外国為替資産，IMFリザーブ・ポジションを除いた部分を指す。

Ⅲ 制度部門分類と産業分類の改定

1．制度部門分類の改定

現行『試行案』では，すべての居住者である行政事業単位[訳注2]は1つの制度部門，すなわち，政府部門に分類されるが，資金循環表と貸借対照勘定では，政府部門がさらに財政と行政事業の2つの内訳部門に分類されている。そのうち，財政部門は，中央財政収支と地方財政収支（地方財政予算外収支を含む）を含めた財政収支を表すだけのための部門であり，それ自身にはいかなる実体も含まれていない。すべての居住者である行政事業単位は政府部門のもう1つの内訳部門である行政事業部門に分類されていた。このような制度部門分類は93SNAの制度部門分類の原則にそぐわないので，『改定案』ではこの政府部門の内訳部門分類を削除した。

現行『試行案』では，すべての居住者である家計および個体経済単位[訳注3]により構成される制度部門は「住民部門」と呼ばれているが，「住民」の語は非常に広く使われるので，制度部門の名称にはなじまない。そこで『改定案』は部門名称を「家計部門」に改め，93SNAにおける呼称と一致させることにした。

2．産業分類の改定

主に新しい中国標準産業分類に基づいて現行『試行案』にある産業分類に対して細分化および修正を行なう。それは主に次の1〜3からなる。①農業を農業，林業，牧畜業と漁業に細分化した。②鉱工業を採掘業，製造業，電力・ガス・水道業に細分化した。③サービス業については新しい中国標準産業分類の分類基準に基づいて分類を修正し，一部のサービス業，たとえば，金融保険業，不動産業に関して細分化した。

Ⅳ 各表の名称に関する修正

現行『試行案』では，GDPの推計値に関する表は「国内総生産とその使用

訳注2） 政府企業を含む政府単位のこと。
訳注3） 生産手段を私有する非法人企業のうち，従業員7名以下で，労働者個人が生産手段を所有し，本人とその家族で営業しているもの。

表」と呼ばれていた。実際には，GDPの語には国内総生産の生産面も，その使用面も含まれているので，表の名称に「使用」をわざわざ付ける必要はない。『改定案』では，「国内総生産表」に名称を改めた。

現行『試行案』では，居住者制度単位によって構成される経済全体に設置された勘定を「国民経済勘定」と呼んでいるが，国際的には，国民経済勘定とは一国の部門勘定を含めた包括的な勘定体系を指すことが多いので，国際交流の際に混乱を起こすことを避けるために，93SNAと同様に，『改定案』ではこの勘定の名称を「一国経済勘定」に改称して，現行『試行案』における「経済循環勘定」を「国民経済勘定」に改称した。

『改定案』では，また現行『試行案』の制度部門勘定と国民経済計算勘定（一国経済勘定）における「投資勘定」を「資本勘定」に改称し，「企業部門産出表」と「企業部門投入表」をそれぞれ「供給表」と「使用表」に改称して，93SNAの対応する勘定と表の名称に合わせた。

V 基本的フレームワークに関する修正

現行『試行案』の基本的フレームワークに関する修正は，主に以下の内容からなる。

現行『試行案』上の中国国民経済計算体系は「社会再生産表」と「経済循環勘定」との2つの部分から構成され，そのうち，「社会再生産表」には，「基本表」と「補充表」が含まれる。改定後の中国国民経済計算体系は「基本表」，「国民経済勘定」と「付属表」の3つの部分によって構成されることになる。実際には，後者は前者の「社会再生産表」を2部分に分け，そのうちの「基本表」を第1部分に，「補充表」を第3部分にしたものである。

現行『試行案』における「基本表」は，「国内総生産とその使用表」，「産業連関表」，「資金循環表」，「国際収支表」と「貸借対照表」の5つの部分からなる。『改定案』における「基本表」も同様に5つの部分からなっている。ただし，現行『試行案』における「国内総生産とその使用表」は1つの表のみで，GDPの3つの推計アプローチによるごく基本的な構成項目を示しているが，それぞれについて詳細な内訳を示していない。『改定案』における「国内総生産表」は「国内総生産総括表」，「生産アプローチ国内総生産表」，「所得アプローチ国内総生産表」と「支出アプローチ国内総生産表」の4表から構成され，それぞれGDPの3つの推計アプローチによる基本的構成項目，生産アプロー

チと所得アプローチによるGDPの産業別構成および支出アプローチによるGDPの詳細な内訳項目を表すことになる。現行『試行案』における「産業連関表」は商品×商品表のみであったが,『改定案』における「産業連関表」は,商品×商品表以外に,供給表と使用表も含まれている。現行『試行案』における「国際収支表」はフロー表のみであったが,『改定案』では,フロー表以外に,ストックに関する表,すなわち,「国際投資ポジション表」が追加された。

　現行『試行案』における「経済循環勘定」は「国民経済勘定」,「制度部門勘定」,「産業別勘定」と「経済循環マトリックス」から構成される。前述したように,そのうち,「国民経済勘定」は経済全体に対して設定された勘定で,「産業別勘定」は生産アプローチと所得アプローチによる産業別のGDPを表し,「経済循環マトリックス」は実際には「経済循環勘定」,「国民経済勘定」,「制度部門勘定」と「産業別勘定」のマトリックス表示である。『改定案』における「国民経済勘定」は一国経済勘定と制度部門勘定のみからなっており,それぞれ「経済循環勘定」の1番目と2番目の勘定に対応している。『改定案』では,「国内総生産表」中に生産アプローチと所得アプローチによる国内総生産表があるので,「産業別勘定」は残さないことにした。また,「経済循環マトリックス」も差し当たって実用的価値があまりないため,同様に残さないことにした。『改定案』における「制度部門勘定」も現行『試行案』の「制度部門勘定」と若干異なっている。すなわち,1)『改定案』では国内制度部門についてそれぞれ完全勘定系列を設置することにしているが,現行『試行案』では国内制度部門について共通の完全勘定系列を設置している。2)『改定案』では現行『試行案』の「国内制度部門勘定」の簡略化を図った。まず,現行『試行案』における「所得の第一次分配勘定」と「可処分所得および支出勘定」とを「所得分配および支出勘定」という1つの勘定に統合した。次に,「調整勘定」と「貸借対照表変動勘定」を削除した。したがって,『改定案』における「国内制度部門勘定」は「生産勘定」,「所得分配および支出勘定」,「資本勘定」,「金融勘定」と「期末貸借対照表勘定」から構成される。3)『改定案』では,対外部門についても「経常取引勘定」,「資本勘定」,「金融勘定」と「期末貸借対照表勘定」からなる完全勘定系列を設置した。

　『改定案』の「一国経済勘定」もその前身と比べ大きく異なるものになっている。すなわち,1)「制度部門勘定」に「海外部門勘定」を取り入れたために,「一国経済勘定」から「対外取引勘定」を削除した。2) GDPなどの主要な集計指標を中心とする「国内総生産勘定」と「国民可処分所得および支出勘

定」を削除し,「一国経済勘定」を国内制度部門の統合勘定になるように改定した。したがって,「一国経済勘定」も「国内制度部門勘定」と同様に,「生産勘定」,「所得分配および支出勘定」,「資本勘定」,「金融勘定」と「期末貸借対照表勘定」から構成されることになる。

現行『試行案』における「補充表」は,「人口バランス表」,「労働力バランス表」,「自然資源表」,「主要商品の資源と使用のバランス表」,「企業部門産出表」,「企業部門投入表」,「財政貸付資金バランス表」と「総合価格指数表」の8表からなる。『改定案』における「付属表」は,「自然資源物量表」,「人口資源と人的資本物量表」の2表のみとなっている。『改定案』の「産業連関表」には「供給表」と「使用表」が含まれているので,「付属表」から「企業部門産出表」,「企業部門投入表」を削除した。「総合価格指数表」は実際には当期価格表示と不変価格表示のGDPの推計結果だけからなるものであり,それだけで1つの表を設ける必要はない。現在,国民経済計算統計を担当する中央・地方組織では「主要商品の源泉と使用のバランス表」と「財政貸付資金バランス表」を作成していないし,または今後作成しないので,『改定案』においてはこの2つの表を残さないことにした。『改定案』における「自然資源物量表」と「人口資源と人的資本物量表」はそれぞれ現行『試行案』における「自然資源表」,「人口バランス表」と「労働力バランス表」を組み替えたものである。

Ⅵ 指標と項目の設置に関する修正と細分化

指標と項目の設置に関する修正と細分化については,主に以下の内容からなる。

1. 国内総生産表

前述したように,「国内総生産表」は4つの表から構成されている。そのうちの「国内総生産総括表」は,現行『試行案』における「国内総生産とその使用表」に対応している。『改定案』では伝統的なMPS体系による推計内容を削除することにしたため,「国内総生産総括表」からもMPS概念の国民所得およびその生産アプローチ,所得アプローチと支出アプローチによる構成項目を削除し,GDPに関する3つのアプローチによる構成項目だけが残されている。

「生産アプローチによる国内総生産表」は,26産業について生産アプローチによる付加価値およびその構成項目(産出額と中間投入)からなっている。

「所得アプローチによる国内総生産表」は26の産業について所得アプローチによる付加価値およびその構成項目（労働者報酬，純生産税，固定資産減耗と営業余剰）からなっている。「支出アプローチによる国内総生産表」は，その3つの構成項目（最終消費，総資本形成と純輸出）のうち，前の2つの項目については細分化されている。

2. 産業連関表

前述したように，『改定案』における「産業連関表」は「供給表」，「使用表」と「商品×商品表」の3つの表から構成されている。そのうち，「供給表」は，現行『試行案』の「企業部門産出表」を発展的に改編したものである。すなわち，後者に対して次の3つの修正を行なっている。1）「企業部門」を「産業」に変更した。2）表頭と表側を逆にした。3）表頭に輸入（C.I.F.価格），生産者価格表示の総供給，商業・運輸マージン，購入者価格表示の総供給という4つの項目を追加した。

「使用表」は，現行『試行案』の「企業部門投入表」を発展的に改編したものである。すなわち，後者に対して次の2つの修正を行なっている。1）企業部門は産業に変更した。2）表頭に最終使用象限を追加し，その最終使用象限の項目構成は，「商品×商品表」の最終使用象限と基本的に同様とした。

こうした修正は主に93SNAにおける供給表と使用表の表形式に基づいてなされたものである。「投入産出勘定」に「供給表」と「使用表」を導入するなど，上述したこれらの修正によって，産業連関表の勘定機能が向上した。すなわち，3つのアプローチによるGDPを細分化しながら，整合性を保つという勘定のフレームワーク的機能を果たすことになった。

3. 資金循環表

資金循環表は実物取引と金融取引からなる。そのうち，実物取引についての項目の修正が比較的多い。こうした修正は次のようにまとめることができる。

1）「財政上納金」と「財政支出金」という2つの項目を削除することにした。

2）「純輸出」，「純生産税」，「第一次所得バランス」，「その他非金融資産の取得マイナス処分」，「純金融投資」などのいくつかの項目を追加することになった。そのうちの「純輸出」は「財貨・サービス輸出」－「財貨・サービス輸入」を指し，対外部門の出発点となるフロー[訳注4]である。「純生産税」は

生産税と生産補助金の差額であって，第一次分配の重要な指標である。「第一次所得バランス」は第一次分配の結果であり，それは出発点となるフローに，第一次分配過程における受取項目（労働者報酬，財産所得，生産税など）を加算し，第一次分配過程における支払項目（労働者報酬，財産所得，生産税など）を控除したものに等しい。国内の各制度部門の「第一次分配総所得」の合計は「国民総所得（GNI）」に等しい。「その他非金融資産の取得マイナス処分」は，土地などの有形非生産資産と特許などの無形非生産資産の取得からその処分を差し引いたものである。「純金融投資」は，実物取引の面から見ると，「総貯蓄」に「資本移転の受取」を加算し，「資本移転の支払」，「総資本形成」と「その他非金融資産の取得マイナス処分」を控除した差額であるが，他方，金融取引から見ると，それは金融資産の変動から負債の変動を差し引いた差額である。ここではその前者を指す。

3）「その他の移転」を「経常移転」に改称するとともに，それを「所得税」，「社会保険負担」，「社会保険給付」，「社会扶助」と「その他」の5項目に細分化することになった。

4）既存の項目に対して一部内訳項目を設けることになった。「労働者報酬」の内訳項目として，「賃金及び賃金的所得」と「社会保険負担」を設けることになった。「財産所得」の内訳項目として，「利子」，「配当」，「土地賃貸料」と「その他」を設けることになった。「最終消費」の内訳項目として，「家計消費」と「政府消費」を設けることになった。「資本移転」の内訳項目として，「投資補助金」と「その他」を設けることになった。

こうした修正によって，現行『試行案』と比較して，『改定案』における「資金循環表」の実物取引の項目の構成はより改善されたものになった。まず，所得の第一次分配，所得の再分配，可処分所得の使用，非金融投資と金融投資の関係は，財政資金の調達と運用を表す「財政上納金」と「財政支給金」という2つの項目によって切断されることなく，社会的資金循環の論理的な流れをよりよく反映するようになった。第2に，「純輸出」，「第一次分配総所得」，「その他非金融資産の取得マイナス処分」などの項目を追加することによって，実物取引の項目がより完全性を持つものになった。第3に，所得の第一次分配，所得の再分配，可処分所得の使用を表す項目を細分化することによって，関連内容をより詳細に表示することができるようになった。

訳注4）　国内部門にとっては「付加価値」，対外部門にとっては「純輸出」である。

4．国際収支表

前述したように,『改定案』における国際収支表は「国際収支（フロー）バランス表」と「国際投資ポジション表」との2つの表から構成される。

「国際収支（フロー）バランス表」に含まれる項目については比較的大きな修正が行なうことにした。こうした修正は，国家外国為替管理局がIMF『国際収支マニュアル（第5版）』と中国の国際収支推計の現状に基づいて行なったものであり，主に次のような内容が含まれる。

1）経常項目に関する修正としては，①従来の「対外貿易」を「財貨」に改称し，従来の「非貿易取引」を「サービス」と「所得」の2つの部分からなるものとして修正することにした。従来の「無償譲渡」は，経常移転と資本移転の2部分に分解し，そのうちの経常移転だけを経常項目とした。したがって，新しい経常項目には，「財貨およびサービス」，「所得」と「経常移転」という3つの第2レベルの項目があり，「財貨およびサービス」の項目の下にさらに「財貨」と「サービス」という内訳項目を設けることにした。②「サービス」項目の下には運輸，観光，通信，建設，金融，保険などの13の内訳項目を，「所得」項目の下には「労働者報酬」と「投資収益」の2内訳項目を，「経常移転」項目の下に「一般政府」と「その他の部門」との2内訳項目を設けることにした。こうした内訳項目の設置によって従来の「国際収支表」の各項目を修正，細分化するとともにそれを補う役割を果たすことになった。

2）「資本（資金）取引項目」に関する修正としては，①従来の「資本（資金）取引項目」を「資本と金融項目」に改称し，その項目の下に「資本項目」と「金融項目」という2つの内訳項目を設置することにした。そのうちの「資本項目」は新しく追加した項目で，それには主に従来の「無償譲渡」項目から分離した資本移転が含まれている。②「金融項目」の下に「直接投資」，「証券投資」と「その他の投資」という3内訳項目を設けることにした。さらに「直接投資」項目の下に「我が国の対外直接投資」と「外国の対内直接投資」という2内訳項目を設けることにした。また，「証券投資」の下に「資産」と「負債」の2内訳項目を設け，その下にそれぞれ「株式」と「債券」を設けることにした。同様に「その他の投資」項目の下にも「資産」と「負債」の項目を置き，その下に「貿易信用」，「貸付金」，「通貨と預金」，「その他の資産（負債）」をそれぞれ設けることにした。「直接投資」を除いて，「証券投資」と「その他の投資」に関する内訳項目の設定は従来の「国際収支表」におけるそれと異な

り，より明瞭になり，理解しやすいし応用にも適している。

3）「準備資産」項目に関する修正としては「準備資産」の定義変更にともない，準備資産の内訳項目にある「IMF借款の利用」を削除して，「その他の債権」を追加することにした。

新しく追加した「国際投資ポジション表」の表側には，「純ポジション」，「資産」と「負債」の３つの大項目を設置することになり，「資産」項目の下に「対外直接投資」，「証券投資」，「その他の投資」と「準備資産」の４つの中項目を，その各項目にいずれも２つ以上の小項目を設置することにした。表頭には「期首」，「取引」，「その他の変動」と「期末」の４項目を設置することにした。そのうちの「その他の変動」には価格評価による変動，為替レート変動などの非取引要素による期首期末ポジションの変動が含まれている。

5．貸借対照表

貸借対照表の項目について主に以下のような修正を行なった。

1）大項目に関する修正としては，使途側の大項目として金融資産，源泉側の大項目に負債を置き，従来の大項目である「国内金融資産・負債」，「対外金融資産・負債」と「準備資産（使途側のみ）」をそれぞれの中項目の内訳として配置するように修正した。

2）「非金融資産」の下にある中項目についての修正である。「固定資産」の下にある「固定資産原価」と「固定資産減価償却」を削除して，中項目として，「建設仕掛工事」を追加することにした。「在庫」の下に，「完成品在庫と流通在庫」を追加することにした。「その他の非金融資産」の下に「無形資産」を追加することにした。

3）「国内金融資産・負債」の下にある中項目についての修正である。「証券」を「証券（株式を含まず）」に修正し，「株式とその他の持分」と「保険準備金」との２つの内訳項目を追加することにした。

4）「対外金融資産と負債」の下にある中項目についての修正である。従来の長期資本取引と短期資本取引を「直接投資」，「証券投資」と「その他の投資」に修正することにした。

5）「準備資産」の下に「貨幣用金」と「外国為替資産」項目を追加することにした。

6. 国民経済勘定

前述のように，国民経済勘定は「一国経済勘定」と「制度部門勘定」とから構成される。「制度部門勘定」には「非金融企業」，「金融機関」，「政府」と「家計」の4つの国内制度部門勘定と1つの「海外部門」勘定が含まれている。『改定案』における「制度部門勘定」の項目の設定は，現行『試行案』と主に以下の点について異なっている。

1）『改定案』では，各々の制度部門について勘定を設けているので，項目の設定は各制度部門の特徴に沿っている。たとえば，「非金融企業」，「政府」と「家計」部門の金融勘定の貸方には「通貨」，「預金」，「保険準備金」などの項目がない。現行『試行案』にはすべての国内制度部門をカバーする1つの共通の勘定表だけが存在するため，このような区分はなされていない。特に海外部門に対応する勘定を設けていないため，その項目の設定は海外部門の特徴を反映していない。

2）現行『試行案』では「所得税」を「経常移転」と同じレベルに並列される項目としているが，『改定案』では「所得税」を「経常移転」の構成要素とし，「経常移転」の下にある内訳項目とするようにした。

3）現行『試行案』における「営業余剰」，「可処分所得」，「貯蓄」などのバランス項目はいずれも固定資産減価償却（固定資本減耗）を含まない「純」概念であるが，『改定案』におけるこうしたバランス項目は固定資産減価償却を含む「粗」概念になっている。これは「粗」概念の項目は応用範囲が広いし，対応する勘定に「粗」概念の項目を利用することによって，固定資産減価償却の重複を避けることができ，簡略化の役割もはたすからである。

4）「財産所得」の定義変更にともない，現行の制度部門勘定では，「財産所得」の内訳項目である「特許権使用料」削除することにした。

改定後の一国経済勘定は国内制度部門勘定の集計勘定のことであるから，現行『試行案』とは異なって，その個別勘定の項目の設定はみな国内制度部門の対応する項目の設定と一貫性を持ったものとなる。

【参考文献】

国連等編，中国国家統計局国民経済計算司訳［1995］『国民経済計算体系（SNA），1993』中国統計出版社

国家統計局［1992］『中国国民経済計算体系（試行案）』
許憲春［1997，1999］『中国国民経済計算体系の改革と発展』経済科学出版社，1版1997年4月，
　　2版1999年8月

【column ⑨】資産境界・資産分類

SNAの資産(「経済資産」)の定義は,93SNAの10.2段および10.3段にある。経済資産は,次のような実体として定義される。すなわち,経済資産とは,制度単位によって所有権が設定,行使され,かつ,そこから,それを一定期間にわたり保有または使用することにより,所有者が経済的利益を得ることのできるようなもののことである。

すべての経済資産は,価値貯蔵機能をもち,経済的利益がともなう。ここで,経済的利益とは,(a)生産において建物または機械を使用することにより引き出される利益であったり,(b)財産所得(利子,配当,地代等)が得られたり,(c)それを処分することにより,貯蔵されていた価値を引き出すことができたりすることをさす。

以下の図は,SNAの資産分類である。いくつか,コメントを付けておく。①生産者の管理下にある生産資産(生産された資産)の中で生産活動との結びつきが保たれているものが「資本」である。「それ自体が産出でもある投入である」。②資本形成は,従来,固定資本形成と在庫品増加とからなっていたが,93SNAにおいて,貴重品

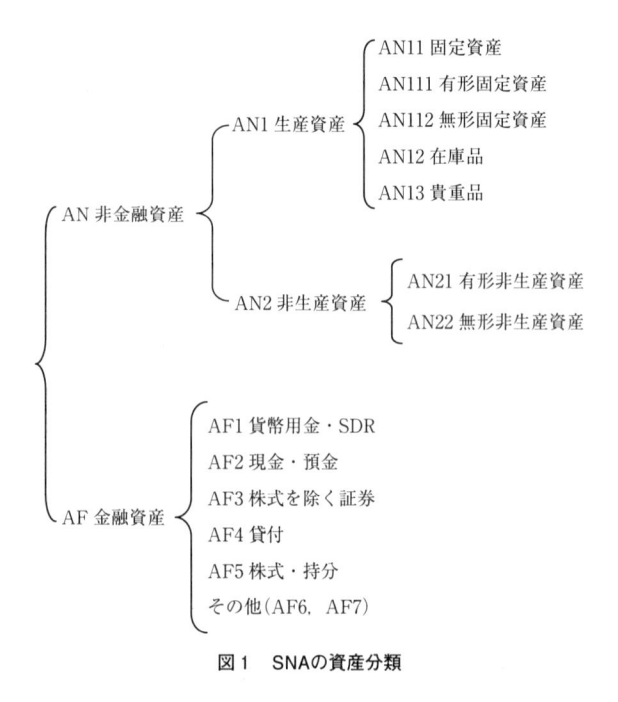

```
                    ┌ AN11 固定資産
                    │   AN111 有形固定資産
         ┌ AN1 生産資産 ┤   AN112 無形固定資産
         │          │ AN12 在庫品
         │          └ AN13 貴重品
AN 非金融資産 ┤
         │          ┌ AN21 有形非生産資産
         └ AN2 非生産資産 ┤
                    └ AN22 無形非生産資産

         ┌ AF1 貨幣用金・SDR
         │ AF2 現金・預金
         │ AF3 株式を除く証券
AF 金融資産 ┤ AF4 貸付
         │ AF5 株式・持分
         └ その他(AF6,AF7)
```

図1　SNAの資産分類

(生産に使われない価値貯蔵手段である生産資産)の増加もその1要素となった。ただし，日本の国民勘定統計では貴重品範疇を認めていない。③金融資産は，ひとことで言えば，負債を裏側から見たもの(借りているひとにとっては負債，貸した人にとっては金融資産)であるが，例外が貨幣用金(貨幣としての金)およびSDRである。④93SNAでは，通貨当局(とその実効的支配下にある単位)のみが貨幣用金を保有する。そのような単位の間の決済にそれが使われることから，金融資産に含めることの妥当性があると考えられる。⑤通貨当局以外の単位が(通貨当局が保有すれば，貨幣用金として取り扱われるような)金を保有する場合，他の宝石や骨董品とともに，貴重品として取り扱われる。⑥無形非生産資産は，社会が作り出した非生産資産であり，("Non-produced assets that are constructs of society.")商標権，特許権，著作権等が該当すると考えられるが，93SNAにおける取扱いには，注意すべき点が2点ある。第1に，著作権という資産カテゴリーは消滅し，代わりに娯楽・文学・芸術作品の原本という固定資産カテゴリーが登場した。第2に，特許権でなく，特許実体がこのカテゴリーに属する資産であるとされた。

(作間逸雄)

第10章

中国政府統計の改革[1]

(李　潔 訳)

> 要旨　本章では，改革開放以来，特に90年代以降の中国政府統計の改革と発展について，国民経済計算，統計分類基準，統計法の整備，統計調査方法，統計集計方法，統計調査範囲および不変価格表示鉱工業付加価値の推計方法の7つの側面から考察する。

本章では，改革開放以来，特に90年代以降の中国政府統計の改革と発展について考察する。

I　国民経済計算

国際的には，かつて2つの国民経済計算体系が存在していた。1つはソ連，東欧の高度集中型計画経済諸国から生まれた物的生産物バランス体系（MPS；A System of Material Product Balances）であり，もう1つは西側の先進市場経済諸国から誕生した国民勘定体系（SNA；System of National Accounts）である。

中国の国民経済計算の歴史は前者から後者への移行の歴史である。それは具体的には，MPS体系の成立と発展，MPS体系とSNA体系の併用および，SNA体系の下での発展という3つの段階からなる。

1．3つの発展段階

(1)　MPS体系の成立と発展段階

1952年，国家統計局は設立早々，全国範囲での鉱工業・農業産出額調査を実施し，中国の鉱工業と農業の産出額の推計を開始した。その後，推計範囲は鉱

---

[1]　本章は2002年5月に北京大学経済学院，アメリカのアジア経済研究協会および中国改革フォーラム共同主催の大型国際シンポジウムの入選論文である。

第10章　中国政府統計の改革　　143

工業と農業の産出額から，農業，鉱工業，建設業，運輸業と商業・飲食業という 5 大物的生産部門の総産出額まで拡大された。すなわち，「社会的総生産」である。1954年から国家統計局は旧ソ連の国民所得統計理論と方法を学び，中国の国民所得の生産，分配，消費と蓄積勘定の作成を開始した。

　これらの統計を作成することにより，当時のマクロ経済計画と管理に重要な判断材料を提供することができると考えられた。たとえば，薄一波氏[訳注1]は1956年に開催された中国共産党第 8 回全国代表大会で，国民所得と財政収支等の資料に基づいて，「2：3：4」という比率を提案した。つまり蓄積は国民所得の20％前後，財政収入は国民所得の30％前後，基本建設投資は財政支出の40％前後にするという内容を含んでいた。こうした比率は当時のマクロ経済の計画と管理に重要な指針的役割を果たした。

　1956年に国家統計局は代表団を旧ソ連に派遣し，旧ソ連圏の国民経済計算について包括的調査を行なった。その後，中国ではMPS体系を全面的に推進し，社会的総生産の生産・蓄積・消費の各バランス表，社会的総生産と国民所得の生産・分配・再分配の各バランス表，労働力資源と分配のバランス表等のMPS概念に準拠する一連の重要な統計表を相次いで作成したが，不幸なことに，これらのバランス表の作成がスタートしたころ，大躍進期の「反教条主義運動」に遭い，こうしたバランス表の作成作業が批判され，過度に煩瑣であるという理由で多くのバランス表の作成が停止された。それは中国の国民経済計算が経験した初めての大きな挫折であった。2 度目の大きな挫折は文化大革命であった。文化大革命の間，統計機構が荒廃し，統計スタッフが下放されて，国民経済計算統計の作成が全面的に中断された。

　文化大革命以後，中国の国民経済計算統計業務はそのダメージから徐々に立ち直り，まず，MPS体系の国民所得勘定の推計が復活し，その後，MPS型の全国産業連関表が 2 回作成された。それは1981と1983年の産業連関表であった。これらの統計表は改革開放初期のマクロ経済の計画と管理に重要な役割を果たした。

(2)　MPS体系とSNA体系の併用の段階

　改革開放の深化と国民経済の成長にともない，MPS概念の統計作成だけでは，もはやマクロ経済運営のニーズに応えることができなくなってきた。この

訳注 1 ）　当時の国家経済委員会主任，国務院副総理。

状況の下で，MPS概念の統計作成を実施すると同時に，SNAに対する検討が徐々になされるようになった。

1985年にはSNA概念の国内総生産（GDP）の推計を，1987年にはSNA概念の産業連関表を，さらに1992年にはSNA概念の資金循環表の作成を開始した。

それと同時に，1984年から国務院は，新しい国民経済計算体系の立案と設計のために，専門機構を設けた。この機構の指導の下で，国家統計局は関係部門とともに理論的な検討を深め，広く各方面からの意見を求め，一部の試算も行なった上で，1992年に『中国国民経済計算体系（試行案）』を確定した。この試行案はSNAの基本的な枠組みを採用しながら，部分的にMPSの内容を残留し，MPSとSNAを併用した体系であった。1992年1月，国務院は専門家会議を開き審議を行なった上で，試行案を採択した。同年8月，国務院は『新国民経済計算体系試行案の実施に関する通知』を発し，全国範囲で段階的に同試行案を実施するように通達した。

(3) SNA体系の下での発展段階

1993年のMPS概念の国民所得勘定の廃止を象徴として，中国の国民経済計算はMPS体系とSNA体系とを併用する段階から，SNA体系の下で，新たな発展段階に入った。

この段階では，SNA概念の貸借対照表と国民経済勘定の作成を開始し，国民経済計算の制度面，または方法面についてさまざまな見直しが行なわれた。

1992年以来の国民経済計算の制度と方法についての改革成果と実践経験，また，最新の国際基準である93SNAに対する検討を踏まえて，1999年から，『中国国民経済計算体系（試行案）』に対して全面的に改訂を行なった。MPS関連項目の削除，基本概念の整理，基本枠組みに対する修正，推計内容の充実化，表頭・表側項目の調整等を通じて，改定案は93SNAをベースにしたものになっている。この改定案についてはすでに各方面から広く意見が聴取されており，再検討作業の完了後，正式に出版され，今後の一定期間における中国国民経済計算作成の指針になるであろう。

2．国民経済計算体系における各勘定の成立と発展

次に中国国民経済計算体系の各構成部分の成立と発展を紹介する。

(1) 国民所得と国内総生産の推計

　中華人民共和国建国初期から90年代初頭まで，中国の国民経済計算における中心的な経済指標はMPS体系の国民所得であった。この指標は農業，鉱工業，建設業，運輸業と商業・飲食業の生産活動を描写するものである。国家統計局は第1次5ヵ年計画の時期から国民所得の推計を開始したが，文化大革命の期間中に中断され，1973年に再開した。1983年11月に，国家計画委員会，国家経済委員会，財政部および統計局は連名で『国民所得計画統計作業の強化に関する報告』を提出し，その後，国民所得統計の作成に一層力を入れるようになった。

　改革開放以後，非物的サービス業，たとえば，金融・保険業，不動産業，科学研究事業等の産業は著しく成長し，国民経済に果たす役割がますます重要になってきた。マクロ経済管理諸部門は第三次産業のバランスのとれた成長を促す諸施策の立案のために，第三次産業の状況を適切に把握する必要が生じてきた。このようなマクロ経済コントロールからのニーズに適応するために，国家統計局は1980年代の初期からSNAの中心指標である国内総生産（GDP）の検討を開始した。

　1985年4月に国務院弁公庁は国家統計局の『第三次産業統計作成に関する報告書』を承認し，MPSの国民所得勘定を引き続き作成するとともに，早急にSNAの国内総生産統計と第三次産業統計を作成するように通達した。同年，GDP統計に関する制度を設立した。しかしながら，当時主要指標とされたのは，依然としてMPS方式の国民所得であり，GDPは，非物的サービス産業の生産活動がカバーできないという前者の欠陥を補うための補助的な役割をもつ指標として用いられたにすぎない。

　90年代の初め，特に鄧小平の南巡講話と中国共産党第14回代表大会で社会主義市場経済体制化の改革目標が確立された後，マクロ経済管理諸部門は市場経済体制に適するマクロ経済指標であるGDPを一層重要視するようになった。このような変化に対応して，国家統計局はGDPの作成に一層力を入れ，更なる発展を図った。

　第1に，国民経済計算におけるGDPの地位を高め，それを付属指標から中心指標に位置づけるようにした。1993年にはMPS方式の国民所得勘定を廃止し，GDPを中国国民経済計算の中心指標とした。

　第2に，推計の範囲を拡大した。初期段階の生産（・所得）サイドのみの推計から，使用面，すなわち支出サイドからのGDP推計までに，その推計範囲

を拡大するようになった。

　第3に，推計方法を修正した。MPS方式の国民所得に基づいた調整・補充による間接的な推計方式から，原資料から直接GDPを推計する方式に変更した。

　第4に，マクロ経済管理諸部門による足下の国民経済の統計情報に対するニーズに応えるために，年次GDP推計の経験を踏まえて，四半期GDPの推計を開始した。

　第5に，1994年に公表された中国標準産業分類（「国家国民経済行業分類標準」）にしたがい，生産（・所得）アプローチGDPの産業部門分類，特にサービス業の部門分類について調整と細分化を行なった。さらに農村部と都市部の家計調査に基づき，家計消費支出の項目の細分化を行なった。

　第6に，MPS体系の国民所得とその他の歴史資料を基礎に，1952-84年のGDPについて長期遡及推計作業を行ない，第1回目の第三次産業センサスの資料に基づき，1978-93年のGDPに対する遡及改訂を行なって，『中国国内総生産歴史資料（1952-1995）』を出版して，マクロ経済分析に利用可能な比較性を持つGDPの長期時系列データを提供した。

　第7に，不変価格表示の鉱工業と農業の付加価値の推計方法については，伝統的な推計方法に替えて，価格指数でデフレートするアプローチについて試算を行なった。

　第8に，段階的にGDP推計における基礎統計の利用と推計方式のルーティン化を図った。

(2)　産業連関表

　70年代に，中国初の産業連関表——1974年物量産業連関表が作成された。80年代の初め，改革開放初期のマクロ経済の計画と管理のニーズに応えるために，国家統計局は関係部門と共同でMPS概念の産業連関表の作成を開始し，1981年と1983年について全国産業連関表を作成した。

　80年代の中ごろ，改革開放以後の第三次産業の急速な発展を受け，第三次産業に関する政策を立案するニーズに応えるために，国家統計局はSNA概念の産業連関表の検討を始めた。1987年3月に，国務院弁公庁は『全国投入産出調査を行なうことに関する通知』を出した。通知では5年ごとに「全国投入産出調査」を行ない，産業連関表を作成するよう通達した。それ以後，定期的にSNA概念の産業連関表を作成する制度が確立された。その制度のもとでは，

西暦末尾が2もしくは7の年には大規模な調査を行ない，産業連関表ベンチマーク表を作成するとともに，西暦末尾が0もしくは5の年に小規模な調査に基づいて基本計数を修正し，延長産業連関表を作成する。

90年代に入ってからも，社会主義市場経済体制の下での企業の実状とマクロ経済運営のニーズに対応するため，国家統計局は産業連関表を作成するための調査方法と作成方法に関する改善を重ね，部門分類の細分化に努めてきた。

現在まで，すでに1987，1990，1992，1995，1997年のSNA概念の産業連関表が作成された。現在，2000年産業連関表延長表を作成中であり，また，2002年産業連関表の作成準備に取りかかっている。

(3) 資金循環勘定

80年代の後期に，国家統計局，中国人民銀行，国家計画委員会と財政部が資金循環勘定の検討を開始し，資金循環勘定の基本的な表形式を設計した。1992年3月に4者が連名で『資金循環勘定の作成に関する通知』を出し，中国の資金循環勘定の作成がこれでスタートした。1992年以後，これまでの実践経験，また，93SNAに対する検討を踏まえて，資金循環表の基本指標と作成方法について抜本的改訂を行ない，比較的にルーティン化された表形式と作成方法が確立された。

現在まで，すでに1992-1999年の各年の資金循環表が作成され，2000年資金循環表を現在作成中である。

(4) 国際収支勘定

1980年に，中国はIMFでの合法的地位を回復した。1981年に，加盟国として国際収支に関するデータを提供する義務を果たすため，また，対外経済管理のニーズに応えるために，国家統計局は国家輸出入管理委員会，国家外貨管理局と共同で，IMF『国際収支マニュアル』第4版と当時の中国の実情に基づいて，国際収支統計に関する制度を設立し，毎年，国際収支表を作成するようになった。その後，この作成作業は国家外貨管理局の担当となった。

90年代に，国家外貨管理局はIMF『国際収支マニュアル』第5版に基づいて，中国の国際収支統計の表形式と原資料の利用を含むその作成方法について改訂を行なうとともに，年次国際収支表の作成の延長として，四半期別国際収支表と年次国際投資ポジション表の作成を開始した。

(5) 貸借対照表

国家統計局は80年代中ごろから貸借対照表の検討を始め，90年代後半から貸借対照表の作成をスタートした。今まで，1997，1998と1999年の3つの貸借対照表が作成され，2000年表は現在作成中である。

統計作成と同時に，国家統計局は貸借対照表に関する理論面と方法面の研究を深め，表作成の実務経験に基づいて，貸借対照表の表頭・表側項目の設定，原資料の利用を含むその作成方法の改善に努めてきた。

(6) 国民経済勘定

国家統計局は80年代中ごろからSNAの勘定方法について検討を始め，90年代の初めから国民経済勘定の基本表式と作成方法を確立した。今まで，1997，1998と1999年の3ヵ年の国民経済勘定が作成され，2000年国民経済勘定は現在作成中である。

統計作成と同時に，国家統計局は国民経済勘定作成の実務経験に基づいて，国民経済勘定の表頭・表側項目の設定，原資料の利用を含むその作成方法の改善に努めてきた。

国民経済計算はすでに政府が社会主義市場経済の運営状況を把握するための重要な手段となり，経済発展戦略，中長期ビジョン，年次計画とさまざまなマクロ経済政策を作成するための重要な判断材料となっている。たとえば，中国共産党第14期中央委員会第5回全体会議では，1980年から2000年までに，人口が約3億人増加するという前提の下で，1人当たりGDPを1980年の4倍とする戦略的な目標が提示されたが，それはGDP統計に基づいて設定したものである。また，中国政府が第9次5ヵ年計画，第10次5ヵ年計画と2010年長期計画の中で提示した経済成長目標および各年次計画の中で提起した経済成長目標も，GDP統計に基づいて設定したものである。1998年以降，積極的な財政政策と慎重な金融政策を実施してきたが，こうした政策もGDP統計に示された経済成長率の低下，最終需要の不足と密接に関係している。また，産業連関表は産業構造，部門間の経済関係，最終需要の構造等の分析に重要な役割を果たしている。さらに，資金循環勘定は所得分配，蓄積，投資と金融取引の分析に，国際収支と国際投資ポジション表は対外経済の分析にそれぞれ重要な判断材料を提供している。

Ⅱ　統計分類基準

1．産業分類基準

80年代の初めに，国民経済管理のニーズに応えるため，当時の産業分類の実践経験を総括し，産業分類に関する国際的経験を吸収した上で，国家統計局と国家標準局が共同で『中国標準産業分類とコード（「国民経済行業分類と代碼」）』を制定した。1984年12月に，国家計画委員会，国家経済委員会，国家統計局と国家標準局が連名で『「国民経済行業分類と代碼」の国家基準を公表することに関する通知』を発し，国務院各部局と全国各地方当局がこの標準産業分類を実施するよう通達した。

90年代の初めに，産業の発展状況と国連の標準産業部門分類に基づき，国家統計局は『国民経済行業分類と代碼』に対して第1回目の改訂を行ない，1994年版の標準産業分類を制定した。

1994年以後，社会主義市場経済の発展に伴い，サービス業は急速な成長を遂げ，新しい産業が大量に現われ，産業構造が大きく変化するようになった。それと同時に，対外交流は日に日に拡大してきた。こうした新しい情勢のもとでの経済分析と経済管理のニーズ，また対外交流のニーズに応えるために，1999年から，国家統計局は『国民経済行業分類と代碼』に対して第2回目の改訂を行ない，新たな国家基準である『国民経済行業分類と代碼』を作成している。改定案はすでに専門家による審議を完了しており，国家標準委員会の審議を受けて，まもなく公表して実施されるであろう。

2．経済類型とウクラードの統計分類基準

1980年，国民経済調整と体制改革の過程に現われる経済類型の成長変化ぶりを統計から捉えるために，国家統計局は国家商工行政管理局と共同で『統計における経済類型の区分に関する暫定規定』を制定して，当時の経済単位を全人民所有制経済，集団所有制経済，全人民と集団の合営経済，全人民と私営の合営経済，集団と私営の合営経済，中外合営経済，華僑または香港・マカオ商工業者経営経済，外資経済，私営経済，個体経済の10種の経済類型に区分した。

この規定は十数年間実施されたが，中国の所有制構造に新たな変化が生じ，新しいウクラード（経済構成体）が現われるようになった。マクロ経済政策・運営のニーズに応えるために，1992年，国家統計局と国家商工行政管理局は

『統計における経済類型の区分に関する暫定規定』を改訂し、『経済類型の区分に関する暫定規定』を制定した。

1998年に、中国共産党第15回大会の趣旨に基づいて、所有制構造および国有経済（国有企業）の株式の保有状況を正確に反映するために、国家統計局は上の規定を改訂して、新たに『統計におけるウクラードの区分に関する規定』およびそれと関連する『統計におけるウクラードの推計方法に関して』と『統計における国有経済の株式の保有状況の分類方法に関して』を制定して、それぞれウクラードの統計分類基準を確定し、企業、政府機関、事業単位、社会団体、農業生産単位のウクラードの区分と推計方法を規定し、国有経済の株式の統計分類の方法を制定した。

Ⅲ　統計法規の成立

改革開放以後、社会主義の法律制度の発展とともに、統計作成のニーズに適応して、1983年12月8日に、第6回全国人民代表大会常務委員会第三次会議では『中華人民共和国統計法』が通過し、1984年1月1日から施行されることになった。『統計法』は統計調査制度、統計資料の管理と公表、統計機構と統計作成者の権限と責任および、違反した場合の法律上の責任等の諸制度を明確に規定している。『統計法』の公表と実施は、中国の統計作成が依拠する法律がないという局面に終止符を打ち、正確にタイムリーに統計作成を保障するために、また、科学的、有効的に統計作成を組織するために、重要な役割を果たした。

社会主義市場経済のニーズに対応するため、1996年5月15日、第8回全国人民代表大会常務委員会第19回会議は、『「中華人民共和国統計法」の修正に関する決定』を承認し、『統計法』に対する抜本的な見直しを行なった。改訂後の『統計法』は統計の基本的機能と役割、統計機構と統計作成者の権限、統計調査、統計資料、民間統計調査管理等について多くの新しい規定を明記している。

国務院の許可を経て、1987年2月15日に、国家統計局は『中華人民共和国統計法施行細則』を発表した。2000年6月2日国務院は改訂した『統計法施行細則』を許可し、同年の6月5日から実施した。

90年代に入ってから、中国は『統計法』と『統計法施行細則』を改訂すると同時に、各地域や各部門の統計法規の整備を積極的に推進してきた。現在では、すでに『統計法』と関連する統計行政法規を主とし、地方と部門の統計行政法

規を従とする統計法規システムが基本的に形成されている。

IV 統計調査方法

中国の伝統的な統計調査として、報告制度があった。その制度は従来の計画経済の下ではうまくいっていたのかもしれないが、社会主義市場経済へ移行してから、多くの問題が現われた。実際には、改革開放以後、特に90年代以来、私営企業、連合経営企業、株式制企業、外資企業、香港台湾系投資企業が著しく成長した。従来の統計報告制度のように頻繁に報告を求めることは、企業に対する負担が重く、企業からの抵抗が大きい。また、市場経済の進行に伴い、規模の小さい企業や個人業者が多く現われ、生産、収支、資産負債に関する記録が整備されていないものも多く、統計報告表の記入が困難であるケースが多くなり、その統計データの精度について保証し難いような状況が生じている。

新しい状況に対して、国家統計局は1994年5月10日に『センサス制度の設立と統計調査体系の見直しに関する伺い』という報告書を国務院に提出し、「わが国の統計調査方法を抜本的に見直し、必要な定期的に行なわれる全数調査を基礎とし、頻度のより高い標本調査を主とする」統計調査手法に関する改革目標を提案した。

この報告で、定期的に行なわれる全数調査については、人口センサス、鉱工業センサス、農業センサス、第三次産業センサスと基本単位センサスの制度を提案した。そのうち、前四者のセンサスは10年に1回、人口センサスは0の年に、鉱工業センサスは5の年に、農業センサスは7の年に、第三次産業センサスは3の年に行なうとともに、基本単位センサスについては5年に1回1と6の年に行なうように提案した。

また、標本調査については、統計報告表に過度に依存する現状を根本から改善するために、既存の農産物出来高調査、都市と農村家計調査、価格調査と人口動態調査等の標本調査を一層改善すると同時に、鉱工業、商業、建設業と固定資産投資に関する統計への標本調査の適用を早急に検討することを提案した。国務院は同年7月20日にこの報告を許可した。

国務院の指示に基づき、国家統計局は一連の全数調査と標本調査を実施した。

1. 全数調査

1993-1995年に、中国は第1回目の全国第三次産業センサスを実施した。対

象年次は1991年と1992年であり,調査対象には全国すべての第三次産業に属する企業,事業単位,行政機関と個体経済が含まれる。主な調査内容は第三次産業の経営形態,従業者数,生産経営状況と実物資産状況等である。

中国は長い間物的生産物バランス体系（MPS）に準拠していたため,非物的サービス業に関する統計は重視されず,基礎的統計データに改革開放以後の非公的所有セクターの商業と運輸業の発展状況が充分に反映されていなかったため,第三次産業の付加価値とGDPが非常に過小推計されていたことが,このセンサスで判明した。

センサス資料に基づき,国家統計局は第三次産業付加価値とGDPに対して遡及改訂を行ない,対象期間は1978-1993年の16年間とした。GDPについて最も調整幅の大きい年は1993年で,10％の上方調整を,その次は1992年で,9.3％の上方調整をした。第三次産業について最も調整幅の大きい産業は商業・飲食業で,調整率の最も大きい年（1992年）は88.7％に達した。

国家統計局は現在第2回目の第三次産業センサスの準備を進めている。

1994-1996年に,第3回目の全国鉱工業センサスが実施された。対象年次は1995年である。調査対象には全国すべての鉱工業企業が含まれ,国有企業,郷鎮企業と外資企業が重点的に調査された。主な調査内容は生産経営の状況（生産,販売,在庫およびコスト,費用,価格,利潤等を含む),資産負債の状況とその構成,生産能力,稼働率と技術装備状況等である。

関連部門の統計報告による農村工業の産出額は,1兆8,000億元過大推計していたことがこのセンサスで判明した。この額は農村工業の産出額の40％にあたる。

センサスの後,国家統計局は農村工業の産出額に対する下方調整を遡及して行なった。その対象期間は1991-1994年の4年間である。下方調整率はそれぞれ1991年5.7％,1992年6.7％,1993年8.1％,1994年8.8％であった。

1996-1997年に,第1回目の全国基本単位センサスが実施された。対象年次は1996年である。調査対象は全国すべての法人単位およびその所属する産業活動単位である。主な調査内容は経済類型,業種,従業者数,経営状態等である。今回のセンサスで全国の法人単位と産業活動単位数等が把握できるようになった。中国は現在第2回目の全国基本単位センサスを実施している。

1996-1998年に,第1回目の全国農業センサスを実施した。対象年次は1996年である。調査対象は全国の各種農業生産経営単位,農村世帯,郷鎮企業,行政村と郷鎮である。主な調査内容は農村住民の生産経営状況,非農村住民の農

業生産経営単位の状況，行政村と郷鎮の状況，非農業郷鎮企業の状況と農業用地の状況等である。

　今回のセンサスで，基礎的農業統計における豚・牛・羊のストックがそれぞれ20.7％，21.1％，21.8％過大推計され，食肉の生産が22.0％過大推計され，また，土地面積が過小推計されていたことを判明した。センサス資料に基づいて，国家統計局はこうしたデータに対して調整を行った。

　1999-2001年に，2000年を対象年次とする第5回目の人口センサスが実施された。調査対象は中華人民共和国の国籍を持ち，中華人民共和国の国境内に常住する自然人である。調査内容には性別，年齢，民族，婚姻状況，教育程度，職業，住居の状態，戸籍の性格等が含まれる。

　こうした一連のセンサスは関連統計データの質の向上に非常に重要な役割を果たしたと同時に，統計資料を大いに充実させ，基礎的統計の弱点と整備の不十分を補足することになった。

　しかしながら，こうした全数調査の実施を通じて，多くの問題点も判明した。すなわち，

　第1に，全数調査の実施頻度があまりにも高く，下部機関が人的な面でも物的な面でも資源不足で，厖大な業務に耐えられないという下部部門からの強い苦情が噴出した。

　第2に，各センサス間の整合性が不十分であり，重複が存在するということである。こうした問題を解決するため，国家統計局はセンサス制度の見直しを現在行なっている[訳注2]。

2．標本調査

　90年代以前にできた標本調査，すなわち，農産物生産量調査，都市と農村の家計調査，価格調査と人口動態調査等を一層改善すると同時に，それ以外の分野についても標本調査を広く推進している。

　たとえば，1999年から一定規模以下の鉱工業標本調査，基準額以下の卸売・小売・貿易・飲食業企業や個人業者の標本調査，農家および小規模育成単位の牧畜業生産状況標本調査等が開始されている。

　訳注2）　2004年12月31日を標準時点として，従来個別に実施されてきた経済関係の3つのセンサス（鉱工業センサス，第三次産業センサスと基本単位センサス）と未実施の建築業センサスを統合する「経済センサス」を実施することになっており，今後，この経済センサスを5年ごとに実施することになっている。

V　統計の集計方法

　伝統的な統計調査では，調査結果を下位の統計行政レベルから上位の統計行政レベルへと順次集計していく方法を取っていた。この集計方法は各レベルの経済管理諸部門の統計データに対する需要を満たすというメリットがあったが，調査結果が各集計段階で，不正な操作を受けやすいというデメリットも明らかになった。

　ここ数年，集計データの精度向上を図り，国家統計局は集計方法に対する見直しを行ない，重要な統計報告表と統計データに関して直接集計の方法を取るようになってきた。たとえば，1999年以来，『鉱工業統計年報』の「鉱工業企業生産と売上高表」と「鉱工業企業財務状況表」を直接集計した。また，食糧生産量や農村住民所得などの標本調査等についても直接集計を行なった。

VI　統計調査の範囲

　近年，国家統計局は統計調査範囲の拡大に努めてきた。
　一定規模以下の鉱工業に関する統計は，従来それぞれの管理部門から受け取ることになっており，国家統計局による直接調査の対象ではなかったが，前述のように第3回目の全国鉱工業センサスを実施した際に，その管理部門によって作成された農村工業統計データが，明らかに過大推計されていたことが分かった。1999年以後，一定規模以下の鉱工業企業に対する標本調査を実施し始めたのはそのためである。

　また，サービス業に関する調査範囲に不備があり，国家統計局はサービス業に関する調査方法を検討中である。

　国内総固定資本形成（投資額）の推計範囲も狭く，都市における私営と個体経済の固定資産投資額が含まれていなかった（彼らの持ち家に関する投資額は含まれていた）。試算を重ね，国家統計局はこの部分の投資額を国内総固定資本形成の推計範囲に取り入れることにした。

VII　不変価格表示の鉱工業付加価値の推計方法

　中国鉱工業統計における不変価格表示産出額の算出方法は50年代初期に確立

されたものである。その方法では，まず，国家統計局が国務院の関係部門の協力を得て，基準期の価格をもとにして各種の鉱工業製品の不変価格を決め，省（日本では，県）統計局が省政府関係部門に意見を求め，必要に応じて不変価格の微調整を行なう。

次に，鉱工業企業がこの不変価格をもとに，各自不変価格表示の産出額を推計して，それを末端地方政府から中央へ順次集計することによって，各地方レベルと国の不変価格表示の鉱工業産出額が得られる。

50年代以来，1952年，1957年，1970年，1980年と1990年を対象として5回の鉱工業不変価格が制定されてきた。現在の鉱工業不変価格表示産出額の算出には1990年鉱工業不変価格が使用されている。

この不変価格表示産出額の推計方式は，各レベルの経済管理諸部門から統計に対する需要に応じるというメリットがある一方，次に指摘するような問題もあった。

1）基準期以後に生産された新しい製品は不変価格が存在しないため，企業が当期価格を用いがちで，このように推計された不変価格表示産出額は価格の変動要因を排除しきれない面がある。特に改革開放以来，郷鎮企業の急成長に伴い，統計担当者と会計士の業務遂行能力が低下傾向にあり，当期価格を不変価格に代用するケースが増加している。

2）推計結果を各段階で順次集計する方法では，不正操作の余地ができ，一部の企業と地方政府が業績作りのために，統計データの作成に直接，間接に関与するケースもよくあった。

3）経済理論と実証研究に示されたように，価格が下落した製品（たとえば電子製品）の生産は，価格が上昇した製品の生産より成長が速いため，生産構造が常に価格下落製品の生産にシフトする傾向がある。価格が低下傾向にあり，生産量が急速に伸びてきた製品は，基準時のウェイトが相対的に大きくなっているため，固定価格ウェイトで推計された産出額の伸び率は過大評価の傾向にあり，基準時を離れるほどこの傾向が顕著になる。これは不変価格推計を行なう際に世界各国で共通に存在する問題である[2]。

---

2 その対策として，国際的によく採用される方法として，基準改訂の間隔を短縮したり，連鎖指数を導入したりすることによって，数量構成と価格構造の変化による経済成長率への影響を除去しようとしている。連鎖指数とは，前年価格か当期価格をウェイトとし，あるいは，前年価格と当期価格を同時にウェイトとして経済成長率を算出する方法である。アメリカは1995年に連鎖指数を導入し，遡及改訂を行なった。

以上に示唆された鉱工業統計の不変価格表示産出額の算出方法における不備は，必然的に鉱工業産出額の成長率の算出に影響をもたらす。実際，鉱工業の付加価値実質値はこの鉱工業統計における不変価格表示産出額を基礎にして推計しているので，これらの問題がそのまま鉱工業付加価値やGDPの成長率の推計に悪影響を与えることになる。

　この問題に対して，国家統計局はここ数年，不変価格表示の鉱工業付加価値の推計方法についてさまざまな試算を行なってきた。1997年から，鉱工業生産指数による外挿アプローチを，1999年から，さらに価格指数によるデフレーションを検討し始めた。

　鉱工業生産指数アプローチに関する試算では，算式はラスパイレス型の数量指数が採用され，ウェイトは基準時点における代表生産物付加価値の合計に占める各代表生産物付加価値の比率である。代表品目は国家統計局によってそれぞれの産業における代表性に基づいて選定され，年次の場合は1108品目で，月次は440品目となっている。

　デフレーションに関する試算では，シングル・デフレーションが採用され，そのデフレーターには鉱工業生産物出荷価格指数が使用された。現在，このデフレーションに関する試算に力を入れて行なっている。こうした試算結果に対する検証を行なってから，国家統計局は鉱工業実質付加価値や成長率の算出により科学的な方法を採用するだろう。

【参考文献】

1．国家統計局［1992］『中国国民経済計算体系（試行案）』3月制定
2．国家統計局［1999］『デフレーションによる鉱工業成長率の推計に関する試行案』
3．国家統計局国民経済計算編纂組［1992］『中国国民経済計算体系理論，方法，応用』中国統計出版社
4．国家統計局法規制度司［1987］『統計制度方法公文書選編（1950-1987）』
5．国家統計局統計設計管理司［1994］『統計制度方法公文書選編（1987-1993）』
6．国家統計局統計設計管理司［1999］『統計制度方法公文書選編（1994-1998）』
7．国家統計局工業交通統計司編［1999］『新編工業統計工作指南』中国統計出版社
8．第3回全国鉱工業センサス弁公室編［1996］『第三次全国工業普査の組織と実施』中国統計出版社
9．全国第三次産業センサス弁公室編［1993］『第三次産業と第三次産業センサス』中国統計出版社

10. 許憲春［1999］『中国国民経済計算体系改革と発展』（改訂版）経済科学出版社
11. 許憲春［1999］『中国国民経済計算理論と実践』中国統計出版社
12. 熊振南主編［2001］『統計法導読』中国統計出版社

【column ⑩】中国経済統計の公表形式

　「公共財」としての経済統計を多くの統計ユーザーにとって利便性の高いものにするためには，統計の公表形式を改善することも重要なポイントである。
　中国の統計作成当局も，各国の統計作成当局と同様に，その公表形式の改善に向けた取り組みを行なっている。以下では，1．公表までの期間，2．公表日時，3．公表媒体，といった観点から，最も注目を集めるGDPを中心に中国の公表形式の現状を概観することとしたい。

1．公表までの期間

　統計の対象期間（四半期・月など）が終了してから，当該期間の統計が公表されるまでの期間を見ると，各統計により区々ではあるが，GDP統計に関しては，2004年初に公表形式の大幅な見直しが実施された後，最近ではその「速さ」がかえって統計に対する信頼性を損なっている面がある（2004年初における公表形式の大幅な見直しに関しては，李徳水「関于開展第一次全国経済普査和改進中国GDP核算与数据発布制度新聞発布会上的講話」2003年11月20日国家統計局HP http://www.stats.gov.cn/ 参照）。
　Economist誌は「（中国の）GDPデータが疑われる一つの理由は，中国が近年常に同データを最初に公表する国の一つであることである。通常，当該四半期が終了した後，わずか2週間で公表される。大方の先進国は同データを作成するのに4〜6週間を要する」（"An Aberrant Abacus", The Economist, May 3rd 2008, pp.84）と指摘している。
　一方，国際収支統計のように，対象期間終了後公表まで4〜5カ月を要するものもみられる（解説「7　中国の国際収支統計と国際収支分析」参照）。

2．公表日時

　最近，日本におけるGDP，CPI，日銀短観，国際収支といった多くの経済統計は，基本的に予め公表された公表予定日時に，各統計作成機関のHP上で公表される。この時刻は，金融市場における主な取引が開始される直前とされるものが多い。
　中国においては近年，国家統計局が当該年中における同局作成統計の公表予定日を公表するようになっている。ただし，この公表予定日はあくまで「予定」であってしばしば変更されることもある。中華人民共和国統計法第14条の規定に基づき，中央政府が全国統計を，地方政府が各地方の経済統計を，それぞれ公表しているため，中央

政府が統計の公表を公表予定日直前に延期したことにより、地方政府による統計公表文から、全国のデータが公表前に漏れてしまうといった事態もかつてみられた。

また、統計公表時刻については、必ずしも明確な予定時刻が示されている訳ではないが、午前中にHP上で公表されることが多い。

GDP統計に関しては、国家統計局幹部が記者会見を開催して、データを説明するなど、中国当局による透明性の向上に向けた努力が窺える。同記者会見の開始時刻は事前に中国政府のHPで公表される。

ただし、統計データの公表時に記者会見を行なうということは、内部において、統計が完成した後に、相応の分析期間をとって記者会見に備える必要があり、この間情報漏えいリスクを抱えることとなる。

3．公表媒体

国家統計局の公表媒体に関しては、年次刊行物である「中国統計年鑑」が最も権威ある公表媒体である。同年鑑に関しては、分析・加工が可能なデータファイルを収録したCD-ROMが付属しており、統計ユーザーの利便性に対する配慮がなされている。

ただし、同年鑑の公表時期は翌年9月頃であり、利用可能となるまでに相当の期間を要する。このため、同局では毎年、「中国統計年鑑」の刊行前（5月頃）に同年鑑のハンドブック版である「中国統計摘要」を刊行している。

多くの統計ユーザーは、中国統計年鑑が利用可能となるまでは、インターネットのHP上のデータを参照することとなる。HP上のデータには、外部からの改ざん対策のためか、分析・加工が可能な形式となっていないものも多く、こうした統計に関しては、統計ユーザーが自らデータを手入力しなければならない。

（新川陸一）

第11章

WTO加盟が中国政府統計にもたらす影響[1]

(谷口昭彦 訳)

> **要旨** 本章は，WTO加盟後，中国政府統計部門が，この挑戦に対しどう対応すべきかという問題について若干の提案をする。その中には，政府統計業務をルール化，統計分類・統計調査方法・統計調査票の設計・統計指標の計算方法・統計情報の発信などの国際化を推進し，社会全体に対して正確に，迅速に，包括的統計情報を提供することなどが含まれている。

　WTO加盟は中国の経済発展と社会進歩に深い影響を与えようとしている。また，政府統計にも大きな影響を与えようとしている。

　WTO加盟後，世界各国政府と関連国際機関は，中国の経済社会，人口と環境の発展とその変化に以前より一層関心を持つようになるだろう。したがって，一国の状況を表すものである政府統計に対しても，より多くの関心が寄せられるようになるだろう。また，WTO加盟後，多くの外国企業が中国へ進出してくることになる。それらの大部分は，西側先進国の企業であり，統計作成に関する国際的な諸ルールを熟知し，法律意識も比較的高い。彼らは，調査コストの負担はできるだけ低くしながら，できるだけ多くの質の高い政府統計を享受することに慣れている。そのため，彼らの中国政府統計を見る目も厳しいものと覚悟しなければならない。国内企業もこうした外国企業の影響を受けて，政府統計に対する要求をエスカレートさせていくことだろう。したがって，WTO加盟後の中国の政府統計は，重大な挑戦に直面していることになる。

I　政府統計業務のルール化

　まず，WTO加盟により，われわれは，一層厳格に，法律に基づいた政府統計の作成を求められる。

1　本章は『経済学消息報』2000年7月14日第1面で発表されたものである。

外国企業は営利を目的に中国に進出している。こうした企業は法律意識が強く，法律に規定された義務なら果たすが，法律に規定されておらず，また，企業に直接利益をもたらすこともない義務は拒否する可能性が高い。特に統計調査を行なうことは，企業の負担を増す一方，企業に直接的な利益をもたらすことがほとんどない。そうした状況では，企業の政府統計に対する要求は，高まってくる。そのため，各レベルの統計機関と統計担当者は，法律意識を高め，法律に則った統計作成をしなければならない，また，法律に依拠した統計調査を実施し，統計調査に関する権限を法律に基づき行使しなければならない。言い換えれば，一方では，各種政府統計調査は，必ず法律上の根拠を持たなければならないことであり，恣意的に，思いつきで調査を行なってはならない，統計報告制度を濫用してはならないということである。しかし，他方で，我々は，統計調査に対する企業あるいは個人の正当な理由のない拒否に対して，法律に基づき罰則を科すようにし，統計調査の厳格性を維持しなければならない。

II 統計の国際化の推進

WTO加盟後，政府統計は，国内外の環境への変化に対応するために，一層自覚的に国際化を推進してゆかなければならない。

統計の国際化には多くの側面がある。第1に，それは，統計分類基準の国際化である。現在，中国の統計分類基準は，国際基準に向けて移行しつつあるが，依然として大きな隔たりがある。まず，現行のいくつかの分類基準と国際的によく使われている基準との間には差異が存在する。たとえば，中国の産業分類基準と国連の産業分類基準との間には差異が存在する。国連をはじめとする国際機関は，毎年，われわれに統計質問票の記入を求めているが，分類基準の相違によって記入できずにいる質問項目があるため，回答率が低くなり，そうした国際機関の要求を満たせない原因の1つになっている。次に，いまだ導入されていない，多くの重要な国際統計分類基準がある。たとえば，国連が作成した商品分類基準，国連がその他の国際機関に委託して作成した家計消費支出分類基準や政府支出目的別分類基準などがそれである。こうした国際基準に対応していないことが中国の統計業務を制約するものとなっている。実際，国内外のユーザーが，中国の経済状況の分析や国際比較を行なうことができなくなるので，この状況が変わらないかぎり，WTO加盟後，国際機関や世界各国との一層の国際交流を難しくし，また，協力要請に対応できないことにもつながる。

第2に，統計調査方法の国際化である。われわれは，市場経済体制にある諸国の調査方法を採用し，計画経済体制の統計調査方法を放棄しなければならない。後者における，月次，四半期，年次の統計調査票の記入方法には，外国企業の理解・協力を得られない。なぜならば，この方法は国際的慣例に適合していないからである。したがって，我々は，可能な限り国際的に通用する統計調査方法を採用し，特に標本調査あるいは標本調査と全数調査とを組み合わせた方法をできるだけ採用する。

　第3に，調査票設計の国際化である。調査票を設計する際，被調査者の報告負担軽減の観点から，現行の企業財務会計指標を採用し，できるだけ，企業の側で財務会計指標の加工をしないですむようにすべきである。必要な加工は各レベルの統計部門が行なうようにするのである。そうしないと，企業負担が大きくなり，そのため，企業の側の抵抗が生じ，統計調査への協力が得られにくくなるだろう。それは統計調査業務の順調な実施や統計データ品質の向上の妨げとなるであろう。しかし，現在，統計調査票の設計は，まだこうした条件を満たしていない。一部の調査票には，依然として，企業の側で多くの加工推計をする必要がある。これは国際的慣例に適合しておらず，WTO加盟後，この点を変更しなければならない。

　第4に，統計指標の算出方法の国際化である。現在，統計指標の算出方法の一部に，国際的に通用する方法ではなく，伝統的な方法をそのまま採用しているため，統計データの国際比較ができなくなっているケースがある。たとえば，不変価格表示の鉱工業産出額の推計は50年代初期の建国以来の伝統的な方法で行なわれている。この推計方法は，次のような手順によっている。まず，国家統計局および関連諸機関によって，基準期の価格をもとにして各種の鉱工業製品の不変価格が定められ，提示される。各々の鉱工業企業は，この不変価格をもとに当該企業の各種鉱工業製品の不変価格表示産出額を算出し，企業全体の鉱工業不変価格表示の産出額に集計する。その後，順次積み上げ集計することによって，各地方レベルと国の不変価格表示の鉱工業産出額が得られる。この方法はきわめて煩雑であり，報告者負担も大きく，到底，外国企業が受け入れられるものではない。

　第5に，統計情報発信の国際化である。IMF（国際通貨基金）は，メンバー国のデータの品質を向上させ，社会に向けて，時機を失することなく，正確な統計情報を提供するための統計数値の公表基準「一般データ公表システム」（略称GDDS）を定めている。この基準は，GDDS加盟諸国に対して，統計数

値発表の際，詳細な分類，関連する数値の説明，その数値の根拠となる資料と計算方法，改善の計画とその措置について，公表を求めたものである。WTO加盟後，中国は国際的な貿易ルールから離れた存在ではなく，また，なってはならない。既に，GDDSには，若干の国が参加しているが，われわれは，徐々に統計数値公表の国際基準を受け入れ，政府統計の透明性を増加させて，社会にできるだけ詳しい政府統計を提供し，政府統計に対する国民の信頼を高めながら，政府統計の権威を高めなければならない。

　第6に，被調査者の秘密保持の原則を厳格に守らなければならない。被調査者の秘密を保持し，被調査者を特定できる個別情報の公表を禁止することは世界各国の政府統計の一般的な基本原則である。中国も例外ではない。中国の統計法の中には被調査者の秘密保持について明確な規定がある。しかし，現実には関連部門に被調査者の秘密を漏らしたり，利益を得るために被調査企業の経営状況を販売したりする事件がしばしば起こっている。WTO加盟後，さらに厳格に関連法規を遵守し，被調査者の秘密の漏洩を厳格に禁止し，被調査者との良好な信頼関係を構築していかなければならない。

Ⅲ　正確で迅速かつ包括的な統計情報を海外と外資企業に向けて提供する

　WTO加盟後，中国は更に世界を知り，また，世界も中国を知ろうとしている。迅速で正確な政府統計情報を提供することは，正確に中国の状況を理解し，中国との交流と協力を推進し，貿易と投資を行なおうとする外国政府や外資企業，さらに国際機関にとって重要である。われわれがこうした情報を迅速に提供できない場合，往々にして，彼らは最悪の視点から物事を推測することになるため，中国のより一層の改革開放の推進と国民経済の発展・拡大にとっては利益とはならない。

　在中外資企業は，政府統計の調査対象である同時に，政府統計サービスを提供する対象でもある。国内企業と等しく政府統計情報を得ることは彼らの当然の要求である。WTO加盟後，中国に進出した外資企業は商品の購入，販売，使用などについて内国民待遇を受けることになる。統計情報の発信についても，我々は外資企業に内国民待遇を与えることになる。外資企業にも，彼らの投資や生産に関する経営上の意思決定に役立つように，国内企業と平等に，正確かつ迅速に，なお包括的に，政府統計情報を提供しなければならない。

Ⅳ　貿易統計の改善と対外貿易の順調な発展の促進

WTO加盟後，対外貿易の拡大にしたがって，対外貿易摩擦は不可避なものとなっている。貿易統計の改善は，中国の対外貿易状況を正確に反映し，対外貿易摩擦の解決のための有力な根拠を与え，対外貿易の健全で順調な発展に積極的な役割を果たすことになるだろう。

Ⅴ　国際統計実務に積極的な役割を発揮

WTO加盟により，中国は国際貿易ルールの作成に参加する機会を得ることから，国際貿易の規範化と管理に重要な役割を発揮し，中国と多くの発展途上国の経済利益を擁護することになるだろう。また，WTO加盟は，中国の政府統計にも新たなチャンスをもたらすことになる。実際，それは，中国のより広範な国際統計実務への参加，また，国際統計基準の作成への参加を促すものとなろう。それは，中国が国際統計実務において積極的な役割を発揮することにつながり，中国やその他多くの発展途上国の意見や要望を統計に反映させ，中国その他の発展途上国の利益を擁護することともなるであろう。

このように，WTO加盟は中国政府統計に対して，困難な課題を与えると同時にチャンスをも与えていることは明らかである。われわれは，これらのチャンスをしっかり捉え，挑戦を受け止め，政府統計全体の水準を高め，更にマクロ経済管理のため，また，国民経済と対外貿易発展のために，卓越した貢献をしなければならない。

| 第12章 |

1990年代の中国においてサービス業の成長が相対的に遅れた要因の分析[1]

(寧　亜東　訳)

> 要旨　本章では，20世紀の90年代における中国のサービス業の成長をめぐる基本状況を明らかにし，さらに，サービス業の成長が一国経済全体の成長より遅れた，体制面，統計面の要因などを検討した。

　世界銀行上級エコノミスト華而誠氏は1990年代における中国のサービス業価格の伸びが全体としての物価水準の伸びより高いにもかかわらず，サービス業の成長が一国経済全体の成長より遅れたという「不可解」な現象[2]を指摘した。本章では，この現象について新たな視角から再確認をするとともにその解明を試みた。

I　サービス業成長の基本状況

　サービス業は第三次産業とも呼ばれ，一国経済の重要な構成部分をなす。世界経済成長の状況から見ると，サービス業の経済全体に占める割合は上昇傾向にある。この傾向は少なくとも，比較的長い期間を取るとサービス業の平均成長率は経済全体の成長率より高いことを意味する。80年代において中国の経済成長にもこのような特徴が現れてきた。実際，1980-1989年において，第三次産業の年平均成長率は13.4％で，GDPの年平均成長率の9.9％より3.5ポイント高かった。したがって，経済全体に占める第三次産業の割合は年々上昇し，1980年の21.4％から1989年の32.0％に10.6ポイント増えた。しかし，1990年代には，状況が逆転したように見える。経済全体の成長より第三次産業の成長が相対的に遅れていた。経済全体に占めるその割合が増えないだけではなく，逆

1　本章は『管理世界』2000年第6号に発表されたものである。
2　Erh-Cheng Hua: "China: Manufacturing Competitiveness and the Service Sector".

表12-1　GDPと第一・第二・第三次産業の成長率の推移（%）

年次	GDP成長率	第一次産業成長率	第二次産業成長率	第三次産業成長率
1990	3.8	7.3	3.2	2.3
1991	9.2	2.4	13.9	8.8
1992	14.2	4.7	21.2	12.4
1993	13.5	4.7	19.9	10.7
1994	12.6	4.0	18.4	9.6
1995	10.5	5.0	13.9	8.4
1996	9.6	5.1	12.1	7.9
1997	8.8	3.5	10.5	9.1
1998	7.8	3.5	8.9	8.3
1999	7.1	2.8	8.1	7.5
平均	9.7	4.3	12.9	8.5

出所：『中国統計ダイジェスト』（2000）の国内総生産指数表により作成。

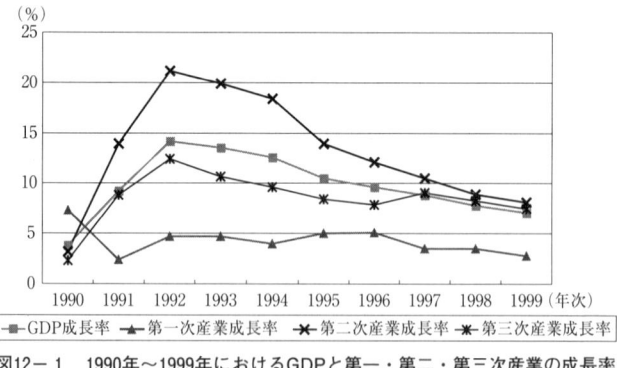

図12-1　1990年～1999年におけるGDPと第一・第二・第三次産業の成長率

に下がってしまっている。1990-1999年におけるGDPと第一・第二・第三次産業の成長の様子を表1と図1に示す。

　表12-1と図12-1によると，1997-1999年を除く，すべての年で第三次産業の成長率はGDPの成長率より低く，年平均では1.2ポイントほど低かったことがわかる。したがって，1990年代の第三次産業の成長は経済全体の成長より遅れていたと考えられる。そのことから必然的に第三次産業の対一国経済の割合の低下を招いた。1990-1999年における当期価格表示のGDPに占める第一・第二・第三次産業のシェアを表12-2と図12-2に示す。

　表12-2と図12-2によると，当期価格表示のGDPに占める第三次産業の割合は1992年の34.3%をピークに年々下がって，1996年には30.1%にまで低下

第12章　1990年代の中国においてサービス業の成長が相対的に遅れた要因の分析 | 167

表12-2　当期価格表示のGDPに占める第一・第二・第三次産業の構成比の推移（％）

年次	第一次産業	第二次産業	第三次産業
1990	27.1	41.6	31.3
1991	24.5	42.1	33.4
1992	21.8	43.9	34.3
1993	19.9	47.4	32.7
1994	20.2	47.9	31.9
1995	20.5	48.8	30.7
1996	20.4	49.5	30.1
1997	19.1	50.0	30.9
1998	18.6	49.3	32.1
1999	17.3	49.7	32.9
平均	21.0	47.0	32.0

出所：『中国統計ダイジェスト』（2000）の国内総生産構成表により作成。

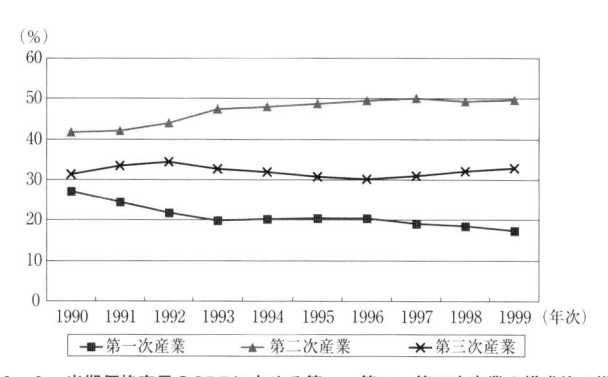

図12-2　当期価格表示のGDPに占める第一・第二・第三次産業の構成比の推移

した。ピークから4.2ポイントの低下であった。シェアは1997年から回復し，1999年には32.9％まで上昇したが，依然として，1992年のピークより1.4ポイント低かった。

　1990-1999年における不変価格表示のGDPに占める第一・第二・第三次産業の構成比を**表12-3**と**図12-3**に示す。

　表12-3と**図12-3**によると，趨勢としてみれば，不変価格表示の第三次産業シェアの動きは当期価格表示のそれとほぼ同じであるが，1997年以降の不変価格表示の第三次産業のシェアの上昇傾向は当期価格表示の場合ほど顕著ではない。全体的に見れば，不変価格表示の第三次産業シェアがより小さく，当期

表12-3 不変価格表示のGDPに占める第一・第二・第三次産業の構成比の推移（%）

年次	第一次産業	第二次産業	第三次産業
1990	27.1	41.6	31.3
1991	25.4	43.4	31.2
1992	23.3	46.0	30.7
1993	21.4	48.6	30.0
1994	19.8	51.1	29.1
1995	18.8	52.6	28.6
1996	18.0	53.8	28.1
1997	17.2	54.6	28.2
1998	16.5	55.2	28.3
1999	15.8	55.7	28.4
平均	20.3	50.3	29.4

注：『中国統計ダイジェスト』（2000）の国民総生産表と国内総生産指数表により作成。

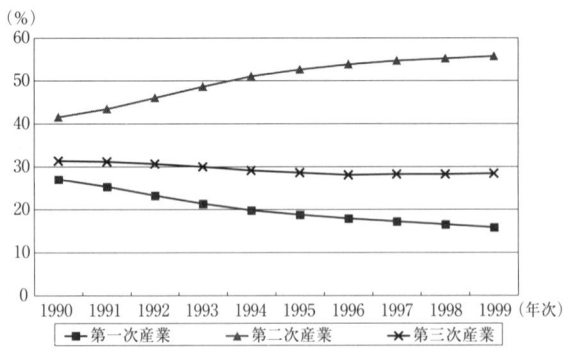

図12-3 不変価格表示のGDPに占める第一・第二・第三次産業の構成比の推移

価格表示の場合より年平均3ポイント近く低かった。

表12-3と図12-3によると、趨勢としてみれば、不変価格表示の第三次産業シェアの動きは当期価格表示のそれとほぼ同じであるが、1997年以降の不変価格表示の第三次産業のシェアの上昇傾向は当期価格表示の場合ほど顕著ではない。全体的に見れば、不変価格表示の第三次産業シェアがより小さく、当期価格表示の場合より年平均3ポイント近く低かった。

成長率の低さとは逆に、第三次産業価格の上昇幅は経済全体の物価水準の上昇幅より大きい。1990-1999年に中国GDPデフレータは82.3%上昇したが、第三次産業の価格指数は111.1%上昇した。後者は前者より28.8ポイント高く、

第12章　1990年代の中国においてサービス業の成長が相対的に遅れた要因の分析　169

表12-4　消費者物価指数（前年＝100）

年次	総合消費者物価指数	サービス業価格指数
1990	103.1	120.9
1991	103.4	108.7
1992	106.4	113.4
1993	114.7	127.9
1994	124.1	125.7
1995	117.1	120.2
1996	108.3	116.0
1997	102.8	116.5
1998	99.2	110.1
1999	98.6	110.6
平均	107.5	116.8

出所：『中国統計年鑑』（1995,1999）と『中国統計ダイジェスト』（2000）。

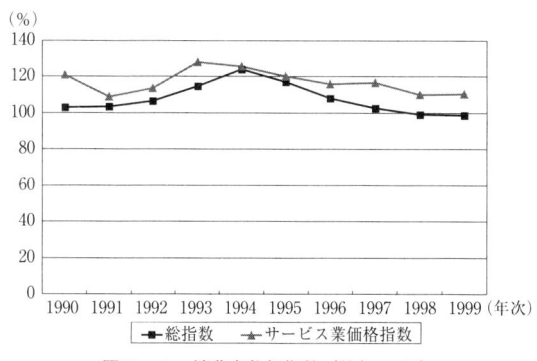

図12-4　消費者物価指数（前年＝100）

年平均にすると1.8ポイント高かった。

　消費者物価指数も一国全体の物価の動向を考察するための指標としてよく使われている。総合消費者物価指数とその内訳であるサービス項目の物価指数を**表12-4**と**図12-4**に示す。

　表12-4と**図12-4**から見ると，1990-1999年におけるサービス項目の物価指数は総合消費者物価指数より高い。総合消費者物価指数の年平均伸び率は7.5％であるが，サービス項目の物価指数の年平均伸び率は16.8％で，前者の倍以上である。特に，1998年と1999年には，総合消費者物価指数の伸び率がマイナスであったにもかかわらず，サービス項目の物価指数の伸び率は10％以上

で，まったく正反対の傾向を示している。

Ⅱ 一国経済の成長よりサービス業の成長が遅れた要因の分析

価格指数はある程度需給関係を反映する。サービス価格の上昇幅が消費財・サービス全体の価格の上昇幅より大きいことは，サービスの需給比が消費財・サービス全体の需給比より大きいことを意味している。特に1998年と1999年において，総合消費者物価指数の伸びはマイナスであったが，サービス項目の物価指数は相変わらず大幅な上昇を示した。これは財需要の不足とは逆に，サービス需要が旺盛であることを示している。では，なぜ1990年代のサービス業の成長は経済全体の成長より低く，サービス業のシェアが下がったのか。著者は次の２つの側面からこの現象を理解できると考えている。すなわち，１つ目は第三次産業成長を制約する現実的な要因から理解することである。２つ目は国民経済と第三次産業の成長を反映している統計の面から理解することである。

1．サービス業を制約する現実的な要因

中国のサービス業が急速な需要拡大に相応した成長が出来なかったことについて，様々な現実的な要因が存在する。以下では教育サービスと住宅サービスを例として説明する。

(1) 教育サービス

1990年代において，中国政府は教育費を歳出の重点として，歳入の対GDP比が明らかに減少し[3]，財政が非常に逼迫した状況にあっても，教育への投入を絶えず増加させた。たとえば，1991-1997年における国家財政に占める教育費は累積で8334.84億元，年平均成長率は19.1％であり[4]，同期間の歳入の年平均成長率の16.7％より2.4ポイント高かった。しかし，中国の公的教育経費の対GNP比は表12－5に示すように世界の平均水準より低い。中国の公的教育への投入は明らかに不十分であることが分かる。

1990年代には，中国政府は多くのルートから資金を調達し，多種多様の形で教育を発展させる政策を採用した。その中には，非義務教育の段階において生

---

3 歳入の対GDP比は1990年15.8％，1991年14.6％，1995年10.7％，1997年11.6％である。『中国統計年鑑，1999年』266ページを参照。
4 蘇［2000］を参照。

徒から学費を徴収すること，社会的資金による学校運営への参画を奨励すること，寄付による学校運営などの政策がある。これらの措置は教育費の不足を解決する有効な手段となっている。先進国を含む数多くの国では，いろいろな工夫によって多様な教育資源を十分に開発・利用して自国の教育を発展させてきた。1995年におけるいくつかの国の民間教育資金の対全教育支出比を**表12-6**に示す。

これらの国と比べると，中国の政府以外の教育資源の開発と利用ははるかに足りないことがわかる。1998年における中国の社会団体と個人が投入した教育資金，調達した資金および寄付金は全教育支出の7.9%しか占めていなかった[5]。近年，多くの豊かな世帯は低年齢の子女を国外へ留学させることにより大量の資源を外国に流出した。

表12-5　公的教育支出の対GNP比（%）

	1990	1994	1995
中国	2.5	2.2	2.5
世界平均	4.8	4.9	5.2

出所：『中国統計年鑑』（1999）。

表12-6　各国1995年の民間教育資金の対全教育支出比の比較（%）

国別	民間教育資金の割合
ドイツ	27.1
日本	26.1
アメリカ	21.4
スペイン	19.9
フランス	10.3
インド	11.0

出所：張・李（2000）より。

同時に，経済と社会の発展に伴い，個人が経験した教育水準は就業機会，経済的報酬と自己実現などの側面との関連がますます明らかになっているため，教育の重要性が強く認識されるようになり，より多くさらにより良い教育を受けることが熱望されている。そうしたことから，ますます旺盛な教育需要が生み出されている。

公的教育投入の不足のもとで，潜在的な教育資源が充分に開発・利用されないことは，中国の教育が本来あるべき速度で発展していない原因となっている。教育の需要と供給の間の深刻な矛盾は教育サービス価格が総合消費者物価指数より急速に上昇する原因となる。これもサービス項目の物価指数が総合消費者物価指数より高くなる1つの要因となっている。

中国教育の改革は教育の発展をさらに促進するだろうと考えられる。

5　張・李［2000］を参照。

(2) 住宅サービス

中国の住宅サービス業の付加価値がGDPに占める割合は先進国より低いばかりでなく，他の発展途上国と比べてもさらに低い（**表12-7**を参照のこと）。

その主要な原因の1つは，長期にわたって実施されてきた福祉型の住宅制度である。この制度の下では，公有住宅の家賃は非常に低く住宅の補修コストすら賄えないほどであり，また，住宅管理部門は新しい住宅を開発し，住宅サービス水準を向上させる能力を持っていない。一方，労働者の賃金が低いため，福祉型住宅の質の低さにもかかわらず，良質の住宅を買ったり，借りたりする余裕はない。「一家二制度」の家庭でも，たとえば夫婦のうちいずれかが政府機関に勤めているため，福祉型の住宅を享受でき，他方は私有企業あるいは外資企業で働くことにより高収入が得られるような場合，本来ならば良質の住宅を買う（借りる）能力があるはずであるが，一旦新しい非福祉型の住宅を買う（借りる）と，福祉型の住宅の利用資格を失うので，普通の場合はむしろ幾分窮屈でも元の福祉を放棄しない。したがって，福祉型の住宅制度は住宅サービスの向上を制約している。

進行中の住宅制度改革は疑いなく住宅サービスの向上を促進するだろう。

表12-7　各国におけるGDPに占める住宅サービス業の割合（％）

国別	1990	1991	1992	1993
中国	1.8	1.7	2.0	1.8
アメリカ	11.8	11.8	11.9	11.6
カナダ	15.7	16.2	16.3	16.3
ドイツ	7.1	7.0	7.1	7.8
日本	11.0		11.2	11.8
ノルウェー	9.6	9.6		
韓国	9.5	10.3	10.7	
タイ	4.4	4.0	3.7	3.7
フィリピン	6.7	6.9	7.5	7.8
インド	3.3	3.2	3.1	

出所：許・李（1998）より。

2．統計上の要因

(1) 当期価格統計の問題

① 農村鉱工業の統計

長い間，農村の鉱工業は，国家統計局が直接管轄する統計調査の範囲外とされていたので，その統計は，関連部門が総合報告表を順次取りまとめる形で作成されたものである。全国第三次鉱工業センサス結果によると，農村鉱工業の産出額は18000億元（1995年）過大推計されており，それは農村鉱工業の産出額全体の実に40％を占める。

関連資料により計算された1991-1997年農村鉱工業産出額の対鉱工業産出額の割合を**表12-8**と**図12-5**に示す[6]。

第12章　1990年代の中国においてサービス業の成長が相対的に遅れた要因の分析 | 173

表12-8　農村鉱工業産出額の対鉱工業産出額の割合（％）

	1991	1992	1993	1994	1995	1996	1997
割合	28.0	32.5	36.3	43.8	33.7	44.2	45.8

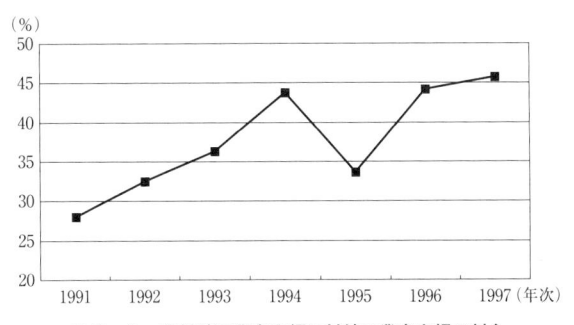

図12-5　農村鉱工業産出額の対鉱工業産出額の割合

　表12-8と**図12-5**において，1991-1994年の数字は第三次鉱工業センサス以前の鉱工業統計によるもの，1995年は第三次鉱工業センサスのもの，1996年，1997年は第三次鉱工業センサス以降の鉱工業統計によるものである。**表12-8**と**図12-5**によると，第三次鉱工業センサス年次の数字が低いことが分かる。第三次鉱工業センサス以前の数字が高いのは農村鉱工業産出額の水増し分を十分に差し引かなかったためである[7]。第三次鉱工業センサス以降の見かけの反動増も，主に農村鉱工業産出額の水増し分を十分に差し引かなかったことによるものであり，農村鉱工業の成長がそれほど変動することはあり得ない。鉱工業付加価値の推計では農村鉱工業産出額の水増しについてさらに調整を行なったが，なお不充分である。

② 農業統計

　全国農業センサスの結果によって，経常的な牧畜業の統計では肉類産出量は22.0％高く推計され，豚，牛，羊の飼育総頭数はそれぞれ20.7％，21.1％と21.8％過大推計された[8]。それは農業付加価値の推計にも影響を及ぼす。

6　許[2000].
7　第三次鉱工業センサスの前後にかかわらず，国家統計局は他の部門の統計資料を利用して農村鉱工業産出額を推計する際に，必ず一定の調整を行なうことになっている。すなわち，水増し分を除く。

③ サービス業統計

　物的生産の重視と非物的サービスの軽視という伝統的な指導思想の影響を受けて，従来，サービス業統計は弱い分野であった。1993年から1995年にかけて，中国は第一次サービス業センサスを行なった。当該センサスの結果によると，サービス業が過小推計される現象は普遍的に存在することが分かる。第一次サービス業センサスの後に，国家統計局はサービス業のデータ系列を大幅に遡及修正した。しかし，その後も，中国はサービス業に関する包括的かつ経常的な統計調査制度を確立できなかったので，統計漏れの問題は依然として深刻である。たとえば，コンピュータ・ソフトウェアサービス，インターネットサービス，弁護士サービス，会計士サービスなど新興のサービス業の統計調査はほとんど行なわれていない。一方，伝統的なサービス業の統計調査の範囲にも欠落が存在する。このような理由から，サービス業は過小推計されることになる。

　農業，農村鉱工業の過大推計とサービス業の過小推計により，GDPに占める第一次産業と第二次産業の割合は過大推計され，第三次産業の割合は過小推計される結果となる。

　国家統計局は1999年から一定規模以下の鉱工業企業と個人企業（農村鉱工業の大部はこの類別に属する）のサンプル調査を行ない，鉱工業統計の水増し問題を解決しようとしている。現在までのところ，国家統計局は第一次農業センサス資料を利用して，経常的な農業統計の過大推計問題の解決に向けた研究と，経常的なサービス業の統計調査制度の方法上の問題の研究とを行なっている。これらの統計作業の改革と発展は過大推計と過小推計による影響を徐々に改善させ，当期価格GDPの産業構成を合理的なものにしてゆくだろう。

(2) 不変価格表示の問題

　表12-2と**表12-3**によれば，90年代，中国サービス業における不変価格付加価値の割合は当期価格付加価値の割合より低いことが分かる。原因としては，1つ目はサービス業の価格の上昇幅がほかの部門の価格の上昇幅より高いことであり，2つ目は不変価格表示値を計算する際の価格の変動要素の取り除き方が統一されていないことである。

8　許［2000］を参照。

① 鉱工業，農業の不変価格表示値

現在，中国の鉱工業統計における不変価格表示産出額の算出は50年代初期に構築された伝統的な方法がそのまま利用されている。その方法とは，国家統計局と関連部門が基準年次の実勢価格を基準として，各種の鉱工業製品の不変価格を決め，おのおのの鉱工業企業がこの不変価格をもとに，不変価格表示の産出額を推計して，末端地方政府から中央へそれを順次集計することによって，省・市・区といった地方レベルと国レベルの不変価格表示の鉱工業産出額を得るというものである。1990年代の鉱工業の不変価格表示産出額の推計には1990年の鉱工業製品の価格を用いた。この鉱工業不変価格表示産出額の推計方法は各レベルの経済管理部門のニーズを同時に満たしている。しかし，多くの欠陥が存在している。(1)基準年次以後に出現した新しい製品は不変価格が存在しないため，その不変価格表示の産出額は当期価格で推計されているケースが多く，価格の変動要素が取り除かれていない。(2)推計結果は末端組織にある担当者の業務遂行能力などの影響を受ける。特に郷鎮企業の場合は，統計担当者と会計士の業務能力などの影響を受け，当期価格を不変価格に代用するケースが目立つ。1990年代の中国では各部門の価格が上昇している年が多く，当期価格を不変価格として代用することにより鉱工業の不変価格表示の産出額の成長率を過大推計してしまう。(3)各段階で順次に集計する方法を採用するため，不正操作の余地ができてしまい，一部の企業と地方政府が業績作りに，統計データの作成に直接，間接に関与するケースもよくある。このことも鉱工業の不変価格表示の産出額の成長率を過大推計する要因となっている。(4)経験則として言えば，固定価格をウェイトとした産出額の成長率は，基準年次から遠ざかるほど高くなることが知られている。これは世界各国の不変価格統計が普遍的に直面する問題である[9]。中国においても鉱工業の不変価格産出額は固定価格を加重平均することによって得られたものなので，同様な問題が必然的に存在することになる。鉱工業の不変価格付加価値はその不変価格産出額によって算出したものであるため，鉱工業の不変価格産出額に関する計算方法は必然的に鉱工業付加価値とGDPの成長率にも影響することになり，さらに鉱工業不変価格の付加

---

9 この問題を解決するために，国際的に広く採用される方法として基準年次の間隔を短縮する方法と連鎖指数法とによって製品構成と価格構造の変化が経済成長率にもたらす影響を取り除く方法がある。連鎖指数とは前年度の価格あるいは当期価格をウェイトとして，あるいは前年度の価格と当期価格を同時にウェイトとして使って，経済成長率を計算する方法である。米国は1995年にこの方法を採用し，同時に過去のデータ系列を遡及修正した。

価値の成長率及び鉱工業不変価格の対GDP比にも影響を及ぼすことになるであろう。

　農業の不変価格産出額の計算方法は鉱工業とほぼ同じであり，鉱工業の不変価格産出額の計算と類似な欠陥が存在するため，農業不変価格の付加価値の成長率及び農業の不変価格付加価値の対GDP比に影響を及ぼす。

②　サービス業の不変価格表示値

　国民経済計算におけるサービス業の不変価格表示値の作成は，世界各国共通の難題である。より適切な推計方法が見出しがたいため，多くの国は就業人口成長率をサービス業不変価格表示付加価値の成長率に代用している。しかし，この方法は中国には適用できない。その原因として，中国は人口が多く就業の圧力も高く，一部の部門の就業人口の増加が対応部門の経済成長をよく反映していないことがあげられる。したがって，中国のサービス業不変価格付加価値の推計では主にデフレーションを採用している。中国の価格データはサンプル調査を通じて得られたもので，価格指数は前年次を基準年次としたものであり，1990年を基準年とする固定ウェイトによって計算したものではない。よって，サービス業のデフレーション法は伝統的な鉱工業や，農業の不変価格計算の様々な欠陥を回避することができ，より適切にサービス業の価格要素を取り除くことができる。

　鉱工業や，農業における不変価格付加価値の推計方法とサービス業の不変価格付加価値の推計方法とでは価格要素の取り除き方が異なり，これもサービス業不変価格の付加価値の割合が低くなる原因となっている。

　この状況に対して，近年，国家統計局は鉱工業の不変価格推計の改革を試験的に行ないつつある。1997年から鉱工業生産指数法を試験的に行ない，1999年からデフレーション法を実施している。試験的に検証した結果，国家統計局は新しい，より科学的な方法で鉱工業不変価格表示産出額と付加価値を計算しようとしている。現在，国家統計局は農業製品生産価格指数を試験的に作成している。農業製品生産価格指数の作成が成功すれば，デフレーション法を採用し，農業不変価格産出額と付加価値を推計する予定である。また，各種価格指数の作成方法及びサービス業不変価格の推計方法についても改善を図っている。これらの改善が実現すれば，不変価格GDPの計算結果は，第一・第二・第三次産業の発展動向をよりよく反映するものになるであろう。

【参考文献】

Erh-Cheng Hua:"China: Manufacturing Competitiveness and the Service Sector".
許憲春［2000］「中国GDP統計に関わる諸問題」『経済研究』第2号
許憲春，李文政［1998］「中国の不動産業勘定に関する現状，問題点と改革構想」『研究参考資料』第54号
国家統計局編［1995,1999］『中国統計年鑑』（1995,1999）
国家統計局編［2000］『中国統計ダイジェスト』（2000）
蘇明［2000］「中国科学技術・教育の発展と財政投入の政策」『マクロ経済研究』第6号
張本波，李震［2000］「我が国における教育の産業化問題に関する研究」『マクロ経済研究』第6号
国家統計局統計設計管理司『統計制度方法公文書集1987-1993』

【column ⑪】サービスとは何か？

サービスとは〈眼に見えない財〉であるといった非論理的説明が一部にいまだに見受けられるが，国民経済計算で現在採用されているサービスの定義は，T.P.ヒルによる，以下のような定義である。

サービスとは，事前の合意のもとに1経済主体が他の経済主体の状態，あるいは後者の経済主体が所有する財の状態に変化を生じさせることである。

サービスの定義にある〈変化〉は，体系で認知されている財にもたらされるかもしれないし，そうでないかもしれない。理髪は，人間の外形に物理的変化がもたらされる。自動車の修理は，その所有者が生産者であれば，体系に認知されている資本財に変化がもたらされたことになるが，その所有者が消費者であれば，自動車は耐久消費財であり，体系の資産境界からはずれていることになる。さらに，変化がもたらされる対象がやはり資産境界外にあるのが廃棄物の処理サービスであろう。教育が人間の内面に変化をもたらすのかどうかはきわめて疑問であるが，学習や研究のための環境を提供することはできる。

「事前の合意」という限定は必要である。この限定がない場合，上の定義は「外部性」"externality" の定義になってしまう。外部性には，一方的暴力や企業による環境汚染のようなネガティブなものもあれば，養蜂家と果樹園の例のようなよく知られた正の外部効果もある。

サービスが〈変化〉であるように，財を生産する過程も〈変換〉の過程であることに注目すれば，両者には大きな共通点もあるが，財とサービスとの違いも決して小さなものではない。かつての社会主義諸国の国民経済計算（MPS）では，財の生産（および物的サービスの提供）のみが生産の境界に含まれていた。また，現在の統計制度の中にも財とサービスとの区別は存在する。たとえば，企業物価指数は，財のみを対象にしている。

（作間逸雄）

第13章

中国経済の国際収支分析[1]

(李　潔 訳)

> **要旨**　本章では，中国の1982-1999年国際収支の主な収支項目に対する分析によって，同期間における貿易・サービス収支，経常収支，資本・金融収支，外貨準備増減の変動傾向を示し，また，こうした主要な収支項目間の相互関係を検討した上で，中国の外貨準備増減の変動要因を探ってみた。

　国際収支統計は，一定期間における中国と諸外国（地域）との間に発生する各種の経済取引を記録し，こうした取引の規模・構造などの状況を示し，対外経済の分析または対外経済政策の策定に根拠を与える。

　国際通貨基金（IMF）『国際収支提要（第5版）』に準拠して，中国の国際収支統計は，すべての対外経済取引を，経常項目，資本・金融項目および外貨準備項目と，3つに大分類している。さらに，経常項目には，財・サービス項目，所得項目，経常移転項目という3つの項目が含まれ，そのうち，「財・サービス項目」は財とサービスの輸出入を表し，「所得項目」には労働要素による所得と資本要素による所得が含まれる。ここで言う労働要素所得とは，中国と諸外国（地域）との間に生産過程で相互に相手国の労働要素を使用することによって発生した海外との所得の受取りや支払いのことである。一方，資本要素所得とは，中国と諸外国（地域）との間に生産過程で相互に相手国の資本要素を使用することによって発生した海外との所得の受取りや支払いのことである。資本要素所得は投資所得とも呼ばれ，直接投資所得，証券投資所得とその他投資所得が含まれる。「経常移転項目」は華僑送金，経常的な贈与や賠償などのことを表す。資本・金融項目には資本項目と金融項目が含まれ，そのうち，資本項目は中国と諸外国（地域）との間に発生した資本移転や，その他非金融資産の取得と処分の状況を，金融項目は中国と諸外国（地域）との間に発生した投資の状況を表している。後者には直接投資，株式や債券などの証券投資，貿

　1　本章は，許憲春「中国国際収支差額分析」（『金融研究』2001年第3号）の日本語訳である。

易信用・貸付金・貨幣と預金などのその他投資が含まれる。外貨準備項目は中央銀行の対外資産を表し,貨幣用金,SDR,外国為替資産,IMFリザーブ・ポジションおよびその他の債権から構成される。

　国際収支統計は複式記入方式が採用されている。貸方には対外取引による受取り,負債の増加と資産の減少が記録され,借方には対外取引で発生した支払い,資産の増加と負債の減少が記録される。そのうち,受取りとは資源の輸出によって実際に受け取った所得のことを指し,それには財・サービスの輸出,労働や資本要素の対外提供に対する対価として受け取った所得,外国(地域)からの無償移転の受取りが含まれる。また,支払いとは資源を輸入する際に発生した支払いのことを指し,財・サービスの輸入,外国(地域)からの労働や資本要素の使用に発生した支払いおよび外国(地域)への無償移転の支払いがそこに含まれる。こうした取引項目の貸方の金額と借方の金額との差額を収支バランスと称する。国際収支統計における主要な収支バランスには,経常収支,資本・金融収支,外貨準備が含まれ,本章では,主にこうした収支バランス項目を利用して中国の対外経済取引の状況について分析を行なう。

I　貿易・サービス収支分析

　貿易・サービス収支バランスは,財・サービスの輸出と輸入との差額を指し,それは財の貿易の収支バランスとサービス収支バランスの合計に等しく,この収支バランスが正値の場合は貿易・サービス黒字と,負値の場合は貿易・サービス赤字と呼ばれ,また,ゼロの場合は貿易・サービス収支均衡と称される。経験則から次のことが言える。すなわち,一国の国際収支状況はかなりの程度で国際取引における経常項目によって左右され,また,一国の経常収支は貿易・サービスによって大きく決定される。貿易・サービス黒字は当該国の経済成長に積極的な役割を果たすことになるが,一方,貿易・サービス赤字が長期にわたって継続されると,経済成長のアンバランスを招くこともあり,国民経済の健全な発展に不利となる。したがって,貿易・サービスの収支バランスは国際収支の状況を表す最も重要な指標のひとつと言える。表13-1と図13-1では,1982-1999年間の中国の貿易・サービス収支の状況を示している。

　表13-1と図13-1から示唆されているように,1982-1999年の18年間には,6つの年が貿易赤字となっているが,そのうちの5つの年は80年代の後半に集中しており,1990年代には1993年の1つの年が赤字となっている以外に,他の

第13章　中国経済の国際収支分析

表13-1　中国の貿易・サービス収支の推移（百万米ドル）

年	貿易・サービス収支	貿易収支	サービス収支
1982	4812	4249	563
1983	2571	1990	581
1984	54	14	40
1985	-12501	-13123	622
1986	-7390	-9140	1750
1987	291	-1661	1952
1988	-4061	-5315	1254
1989	-4928	-5620	692
1990	10668	9165	1503
1991	11601	8743	2858
1992	4998	5183	-185
1993	-11792	-10654	-1138
1994	7357	7290	67
1995	11958	18050	-6092
1996	17550	19535	-1985
1997	42823	46222	-3399
1998	43837	46614	-2777
1999	28697	36206	-7509

出所：『2000年中国国際収支統計年報』より。

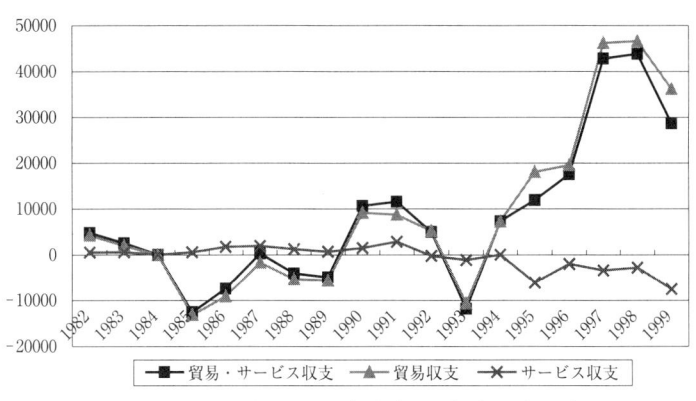

図13-1　中国の貿易・サービス収支の推移（百万米ドル）

すべての年はいずれも黒字となり，かつ，1994から1998年までの5年間の貿易黒字は拡大傾向を示している。したがって，90年代の貿易は明らかに80年代より良い状態であるといえよう。また，中国の貿易・サービス収支の変動傾向は貿易収支の変動傾向と基本的に一致していることも上の図表から読み取れる。このことによって中国の貿易・サービス収支が貿易の収支バランスによって大きく決定されていることが示唆される。このほか，上の図表から，1992年までにサービスは黒字の状態であったが，1992年以降，一部の年を除けば，赤字の状態を継続しており，しかも赤字の絶対値が拡大傾向を示している。そのため，1992年までの貿易・サービス収支は貿易の収支バランスより大きかったが，1992年以降ほとんど貿易の収支バランスより小さく，しかも両者の開きが拡大傾向を表している。ここ数年，政府は経済成長を促進するために，一連の輸出奨励政策をとってきた。しかし，貿易黒字の一部はサービス赤字に相殺されてしまっている。このことは，財の輸出を奨励すると同時に，サービスの輸出も考慮する必要性があることを示唆しており，さもなければ貿易によって得た利益はサービス収支赤字に相殺されてしまう可能性もある。さらに，上の図表は中国の貿易・サービス収支の顕著な不安定性をも示している。このような不安定性の要因として海外経済から受ける影響が大きいと思われる。したがって，輸出については，国際市場のニーズから将来性のある産業を開発し，輸出財を多様に発展させることによって，単一商品の海外ニーズの減少による輸出の大幅な減少を回避させなければならない。一方，我が国は12億余りの人口を有する大国であり，広大な市場の潜在力を持っている。この潜在力はすでに多くの先進国から期待されており，われわれ自身も外需を引き続き拡大すると同時に，国内市場の潜在力の開発に一層力を入れなければならない。それによって中国経済を持続的，健全な安定的な発展を維持させる。

Ⅱ　経常収支分析

　経常収支は，経常項目の貸方と借方との差額を指し，それは貿易・サービス収支，所得収支と経常移転収支との合計に等しい。この収支バランスが正値の場合は経常黒字，負値の場合は経常赤字と呼ばれ，また，ゼロの場合は経常収支均衡と称される。内外の研究によれば，東アジア経済が金融危機の際に受けたダメージの度合と，経常赤字との間には密接な関係があることが示唆されている。1996年まで，インドネシアの経常赤字とGDPとの比率は3％前後であ

り，韓国は5％前後で，マレーシアは6％前後，タイは9％前後に達していた。一方，金融危機のダメージが比較的少なかったシンガポールや台湾はいずれも経常黒字であった。したがって，我が国にとって経常収支の研究は重要な意味を持つ。表13－2と図13－2では，1982-1999年間の経常収支の状況を示している。

表13－2と図13－2に示されているように，1995年と1998年の2つの年を除けば，経常収支の変動傾向は貿易・サービス収支と基本的に一致している。これは中国の経常収支が基本的に貿易・サービス収支によって決定されていることを示唆する。また，上記の図表から，1993年以降，中国の所得収支が一貫して赤字であり，かつ，拡大傾向があって，1995年は特に上昇幅が大きいことを示している。中国は海外からの雇用者報酬の受取りや支払いが少ないので，所得収支の赤字傾向は〈海外への〉投資収益の支払いによってもたらされている。この図表は，中国の経常収支が一貫して黒字であり，1990年代に基本的に拡大傾向にあることも示している。1995年以降，経常収支バランスは常に貿易収支を下回っており，経常移転収支の額が小さいので，このような状況の原因は所得収支，とりわけ投資収益収支の変動によるものである。

1982-1989年間には，4つの年が経常収支赤字となっており，そのうち，1985年の赤字額が最大で，114億ドルに達し，その年の市場為替レートで換算すると，当該年における対GDP比はマイナス4％前後になる。一方，1990年代では，1993年を除けば，経常収支は一貫して黒字である。そのうちでも1997年の黒字が最大で，370億ドル弱，当該年GDPのプラス4％前後となる。1990年代の経常収支の良好な状態が，アジア金融危機によるダメージが比較的軽かった原因のひとつである。

Ⅲ 資本・金融収支分析

1982-1999年の国際収支表には，資本項目があるのは1997年，1998年と1999年だけであり，かつその額が小さいので，本章の資本・金融収支分析は金融収支の分析に限定する。

1. 金融収支分析　その1

金融収支[訳注1]は，金融項目の貸方と借方との差額を指し，それは直接投資収支，証券投資収支とその他投資収支との合計に等しい。この収支バランスが

表13-2　経常収支の推移（百万米ドル）

年	経常収支	貿易・サービス収支	所得収支	経常移転収支
1982	5674	4812	376	486
1983	4240	2571	1158	511
1984	2030	54	1534	442
1985	-11417	-12501	841	243
1986	-7035	-7390	-23	378
1987	300	291	-215	224
1988	-3803	-4061	-161	419
1989	-4318	-4928	229	381
1990	11997	10668	1055	274
1991	13271	11601	840	830
1992	6401	4998	248	1155
1993	-11904	-11792	-1284	1172
1994	7658	7357	-1036	1337
1995	1618	11958	-11774	1434
1996	7242	17550	-12437	2129
1997	36963	42823	-11004	5143
1998	31471	43837	-16644	4278
1999	15667	28697	-17973	4934

出所：『2000年中国国際収支統計年報』より。

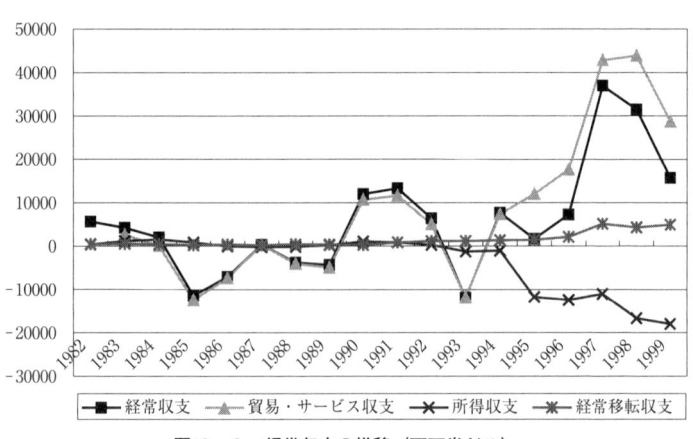

図13-2　経常収支の推移（百万米ドル）

正値の場合は金融黒字と，負値の場合は金融赤字と呼ばれ，また，ゼロの場合は金融収支均衡と称される。金融黒字は対外金融取引における資金の純流入を表し，また，金融赤字は対外金融取引における資金の純流出を表す。金融収支均衡は対外金融取引における資金の流出と流入が等しいことを示す。**表13－3**と**図13－3**では，1982-1999年間の金融収支の状況を示している。

表13－3と**図13－3**から示唆されているように，まず，1982-1992年間には，中国の直接投資収支と証券投資収支の変動は比較的横這いになっており，金融収支が主にその他投資収支に左右され，その変動傾向はその他投資収支とほぼ一致している。その背景として，当時の中国の対外直接投資（中国の対外直接投資と海外の対中直接投資とを含む）と証券投資（中国が海外に対して発行した証券と，中国居住者単位によって保有されている外国の証券とを含む）の規模が比較的に小さかったことに関連している。また，1993-1996年間には，証券投資収支とその他投資収支の変動幅が比較的小さく，金融収支は主に直接投資収支に左右され，後者の急速な上昇を追うような形になっている。これは当時の外国による対中直接投資の急速な高まりに関連している。さらに1997-1999年間には，その他投資収支の変動が急激で，金融収支の変動傾向はそれによって決定されていた。これはアジア金融危機の期間に中国の短期対外貿易信用が急速に増加したためである。

2．金融収支分析　その2

金融収支は，一方では金融項目の貸方と借方との差額を表し，また，他方では「海外の対中投資純増」と「中国の対外投資純増」との差額をも表す。上記ではその前者について見たが，以下では後者の表現形式について考察する。

(1) 海外の対中投資純増

「海外の対中投資純増」は海外による中国での直接投資の純増，証券投資の純増とその他投資純増の合計に等しい。海外の対中直接投資の純増は「海外による中国での直接投資の当該期間増加分－当該期間減少分」に等しく，いわゆる国際収支表の「外国の対中直接投資差額」に対応する。海外の対中証券投資の純増は「海外による中国での証券投資の当該期間増加分－当該期間減少分」に等しく，いわゆる国際収支表の「証券投資」項目の負債側のバランス項目に

訳注1）　この項目は日本銀行が1996年の金融勘定改訂により，「投資収支」に改名したが，ここでは国際収支統計に忠実に従って訳した。

表13-3 金融収支の推移（百万米ドル）

年	金融収支	直接投資収支	証券投資収支	その他投資収支
1982	-1736	386	21	-2143
1983	-1372	823	-621	-1574
1984	-3752	1285	-1638	-3399
1985	8485	1327	3027	4131
1986	6540	1794	1568	3178
1987	2731	1669	1051	11
1988	5269	2344	876	2049
1989	6428	2613	-180	3995
1990	-2774	2657	-241	-5190
1991	4580	3453	235	892
1992	-251	7156	-57	-7350
1993	23474	23115	3050	-2691
1994	32644	31787	3543	-2686
1995	38675	33849	790	4036
1996	39967	38066	1744	157
1997	21036	41674	6942	-27580
1998	-6275	41118	-3733	-43660
1999	7668	36978	-11234	-18077

出所：『2000年中国国際収支統計年報』より。

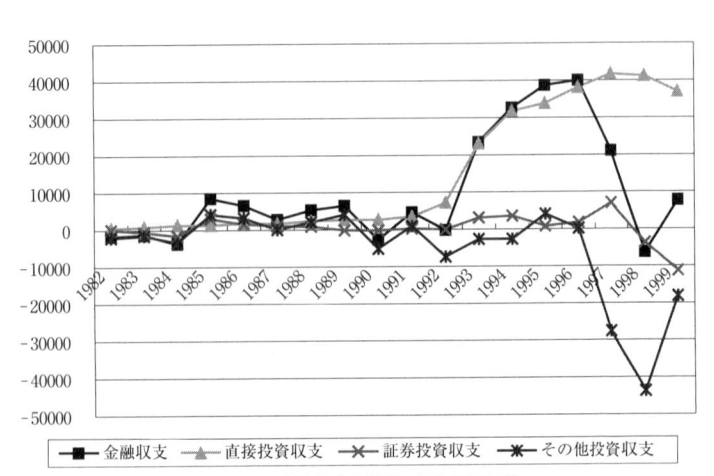

図13-3 金融収支の推移（百万米ドル）

対応する。海外の対中その他投資純増は「海外による中国でのその他投資の当該期間増加分－当該期間減少分」に等しく、いわゆる国際収支表の「その他投資」項目の負債側のバランス項目に対応する。「海外の対中投資純増」とその構成は，中国が外資を導入する規模と構成状況を表す。**表13－4と図13－4**では，1982-1999年間の「海外の対中投資純増」とその構成を示している。

表13－4と図13－4から示唆されているように，まず，1982-1991年間には，海外による中国での直接投資の純増，証券投資の純増とその他投資純増はいずれも規模が小さかった結果，その合計も小さかった。そのうち，直接投資の純増は緩やかな増加傾向を示し，また，証券投資の純増も緩やかに上昇した後に緩やかな低下傾向を示しているが，その他投資の純増は比較的変動幅が大きいため，対中投資の純増は基本的にその他投資と同じ変動を示している。次に1992-1997年間には，海外からの直接投資純増の急増によって，対中投資の純増が急速に上昇させている。とくに1997年には証券投資とその他投資も合わせて上昇したため，対中投資の純増が大幅な上昇を招いた。最後に，1998-1999年間には，海外による直接投資の純増は緩やかな下降傾向を示し，証券投資の純増も下降傾向であり，ただし，1998年の下降幅は大きくて，1999年の下降幅は緩やかである。その他投資はこの間乱高下した。同期間における対中投資の純増もその他投資の変動の影響を受け，同様の変動をした。1998年におけるその他投資の純増の大幅な下落は，その他投資の中の「通貨と預金」が減少したためで，また，1999年におけるその他投資の純増の大幅な上昇は，対中短期貿易信用が増加したためである。全体から見ると，1990年代の対中投資は直接投資が主であり，証券投資とその他投資が補助的な役割しか果たさなかったため，国際投機資本から受ける影響が小さかった。

(2) 中国の対外投資純増

「中国の対外投資純増」は中国の海外における直接投資の純増，証券投資の純増とその他投資純増の合計に等しい。対外直接投資の純増は「中国による海外での直接投資の期中増加分－期中減少分」に等しく，すなわち，国際収支表の「対外直接投資収支」の符号を変えたものである。中国の対外証券投資の純増は「中国の対外証券投資の期中増加分－減少分」に等しく，いわゆる国際収支表の「証券投資」項目の資産側のバランス項目の符号を変えたものである。対外その他投資の純増は「中国の対外その他投資の期中増加分－期中減少分」に等しく，いわゆる国際収支表の「その他投資」項目の資産側のバランス項目

表13-4　海外の対中投資純増とその構成（百万米ドル）

年	合計	直接投資の純増	証券投資の純増	その他投資の純増
1982	1115	430	41	644
1983	1302	916	20	366
1984	2542	1419	83	1040
1985	8883	1956	764	6163
1986	6972	2244	1608	3120
1987	6898	2314	1191	3393
1988	9297	3194	1216	4887
1989	5751	3393	140	2218
1990	4917	3487	—	1430
1991	9445	4366	565	4514
1992	7742	11156	393	-3807
1993	32583	27515	3647	1421
1994	38860	33787	3923	1150
1995	40900	35849	711	4340
1996	44013	40180	2372	1461
1997	64106	44236	7842	12028
1998	35230	43752	97	-8619
1999	48583	38752	-699	10530

出所：『2000年中国国際収支統計年報』より。

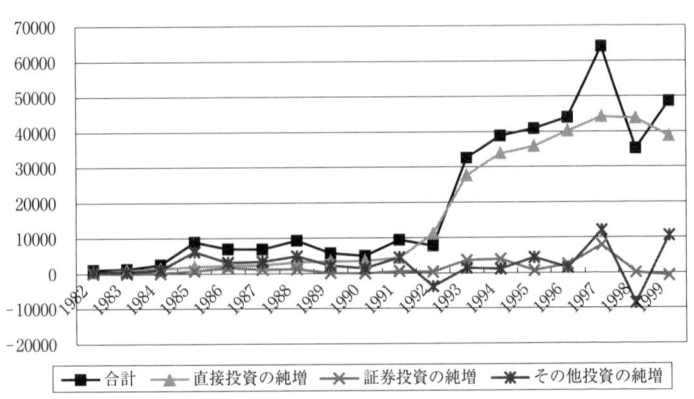

図13-4　海外の対中投資純増とその構成（百万米ドル）

の符号を変えたものである。「中国の対外投資純増」とその構成は，中国が海外で投資する規模と構成状況を表す。**表13－5**と**図13－5**では，1982-1999年間の「中国の対外投資純増」とその構成を示している。

表13－5と**図13－5**からわかるように，この間，中国の対外直接投資の純増と証券投資の純増はいずれも規模が小さく，変動も緩やかである。証券投資の純増は1984年と1985年にやや起伏があったが，1998年と1999年に顕著な上昇傾向を示している。直接投資の純増は1990年代が1980年代より高く，とくに1992年と1993年の上昇幅が比較的大きい。それらに比べると，その他投資純増は規模が大きく，かつ，顕著な変動性を見せている。とくに1997-1999年間には，その他投資の純増は明らかに増大しており，しかも1997年の急増と連続2年の下落との急激な上下変動を示している。中国の対外投資純増は対外その他投資純増の変動状況に大きく影響を受けている。1997-1999年における対外その他投資純増の急増とその不安定性は，当該期間の対外短期貿易信用と対外短期貸付の大幅な増減によって引き起されたものである。

Ⅳ 国際収支統計における主要なバランス項目の関係分析

前述したように，国際収支統計における主要な収支バランス項目には，経常収支，資本・金融収支および外貨準備収支が含まれる。そのうち，外貨準備収支は外貨準備変動とも呼ばれる。こうしたバランス項目の間に密接な関係が存在している。借があれば貸があり，借と貸が必ず等しいという複式記入原則によれば，国際収支統計におけるこれらのバランス項目は理論的に以下の関係を満たすことになる。

　　経常収支バランス＋資本・金融収支バランス＋外貨準備変動＝0

よって，

　　外貨準備変動＝－（経常収支バランス＋資本・金融収支バランス）

すなわち，外貨準備変動は経常収支バランスと資本・金融収支バランスとの合計にマイナスの符号を付けたものに等しい。この式は外貨準備変動が経常収支バランスと資本・金融収支バランスとの関係を表している。

定義により，外貨準備変動が正値の場合は外貨準備の減少を表し，外貨準備変動が負値の場合は外貨準備の増加を表すことになる。上の式に示唆されるように，経常項目と資本・金融項目がともに黒字の場合は，外貨準備変動は負値となり，すなわち，外貨準備の増加であり，経常項目と資本・金融項目がとも

表13-5　中国の対外投資純増とその構成（百万米ドル）

年	合計	直接投資の純増	証券投資の純増	その他投資の純増
1982	2851	44	20	2787
1983	2674	93	641	1940
1984	6294	134	1721	4439
1985	398	629	-2263	2032
1986	432	450	40	-58
1987	4167	645	140	3382
1988	4028	850	340	2838
1989	-677	780	320	-1777
1990	7691	830	241	6620
1991	4865	913	330	3622
1992	7993	4000	450	3543
1993	9109	4400	597	4112
1994	6216	2000	380	3836
1995	2225	2000	-79	304
1996	4046	2114	628	1304
1997	43069	2562	899	39608
1998	41505	2634	3830	35041
1999	40376	1774	10535	28067

出所：『2000年中国国際収支統計年報』より。

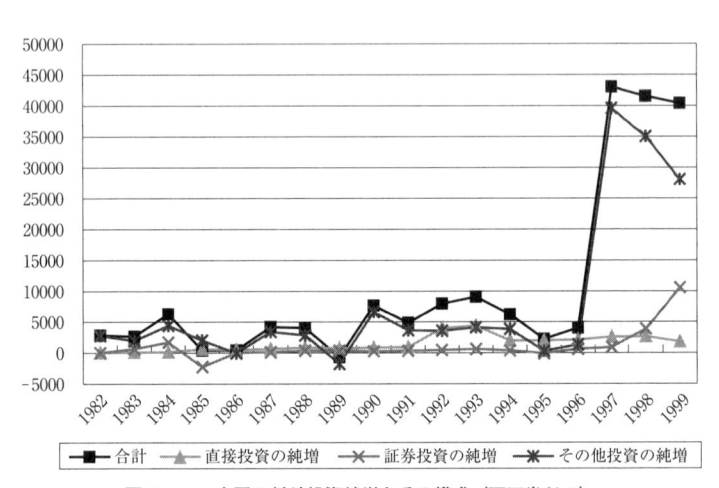

図13-5　中国の対外投資純増とその構成（百万米ドル）

に赤字の場合は，外貨準備変動は正値となり，つまり，外貨準備の減少となる。経常項目と資本・金融項目は一方が黒字で，他方が赤字であれば，黒字のほうが絶対値が大きい時には，外貨準備の増加となり，赤字のほうが絶対値が大きい時には，外貨準備の減少となる。したがって，経常黒字と資本・金融黒字はいずれも外貨準備の増加を導くことになる。しかしながら，外貨準備の増加は経常黒字に由来する時だけが，対外純金融資産の増加になる。外貨準備の増加が資本・金融黒字から来る場合は，対外純金融資産の増加にならない（中国の資本項目が小さいので，ここでそれを省略する）。この場合，外貨準備が増加するが，同時に対外負債も増加する，あるいは他の種類の対外金融資産が減少することになる。具体的に，後者の場合は，中央銀行が保有する対外資産が増加するが，他の部門（たとえば，企業や地方政府部門がそうであるが，または中央政府や中央銀行自身にも含むかもしれない）の対外負債が増加した，あるいは対外金融資産が減少したということになり，国全体として，対外純金融資産の増加にならない。したがって，外貨準備増加の源泉は，経常黒字なのか，資本・金融黒字なのかで意味が異なる。前者は国全体の対外支払能力を向上させるが，後者はそうならない。

　実際においては，資料の不備や記録時点，価格評価と換算レートの不一致によって，上の関係は常に等しいと限らない。したがって，経常収支，資本・金融収支と外貨準備変動の関係を研究するときに，誤差脱漏も考慮しなければならない。実際においては以下の関係になる。

$$経常収支バランス＋資本・金融収支バランス$$
$$＋外貨準備変動＋誤差脱漏 = 0$$

　通常では，外貨準備変動が比較的正確である。「誤差脱漏」は主として経常項目と資本・金融項目によってもたらされている。「誤差脱漏」が大きい時に，それは経常項目から来ているか，資本・金融項目によってもたらされているかを吟味しなければならない。これは対外経済状況を判断するうえで非常に重要である。

　表13－6と**図13－6**では，1982-1999年間の国際収支統計における主要バランス項目と誤差脱漏の推移を示している。

　表13－6と**図13－6**から，1992年以前では中国の国際収支統計における主要バランス項目の絶対値はいずれも小さかったが，1993年以降比較的大きくなったことがわかる。これは中国の対外経済取引の規模が変化したことに関係がある。1992年以前は，対外経済取引規模そのものが小さく，1993年以降は規

表13-6　国際収支統計における主要バランスの推移（百万米ドル）

年	経常収支	資本・金融収支	外貨準備変動	誤差脱漏
1982	5674	-1736	-4217	279
1983	4240	-1372	-2695	-173
1984	2030	-3752	531	1191
1985	-11417	8485	5422	-2490
1986	-7035	6540	1727	-1232
1987	300	2731	-1660	-1371
1988	-3803	5269	-455	-1011
1989	-4318	6428	-2202	92
1990	11997	-2774	-6089	-3134
1991	13271	4580	-11091	-6760
1992	6401	-251	2102	-8252
1993	-11904	23474	-1767	-9803
1994	7658	32644	-30527	-9775
1995	1618	38675	-22463	-17830
1996	7242	39967	-31662	-15547
1997	36963	21015	-35724	-22254
1998	31471	-6321	-6426	-18724
1999	15667	7642	-8505	-14805

出所：『2000年中国国際収支統計年報』より。

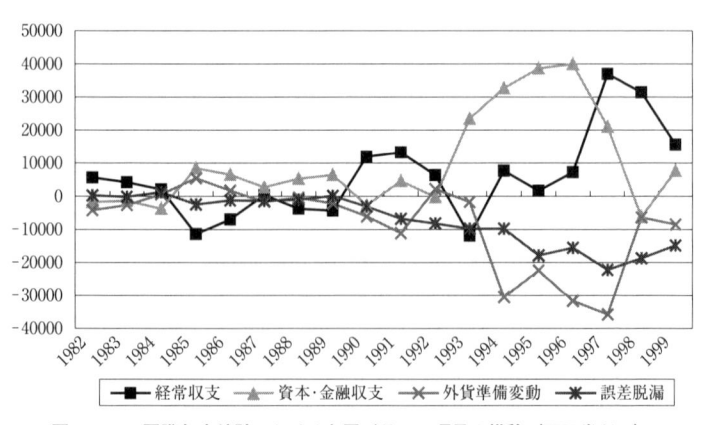

図13-6　国際収支統計における主要バランス項目の推移（百万米ドル）

模拡大になった。経常項目，資本・金融項目と外貨準備項目はいずれもこのような特徴が見られる。

　上の図表から示されるように，1982年，1984年と1989年の3つの年を除けば，国際収支統計における「誤差脱漏」はいずれも赤字となっている。1989年以前では，「誤差脱漏」の絶対値は小さかったが，1989年以降では，「誤差脱漏」の絶対値が大きく，1989-1997年間には，上昇傾向を示し，1997-1999年間には低下傾向を示している。「誤差脱漏」の絶対値が1989年を境に小から大への変化，また，1989-1997年間における上昇傾向は，中国の対外経済取引の規模の変化に関係がある。一方，1997-1999年における「誤差脱漏」絶対値の下降傾向については，金融機関，直接投資統計，証券投資統計，外貨両替業務統計などの申告制度を設立することによって，国際収支統計のインフラが改善されたのがその主な原因である。

　また，**表13－6**と**図13－6**から，1982-1999年の18年間には，1984年，1985年，1986年と1992年の4つの年については外貨準備変動が正値で，他の14年はいずれも負値である。1994-1997年の4年間には，外貨準備変動は負値でその絶対値が際立って大きい。前述したように，外貨準備変動が負値の場合は外貨準備の増加，正値の場合は外貨準備の減少を表すので，1984年，1985年，1986年と1992年の4つの年だけ外貨準備が減少し，他の14年はすべて外貨準備が増加し，かつ，1994-1997年の外貨準備の増加幅が大きかった。

　それでは，外貨準備のこうした変動はどのような原因によって発生したのだろうか。

　1982-1989年間には，「誤差脱漏」の絶対値が比較的小さいので，外貨準備変動の要因を考察する際に，この項目の影響を無視することにする。**表13－6**と**図13－6**から，この時期，1987年の経常項目と資本・金融項目は同時に黒字であるが，他の2つの年は同時黒字でも，同時赤字でもなく，つまり，経常収支は黒字であるが，資本・金融収支は赤字である，あるいはその逆である。1987年は外貨準備の増加は経常収支と資本・金融収支との両方の黒字によって発生しているが，ただし経常収支黒字が比較的小さいので，外貨準備の増加は主に資本・金融収支黒字によって生じていることになる。一方，他の年の外貨準備の変動が経常収支と資本・金融収支のうちに絶対値が大きいほうによって発生している。具体的に，1982年と1983年の外貨準備の増加は経常収支黒字で，1988年と1989年の増加は資本・金融黒字によって発生し，また，1985年と1986年には経常赤字のため，1984年には資本・金融赤字のために外貨準備が減少し

表13-7　1982-89年における外貨準備変動の原因分析

年	外貨準備変動の状況	外貨準備変動の要因
1982	増加	経常黒字
1983	増加	経常黒字
1984	減少	資本・金融赤字
1985	減少	経常赤字
1986	減少	経常赤字
1987	増加	ダブル黒字，主に資本・金融黒字
1988	増加	資本・金融黒字
1989	増加	資本・金融黒字

た。

　以上の外貨準備変動の原因分析は次の表にまとめることができる。

　表13-7から示唆されているように，1982-1989年間には，外貨準備が増加したのは5つの年で，減少したのは3つの年である。増加した5つの年のうち，2つの年は経常黒字に，3つの年は資本・金融黒字によって発生している。外貨準備が減少した3つの年には，2つの年は経常赤字，1つの年は資本・金融赤字によって発生している。

　1989年以降，「誤差脱漏」の絶対値が大きいので，外貨準備変動に影響を与える原因を考察する際に，この項目の影響を無視することができず，誤差脱漏についても分析する必要がある。

　上に述べたように，「誤差脱漏」は経常項目によってもたらされる可能性も，また，資本・金融項目に由来する可能性も存在する。国際慣習によれば，この項目の多くは統計で把握しにくい資本流出に属するといわれている。中国による海外での投資に関する統計の基盤が弱く，また，実際中国の国際収支統計における「誤差脱漏」は圧倒的多数の年が赤字になっていることもこの仮説と比較的一致していることから，この仮説は中国にも適用すると考えられる。したがって，さしあたり「誤差脱漏」がすべて資本・金融項目に由来すると仮定し，1990年以降の「誤差脱漏」項目の差額を全部資本・金融項目の差額に入れると，**表13-6**と**図13-6**における1990-1999年の部分は以下の変形になる。

　上の仮定を前提として，**表13-8**と**図13-7**から次のことが読み取れる。すなわち，1990年，1991年，1997年，1998年と1999年については，経常項目は黒字で，資本・金融項目は赤字であるが，外貨準備が増加したので，その増加分

表13-8 1990-9年国際収支統計における主要収支項目の推移 その1 (百万米ドル)

年	経常収支	資本・金融収支	外貨準備変動
1990	11997	-5908	-6089
1991	13271	-2180	-11091
1992	6401	-8503	2102
1993	-11904	13671	-1767
1994	7658	22869	-30527
1995	1618	20845	-22463
1996	7242	24420	-31662
1997	36963	-1239	-35724
1998	31471	-25045	-6426
1999	15667	-7163	-8505

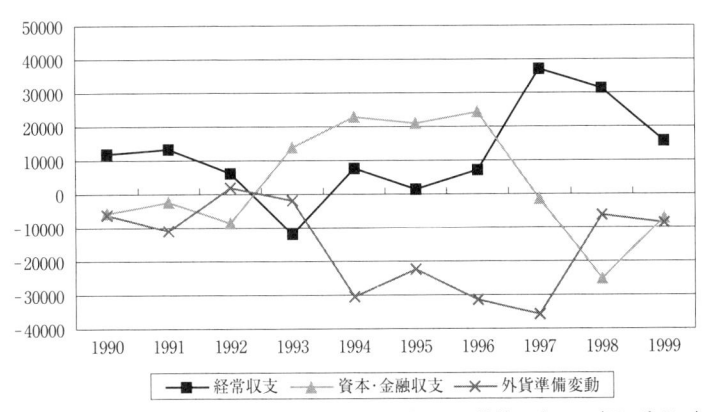

図13-7 1990-99年国際収支統計における主要収支項目の推移 その1 (百万米ドル)

は当然ながら経常項目の黒字に由来する。1992年は経常項目と資本・金融項目もそれぞれ黒字と赤字であるが，外貨準備が減少したので，その減少分は当然ながら資本・金融項目の赤字に由来する。1993年は，経常項目は赤字で，資本・金融項目は黒字であるが，外貨準備が増加したので，その増加分は当然ながら資本・金融項目の黒字に由来する。1994年，1995年と1996年は，経常項目と資本・金融項目はともに黒字で，外貨準備の増加は両者の黒字によって発生しているが，資本・金融項目の黒字は経常項目よりはるかに大きいので，外貨準備の増加は主に資本・金融項目の黒字によって生じている。以上の外貨準備変動の原因分析は**表13-9**にまとめることができる。

表13-9　1990-99年における外貨準備変動の原因分析　その1

年	外貨準備変動の状況	外貨準備変動の要因
1990	増加	経常黒字
1991	増加	経常黒字
1992	減少	資本・金融赤字
1993	増加	資本・金融黒字
1994	増加	ダブル黒字，主に資本・金融黒字
1995	増加	ダブル黒字，主に資本・金融黒字
1996	増加	ダブル黒字，主に資本・金融黒字
1997	増加	経常黒字
1998	増加	経常黒字
1999	増加	経常黒字

　しかしながら，「誤差脱漏」がすべて資本・金融項目に帰するという上記の仮定にはいささか問題があり，中国の経常項目に関する統計も完全ではないからである。より現実に接近するために，上記の仮定を次のように調整する。すなわち，「誤差脱漏」の3分の1は経常項目，3分の2は資本・金融項目に由来すると仮定し，この比率をもって「誤差脱漏」を経常収支と資本・金融収支に比例配分すると，**表13-6**と**図13-6**における1990-1999年の部分は次のような形となる。

　この第2の仮定を前提とすると，**表13-10**と**図13-8**から，1990年，1998年と1999年については，経常項目は黒字で，資本・金融項目は赤字であるが，外貨準備が増加したので，その増加分は当然ながら経常項目の黒字に由来する。1991年については，経常項目は黒字で，資本・金融項目も黒字であるが，額が小さいので，外貨準備の増加は主に経常項目の黒字に由来する。1992年については，経常項目は黒字で，資本・金融項目は赤字であるが，外貨準備が減少したので，その減少分は当然ながら資本・金融項目の赤字に由来する。1993と1995年については，経常項目は赤字で，資本・金融項目は黒字であるが，外貨準備が増加したので，その増加分は当然ながら資本・金融項目の黒字に由来する。1994と1996年については，経常項目と資本・金融項目はともに黒字で，外貨準備の増加は両黒字の合計に由来するが，資本・金融項目の黒字は経常項目よりずっと大きいので，外貨準備の増加は主に資本・金融項目の黒字による。1997年については，経常項目と資本・金融項目はともに黒字で，外貨準備の増

表13−10　1990-99年国際収支統計における主要収支項目の推移　その2　（百万米ドル）

年	経常収支	資本・金融収支	外貨準備変動
1990	10952	-4863	-6089
1991	11018	73	-11091
1992	3650	-5752	2102
1993	-15172	16939	-1767
1994	4400	26127	-30527
1995	-4325	26788	-22463
1996	2060	29602	-31662
1997	29545	6179	-35724
1998	25230	-18804	-6426
1999	10732	-2227	-8505

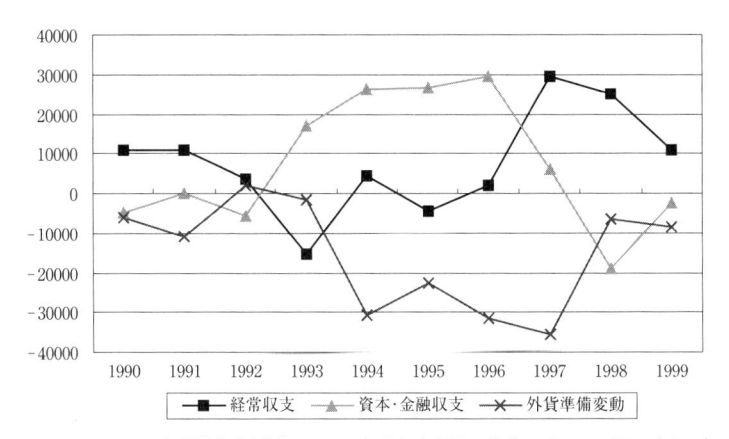

図13−8　1990-99年国際収支統計における主要収支項目の推移　その2　（百万米ドル）

加はその合計によるが，経常項目の黒字は資本・金融項目よりはるかに大きいので，外貨準備の増加は主に経常項目の黒字によってもたらされている。以上の分析を次の表13−11にまとめることができる。

　表13−9と表13−11とを比較してわかるように，2つの仮定のもとで，1991年，1995年と1997年に若干の相違があるものの，他の7つの年について結論が完全に一致している。1991年，1995年と1997年についての結論の変化とは，まず，1991年と1997年の外貨準備増加の原因は「経常黒字」から「主に経常黒字」になり，また，1995年の外貨準備増加の原因は「主に資本・金融黒字」か

表13−11 1990-99年における外貨準備変動の原因分析 その2

年	外貨準備変動の状況	外貨準備変動の要因
1990	増加	経常黒字
1991	増加	ダブル黒字，主に経常黒字
1992	減少	資本・金融赤字
1993	増加	資本・金融黒字
1994	増加	ダブル黒字，主に資本・金融黒字
1995	増加	資本・金融黒字
1996	増加	ダブル黒字，主に資本・金融黒字
1997	増加	ダブル黒字，主に経常黒字
1998	増加	経常黒字
1999	増加	経常黒字

ら「資本・金融黒字」になったことであり，2つの仮定で逆転するほどの結論が現れたわけではない。

　以上の2つの仮定のもとで，われわれは次の結論を得た。すなわち，1990年代における外貨準備の増加は，約半数の年は経常黒字，あるいは主に経常黒字に由来し，残りの半数の年は資本・金融黒字，または主に資本・金融黒字に由来する。

　単純化・明確化するために，我々はこれまで「誤差脱漏」の出所に対し仮定を設けて分析してきたが，実際，これらの仮定を外しても，**表13−6と図13−6**のいくつかの年を具体的に考察すれば，1990年代外貨準備の増加は，一部の年は経常黒字または主に経常黒字に，一部の年は資本・金融黒字または主に資本・金融黒字に由来するという上の結論とほぼ同様な結果が得られる。たとえば，**表13−6と図13−6**に示されているように，1990年と1998年の「誤差脱漏」は赤字になっているので，かつ，この赤字の絶対値は経常項目の黒字に比べて小さいことから，「誤差脱漏」は経常項目に由来するか，資本・金融項目に由来するかに関わらず，経常項目が黒字，資本・金融項目が赤字である状況を変えることができないので，外貨準備の増加は必然的に経常項目の黒字によって発生する。また，1991年については，経常黒字の規模が大きいので，「誤差脱漏」は経常項目に由来するか，資本・金融項目に由来するかに関わらず，経常黒字の優位を変えることができず，外貨準備の増加は主に経常項目の黒字によって発生することになる。1993年については，「誤差脱漏」の絶対値

が比較的小さいので，それは経常項目に由来しても資本・金融項目に由来しても，経常項目が赤字，資本・金融項目が黒字という状況が変わらないから，外貨準備の増加は必然的に資本・金融項目の黒字によって発生する。1994，1995と1996年については，資本・金融項目の黒字は経常項目の黒字と「誤差脱漏」赤字の絶対値よりはるかに大きいので，「誤差脱漏」は経常項目に由来しても，また資本・金融項目に由来しても，資本・金融黒字の優位を変えることができなく，外貨準備の増加は主に資本・金融項目の黒字によって発生することになる。

以上の分析から示唆されるように外貨準備の増加が対外純金融資産の増加であり，対外支払能力の増加であると盲目的に考えることはできない。そのうち，資本・金融項目の黒字による部分は，中央銀行の対外純金融資産を増加させると同時に，国内のその他の部門の対外純金融資産を減少させている，つまり，中央銀行の対外支払能力を高めることになるが，一国レベルの対外支払能力を高めるわけではない。アジア金融危機，特に韓国の金融危機から示唆されているように，一国の対外支払能力を考える際に，その中央銀行だけの対外支払能力では不十分である。また，同様に，いくつかの年について外貨準備の減少を見ると，対外純金融資産の減少だと考える必要もなく，そのうち，資本・金融項目の赤字による部分は，中央銀行の対外純金融資産を減少した同時に，国内のその他の部門の対外純金融資産を増加したので，中央銀行の対外支払能力を減少することになるだけで，一国レベルの対外支払能力を減少したことにはならない。

【参考文献】

国際通貨基金編，羅平訳［1994］『国際収支マニュアル（バージョン５）』中国金融出版社

許憲春［1999］『中国国民経済計算体系の改革と発展』（改訂版）経済科学出版社

中国国家外貨管理局編『1999年中国国際収支統計年報』

中国国家外貨管理局編『2000年中国国際収支統計年報』

【column ⑫】最近の中国国際収支統計データの特徴

　許氏は,1982-1999年の中国国際収支について,80年代に何度かの経常収支赤字を経験した後,90年代半ばから貿易黒字を主因とする経常収支黒字が定着し始めていた状況を示している。こうした当時の情勢を反映して,許氏は,経常収支黒字・貿易収支黒字を一段と確固たるものとする観点から,輸出の大幅減少を回避するために輸出財を多様化する必要性などに言及している。

　その後2000年以降の中国の国際収支を見ると,大きな特徴として,①貿易黒字を主因とする経常黒字の急拡大,②直接投資(資本収支のうちの1項目)の高水準の流入,③外貨準備の急拡大,といった点が見られる。

　すなわち,貿易黒字を主因とする経常黒字の急拡大と,直接投資の高水準の流入により,大量の外貨が流入。人民元レートの大幅上昇を抑制するために,この外貨を中央銀行である中国人民銀行が買入れ続け,その結果として外貨準備が増加を続けているという姿が,国際収支統計に表れている。

　こうした傾向は,貿易黒字が急拡大した2005年から2007年にかけて特に顕著となっている。

① 大規模な経常黒字

　中国の経常黒字の対名目GDP比率を見ると,表2のとおり10%を上回る水準となっており,わが国の既往ピーク水準4.8%(2007年)をも大きく上回っている。わ

表1　2000年以降の中国国際収支(億ドル)

	経常収支	資本収支	外貨準備増減	誤差脱漏
2000年	205	19	-106	-119
2001年	174	348	-473	-49
2002年	354	323	-755	78
2003年	459	527	-1,170	184
2004年	687	1,107	-2,064	271
2005年	1,608	630	-2,070	-168
2006年	2,533	67	-2,470	-129
2007年	3,718	735	-4,617	164

出所:国家外貨管理局[2008]
注:経常収支の正の値は黒字(受取超)を,資本収支の正の値は資本流入超を,外貨準備増減のマイナスは外貨準備の増加を,それぞれ示している。

表2　中国経常黒字の対名目GDP比率（%）

	1998年	2000年	2002年	2004年	2006年	2007年
経常黒字／名目GDP	3.1	1.7	2.4	3.6	9.5	11.3

出所：国家外貨管理局HP、『中国統計年鑑2007』より筆者が算出

表3　直接投資の推移（億ドル）

	2000年	2002年	2004年	2006年	2007年
対内直接投資	384.0	493.1	549.4	781.0	1,384.1
対外直接投資	9.2	25.2	18.1	211.6	170.0

出所：国家外貨管理局［2008］

が国の経常収支黒字は、かつての貿易収支黒字が大半を占めていた状態から、近年は所得収支黒字のウェイトが大きくなっているが、現在の中国に関しては、経常収支黒字の大部分が貿易収支黒字であるため、かつての日本同様、その拡大が貿易摩擦と結び付けられることとなる（竹澤［2007］を参照）。

中国当局では、この大きすぎる経常黒字にともなうリスクを認識しており、国家外貨管理局による「2006年中国国際収支報告」において、同局自身が、「中国国際収支が潜在的に抱えるリスク」として、こうした大幅黒字が継続する国際収支構造の問題点を指摘している。

② 直接投資の高水準の流入

直接投資の動向をみると、表3のとおり、中国経済のポテンシャリティ等に注目した海外企業による積極的な投資を反映して、対内投資（海外から中国への投資）は大幅な伸びが目立っている。

ただし、対内直接投資の先行きに関しては、これまでのような大幅な伸びが続くとは考えにくい状況となってきている。まず、①欧米諸国との貿易摩擦の高まりや、環境問題等を背景として、中国政府は外資導入に関し、従来のように数多くの外資を導入したいとする「量の拡大」から、ハイテクや環境保護・省エネ技術を有する外資を選別して導入したいとする「質の重視」へ方針を転換している。また、②中国に進出する外資企業にとっても、労働コストの上昇、税制面での優遇措置の解消、人民元レートの上昇などにより、生産拠点としての中国のメリットは低減傾向にある。

一方、中国企業による対外投資は、上述のとおり大幅な外貨流入が継続している中で、中国政府は積極的に対外投資を推進しているほか、中国企業も先進国の技術やノ

表4　中国と日本の外貨準備高（億ドル）

	2000年末	2002年末	2004年末	2006年末	2007年末
中国	1,656	2,864	6,099	10,663	15,282
日本	3,616	4,697	8,445	8,953	9,734

出所：国家外貨管理局HP，財務省（日本）HP

ウハウ等の吸収を狙って海外投資を推進すると見られることから，今後，増勢を強めることが展望される。

③　大幅増加を続ける外貨準備

　上述のとおり，巨額の経常黒字や対内直接投資の流入等を背景として，外貨準備がハイペースの増加を続けており，2006年2月末に日本を抜いて世界一の水準となった（中国8,537億ドル，日本8,501億ドル）後，同年10月末には1兆ドルを超え（10,096億ドル），さらに増加を続けている状況にある（2008年9月末の外貨準備高は19,056億ドル）。

　こうした中で，中国当局は，巨額の外貨準備を一段と有効に活用することを企図して，外貨準備の中から2,000億ドルを資本金として拠出することにより，外貨投資等のための新会社「中国投資有限責任公司」を2007年9月末に設立した。同社による投資可能金額の規模の大きさから，同社の動向は高い注目を集めている。

（新川陸一）

第14章

1990年代中国経済の資金循環分析[1]

（李　潔訳）

> 要旨　本章では，中国の資金循環統計（1992-1997年）を利用して，国内各制度部門と一国経済全体の所得分配，蓄積，非金融投資と金融投資の状況について分析を行なう。

　中国の資金循環統計では，国内居住者単位によって構成される全体を一国経済と称し，一国経済をさらに非金融法人企業部門，金融機関部門，政府部門と家計部門という4つの国内制度部門に分類している。そのうち，非金融法人企業部門は，金融仲介活動に携わらない，すべての居住者法人企業からなり，金融機関部門は，金融仲介活動に携わるすべての居住者法人単位から構成される。また，政府部門は，法人資格を有するさまざまな居住者行政単位と非営利事業単位から構成され，家計部門は主に居住者家計から構成される。このほか，我が国との経済取引の発生が観察される非居住者単位を併せて，海外部門と称している。資金循環統計は，主として，一国経済とこうした制度部門の所得分配・蓄積・非金融投資及び金融投資の状況を描写するものである。本章では，1992-1997年の資金循環統計を利用して，これらの状況についての分析を試みる。

I　所得分配分析

　所得分配には，所得の第1次分配と再分配とが含まれる。以下の所得分配分析もこの2つの側面から行なうことにする。

1．第1次分配の分析

　第1次分配とは，付加価値から生産活動に参加した労働要素と資本要素に向

---

[1]　本章は，許憲春「中国資金流量分析」（『金融研究』2002年第9号）の日本語訳である。

表14-1　中国国民総所得と一人当たり国民総所得

年	国民総所得（億元）	一人当たり国民総所得（元）
1992	26651.8	2287.8
1993	34560.5	2932.7
1994	46670.1	3915.8
1995	57494.9	4771.9
1996	66850.6	5490.6
1997	73142.0	5946.1

注：一人当たり国民総所得は表中の国民総所得と人口データとによって算出したものである。用いた国民総所得データは1999年と2000年の『中国統計年鑑』における1992-1997年資金循環統計のもの，人口データは1999年『中国統計年鑑』における人口統計データのもの。

かう分配，および生産者が生産活動を行なうための政府への支払，または政府から受取る補助金を指す。労働者報酬と財産所得は前者，生産税と生産補助金がその後者にあたる。第1次分配の結果が国内の各制度部門の第1次所得バランスとなり，各制度部門の第1次所得バランスを合計すると「国民総所得（GNI）」となる。それは従来の「国民総生産（GNP）」にあたる。

表14-1では，1992-1997年の国民総所得と一人当たり国民総所得を示している。

表14-1から知られるように，国民総所得は1997年から1992年までの間に1.74倍の上昇，年平均にすると22.4％の成長となり，一方，一人当たり国民総所得は同じ期間に1.60倍の上昇，年平均では21.0％の成長となっている。したがって，この間，集計量ベースでも，一人当たりベースでも，中国経済の高成長ぶりがわかる。しかし，同じ期間の国内総生産の成長率と比べると，集計量ベース，一人当たりベースの双方で，国民総所得の成長率の方が，依然として若干低い。集計量においては年平均成長率で0.4ポイント低く，また，一人当たり成長率では0.5ポイント低い。これは中国が海外から取得する要素所得の成長は海外へ支払う要素所得の成長より低かったことを示している。その主な要因は，外資を利用することによって生じた海外への要素支払いの増加のスピードが速いことである。

表14-2と図14-1では，1992-1997年の制度部門別国民総所得の構成を示している。そのうちの「企業部門」は，非金融法人企業と金融機関からなる。

表14-2 制度部門別国民総所得の構成（％）

年	企業部門	政府部門	家計部門	合計
1992	19.1	15.5	65.4	100.0
1993	20.6	16.8	62.6	100.0
1994	19.6	16.3	64.1	100.0
1995	20.1	15.1	64.8	100.0
1996	17.3	15.5	67.2	100.0
1997	18.1	16.2	65.7	100.0
平均	19.1	15.9	65.0	100.0

出所：1999年と2000年の『中国統計年鑑』における1992-1997年資金循環統計より算出。

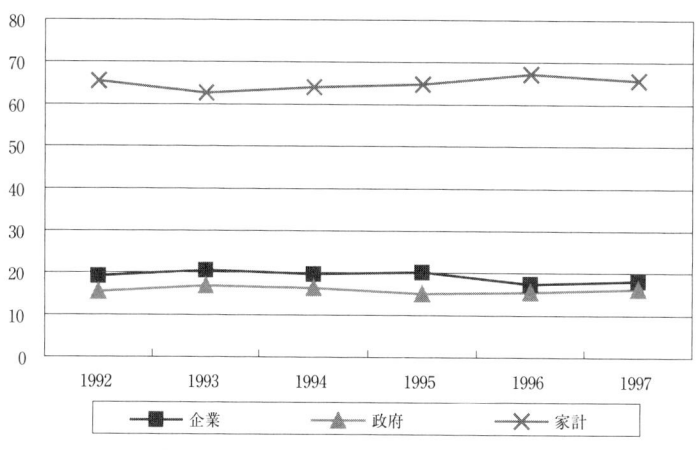

図14-1 制度部門別国民総所得の構成（％）

表14-2と図14-1から，1992-1997年には，国民総所得に占める各制度部門の第１次分配所得の構成比は，家計部門が明らかに他の２つの部門より高く，年平均65.0％となっており，ほかには，政府部門が比較的に低く，年平均15.9％，企業部門が政府部門よりわずかに高く，年平均19.1％である。同じ期間の第１次分配においては，家計が主要な部分を取得しており，企業と政府，とりわけ政府の取得分が小さいことを示している。

２．所得再分配の分析

所得再分配とは，第１次分配所得を出発点とし，経常移転の形で第１次分配

表14-3　国民総可処分所得と一人当たり国民総可処分所得

年	国民総可処分所得（億元）	一人当たり国民総可処分所得（元）
1992	26715.5	2293.2
1993	34628.0	2938.5
1994	46785.4	3925.5
1995	57614.6	4781.9
1996	67028.4	5505.2
1997	73568.0	5980.8

注：一人当たり国民総可処分所得は表中の国民総可処分所得と人口データによって算出したものである。用いた国民総可処分所得は1999年と2000年の『中国統計年鑑』における1992-1997年資金循環統計より，人口データは1999年『中国統計年鑑』における人口統計データより。

所得に対して再分配を行なうことである。経常移転には，企業や個人が政府に支払う所得税，企業や個人が社会保険部門に支払う社会保険料，家計が社会保険部門から獲得した社会給付，保険者が保険会社から獲得した保険金などが含まれる。その再分配の結果が国内の各制度部門の総可処分所得を形成し，国内の各制度部門の総可処分所得の合計は「国民総可処分所得」に等しい。それはまた国民総所得に海外からの純経常移転所得を加算したものにも等しい。国民総可処分所得は，最終消費や貯蓄に使用可能な資金量となる。

　表14-3では，1992-1997年の国民総可処分所得と一人当たり国民総可処分所得を示している。

　表14-3から，国民総可処分所得は1997年が1992年より1.75倍上昇，年平均は22.5％の成長となり，一方，一人当たりの国民総可処分所得は1997年が1992年より1.61倍上昇，年平均は21.1％増加していることがわかる。この２つの年平均成長率は，国民総所得と一人当たり国民総所得の成長率とほぼ同様である。これは海外からの純経常移転が国民総可処分所得と一人当たり国民総可処分所得との成長にほとんど影響していないことを示している。

　表14-4と図14-2では，1992-1997年の制度部門別国民総可処分所得の構成を示している。

　表14-4と図14-2から，1992-1997年には，国民総所得に占める各制度部門の国民総可処分所得の構成比は，家計部門が年平均67.1％，政府部門が年平均17.9％，企業部門が年平均15.0％であることが読み取れる。これは表14-2

表14－4　制度部門別国民総可処分所得の構成（％）

年	企業	政府	家計	合計
1992	13.3	19.0	67.7	100.0
1993	16.2	19.2	64.6	100.0
1994	16.0	18.0	66.0	100.0
1995	16.7	16.5	66.8	100.0
1996	13.6	17.1	69.3	100.0
1997	14.4	17.5	68.1	100.0
平均	15.0	17.9	67.1	100.0

出所：1999年と2000年の『中国統計年鑑』における1992-1997年資金循環統計より算出。

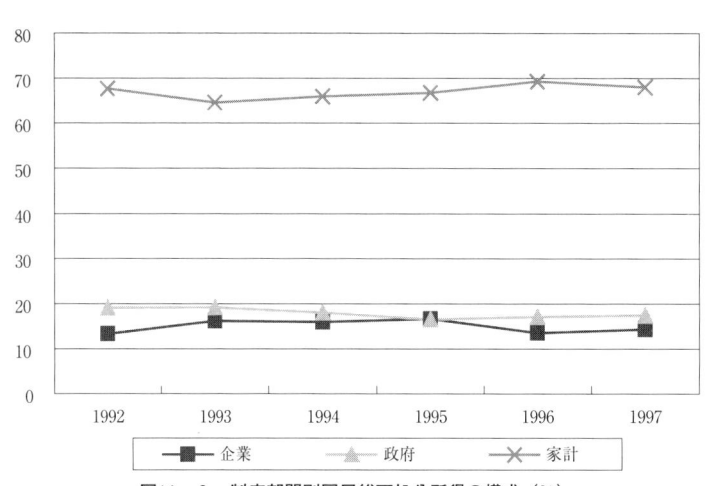

図14－2　制度部門別国民総可処分所得の構成（％）

に示されている国民総所得に占める各制度部門の第1次分配所得の構成比と比べると，家計部門の第1次分配所得は年平均して2.1ポイント上昇，政府部門は年平均2.0ポイント上昇，企業部門は年平均4.1ポイント低下となることがわかる。当該期間の再分配においては，家計と政府が純受取部門で，企業が純支払部門で，再分配政策は家計と政府へ傾斜していることを示している。

表14-5　国内総生産，国民総所得と国民総可処分所得の比較（億元）

年	国内総生産	国民総所得	国民総可処分所得
1992	26638.1	26651.8	26715.5
1993	34634.4	34560.5	34628.0
1994	46759.4	46670.1	46785.4
1995	58478.1	57494.9	57614.6
1996	67884.6	66850.6	67028.4
1997	74462.6	73142.0	73568.0

出所：1999年と2000年の『中国統計年鑑』における1992-1997年資金循環統計より。

3．国内総生産，国民総所得と国民総可処分所得の間の比較分析

国内総生産，国民総所得と国民総可処分所得の間に次のような関係がある。
　　国民総所得＝国内総生産＋海外からの要素所得の純受取
　　国民総可処分所得＝国民総所得＋海外からの経常移転の純受取
　　国民総可処分所得＝国内総生産＋海外からの要素所得の純受取
　　　　＋海外からの経常移転の純受取

表14-5では，1992-1997年の国内総生産，国民総所得と国民総可処分所得のデータを示している。

表14-5から，1992-1997年には，各年の国民総可処分所得が国民総所得を上回っていることが読み取れる。同期間における海外からの経常移転受取は海外への経常移転支払より大きいことがわかる。一方，1992年を除けば，国民総所得は国内総生産を下回っていることから，その年を除いて同期間における海外からの要素所得受取は海外への要素所得支払より小さいことを示している。さらに，1992年と1994年とを除けば，国民総可処分所得は国内総生産を下回っていることから，その２つの年を除いて同期間における海外からの要素所得と経常移転受取の合計は海外への要素所得と経常移転支払の合計より小さいことを示している。

Ⅱ　貯蓄投資分析

総可処分所得から最終消費に向けられた部分を控除した額を総貯蓄と呼ぶ。それは国内各制度部門の非金融投資資金の主要な源泉となる。非金融投資資金

の源泉には，ほかに純資本移転受取や借入金も含まれる。一方，非金融投資はまた総資本形成とその他の非金融資産の取得－処分との合計に等しい。制度部門の総貯蓄と純資本移転受取との合計がその非金融投資を上回る場合には，当該部門が資金余剰であることを表し，また，制度部門の総貯蓄と純資本移転受取との合計がその非金融投資を下回る場合には，当該部門が資金不足であることを表すことになる。資金余剰である制度部門は，しばしば資金を貸し出すことによって収益を獲得するので，余剰資金はこうした制度部門の金融投資として表れることが多い。同様に，資金不足の制度部門は，しばしば資金を借り入れることによって不足資金を補うので，資金不足はこうした制度部門の負の金融投資として表れることが多い。本章の貯蓄投資分析は，資金循環統計を利用して，中国の貯蓄，非金融投資，金融投資などについて若干の基本的考察を行なったものである。

1．貯蓄分析

国民総貯蓄は総可処分所得から最終消費を差し引いた額に等しい。また，それは国内各制度部門の総貯蓄の合計にも等しい。そのうち，政府部門の総貯蓄は政府部門の総可処分所得から政府消費を，家計部門の総貯蓄は家計部門の総可処分所得から家計消費を差し引いた額に等しいが，企業部門には最終消費がないので，その総貯蓄は可処分所得に等しい。

表14－6では，1992-1997年の国民総貯蓄と一人当たり国民総貯蓄を示している。

表14－6から，国民総貯蓄は1992年から1997年までに1.79倍の上昇，年平均は22.7％の成長となり，一方，一人当たりの国民総貯蓄は同じ期間に1.64倍の上昇，年平均は21.4％の成長となることがわかる。国民総貯蓄と一人当たり国民総貯蓄の年平均成長率は，国民可処分総所得と一人当たり国民総可処分所得の成長率よりそれぞれ0.2と0.3ポイント高い。したがって，国民総貯蓄と一人当たり国民総貯蓄の増加は当然最終消費と一人当たり最終消費より高いことになる。これは同期間において所得水準の向上に伴い，貯蓄に回される所得が上昇していることを示している。この状況は中国が自己資金を用いて非金融投資を行なう能力を向上させたことを意味する。

表14－7と図14－3では，1992-1997年の制度部門別国民総貯蓄の構成を示している。

表14－7と図14－3から，1992-1997年には，国民総貯蓄に占める各制度部

表14−6　国民総貯蓄と一人当たり国民総貯蓄

年	国民総貯蓄（億元）	一人当たり国民総貯蓄（元）
1992	10763.4	923.9
1993	14445.9	1225.8
1994	19989.4	1677.2
1995	23979.7	1990.3
1996	27024.5	2219.6
1997	29988.6	2437.9

注：一人当たり国民総貯蓄は表中の国民総貯蓄と人口データによって算出したものである。用いた国民総貯蓄データは1999年と2000年の『中国統計年鑑』における1992-1997年資金循環統計のもの，人口データは1999年『中国統計年鑑』における人口統計データを利用した。

門の総貯蓄の構成比は，家計部門が最も高く年平均50.1%，その次は企業部門で年平均36.4%，政府部門が最も低く年平均13.5%であることが読み取れる。換言すれば，国民貯蓄の半分は家計部門に由来し，残りの半分は企業部門と政府部門に由来する。これは家計部門の国民総貯蓄に果たす役割の重要さを物語っている。総貯蓄に占める家計部門の割合が高い主な原因として，所得分配における家計部門の取得分が大きいということがあげられる。また，**表14−7**と**図14−3**から，国民総貯蓄に占める政府部門総貯蓄の比重が同期間に低下していることも読み取れる。政府貯蓄はその非金融投資の主要な資金源泉であることから考えると，これは政府部門の非金融投資を抑制させる方向に働いたことであろう。

表14−7を**表14−4**と比較してみると，国民総貯蓄に占める家計部門と政府部門の総貯蓄の構成比は，国民総可処分所得に占める両部門の総可処分所得の構成比よりそれぞれ17と4.4ポイント低く，企業部門の対応する構成比は21.4ポイントも高いことになっている。これは家計部門と政府部門は最終消費部門なので，その総可処分所得の一部が当期で消費されてしまうが，企業部門は最終消費部門ではないので，その総可処分所得が消費に使用されていないからである。

それでは，政府部門，家計部門，さらに一国経済の総可処分所得のうち当期で消費されていない部分，すなわち，総貯蓄がそれぞれの総可処分所得に占める割合はどのぐらいになるだろう。これは貯蓄率の問題である。

第14章　1990年代中国経済の資金循環分析　211

表14-7　制度部門別国民総貯蓄の構成（%）

年	企業	政府	家計	合計
1992	33.1	14.6	52.3	100.0
1993	38.7	15.0	46.3	100.0
1994	37.5	12.2	50.3	100.0
1995	40.1	11.7	48.2	100.0
1996	33.6	13.5	52.9	100.0
1997	35.2	13.9	50.9	100.0
平均	36.4	13.5	50.1	100.0

出所：1999年と2000年の『中国統計年鑑』における1992-1997年資金循環統計より算出。

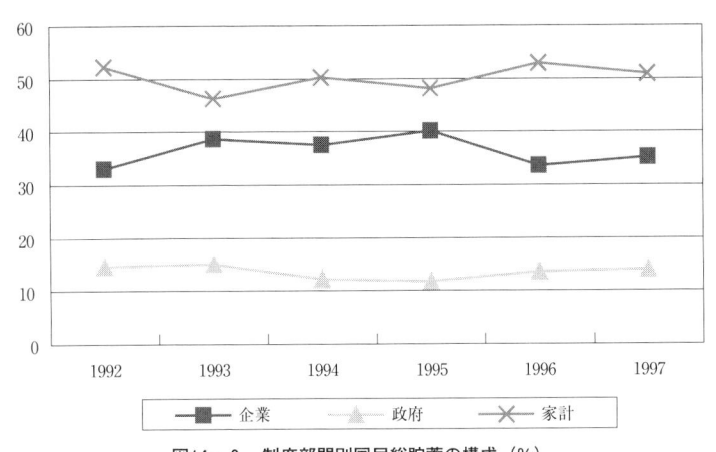

図14-3　制度部門別国民総貯蓄の構成（%）

　貯蓄率は，総可処分所得に占める総貯蓄の割合のことを指す。すなわち，政府部門貯蓄率は政府部門総貯蓄とその総可処分所得の比に等しい。家計部門貯蓄率は家計部門総貯蓄とその総可処分所得の比に等しい。企業部門の総貯蓄はその総可処分所得と等しいので，その貯蓄率は1になる。一国経済全体の貯蓄率，すなわち，国民貯蓄率は国民総貯蓄と国民総可処分所得の比に等しい。
　表14-8と**図14-4**では，政府部門，家計部門と一国経済の貯蓄率を示している。
　表14-8と**図14-4**から，1992-1997年には，家計部門と政府部門の貯蓄率

表14-8 貯蓄率(%)

年	家計貯蓄率	政府貯蓄率	国民貯蓄率
1992	31.1	31.0	40.3
1993	29.9	32.4	41.7
1994	32.6	29.0	42.7
1995	30.0	29.6	41.6
1996	30.8	31.7	40.3
1997	30.5	32.3	40.8
平均	30.8	31.0	41.2

出所:1999年と2000年の『中国統計年鑑』における1992-1997年資金循環統計より算出。

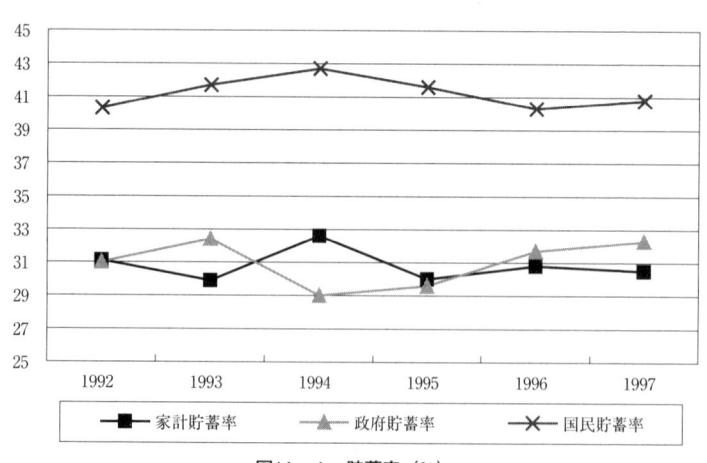

図14-4 貯蓄率(%)

は異なる変動を示しているが,両者の絶対水準には大差がなく,いずれも30%前後となっており,国民貯蓄率は終始40%以上に維持されていることが読み取れる。これは政府部門と家計部門とも総可処分所得のうち30%程度の余剰ができており,国民総可処分所得のうち40%以上の余剰があり,非金融投資または金融投資に使用可能であったことを示している。

2. 非金融投資分析

各部門の総貯蓄と資本移転純受取との合計は,他部門から資金の借入れをし

ない場合に，当該部門の非金融投資に使用可能な最大の資金量である。同様に，国民総貯蓄と海外からの資本移転純受取の合計は，海外からの純借入資金がゼロの場合に，我が国の非金融投資に使用可能な最大の資金量である。では，実際の我が国の非金融投資の状態はどうだろうか？一国経済全体とそれぞれの制度部門の資金過不足はどうなっていたのだろうか？

上にも指摘されたように，非金融投資はまた総資本形成とその他の非金融資産の取得－処分との合計に等しい。しかし，統計資料の制約のため，現時点では，中国の資金循環統計ではその他の非金融資産の取得－処分の項目は表章されず，空白の項目になっているため，われわれはここではすべての非金融投資が総資本形成に等しいと仮定する。同じく統計資料の制約のため，1997年を除けば，海外からの資本移転純受取の項目も空白であり，1997年の海外からの資本移転純受取から見ても，その額は非常に小さく，しかも負値（マイナス1.72億元）なので，簡略化のため，われわれはこの項目を無視することにする。その場合，国民総貯蓄は対外借入れを行なわない場合の我が国の非金融投資資金の全源泉となる。したがって，同じ仮定の下で，国民総貯蓄と総資本形成との差額は我が国の非金融投資の資金過不足となる。

表14－9では，1992-1997年の一国経済の資金過不足の状況を示している。

表14－9から，1992-1997年には，1993年を除けば，いずれの年についても，国民総貯蓄が総資本形成を上回っていることがわかる。つまり，1993年を除けば，同期間について，中国は資金不足の状況にはなく，むしろ資金余剰であったことが示されている。これは多くの人々の主観的な想像と一致しない。

上の**表14－7**と**図14－3**では，1992-1997年の国民総貯蓄に占める各制度部門の総貯蓄の割合を示しているが，次の**表14－10**と**図14－5**では，同期間における部門別総資本形成の構成を示している。

表14－10と**図14－5**から，1992-1997年の総資本形成に占める各制度部門のシェアは，企業部門が最も大きく，平均79.2％であるが，家計部門と政府部門は比較的小さく，それぞれ，平均わずか13.9％と6.9％になっていることが読み取れる。

表14－10を**表14－7**と比較して分かるように，家計部門は総貯蓄が国民総貯蓄の半分も占めているが，その総資本形成は全国総資本形成のわずか10％強しか占めていない。一方，企業部門の総貯蓄の国民総貯蓄に占める割合は30％程度しかないが，その総資本形成を見ると，国内総資本形成の80％にも達している。その結果，家計部門は資金余剰部門で，企業部門は資金不足部門であるこ

表14－9　一国経済の資金過不足（億元）

年	国民総貯蓄	総資本形成	資金過不足
1992	10763.4	9636.0	1127.4
1993	14445.9	14998.0	-552.1
1994	19989.4	19260.6	728.8
1995	23979.7	23877.0	102.7
1996	27024.5	26867.2	157.3
1997	29988.6	28457.6	1531.0

出所：国民総貯蓄と総資本形成は1999年と2000年の『中国統計年鑑』における1992-1997年資金循環統計より。資金過不足は国民総貯蓄と総資本形成との差額である。

表14－10　中国制度部門別総資本形成の構成（%）

年	企業	政府	家計	合計
1992	78.8	6.2	15.0	100.0
1993	81.9	6.4	11.7	100.0
1994	80.5	7.0	12.5	100.0
1995	80.5	6.7	12.8	100.0
1996	77.4	6.9	15.7	100.0
1997	76.1	8.2	15.7	100.0
平均	79.2	6.9	13.9	100.0

出所：1999年と2000年の『中国統計年鑑』における1992-1997年資金循環統計より算出。

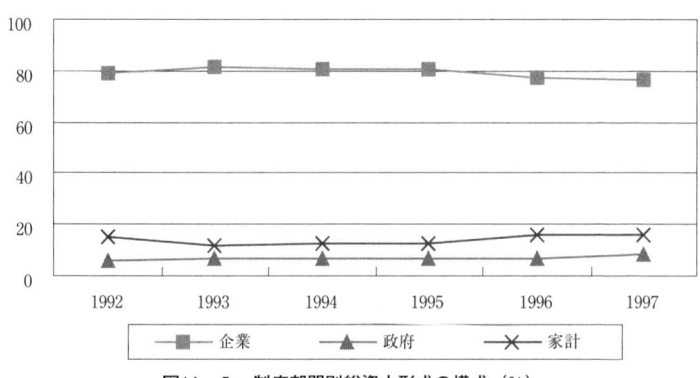

図14－5　制度部門別総資本形成の構成（%）

とがわかる。**表14-11と図14-6**では，各制度部門の1992-1997年における資金過不足状況を示している。

表14-11と図14-6では，負値は資金不足を，正値は資金余剰を表している。資金不足部門の資金過不足率は，当該部門の純金融投資（この場合は負値である）を総資本形成で除したものに等しい。また，資金余剰部門の資金過不足率は，当該部門の純金融投資（この場合は正値である）を総貯蓄と資本移転純受取との合計で除したものに等しい。

表14-11と図14-6から示唆されるように，1992-1997年には，企業部門は最大の資金不足部門で，その資本形成のための資金のうち平均42.5％が他の部門からもたらされたものである。次に，政府部門も資金不足部門で，資本形成の資金のうち平均16.5％が他の部門から来ている。一方，家計部門は資金余剰部門で，毎年平均73.1％の資金を他の部門に貸出している。

3．金融投資・資金調達分析

以下では，われわれは資金不足部門がどのようにその必要な資金を調達し，また，資金余剰部門がどのように余剰資金を運用して他の部門に提供しているかを見てみよう。これまでの分析から，企業部門は最大の資金不足部門で，他の部門から資金調達しなければならないことが示唆されている。企業部門は，非金融企業と金融機関という2つの部門から構成されている。そのうち，金融機関部門は，資金余剰部門から，資金不足部門へ資金を融通するという金融仲介機能を果たす。金融投資・資金調達分析の際に，われわれはこの2つの部門を区別して，非金融企業部門の資金調達方式と，金融機関部門の資金調達・運用方式とを，それぞれ考察する。

(1) **非金融企業部門**

上の分析から示唆されているように，非金融企業部門は資金不足部門であり，1992-1997年の期間中にかなりの非金融投資資金を他の部門から調達している。**表14-12と図14-7**は，非金融企業部門の資金調達構造を示している。

表14-12と図14-7に示唆されるように，非金融企業部門の外部資金調達の主要な形式は貸付で，全資金調達総額に占める構成比が平均で70％近くなっており，残りの各種資金調達額は全部合わせても30％に過ぎない。残りの3つの資金調達形式の中で，国際資本のシェアが最も高く，平均25.9％となっており，その次が，株式の平均シェア2.7％，債券の平均シェア1.5％と続く。国際資本

表14-11 制度部門別資金過不足率（%）

年	企業	政府	家計	合計
1992	78.8	6.2	15.0	100.0
1993	81.9	6.4	11.7	100.0
1994	80.5	7.0	12.5	100.0
1995	80.5	6.7	12.8	100.0
1996	77.4	6.9	15.7	100.0
1997	76.1	8.2	15.7	100.0
平均	79.2	6.9	13.9	100.0

注：この国内各制度部門の資金過不足を考察する際に、一国の資金過不足を考察した時と同様な理由で、ここでも「その他の非金融資産の取得マイナス処分」項目を無視し、すべての非金融投資が総資本形成に等しいという仮定を置くことにしたが、（一国経済の場合の海外との資本移転と異なって）ここでは、国内制度部門間の資本移転を無視することができない。とくに政府部門と非金融企業との間には資本移転はよく発生し、しかもその額も小さくはない。したがって、本表の制度部門別資金過不足率の算出の際には、部門間資本移転純受取を考慮に入れている。

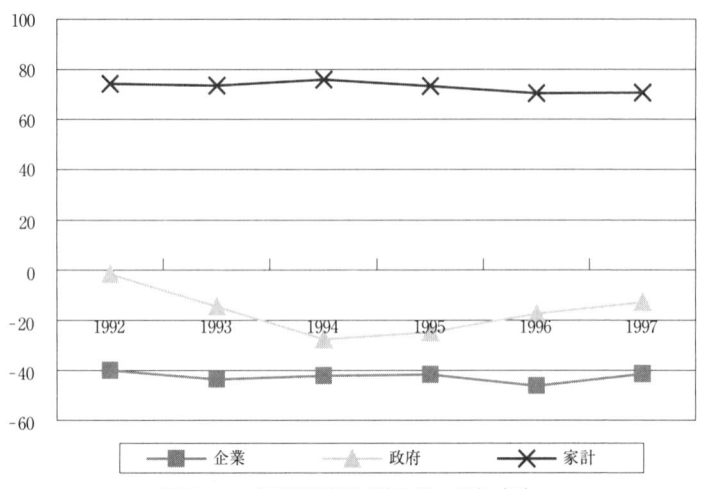

図14-6 中国制度部門別資金過不足率（%）

による資金調達高は最初漸増し、その後漸減している。1992年の15.8%から1994年に最高32.9%までに上昇したが、それ以降反転して1997年には25.0%にまで減少している。債券と株式という2つの直接金融方式による資金調達額は平均して資金調達総額の5%に満たないが、そのうち、株式は1994年以降に上

表14-12　中国非金融企業部門の資金調達構造（%）

年	貸付	債券	株式	国際資本	合計
1992	73.2	7.6	3.4	15.8	100.0
1993	72.9	0.9	2.0	24.2	100.0
1994	66.4	0.3	0.4	32.9	100.0
1995	67.1	-0.2	0.2	32.9	100.0
1996	73.4	0.4	1.5	24.7	100.0
1997	66.2	0.2	8.6	25.0	100.0
平均	69.9	1.5	2.7	25.9	100.0

出所：1999年と2000年の『中国統計年鑑』における1992-1997年資金循環統計より算出訳注1）

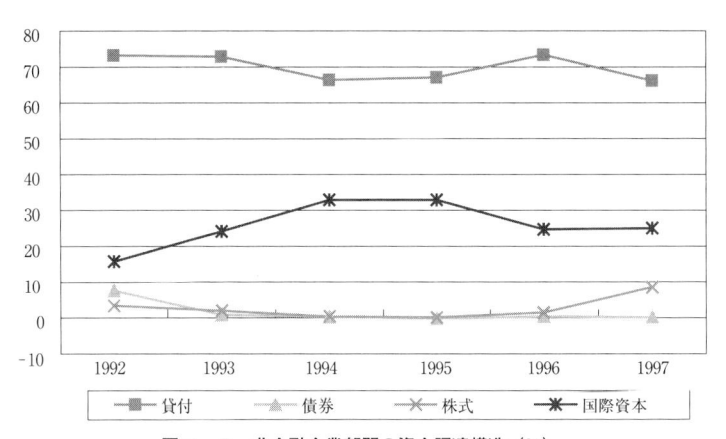

図14-7　非金融企業部門の資金調達構造（%）

昇傾向を示し，1997年には8.6%にまで上昇した。

　以上の分析から示唆されるように，非金融企業は金融機関に対する依存度が非常に高く，また，国際資本に対する依存度も相当高いが，一方，直接金融による度合いが非常に低い。このことは，中国の資本市場の発達が不十分で，非金融企業の資金調達需要が満たされていないことを物語っている。

　以上の資金過不足分析から，1992-1997年には，国内部門の中には資金不足

訳注1）『中国統計年鑑』における資金循環統計では，「債券」「株式」は，「証券」項目で一括されており，本表におけるそれらの数値は許氏が独自に入手した資料を使用したものであろう。以下の表も同様である。

のものもあるが，一国経済全体としては，多くの年について資金余剰の状況にあり，資金過不足の調整さえ有効に行なわれれば，国内のその他の部門の余剰資金は非金融企業部門の資金需要を十分に満たすことができたことがわかる。したがって，非金融企業が外国の資金を導入する目的は，先進技術や設備を導入することにあり，それによって生産能力における先進国との開きを縮小させることにあったと見るべきである。

(2) 政府部門

上に見たように，政府部門も資金不足部門である。1992-1997年には，その非金融投資資金のうち，平均して毎年16.5%がその他の部門から調達されている。**表14-13**と**図14-8**では，1992-1997年における政府部門の資金調達構造の状況を示している。

表14-13と**図14-8**から示唆されるように，1992-1997年には，政府部門の資金調達は，貸付，債券と国際資本の3つの部分から構成されている。そのうち，債券の構成比が最大で，資金調達総額に占めるそれは平均で63.7%であり，その次に国際資本で，平均構成比は25.7%で，最後は貸付で，平均10.6%となっている。

また，これらの図表から，政府部門の資金調達方式の重大な変化を見出すこともできる。政府部門の資金調達構造は，1993年の時点では，貸付38.1%，債券30.9%，国際資本31%となっており，貸付は政府部門の主要な資金調達方式であったといえる。しかし，1994年以降，政府部門の金融機関からの借入はほとんどゼロになるまで漸減し，その代わりに直接金融の比率が徐々に拡大し，また同時に外国からの資金調達の比率も漸減した。1997年時点では，政府部門の資金調達構造は，債券97.5%，国際資本2.5%，貸付はわずか0.02%にとどまるまでに変わっている。

経済体制の変化は，政府の資金調達政策を，市場経済ニーズに適用するように変容させた。1994年以降の政府部門の資金調達構造に見られる変化は，そうした政府の資金調達政策の変化を反映している。

(3) 家計部門

以上の分析からわかるように，家計部門は資金余剰部門である。1992-1997年の期間，毎年平均73.1%の資金をその他の部門に提供し，自部門の金融投資を形成している。**表14-14**と**図14-9**では，1992-1997年における家計部門金

第14章 1990年代中国経済の資金循環分析 | 219

表14−13 中国政府部門の資金調達構造（％）

年	貸付	債券	国際資本	合計
1992	25.6	49.3	25.1	100.0
1993	38.1	30.9	31.0	100.0
1994	7.3	52.0	40.7	100.0
1995	-7.7	73.9	33.8	100.0
1996	0.0	78.9	21.1	100.0
1997	0.02	97.5	2.5	100.0
平均	10.6	63.7	25.7	100.0

出所：1999年と2000年の『中国統計年鑑』における1992-1997年資金循環統計より算出。

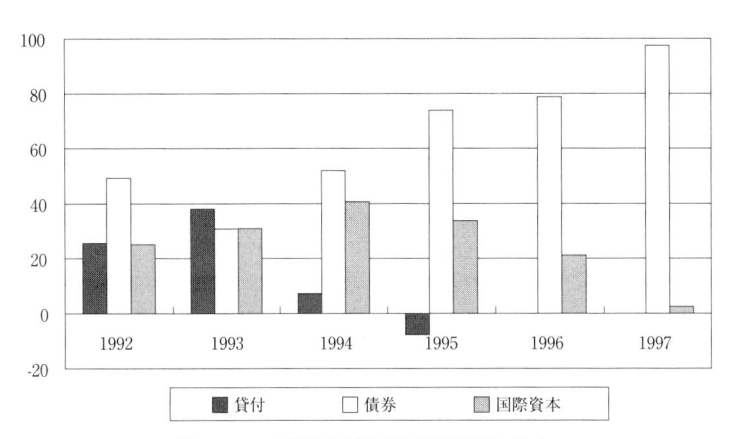

図14−8 中国政府部門の資金調達構造（％）

融投資構造の状況を示している。

　表14−14と**図14−9**に示唆されているように，家計部門の金融投資は主に預金であり，全金融投資に占める構成比が平均で73.0％に達しており，その次は現金通貨で，平均13.1％，三位は債券で平均9.4％の順となっており，株式と保険準備金の割合は比較的小さく，それぞれ3.2％と1.3％である。

　また，これらの図表から，家計部門の金融投資の構造変化も読み取れる。1992-1997年の期間，預金の割合は，1995年に最高点(ピーク)に達したものの，変化は漸増から漸減への方向をたどっている。対照的に通貨と株式の割合は，1995年

表14-14　中国家計部門の金融投資構造（％）

年	現金通貨	預金	債券	株式	保険準備金	合計
1992	19.3	60.5	15.1	3.9	1.2	100.0
1993	22.4	66.6	5.9	3.9	1.2	100.0
1994	13.7	79.5	5.6	0.5	0.7	100.0
1995	5.0	87.1	6.6	0.3	1.0	100.0
1996	7.1	77.5	11.4	2.8	1.2	100.0
1997	10.9	67.0	11.9	7.7	2.5	100.0
平均	13.1	73.0	9.4	3.2	1.3	100.0

出所：1999年と2000年の『中国統計年鑑』における1992-1997年資金循環統計より算出。

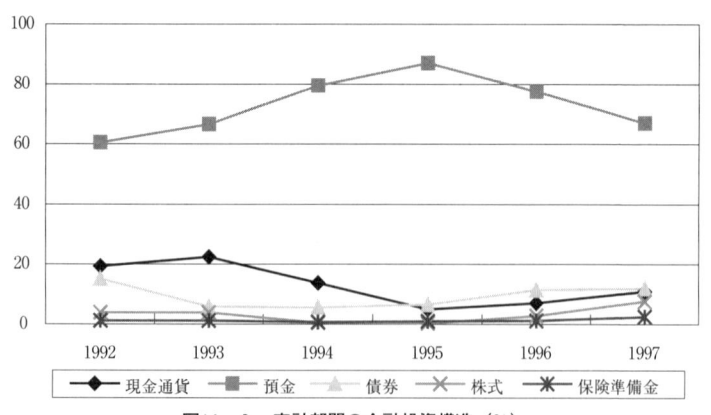

図14-9　家計部門の金融投資構造（％）

に最低点であったものの，同様に漸減から漸増へと変化している。また，債券と保険準備金も同様に1994年に最低点を形成したものの，経年変化は漸減から漸増へ変化している。したがって，1995年は家計部門の金融投資構造変化の重要な転換点である。それ以後，家計部門の金融投資は多様化の方向に展開している。とくに株式，債券という2種類の直接金融は1997年にそれぞれ11.9％と7.7％に達し，両者を合わせると20％近くになっており，史上最高レベルに達した。家計部門の金融投資構造におけるこうした経年変化は，企業の資金調達ルートを広げ，金融機関の圧力を緩和し，金融リスクを解消するために積極的な役割を果たしている。

第14章　1990年代中国経済の資金循環分析 | 221

表14-15　中国金融機関部門の資金調達構造（%）

年	現金通貨	預金	債券	保険準備金	金融機関取引	国際資本取引	その他	合計
1992	18.9	97.2	0.2	1.2	0.0	5.5	-23.0	100.0
1993	12.3	52.0	0.6	0.7	0.4	2.5	31.5	100.0
1994	8.6	70.7	4.7	0.7	0.2	2.3	12.8	100.0
1995	3.4	77.1	6.0	0.8	-0.2	2.5	10.4	100.0
1996	3.6	66.5	2.4	0.8	-0.7	1.6	25.8	100.0
平均	9.4	72.7	2.8	0.8	-0.1	2.9	11.5	100.0

出所：1999年と2000年の『中国統計年鑑』における1992-1997年資金循環統計より算出。

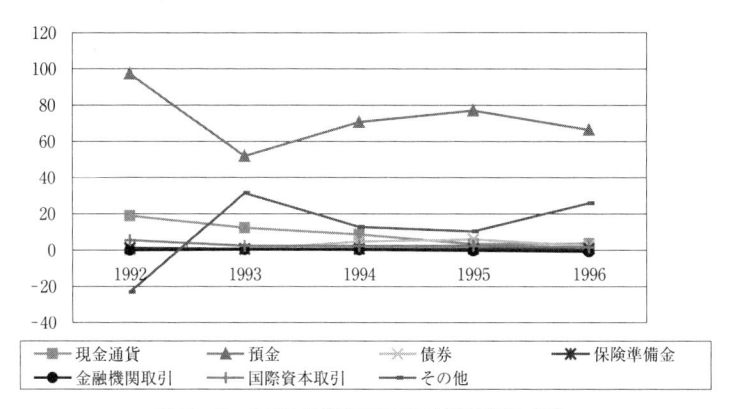

図14-10　中国金融機関部門の資金調達構造（%）

4．金融機関部門

　資金不足部門の資金調達と資金余剰部門における対外資金提供のプロセスでは，金融機関部門が重要な金融仲介の役割を果たしている。次にわれわれは金融機関部門の資金調達と資金運用の方式を分析する。

　表14-15と**図14-10**では，1992-1997年の金融機関部門の資金調達構造を示している。

　ただし，1997年資金循環統計「金融取引」における国際資本取引項目のカバレッジに変化があり，比較可能性を維持するために，本表・図では1997年のデータを対象外とした。

　表14-15と**図14-10**に示唆されているように，1992-1996年の期間，金融機

表14−16 中国金融機関部門の資金運用構造（%）

年	現金通貨	貸付	債券	株式	金融機関取引	国際資本取引	準備資産	その他	合計
1992	0.6	92.0	3.2	0.0	0.0	6.1	-1.9	0.0	100
1993	0.2	59.2	1.1	0.0	0.4	1.5	0.8	36.8	100
1994	0.2	55.5	6.7	0.1	0.2	3.6	15.9	17.8	100
1995	0.1	57.8	8.5	0.0	-0.2	4.1	10.9	18.8	100
1996	0.1	55.6	4.2	0.0	-1.8	3.0	9.7	29.2	100
平均	0.2	64.0	4.8	0.0	-0.3	3.7	7.1	20.5	100

出所：1999年と2000年の『中国統計年鑑』における1992-1997年資金循環統計より算出。
ただし、1997年資金循環統計「金融取引」における国際資本取引項目のカバレッジに変化があり、比較可能性を維持するために、本表と図14-11では1997年のデータを対象外とした。

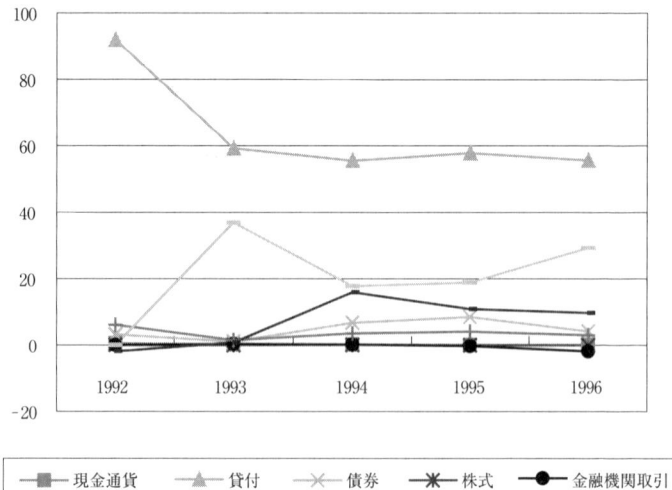

図14−11 中国金融機関部門の資金運用構造（%）

関部門の資金調達は預金の吸収を主としており、全資金源に占める比重は平均72.7%であり、そのうち、1992年が最高で97.2%に達し、1993年が最低で52.0%となっている。その次は現金通貨であるが、平均9.4%であり、そのうち、1992年が最高で18.9%に達し、1995年が最低で3.4%、基本的に漸減する傾向を示している。債券、保険準備金、金融機関取引と国際資本取引の4種類

の資金調達方式が全資金源に占める構成比はいずれも相対的に低い。

表14-16と図14-11では，1992-1997年の金融機関部門の資金運用構造を示している。

表14-16と図14-11に示唆されているように，1992-1996年間，金融機関部門の資金運用は貸付を主としており，全資金源に占める比重は平均64.0％であり，そのうち1992年が最高で92.0％に達し，1994年が最低で55.5％となっている。その次は準備資産で，平均7.1％となっており，そのうち1994年が最高15.9％に達し，1992年が最低で-1.9％である。現金通貨，債券，保険準備金，金融機関取引と国際資本取引の5種類の資金運用方式が全資金運用に占める構成比はいずれも相対的に低い。

【参考文献】

国連等編，中国国家統計局国民経済計算司訳［1995］『国民経済計算体系（SNA），1993』中国統計出版社

国家統計局国民経済計算司，中国人民銀行統計司編『中国資金循環表（1992-1997年）』

叶燕斐「1992-1997年中国資金循環分析」，国家統計局国民経済計算司，中国人民銀行統計司編『中国資金循環表（1992-1997年）』

張南［1999］「第12章亜州金融危機与中国的資金循環」曹鳳岐編著『中国金融改革，発展与国際化』経済科学出版社，pp.305-386

許憲春［1999］『中国国民経済計算の理論と実施』中国統計出版社

許憲春［1999］『中国国民経済計算体系の改革と発展』（改訂版）経済科学出版社

国家統計局［1999，2000］『中国統計年鑑（1999，2000年）』中国統計出版社

第15章

中国のサービス業統計およびその問題点について[1]

(李　潔訳)

> 要旨　本章では，中国サービス業の範囲および生産面のGDP推計におけるその分類の変化を考察し，中国サービス業統計に存在する問題を検討し，国家統計局によるサービス業統計の改善措置について述べる。

I　サービス業の範囲および生産推計における分類の変化

1．サービス業の範囲

　中国では，1985年から生産アプローチにおけるGDPの推計が始まったが，その推計の重要な構成部分としてのサービス業の生産面の推計もその時からである[2]。支出アプローチにおけるGDPの推計については，1989年に試算が始まり，1993年に支出系列の推計が正式に始まったが，その重要な構成部分であるサービス業の使用面の推計も同時に始まった。

　1985年3月19日に，国家統計局は国務院に『第三次産業統計作成に関する報告書』を提出した（李成瑞［1986］，pp.120-124）。同報告書の中で第一・第二・第三次産業の分類が示されるとともに，第三次産業統計とGDP統計を新たに作成する必要性について提言し[3]，国務院はこの報告書を承認した。

　この報告書では，第一・第二・第三次産業について次のように分類している。

　第一次産業：農業（農業，林業，畜産業と漁業を含む）。
　第二次産業：工業（鉱業，製造業，水道・電力・蒸気・熱供給・都市ガスを

1　本章は『経済研究』2004年第1号に発表されたものである。
2　伝統的な物的生産物バランス体系（MPS）における国民所得勘定には，交通・輸送業と商業・飲食業が含まれるが，その以外のサービス業は範囲外となっている。
3　この報告書では国民総生産（GNP）の作成が提言されていたが，実施の段階では実際にはGDPを中心として推計が行なわれた。

含む）と建設業。
第三次産業：上の第一次，第二次産業以外のその他の産業。

　この報告書では，第三次産業に含まれる産業は多く，範囲が広いため，それを2つの部分，すなわち，流通部門とサービス部門とに大別すべきであり，さらに，詳しく4つのクラスに分類できるとしている。

クラス1：流通部門である。具体的には，交通・輸送業，郵便・通信業，商業・飲食業，物資供給販売と倉庫業が含まれる。
クラス2：生産と生活のためにサービスを提供する部門である。これには，金融・保険業，地質調査業，不動産業，公益事業，対家計サービス業，旅行業，コンサルティング・情報サービス業および各種技術サービス業等が含まれる。
クラス3：科学・文化の水準および国民の資質を向上させるためのサービスを提供する部門である。教育・文化・ラジオ・テレビ事業，科学・研究事業，衛生・スポーツと社会福祉事業等がそれである。
クラス4：社会公共需要を満たすためのサービスを提供する部門である。国家機関・政党・社会団体，軍隊と警察がそこに含まれる。

　この分類の中で，さまざまなサービス業が全て第三次産業に分類されているので，1985年以来，中国国民経済計算では，第三次産業はサービス業の同義語として使用されるようになった。
　2003年に，国家統計局は上述の分類を廃止し，2002年に新しく発布した『中国標準産業分類（「国民経済行業分類」）』（国家品質監督検験検疫総局［2002］）に基づいて，第一・第二・第三次産業に対して再定義を行なった（国家統計局［2003］）。新しい分類では，それぞれの産業の範囲は以下のように規定された。

第一次産業：農業，林業，畜産業と漁業である。
第二次産業：鉱業，製造業，電力・ガスおよび水の生産・供給業と建設業である。
第三次産業：第一次，第二次産業以外のその他の産業である。それには次のものが含まれる。すなわち，1）交通輸送・倉庫・郵便業，2）通信・コンピュータ・サービス・ソフトウェア業，3）卸

売・小売業，4）宿泊・飲食業，5）金融・保険業，6）不動産業，7）リース業・ビジネスサービス業，8）科学研究・技術サービス，地質調査業，9）水利・環境・公共施設管理業，10）対家計サービスとその他のサービス業，11）教育，12）衛生・社会保障および社会福祉，13）文化・スポーツおよびその他の娯楽サービス，14）公務・社会団体，15）国際機関，である。この15のサービス業カテゴリーはいずれも新しい『中国標準産業分類』に見出される産業カテゴリーである。

ただし，この規定における国際機関は我が国の居住者ではないので，サービス業の範囲に入れるべきではない[4]。また，この規定の附属文書では，農林水産業サービスを明確に第一次産業に区分している。したがって，サービス業と第三次産業はこの2点について相違を生じている。しかしながら，両者は基本的な範囲においては一致している。実際，農林水産業サービスの付加価値はそれほど大きくないので，国際機関による相違さえ考慮しなければ，数量的にも両者の開きは顕著でない。

2．生産アプローチにおけるサービス業の分類およびその変化

従来，統計資料の制約があり，サービス業の生産推計における分類と『中国標準産業分類』の基準との間には一定の距離が存在していた。その状態は現在も続いている。本稿で考察しようとするサービス業分類の変化とは，前者，すなわち，サービス業生産推計における分類とその変化のことである。

1985年から1993年まで，サービス業の生産推計における基本分類は次の通りである。すなわち，1）輸送・郵便業，2）商業・飲食業および物資供給・販売・倉庫業，3）金融・保険業，4）不動産業，5）サービス業，6）公益事業，7）科学・教育・文化・衛生・スポーツ・福祉事業，8）国家機関・政党と社会団体，9）その他の産業，である。

上記中，「サービス業」とは，狭い意味でのサービス業のことであり，それには対家計サービス，コンサルティング・サービス業，農林水産業サービス，地質調査業，水利管理業と総合技術サービス業が含まれている。

この分類は1984年に公布された『中国標準産業分類とコード（原語：「国民

---

[4] 個人的見解として，国際機関は我が国の第三次産業の範疇に入れるべきではないと考えている。

経済行業分類和代碼」)』(国家計画委員会等［1984］)を基礎にして，当時の統計資料の実情を考慮した上で制定されたものである。

1994年以後，国家技術監督局『中国標準産業分類とコード』(国家技術監督局［1994］)および当時の統計資料の実情に基づいて，国家統計局はサービス業生産推計の分類に対して調整を行なった。調整後の産業部門には，12の一級分類（第１レベルの分類）と，18の二級分類（第２レベルの分類）が含まれている（国家統計局［1994］)。

12の一級分類とは，１）農林水産業サービス，２）地質調査・水利管理業，３）交通輸送・倉庫および郵便・通信業，４）卸売・小売・貿易と飲食業，５）金融・保険業，６）不動産業，７）社会サービス業，８）衛生・スポーツと社会福祉，９）教育・文化・芸術およびラジオ・映画・テレビ業，10）科学研究と総合技術サービス業，11）国家機関・政党・社会団体，12）その他の産業である。この分類は現在でも使用されている。

図15－１は1994年以前と以後のサービス業生産推計における一級分類について比較したものである（許憲春［2001］)。

図15－１から，1994年以前と以後のサービス業生産推計における一級分類の間に主に次のような違いがあることが読み取れる。

1）1994年以後の産業分類では，「農林水産業サービス」と「地質調査・水利管理業」とが別個のカテゴリーとなっているが，1994年以前の産業分類ではこの２つの産業はともに，「サービス業」に含まれていた。

2）1994年以後の産業分類では，「倉庫」業は「交通輸送・郵便・通信」業に含まれているが，1994年以前の分類では「商業・飲食業・物資供給販売」業の一部であった。実際には，この相違は定義上だけのものであり，統計資料の制約のため，実際の推計作業では，輸送関連の倉庫業は「交通輸送・郵便・通信」業に含めているが，「商業・飲食業・物資供給販売業」（すなわち，94年以後の分類では「卸売・小売・貿易・飲食業」）と関連する倉庫業は「商業・飲食業」に含めて推計されている。

3）1994年以後の分類には，「社会サービス業」を設けた。それには1994年以前の「公益事業」，「サービス業」における「住民サービス」と「コンサルティング・サービス」とが含まれている。

4）1994年以後の分類では「衛生・スポーツ・社会福祉」，「教育・文化・芸術・ラジオ・映画・テレビ」，「科学研究・総合技術サービス業」をそれぞれ別個の産業としているが，1994年以前では，前者の２つの産業と３つ目

```
┌─────────────────────────────────────────────────────────────────┐
│ 1994年以後のサービス生産推計一級分類    1994年以前のサービス生産推計一級分類 │
│ 1）農林水産業サービス                                              │
│ 2）地質調査・水利管理業                  1）交通輸送・郵便通信業      │
│ 3）交通輸送・倉庫と郵便・通信業                                     │
│ 4）卸売・小売・貿易・飲食業              2）商業・飲食業・物資供給販売・倉庫業 │
│                                         3）サービス業              │
│                                         4）公益事業                │
│ 5）金融・保険業                          5）金融・保険業            │
│ 6）不動産                                6）不動産                  │
│ 7）社会サービス業                                                  │
│ 8）衛生・スポーツ・社会福祉              7）科学・教育・文化・衛生・スポーツ・福祉事業 │
│ 9）教育・文化・芸術・ラジオ・映画・テレビ業                           │
│ 10）科学研究・総合技術サービス業                                     │
│ 11）国家機関・政党・社会団体             8）国家機関・政党・社会団体    │
│ 12）その他の産業                         9）その他の産業             │
└─────────────────────────────────────────────────────────────────┘
```

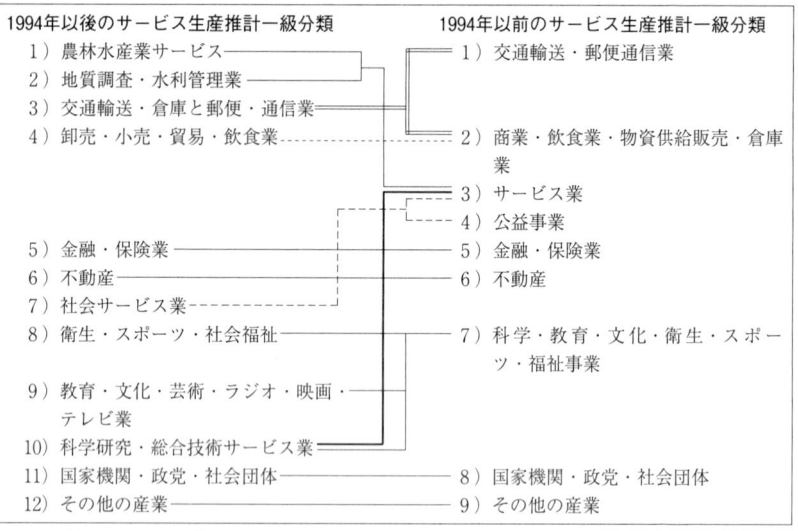

図15－1　1994年以前と以後のサービス業生産推計における一級分類の対応関係

の産業における「科学研究」の部分を合せて1つの産業，すなわち「科学・教育・文化・衛生・スポーツ・福利事業」であった。3つ目の産業の「総合技術サービス」の部分は1994年以前では「サービス業」の一部であった。

5）1994年以前と以後の分類には，名称の変更が若干あった。たとえば，1994年以後の分類における「卸売・小売・貿易・飲食業」は，古い分類では「商業・飲食業・物資供給販売」と名づけられていた。

このほか，1994年以後の分類におけるいくつかの産業には，1994年以前の分類には反映されていない新興の経済活動が新しく追加されている。たとえば，1994年以後の分類における「不動産」には不動産売買と仲介業を，「社会サービス業」には自然保護区管理業や市場管理サービス業などが追加されている。

「金融・保険業」，「国家機関・政党・社会団体」と「その他の産業」については，1994年以後と以前の分類は基本的に対応している。

国務院の許可を得て，中国は2004年に第一回全国経済センサスを行なっている。今回のセンサスの終了後は，生産アプローチのGDPの推計に2002年公布された『中国標準産業分類』を採用することになる。その際，サービス業生産推計の一級分類には当該分類におけるサービス業分類（14分類）[5]が採用される。国家統計局が制定した最新の産業分類基準によれば，農林水産業サービス

はサービス業ではなく，農林水産業の二級分類となる。

II 現行のサービス業生産推計における問題点

「我が国のサービス業付加価値推計における問題」（岳希明・張曙光［2002］）に，中国サービス業統計に関する既存の研究についての展望があり，筆者は彼らの観点に基本的に賛成なので，ここではそれについて重複して述べないことにする。同論文では，また，中国サービス業統計に存在する問題が理論的に検討され，中国サービス業の当期価格表示の付加価値が過小評価されている原因として，推計範囲の不十分さ，一部のサービスの評価価格が低すぎることが指摘されている。本稿では，国民経済計算の実施と推計手法の面から，サービス業統計に存在する問題を検討し，サービス業統計を改善するための措置について考察する。

1. 当期価格評価の推計における問題点

(1) 不十分な統計資料整備による問題

統計資料整備の不充分さは主に2つの面に現れている。

まず，多くのサービス業の企業と個体経営単位を対象とする定期的な統計調査制度が存在しないことである。特に私営企業や個体経営単位の中でも，不動産・コミュニティ関連総合サービス業（中国語：物業管理[訳注1]），コンピュータ・サービス，物品賃貸サービス，コンサルティング，会計士サービス，弁護士サービスなどの新興サービス業に関連する定期的なデータソースは，ほとんど完全に欠落している状態にあるといえる。

次に，関連する行政機関が所轄するサービス業統計が通常その所轄する範囲に限られており，範囲が狭すぎる。そのうえ，物量ベースの統計が重視され，金額ベースの統計が軽視されているため，サービス業推計上の需要を満たすことができない状態にある。

付随的問題として，深刻な人手不足のため，一部の既存行政機関所轄統計資料には充分なマイニングと利用が行なわれていないことがあげられる。

---

5 前述した「サービス業生産推計の基本範囲」を参照せよ。

訳注1) 中国物業管理ネットワークhttp://www.cpmu.com.cn/intro/introduction.htmによれば，物業とは，ビジネスビル，ホテル，住宅区，工場および電気設備業者，ホテル消耗品業者，物業サービス業者を含むという。

(2) 統計資料のカバレッジに関する問題

統計資料カバレッジの問題は，主に就業者の労働報酬に関する統計にある。

就業者労働報酬の統計は，所得面からサービス業産業別付加価値を推計する重要な資料の１つであるが，その原統計の範囲には（農村部の）郷鎮企業，（都市部の）私営単位と個人商工業者が含まれていないこと（国家統計局，2001，p.269）から，サービス業付加価値における労働者報酬[訳注2]推計の精度に悪影響を与えている。

さらに，就業者の労働報酬に関する統計では，受け取った所得を包括的に捕捉することは実際上非常に困難である。そのため，サービス業企業とその他の市場経済主体に関して，その付加価値の構成に問題をもたらすことになる。また，行政部門や非市場経済主体については，付加価値の構成ばかりでなく，集計値としてのGDPにも影響を与えることになる。

(3) 金融仲介サービスの取扱いに関する問題

金融機関は，多くの場合，取引先から費用を直接受け取る方式ではなく，資金の借手から比較的高い貸付利子を受け取り，預金者に低い利子を支払うという間接的な方式によって，各種の営業コストに当て，さらに利益を計上している。この状況に対して，SNA[6]（68SNAと93SNAを含めて）では金融機関によって産出される金融仲介サービスの計測に関して間接的な方法を採用している。その方法によれば，金融仲介サービスの産出は金融機関の受け取る財産所得の合計と支払利子の合計との差額から，金融機関の自己資金によって得た財産所得を控除した額に等しい。金融仲介サービスの使用について，93SNAでは２つの選択肢を提示した。１つは68SNAにおける取扱いと同じもので，すなわち，金融仲介サービス産出額を丸ごと１つの「名目産業」の中間投入とする。この名目産業の産出はゼロであり，付加価値（＝営業余剰）の大きさは金融仲介サービスの産出額と等しく，その符号は逆となる。もう１つの取扱いは，まず預金利子率と貸出利子率との間にある「参照利子率」を想定して，金融機関が実際に受け取った貸出利息とこの参照利子率とで算出される仮想的な貸出利息との差額を借り手に提供する金融仲介サービスとし，金融機関がこの参照

訳注2）日本の「雇用者報酬」と「混合所得」とを合わせた概念になる。

6　SNAとは，国連の国民経済計算体系（System of National Accounts）のことである。1993年SNAはその最新のバージョンであり，1968年SNAはその第２版で，1953年SNAはその最初のバージョンである。

利子率で算出される仮想的な預金利息と実際に支払った預金利息との差額を預金者に提供する金融仲介サービスとするものである。

金融仲介サービスの測度自体に関しては，中国のGDP統計上の取扱いは基本的に93SNAまたは68SNAの計測方法が採用されている。ただし，金融機関の自己資金によって得た財産所得を控除していない。また，金融仲介サービスの使用に関しては，中国のGDP統計は，93SNAの推奨する新しい方法を採用せず，68SNAの取扱いも採用しないで，特別な取扱いをしている。すなわち，各産業部門の純支払利子をすべて中間投入として取り扱う（許憲春［2002］）。しかし，この取扱いでは，各産業部門を一部門として考える場合，その金融仲介サービスへの支払費用を過大評価することになる。言い換えれば，産業部門の中間投入を人為的に過大推計することにより，産業部門付加価値の合計値が過小評価されることになる。この過小評価分を補うために，家計預金利子所得を金融部門の付加価値に加算するという方法が採用されている。この取扱いは産業部門付加価値の合計値にはそれほど影響しないが，各産業部門付加価値の構成に影響を与えている。

(4) 不動産推計に関する問題

不動産推計に存在する問題については，拙稿ですでに論じてきた（許憲春・李文政［1999］，許憲春［2000］）。それを要約すると以下のようになる。

1）不動産業者以外の企業，都市部および農村部の家計による営利目的の家屋の賃貸が含まれていない。
2）企業や政府機関による雇用者向けの住宅サービスが含まれていない。
3）都市部不動産管理部門によって供給される住宅は，国家から補助を受けている低家賃の福祉住宅である。
4）都市部と農村部の持ち家住宅については，その付加価値の推計に減価償却のみが考慮され，その他のコストが含まれていないから，過小評価になっている。
5）固定資本減耗のデータはほとんど取得費用価格によって推計されているため，過小評価の可能性がある。

以上の問題から，不動産の付加価値が過小推計されていることが示唆されている。現在，不動産業付加価値がGDPに占める比率は2％前後となっているが，われわれの研究によれば，GDPに占める不動産業付加価値の比率は5％以上になる。

(5) 有給の家事スタッフによるサービスの推計の問題

93SNAでは，有給の家事スタッフによって提供される家庭または個人向けサービスをサービス業の生産・使用勘定に含めるべきであることが勧告されているが，統計資料の制限を受け，中国では未推計である。

(6) コンピュータ・ソフトウェアの取り扱いに関する問題

93SNAでは，企業が1年を超えて生産に使用することを予定しているコンピュータ・ソフトウェアや大型データベースは，それが外注によるものか，自社開発によるものかに関係なく，固定資本形成として取り扱うことを勧告している。

中国の統計制度には，コンピュータ・ソフトウェアの取扱いについて明確な規定は存在しない。実際には，企業がコンピュータ本体と同時に購入しているソフトウェアは本体とともに固定資産投資として取り扱われている可能性があり，この場合はそのソフトウェアの価額が国民経済計算における総固定資本形成に含まれることになるが，企業がコンピュータ本体とは別に発注したソフトウェアおよび自社開発のソフトウェアやデータベースは，総固定資本形成に含まれていないことになる。

(7) 輸入品に課される税の取り扱いに関する問題

93SNAでは，各産業部門の付加価値[7]について，生産者価格で評価された付加価値と基本価格で評価された付加価値という2つの概念が提示されている。生産者価格表示の付加価値と基本価格表示の付加価値のいずれにも「輸入品に課される税」は含まれないことになっている。したがって，生産アプローチまたは所得アプローチによってGDPを推計する際に，産業部門付加価値の合計値に「輸入品に課される税」を加算しなければならない[8]。

中国のGDP推計では，「輸入品に課される税」を「卸売・小売・貿易業」の

---

[7] ここで付加価値とは，93SNAにおける「総付加価値」，すなわち，固定資本減耗を含めた付加価値のことを指している。93SNA第6章6.222段を参照せよ。

[8] 93SNAでは，
　　GDP＝生産者価格表示の総付加価値の合計＋輸入品に課される税マイナス補助金
　　　　　＋控除可能でないVAT
　　GDP＝基本価格表示の総付加価値の合計＋生産物に課されるすべての税マイナス補助金
　　ここで「生産物に課される税」には輸入税が含まれており，「補助金」には輸入補助金が含まれている。93SNA6.237段を参照せよ。

付加価値に記録することになっている。「輸入品に課される税」は卸売・小売・貿易活動に対して徴収する税ではないから，この取扱いは不適切といえる。

(8) 未観測経済の推計問題

OECDの定義によれば，未観測経済（Non-observed Economy）は，非合法生産，地下経済，および非公式部門の生産活動などを含む。これらの生産活動は統計調査から漏れやすく，OECDによれば，これら経済活動のGDPに占める比率は，オーストラリアが3％，イタリアが15％，ロシアが25％となっている。

中国ではまだ未観測経済に関する包括的な研究は行なわれていないが，未観測経済が中国の一部のサービス分野に存在していると考えられる。たとえば，一部の地方学校では許可なしで学生から費用を徴収したり，一部の医療関係者が患者から「紅包（赤い紙でお金をくるんだ包みのこと）」を受け取ったり，一部の地方のホテルや歌舞庁や美容院の不法経営者が売春活動を行ない不法な収入を得たりしているなどがそれに当たる。

2. サービス業の不変価格推計に存在する問題点

サービス業の付加価値はGDPの中で重要なウェイトを占めている。また，先進国の経済発展過程を見ると，サービス業付加価値がGDPに占める比率は経済発展にともなって上昇する傾向がある。したがって，不変価格表示のサービス業付加価値の推計の品質は，サービス業自身の成長率の信頼性だけではなく，GDP成長率の信頼性に直接関わっている。

サービス業の不変価格推計における問題は，主に以下のいくつかの側面に表れている。

第1に，サービス業の生産推計では価格指数の整備が不十分なことである。現時点では，サービス業に関する生産者価格指数を作成していない。大部分の不変価格表示のサービス業付加価値については消費者物価指数中の対応するサービス項目の価格指数を採用しているが，一部のサービス，たとえば，コンピュータ・サービス，会計士サービス，広告サービスなど，そのサービスの対象が家計でないケースも多い。したがって，こうしたサービス業については不変価格表示の付加価値の推計に利用可能な消費者物価指数が存在しない。その際，関連する価格指数で代替することになるが，この取扱いは不変価格表示の付加価値の推計精度に悪影響をもたらすことになるであろう。

第2に，サービスに関する貿易価格指数の欠如である。現時点では，サービ

スに関する貿易価格指数が作成されていない。サービスに関する輸出入の不変価格推計は，財貨貿易価格指数や国内外における関連するサービスの価格指数を参考にしている。これも不変価格表示の付加価値の推計精度に悪影響をもたらすことになるであろう。

　第3に，金融・保険業に関する不変価格表示の付加価値の推計方法の問題がある。現在，消費者物価指数と固定資産投資価格指数の加重平均で金融・保険業の当期価格表示付加価値をデフレートして，その不変価格表示の付加価値を求めている。その際に，ウェイトには家計消費と総固定資本形成が両者の合計値に占める比率を使用している。この推計方法の背後にある基本的アイディアは，金融・保険業の価格変動は国民経済全体の一般的な価格水準の変動と基本的に一致するだろうということである。家計消費と総固定資本形成がGDP中圧倒的に大きな割合を占めており，消費者物価指数と固定資産投資価格指数はこの2つの指標にそれぞれ対応していることから考えると，この2つの価格指数の加重平均で作られたデフレーターは国民経済全体の一般的な価格水準の変動を基本的に反映したものになると考えられる。しかしながら，金融・保険業の価格変動が国民経済全体の一般的な価格水準の変動と基本的に一致するという仮定が，合理的なものであるかどうかということに関しては今後いっそうの研究が必要であろう。

3．サービス業統計の改善に向けて

(1) 定期的な経済センサス制度の構築

　前述したように，2004年に第1回の全国規模の経済センサスが行なわれ，主に第二次，第三次産業の発展状況を調査する。今後10年に2回を行ない，西暦末尾3と8の年次に実施することになっている。経済センサス制度の構築はサービス業統計の作成に良いベンチマークを提供することになる。

(2) サービス業に関する定期的な調査制度の構築

　一部サービス業企業や個体経済に関する定期的統計資料の欠如の問題を解決するために，国家統計局は今年（2005年）後半に，コンピュータ・サービス，賃貸サービス，ビジネス向けサービス，建物サービスなどの一部サービス業について，標本調査を行なうための準備をしている。今後は経済センサスを基礎にして，サービス業企業や個体経済を対象とする定期的な標本調査制度を設け，そうした特定のサービス業付加価値の推計に必要な定期的な基礎統計データを

提供する。

(3) 行政部門が管轄するサービス業に関する統計制度の改善

教育，文化，医療衛生，ラジオ・映画・テレビなどの行政（現業）部門によるサービス活動に関する付加価値推計のための統計資料が欠如している問題を解決するために，国家統計局は関係部門と共同で，行政（現業）部門のサービス業統計制度，特に金額ベースの統計制度を構築し，徐々に改善していくことによって，それに対応するサービス業付加価値の推計に必要なデータ上の基礎を提供する。

以上の3つの側面からサービス業統計制度を改善すれば，サービス業付加価値の推計のための統計資料が不十分であるという現状を打開するだけでなく，就業者数や労働報酬に関する統計に存在するカバレッジの問題がそうしたサービス業付加価値の推計にもたらす悪影響も回避できるようになる[9]。

(4) 金融仲介サービスの取り扱いに関する見直し

金融仲介サービスの取扱いについては，金融仲介サービスの産出規模とその使途をより適切に反映するように，現行の金融仲介サービスの産出に関する計算方法およびその使用に関する取扱いを修正すべきである。

金融仲介サービス産出の計算方法の修正とは，93SNAの勧告に従い，すなわち，金融機関の受け取る財産所得の合計と支払利子の合計の差額から，金融機関の自己資金によって得た財産所得を控除して算出する方法を採用することである。

また，金融仲介サービスの使用に関しては，93SNAの「参照利子率」の方法，あるいは近似的な代替法を採用するように現行方法を修正する。たとえば，各部門の貸付利子支払と預金利子受取との合計が金融機関の貸付利子受取と預金利子支払の合計に占める比率を用いて金融仲介サービスを比例配分することが考えられる。その際，中間需要部門に配分される部分は中間投入とし，最終需要部門に配分する部分は最終需要とする。

---

9 サービス業推計の統計資料が不十分なため，一部のサービス業付加価値は主に就業者数や労働報酬に関する統計資料に基づいて推計している。したがって，就業者数や労働報酬の統計資料におけるカバレッジの問題はそのままその対応するサービス業付加価値の推計に影響を与える結果になっている。

(5) 不動産業付加価値に関する推計方法の見直し

不動産業付加価値の推計については，不動産業の発展状況をより正確に反映するために，その付加価値の推計方法，特に都市部の家計住宅サービス付加価値の推計方法を改革しなければならない。

都市部の家計住宅サービス付加価値の推計法として，市場家賃アプローチとコストアプローチという2つの選択肢が存在する。

前者の市場家賃アプローチとは，都市部の住宅の可住面積合計に市場ベースで賃貸されている都市部の住宅1m^2当たりの平均家賃を掛け合わせることにより，都市部家計住宅の市場価格による家賃収入を計算する方法である。これが都市部家計の住宅サービスの産出額の推計値となる。次に，適切な付加価値率を確定し，都市部家計の住宅サービスの付加価値を計算する。不動産の賃貸市場が比較的健全な場合には，市場家賃アプローチが優位性をもつ選択肢であろう。

後者のコストアプローチでは，まず，全国の都市部家計の住宅の可住面積合計に1m^2当たりの平均建設費を掛け合わせることによって全国の都市部の家計住宅ストックの合計評価額を計算する。次に，適切な減耗率を用いて，全国の都市部の家計住宅固定資産の帰属減耗額を計算する。さらに，この帰属減耗額に都市部家計住宅サービスにおけるその他の本源的投入費用を計上して，都市部家計の住宅サービスの付加価値を算出するのである。不動産の賃貸市場がまだ健全でない現状では，コストアプローチは考慮に値する。

(6) 有給の家事スタッフによるサービスをサービス業の生産・使用勘定に

93SNAの勧告に従い，有給の家事スタッフによって提供される家庭向けサービスはサービス業の生産・使用勘定に含まれるべきであろう。そのために，現行の家計調査に有給の家事スタッフサービスに対する支出項目を追加するか，あるいはそれに関する典型調査を行なうことによって関連統計を作成し，有給の家事スタッフによって提供される家庭向けサービスの生産・使用勘定の推計に基礎資料を提供すべきであろう。

(7) コンピュータ・ソフトウェアに関する統計制度の構築

93SNAの勧告にしたがい，企業が市場から購入した，または自社開発した，1年を超えて生産に使用することを予定しているコンピュータ・ソフトウェアや大型データベースに対する支出を，固定資本形成として取り扱うべきであろ

う。
　そのために，関連統計制度に対応する調査指標を設け，推計のための基礎資料を提供する必要があるし，また，サービス業の生産・使用勘定にそれを推計する方法を構築しなければならないであろう。

(8)　輸入品に課される税の取扱いに関する修正
　前述したように，「輸入品に課される税」は卸売・小売・貿易活動に対して徴収する税ではないから，現行の取扱いを修正すべきであろう。すなわち，93SNAの勧告に基づき，「輸入品に課される税」を独立の部分として，GDPを推計する際に，各産業部門付加価値の合計値に「輸入品に課される税」を加算する。

(9)　サービス業生産者価格指数とサービス貿易価格指数の作成
　不変価格表示のサービス業の生産・使用勘定を改善するために，サービス業に関する生産者価格指数とサービスに関する貿易価格指数の作成を今後検討しなければならない。

(10)　金融・保険業の不変価格表示付加価値の推計方法の改善
　これらサービスの特殊性から，金融・保険業の不変価格表示の付加価値を科学的に推計することは容易ではなく，その推計方法については国際的にも見解が分かれている問題である。我々は金融・保険業の不変価格表示付加価値の推計方法に関する諸外国の経験を研究し参考にしながら，統計実務上の改善していかなければならない。
　さらに，OECD諸国による未観測経済に対する推計における有益な経験と手法を参考しながら，中国の未観測経済活動について研究し，条件が成熟すれば，未観測経済活動をGDP推計に導入する。そうすることによって中国のGDP推計値は，より包括的，かつ正確に，中国の国民経済の発展規模や構成を反映するようになるであろう。

【参考文献・資料】
国家計画委員会・国家経済委員会・国家統計局・国家標準局［1984］『国民経済行業分類とコー
　　ド（GB 4754—84）』12月1日公表

国家技術監督局［1994］『国民経済行業分類とコード（GB/T 4754―94）』8月13日公表
国家品質監督検験検疫総局［2002］『国民経済行業コード（GB/T 4754―2002）』5月10日公表
国家統計局［1994］『国家統計調査制度（1994）』
国家統計局［2001］『国家統計調査制度（2001）』
国家統計局［2003］「国家統計局『三次産業区分規定』に関する通知」（国家統計局公文書，国統字14号）
李成瑞主編［1986］『統計作成ハンドブック（原語：統計工作手冊）』中国財政経済出版社
許憲春［2000］「中国GDP統計に存在する若干の問題に関する研究」『経済研究』第2号
許憲春［2001］「我が国GDP統計における産業分類に関する調整」『統計与信息論壇』第2号
許憲春［2002］「GDP統計における金融仲介サービスの取り扱いについて」『経済研究』第4号
許憲春・李文政［1998］「中国不動産業推計の現状，問題点と改革構想」『研究参考資料』第55号
岳希明・張曙光［2002］「我が国サービス業付加価値推計の問題点」『経済研究』第12号

【column ⑬】FISIM

　FISIMは，帰属家賃と並ぶ，SNAのもうひとつの代表的な帰属計算である（ただし，FISIMは，帰属ではないとする見解もないわけではない）。銀行とそれに類似する金融機関は，顧客から明示的にサービス料を徴収することもないわけではないが，むしろ，貸出利子と預金利子との利鞘によって費用をまかない，利益を確保している。68SNAでは，［貸出利子マイナス預金利子］を「銀行の帰属サービス」（日本では，同じものを「帰属利子」と呼び慣わしているが，誤用）と呼び，それをまとめて架空の「名目産業」の中間消費として処理することが規定されていた。この「銀行の帰属サービス」は，93SNAでFISIM（間接的に計測される金融仲介サービス）と名を替え，その取扱いも変更された。すなわち，68SNAにおけるように，それを配分せず名目産業の中間消費とするのではなく，93SNAでは，参照利子率を用いた配分が（本則として）規定された。

　ここで，参照利子率とは，資金（貨幣）を借り入れる際の純粋な費用のことである。「純粋な」という表現で，サービス要素やリスク・プレミアム要素が取り除かれていることが意味されている。しかし，そのような純粋な利子率があるのだろうか。93SNA（6.128段）は，インターバンク貸出レートが利用可能な場合，それが望まし選択である（次善は，中央銀行貸出レート）としている。

　このレートにアクセスできるのは，基本的に金融機関（全部ではない）に限られるが，かれらは，そのレートで資金を得，貸付（等）のかたちでそれを運用することができる。この利鞘が貸出側のFISIMである。商業や不動産業（の一部の活動）で，マージン（売り上げマイナス仕入れ）によって，産出額を計測することが統計上の慣行として一般的に行なわれているが，この種の金融機関においても，同様な方法により産出額を計測していると考えれば，商業マージンを帰属とみなすことはあまりないから，帰属によらずに，金融機関の産出額を国民経済計算の伝統に沿って計測することができるようになる，と考えられた。

　預金を取り扱う金融機関については，それによって，預金利子というコストがかかる資金を調達し，少なくとも，インターバンクレートで運用することができる。この場合も利鞘を獲得することができる。それが預金側のFISIMである。

　既に述べたように，68SNAでは，［貸出利子マイナス預金利子］によって，銀行等とそれに類似した金融機関の産出額を帰属計算していたが，93SNAで新たに提案された参照利子率を用いたFISIM（貸出側と預金側の合計）は，68SNAの帰属サービス額と同額になることが暗黙の前提となっていた。それは，同じものに対する2通り

の計測であり，参照利子率方式のFISIM計測によって，従来の金融機関産出額が産業別，最終支出項目別等に配分可能になるという認識があったのである。

しかし，68SNA型の帰属サービス額（Global FISIM）と93SNA方式のFISIM合計額（Total FISIM）は一般には一致しないことがわかってきた。EU統計局は，前者を捨て，後者を公式のFISIM計測値とすることを提案している。

3つの注釈を加える。まず，93SNAでは，68SNAの方法を採って，Global FISIMを配分せず，従来通り，名目産業の中間消費として処理し，どの特定の産業の中間消費でもないが，経済全体の中間消費とする方式を維持することが許容された。日本では，2000年の93SNA移行以後もFISIM配分を実施していない。2つ目の注釈は，リスク・プレミアムの解釈についてである。上記の貸出FISIMの計算では，相手企業の信用状態に基づいてなされる利子の上乗せ部分がFISIMとして，したがって，サービスとして計上されてしまう。これは，SNA上の保険業などの取扱いと大きく異なると考えられ，受け入れがたい。最後に，FISIMを計測する金融機関の範囲は，参照利子率にアクセスできない金融機関（たとえば，ノンバンク等）でも，利鞘を無視できない収入源とするようなタイプのものについては，FISIM方式が適用される。その場合，FISIM計測の原則をどう運用するかについて困難（マイナスの貸出FISIMを認めるかなど）が発生する。

なお，日本において，2005年の基準改定に際して，FISIM配分を実施するかどうか，国民経済計算調査会議（FISIM検討委員会）で熱心な議論がなされたが，参照利子率に基づくFISIM配分には，理論的にも実務的にも問題が多く，基準改定後も，FISIM配分を行なった場合のGDP等の推計値を参考試算値として公表するにとどめることになった。内閣府経済社会総合研究所（ESRI）ホームページ上の文書，とくに作間[2004]を参照せよ。上に述べてきたような問題に加えて，とくに，参照利子率によるFISIM配分は，金融仲介機関が介在する利子フローを参照利子率フローに置き換えるという副産物があり，そのことが多くの経済統計（国際収支統計を含む）に影響を与えてしまうことは重大な欠陥であると考えられている。さらに，金融機関の活動のもつ公共性に注目する場合，参照利子率による産出額の計測と配分が妥当性をもつかどうかということを検討課題となるであろう。

（作間逸雄）

第16章

経済センサス年のGDP推計に関する諸変更

（李　潔訳）

　経済センサス実施以前の通常の年次GDP推計と比較して，経済センサス年の年次GDPの推計には，多方面にわたる変更が導入されている。すなわち，センサス実施後，利用されるデータの変更，推計手法の変更，推計範囲の変更，若干の個別項目の取扱いの変更，分類の変更など，いくつかの変更があった。そのうち，最も重要で，GDPの集計値，構成及び経済成長率に大きな変化をもたらした最大の要因は，推計に利用されるデータの変更である。

　本章では，9つの側面から経済センサス年の年次GDP推計に関する変更について紹介する。

I　推計に利用されるデータの変更について

　今回の経済センサスは，中国の歴史の上で最も広範な経済活動を包括する全数調査で，その調査範囲には第二次産業と第三次産業のすべての経済活動が含まれている。そのため，それは，全国及び地域のGDP推計に非常に詳細かつ正確なデータを提供することになった。まず，今回の経済センサスのデータと，これまでの経常的な統計データとの主な相違を次のように整理することができるであろう。

　第1に，企業の財務統計データの違いがある。既存の統計データの中にも，一部ではあるが，比較的良質な企業財務統計データがある。たとえば，一定規模以上の鉱工業企業，すなわち，鉱工業国有企業と年売上高500万元以上のその他の鉱工業企業，一定資質以上の建設業企業[訳注1]，一定額以上の卸売・小売・飲食業企業[1]については，比較的良質な財務統計データがある（中国国家

訳注1）　一定資質以上（中国語：資質以内）とは，「資質等級」4級以上のことを指す。建設業における「資質等級」とは，企業の従業員属性，管理水準，資金量，請負能力と工事実績による総合評価に基づいて与えられるもので，その付与方法の詳細については，中国建設部（日本の国土交通省に相当）『建築企業資質等級基準』（建施字「1989」224）を参照されたい。

1　一定額以上（中国語：限額以上）の卸売企業や一定額以上の小売企業及び一定額以上の飲食業企業の基準はそれぞれ異なるが，通常，企業の売上高や営業収入と従業者数に基づいて付与

統計局［2003］)。これらの企業の財務データについては，今回の経済センサスから得られた結果と比べても大きな開きはない。大きく食い違っているのは，ひとつには，一定額未満の卸売・小売・飲食業企業である。経常的なGDP推計資料にはこれらの企業の財務統計は含まれておらず，これらの企業の付加価値は主に消費財の小売高のデータを利用した仮定を設けて推計しているため，卸売・小売・飲食業の付加価値の増加（の割合）の過大評価を招いてしまった。もうひとつは，「資質以外」の建設業の企業である。経常的なGDP推計資料にはこれらの企業の財務統計もないため，この部分の付加価値は主に固定資産投資完成額のうち建設据え付け工事投資額を利用して推計している。また，その他のさまざまなサービス業企業の多く，たとえば，ビジネス・サービス，物品賃貸サービス，コンピュータ・サービス，情報伝達サービス，対個人サービス等々，とりわけ，そのうち私営企業の部分は，財務統計資料がほとんどないため，その経済活動によって生まれた付加価値は，基本的に従業員の労働報酬と営業税を利用して推計されている（中国国家統計局国民経済計算司［1997a］，中国国家統計局国民経済計算司［2001］，許［2000］)。今回の経済センサスでは，こうした企業に対して「財務状況調査票」あるいは「経営状況調査票」を設けているため，その財務統計データが提供されることになり，このような企業の付加価値推計に根拠を提供することになった（経済センサス推進室［2004］)。

　第2に，小規模な経済活動に携わる家族経営体（中国語：個体経営戸）に関する資料である。今回の経済センサスでは，こうした家族経営体に向けて「経営状況調査表」が設けられており，各産業の家族経営体に関する経営状況の調査が行なわれた（経済センサス推進室［2004］)。従来この部分の生産活動による付加価値は，主として商工業管理部門の資料を利用して推計している。しかし，家族経営体のうち，商工業管理部門に登録されていない者もあり，この部分は統計から漏れている。今回の経済センサスは家族経営体，商工業管理部門で登録のない家族経営体を含めて，その経営活動について調査が行なわれたので，そうした経済活動の付加価値推計の基礎資料が得られたことになる。

　第3に，企業の主要生産活動とは異なる副次的生産活動のデータである。たとえば，鉱工業企業には，その他の副次的生産活動を従事する付属産業活動単位がいくつか存在するかもしれない。経常的な統計にはこうした経済活動に関

されたものである。

するデータが非常に少ないため，その経済活動による付加価値の部分は漏れやすい。今回の経済センサスでは付属産業活動単位に対しても調査表を設けているため，この部分の経済活動の付加価値推計の基礎資料が得られたことになる（経済センサス推進室［2004］）。

　要するに，今回の経済センサスによる推計データと経常的な統計データとの主な相違は，〈家族経営体を除く〉企業のデータ，家族経営体のデータ，さらに副次的生産活動に従事する付属産業活動単位のデータという3つにまとめることができる。そうした諸点における改善の結果，今回の経済センサスはGDP推計のためのより良好なデータソースを提供することになった。

II　推計方法の変更について

　通常の年次GDPと比較して，経済センサス年のGDPにおける2つ目の変更は推計方法の変更である。それは主に2つの側面がある。

　ひとつはデータソースの変化によってもたらされた推計手法の変更である。経済センサス年のGDP推計は，経常的な統計から欠落していた企業，家族経営体と副次的生産活動に従事する付属産業活動単位について，経済センサスによって提供されたデータに対応して，こうした経済活動に関する付加価値の新たな推計方法を設計することによって，関連資料によって付加価値を推計するという従来の方法を改めることができた。

　もうひとつは，経済センサス年のGDP推計について，生産アプローチ・所得アプローチ・支出アプローチの3つのアプローチを用いることによって，生産側・所得側・支出側のGDPを同時に提供することができるようになったことである。通常の年次GDP推計にもこの3つのアプローチが利用されているが，すべての産業について生産側と所得側の付加価値が提供できるわけではない。鉱工業と農業の付加価値は生産アプローチによって推計されており，それ以外の産業の付加価値は所得アプローチによって推計されているため，生産側・所得側・支出側のGDPデータを同時に提供することができなかった（中国国家統計局［2005］，許［2005］，中国国家統計局国民経済計算司［2001］，許［2000］）。

Ⅲ　推計範囲の変更について

　経済センサス年のGDPの3つ目の変更は推計範囲の変更である。これも2つの側面がある。
　ひとつは従来，推計資料の欠落のために推計から漏れていたいくつかの経済活動を，今回の経済センサスデータを利用してGDPの推計範囲に取り入れることになったことである。たとえば，企業の主要生産活動と異なる副次的生産活動に従事する経済主体の経済活動をGDPの推計範囲に取り入れた。
　もうひとつは今回の経済センサスで新たに得られたデータによったものではないが，これまでのGDPの推計範囲に含まれていなかったいくつかの経済活動も〈今回の改定に合わせて〉GDPの推計範囲に取り入れた。たとえば，家計が所有する住戸の賃貸サービスは，これまでGDPの推計範囲に含まれていなかったが，経済センサス年のGDPを推計する際に，家計調査データを利用してこの部分の経済活動をGDP推計に入れることにした。また，有給の家事スタッフによって提供される家庭向けサービス，たとえば，家庭教師，家政婦による家事サービスも家計調査資料を利用してGDP推計に取り入れることにした（中国国家統計局 [2005]，許 [2005]）。

Ⅳ　その他の取扱いの変更

　通常の年次GDP推計には，国際基準と異なる取扱いを行なっているいくつかの項目がある。これを国際基準で勧告された取扱いに合わせて改訂すべきだと考え以前からその方向で検討してきたが，取扱いを変更すると，過去のデータとの比較可能性に問題が生じることになり，過去のデータの改定ができない状況では，変更は困難であると考えられた。実際，たとえば，いくつかの取扱いの変更は一部の産業の付加価値がGDPに占める割合に変化をもたらすことになる。金融業を例として説明しよう。これまで，金融業の付加価値を推計する際に用いられていたその定義は国際基準とは異なって，家計預金残高の利息部分を，その価値を創造する関連産業の付加価値ではなく，金融業の付加価値に計上していた。これは金融業の付加価値の過大評価を招くと同時に，関連産業の付加価値の過小評価につながっていた。数年来，われわれはこの取扱いを国際的に通用する方法に改定しようと検討してきたが，いったん変更すると，

金融業付加価値がGDPに占める割合は大きく下方に改訂されることになり，過去のデータも改定しなければ，解釈に苦しむデータになってしまうことになろう。それは，関係政府部門にとっても，また，社会的にも受け入れ難いものであろう。そこで，過去のデータに対する遡及改定を行なう適切な機会が必要である。そのような機会がなければ，容認されることではないだろうからである。とりわけ中国では，過去のデータに対する遡及改定を頻繁に行なうと，多くの批判を招き，さまざまな憶測を生み，懐疑の目にも晒されることにつながりかねない。

過去のデータとの比較可能性を維持するために，国家統計局は経済センサスのデータを基礎にして，過去のデータに対し遡及改定を行なうことになった。国家統計局は，この経済センサスによる遡及改定の機会を利用して，通常の年次GDP推計に採用されてきた国際基準と異なるいくつかの取扱いについても合わせて改訂を行なうことに決定した。

1) 金融業付加価値の推計上の定義を改め，家計預金残高の利息を金融業の付加価値から，その価値を創造した産業の付加価値に計上することに改訂した。訳注2)

2) 家計持ち家住宅の帰属減耗に関する推計方法を改訂した。従来の年次GDP推計では，家計持ち家住宅の帰属減耗は取得費用価格に基づいて推計されていたが，経済センサス年のGDP推計では，家計持ち家住宅の帰属減耗は当期市場価格に基づいて推計することにした。

3) コンピュータ・ソフトウェアに関する取り扱いを改訂した。93SNAでは，コンピュータ・ソフトウェアに対する支払は，固定資本形成として取扱うことになっている。一方，68SNAでは，コンピュータ・ソフトウェアに対する支払は中間消費として取り扱っていた。固定資本形成として取り扱うか，それとも中間消費として取り扱うかということが，異なっている。GDPの生産勘定から見れば，固定資本形成として取り扱うと，中間消費が減少し，付加価値の増加となり，したがって生産アプローチと所得アプローチによって推計されるGDPが増加することになる。また，GDPの使用勘定から見ると，固定資本形成として取り扱う場合，固定資本形成の総額が増加することになりそれによって支出側のGDPも増加することになる。従来の年次GDP推計では，コンピュータ・ソフトウェアに対す

訳注2) 従来のFISIMの取り扱いについて，第3章を参照。

る支払の資料をすべての生産部門について取得することが困難であった。今回の経済センサスによってもそれぞれの部門によるコンピュータ・ソフトウェアに対する支払についての調査は行なわれていない。しかし、経済センサスからコンピュータ・ソフトウェアを制作する側の企業の収入に関する資料が得られ、その収入データを支払データの代わりとして利用し、コンピュータ・ソフトウェアによる固定資本形成データを近似的に推計することができる（中国国家統計局［2005］、許［2005］）。

上に述べた4つの変更がいずれも改定GDPに大きな影響を与えるものであるが、そのうちでも1番目、つまり、推計に使用されるデータの変更はGDPに与える影響が最も大きく、GDP集計値の変化分の90％前後を占めている。

V 分類の変更について

経済センサス年のGDP推計に関する5番目の変更は分類に関する変更である。それはGDP生産勘定の産業分類とGDP使用勘定の支出項目分類に関する変更である。

従来の年次GDP生産勘定では、産業分類は26分類であったが、経済センサス年のGDP生産勘定では、産業が94分類に細分化され、ほぼ現行の『中国標準産業分類』の大分類に対応するようになった[訳注3]。

GDP使用勘定の支出項目の分類変更は、主に農村部と都市部の家計調査の消費支出項目を利用して、農村部家計消費支出の分類と都市部家計消費支出の分類を細分化したことと、国際収支統計資料を利用して財・サービスの輸出・入の分類を細分化したことの2点である。そのうち、農村部の家計消費支出は「食料支出」、「被服支出」、「住居支出」、「家具・家事用品・家事サービス支出」、「医療・保健支出」、「公共医療消費支出」、「交通・通信支出」、「文化・教育・娯楽用品およびサービス支出」、「金融仲介サービスの帰属支出」、「帰属家賃」、「その他の財・サービスに対する支出」という11分類に細分した。一方、都市部家計消費支出の細分類は、農村部家計消費支出の11分類に、「実物消費支出（現物給）」を加えた12分類となった。財・サービス輸出は、財輸出とサービス輸出に分類し、そのうち、財輸出はさらに「一般財輸出」、「加工財輸出」と「その他の財の輸出」との3分類に、サービス輸出も「運輸サービス輸出」、

訳注3） 現行の『中国標準産業分類』とは、2002年に発布したもの「中国語：国民経済行業分類与代碼（GB/T 4754-2002）を指し、20分野、98大分類とされ、さらに中、小分類がある。

「旅行サービス輸出」,「通信サービス輸出」,「建設サービス輸出」,「保険サービス輸出」,「金融サービス輸出」,「コンピュータ・情報サービス輸出」と「その他のサービス輸出」の８分類に細分化した。財・サービス輸入の細分類は，輸出と同様である。(中国国家統計局 [2005]，許 [2005])。

Ⅵ　GDPの改訂結果について

　従来のデータと方法と比べて，経済センサスデータと新しい方法によって推計された2004年GDP集計値は2.3兆元増，16.8％の上方修正となった。そのうち，第三次産業の付加価値による増分は2.13兆元で，GDP全体の増分の92.6％を占めている。構造的にも大きな変化となり，最も顕著な変化は第三次産業の付加価値の割合が高くなり，従来の31.9％から40.7％に，8.8ポイントの上方修正となった。

　中国では1993年から1995年にかけて第１回全国第三次産業センサスが行なわれた。センサスの対象年次は1991年と1992年であったが，そのセンサスの後，センサス年のGDPデータに対して改訂が行なわれ，1991年は7.1％，1992年は9.3％それぞれ上方修正された。第三次産業の割合も，1991年はセンサス前の28.7％から33.4％に，4.7ポイント，1992年はセンサス前の28.2％から34.3％に，6.1ポイント上方修正となった。その第三次産業センサスは今回の経済センサスのような大規模な宣伝が行なわれなかったこともあって，国家統計局が第１回第三次産業センサス年のGDPに対して大幅な改訂を行なったことは，ほとんど知られていない。

　経済センサスデータと新しい方法から推計されたGDPデータが公表された後，改定後の国レベルのGDPデータは従来の省レベルGDPからの合計値に近づいたと指摘する者がいる。集計値から見れば，確かに数字が近くなっているが，構造的に見ると大きく異なっている。実際，集計値を見ても，改定後の国レベルのGDPはやはり従来の省レベルGDP合計値より小さい。それよりも重要なのは構造上の相違である。従来の省レベルGDP合計値と比べて，改定後の国レベルのGDPは第二次産業の付加価値の割合がはるかに低く，また，第三次産業付加価値の割合がはるかに高い。したがって，単純に，改定後の国レベルGDPデータは（従来の）省レベルGDPの合計値に近づいているとは言えない。

Ⅶ 『経済センサス年のGDP推計に関する方案』について

　経済センサス年次のGDP推計の科学性を向上させ，ルーティン化させることによって，GDPデータの精度と完全性の向上を図り，また，地域と国，地域と地域のGDPの比較可能性を保つために，国家統計局は『経済センサス年のGDP推計に関する方案』（中国国家統計局［2005］，許［2005］）を作成した。この方案は非常に具体的で詳細であり，実行可能性に富んでいるので，各地域の統計局はこの方案に基づいて当該地域のGDP推計ができることになろう。また，方案を公表することによってGDP推計が透明になる。かつて何人かの研究者から，国家統計局の発表するGDPデータはどのように推計されているか不明であると批判されたことがあるが，『方案』の発表によって今後は透明性が増すであろう。

　実際，これまでも，国家統計局はGDPに関する詳細な推計方法を公表したことがある。1997年に『中国の年次国内総生産推計方法』（中国国家統計局国民経済計算司［1997a］）と『中国の四半期国内総生産推計方法』（中国国家統計局国民経済計算司［1997b］）を出版し，また，2001年に『中国国内総生産推計マニュアル』（中国国家統計局国民経済計算司［2001］）を印刷配布した。しかし，今回作成した『経済センサス年次のGDP推計に関する方案』は，いっそう具体的，詳細である。私たちは将来この方案をさらに整理し，解説的な部分も加えて，『中国の経済センサス年次GDP推計手法』として出版しようと考えている。経済センサス年次のGDP推計にはどのようなデータソースを利用しているか，どのような推計方法を使用しているかを理解できるように，すべてのユーザーに情報開示する。われわれは国際的に規範化された手法を採用しつつあり，ユーザー自身がGDPデータの正確性について判断できるようにすること，これが統計作成の責務にある者としての当然の姿勢である。

Ⅷ GDPの遡及改定について

　従来のデータと方法を用いて推計されたものと比べて，経済センサスデータと新しい方法によって推計された2004年GDPは改訂幅が大きい。過去のデータに対し遡及改定が行なわなければ，経済センサス年のGDPデータとの比較可能性を確保できない。そのため，国家統計局は経済センサス年のGDPデー

タを確定した後，直ちに過去のデータの遡及改定に着手した。

　新しく推計された2004年GDPは，従来の推計結果より2.3兆元上方修正され，そのうち，92.6％が第三次産業に由来するものであったことはすでに見たが，GDP生産勘定について遡及期間を1993年までにしたのは，第1回第三次産業センサス後，すでに1993年までのGDPに対して遡及改定が実施されたためである。

　GDP遡及改定には，トレンド階差法を使用した。実際，国家統計局は経済センサスの前に，GDP遡及改定のための準備作業として，OECDの専門家を招聘し，GDPの遡及改定に関する手法をいくつか紹介してもらった。トレンド階差法は比較的わかりやすいアプローチである。今回使用したトレンド階差法は，基本的に次のような手順である。

　まず，1992年のデータと，従来のデータと推計手法による2004年データを使って，旧データのトレンド値を算出する。次に，1992年のデータと，新しい2004年データとを使って，新しいデータに対するトレンド値を算出する。第3ステップでは，1993-2003年の原データのトレンド値と実際値との比率係数を算出する。最後に，こうした比率係数を使って，新しいデータのトレンド値を修正し，過去のデータの改訂値を得る。

IX　非経済センサス期間のGDP推計方案の作成について

　経済センサス前のGDPデータと，経済センサス年のGDPデータとの比較可能性を保つために遡及改定を行なったが，経済センサス以降のGDPと経済センサス年のGDPとの比較可能性を維持するために，国家統計局は，2006年以降の非経済センサス期間の年次および四半期のGDP推計マニュアル案の作成に着手している。比較可能性の観点から，この2つのマニュアルは基本分類，データソースと推計手法などにおいて経済センサスの推計マニュアルと接続されたものでなければならない。現段階では，次のように考えている。

　非経済センサス期間の年次GDP生産勘定では，経済センサス年のGDPと同様に，94産業分類とし，現行の『中国標準産業分類』における大分類とほぼ対応する。一方，非経済センサス期間の四半期GDP生産勘定では，19産業分類とし，これは現行の『中国標準産業分類』における20の門（中国語：門類）とほぼ対応している。非経済センサス期間の支出側の年次GDP推計も経済セン

サス年のGDP推計における支出項目と同様な分類にする予定である。非経済センサス期間には，経済センサス年のように豊富で詳細な情報が得られず，センサス年と同様な方法で推計することは不可能である。経済センサスデータと新しい方法によって推計されたデータとの比較可能性を維持するために，非経済センサス期間のGDP推計は，できるだけ詳細なデータソースを発掘し，科学的かつ規格化された推計手法を使用することにいっそう努力しなければならない。

われわれはまた非経済センサス期間のGDP推計の透明性を向上させなければならない。国際通貨基金（IMF）はそのすべての参加国に統計作成の透明性の向上を図るよう促しており，中国はすでにIMFの一般データ公表システム（GDDS; General Data Dissemination System）に加入しており[訳注4]，われわれは関連する国際合意を遵守し，絶えずGDP統計の透明性を高めなければならない。こうした持続的な努力によってこそ，利用者のGDP統計に対する理解と信頼が得られる。

一方，多くの場合，中国の公式統計に対する批判は，中国公式統計の推計方法に対する理解が不十分なことに由来している面もある。とりわけ，中国の公式統計におけるいくつかの指標の定義が熟知されていない。中国の公式統計には，国際基準と異なる定義をもつ指標がいくつかある。たとえば，「固定資産投資」については二つの指標があって，ひとつは特定分野の統計に現れる「固定資産投資完成額」で，もうひとつはGDP統計における「総固定資本形成」である。後者の指標は国際基準と一致しているが，前者の指標は国際基準と定義が異なっている。後者の指標は，前者の指標に基づいてさまざまな調整を施したうえで得られている。具体的に，たとえば，土地の購入は「固定資産投資完成額」に含まれているが，「総固定資本形成」ではこの部分を削除する。また，「固定資産投資完成額」には，不動産業者の売上高と投資コストとの差額が含まれないが，国際基準に基づく「総固定資本形成」は，エンドユーザーが支払う価格，すなわち，購入者価格によって推計されるため，この差額部分を含むことになる。こうした定義の相違によって調整が必要となるが，このような実状を知らないユーザーも多く見受けられる。利用者にGDP統計の推計手法や，指標の概念・定義を理解するための利便性に配慮し，そうしたマニュアルを作成・公表するは，GDP統計がより適切に使用されることに資する。

訳注4） 中国のGDDSのHP
　　http://dsbb.imf.org/Applications/web/gdds/gddscountrycategorylist/?strcode=CHN

【参考文献】

中国国家統計局［2003］『国家統計調査制度2003』

中国国家統計局［2005］『経済センサス年次GDP推計に関する方案』，9月制定

国家統計局・国務院第1回経済センサス推進室（中国語：第一次全国経済普査領導小組弁公室）［2004］『第1回全国経済センサスに関する方案』，9月制定

国家統計局・国民経済計算司編著［1997a］『中国の年次国内総生産の推計方法』，中国統計出版社

国家統計局・国民経済計算司編著［1997b］『中国の四半期国内総生産の推計方法』，中国統計出版社

国家統計局・国民経済計算司［2001］『中国の国内総生産の推計マニュアル』5月制定

許憲春 編纂［2000］『中国の国内総生産推計』，北京大学出版社

許憲春［2005］「経済センサス年次GDP推計の方案に関する若干の思考」『経済科学』第4号

【column ⑭】FISIM配分の中国方式について

中国のGDP統計における金融仲介サービスの取扱いは，経済センサス以前と以後とで変化がある。経済センサス以前，中国は，68SNA方式，参照利子率（93SNA）方式のどちらとも異なる方式で，金融サービスの付加価値を計測していた。それは，次のような方法であった。

(1)各産業部門の純支払利子をすべて中間投入として取り扱う。

(2)各産業部門の純支払利子の合計額はFISIM合計額よりも大きいため，産業部門付加価値（金融を含む）の合計値が過小評価されることになり，この過小評価分を補うために，家計預金利子を金融仲介サービスの付加価値に加算する。

表1に数値例を示す。産業1の純支払利子を200，産業2の純支払利子を500とする。合計額（700）は，帰属サービス額（Global FISIM，600）より大きい。そこで家計（最終消費部門）預金利子100を金融仲介サービスの産出額につけくわえている。このように，FISIM配分の中国方式は，付加価値の産業別配分が金融仲介機関の介在によりどう変化するかということについて1つの合理的な説明を与えているように思われ

表1　経済センサス以前のFISIM配分の中国方式（数値例）

	産業1	産業2	金融	最終需要	産出額
産業1	200	400	100	1000	1700
産業2	400	600	200	1500	2700
金融 （中国）	0 200	0 500	0 0	0 0	0 600＋100
付加価値 （中国）	1100 900	1700 1200	−300 400		

表2　経済センサス以後のFISIM配分の中国方式（数値例）

	産業1	産業2	金融	最終需要	産出額
産業1	200	400	100	1000	1700
産業2	400	600	200	1500	2700
金融 （中国）	0 170	0 430	0 0	0 0	0 600
付加価値 （中国）	1100 930	1700 1270	−300 300		

るが，金融仲介サービス部門を含め，GDPの部門別構成比の計算には便利であるが，結局，FISIMを中間消費にしか配分していない。

　経済センサス以後，各産業の付加価値の過小評価を改め，金融仲介サービスの産出額＝FISIM（600）が各産業の中間消費となるように，FISIM配分方式を改訂した。93SNAの参照利子率として，預金利子率を選択したことに該当する。数値例を表2とした。

（李　潔）

訳者解説

1　国民経済計算とは

　経済とは，全体として見たときの人々の生活のこと，誤解を恐れずに別言すれば，集団的に営まれているものとしての人々の暮らしのことである[1]。その営みを勘定体系（システム，内部につながり——connectedness——をもったひと組の勘定）という枠組みを使って記録することに関する研究（枠組みそのものに加えて推計方法の研究を含む）を国民経済計算（national accountingまたはnational economic accounting）という。経済の営みを勘定体系として記録することと，それを「経済循環」として観察することとは同じことであるから，国民経済計算は，経済循環を研究する。このように，国民経済計算は，経済学および統計学の一分野を指す名称である。

　国民経済計算の考え方に沿って，実際に勘定の形式をもった統計（勘定統計）がつくられる。それが一国規模の経済循環を記録するものであれば，それを国民勘定（それがシステムであることを強調すれば，国民勘定「体系」），ないし国民勘定統計と呼ぶ。国内総生産（GDP）や国民総生産（GNP），あるいは国民所得を中心にごく集計度の高いレベルでその記録が行なわれれば，国民所得勘定（あるいは狭義の国民勘定）と呼ばれることもある。産業連関表（IO），国際収支統計（BOP），資金循環統計（FOF），国民および部門貸借対照表（NBS）なども広義の国民勘定体系の一部分である。なお，国民経済勘定という呼称が，集計度を下げた部門別情報を含むような場合を含め，そうした広義の体系に対して用いられることもある。

　では，勘定という枠組みをもった，こうした統計がつくられたのはいつごろ

---

[1] ポランニーの「実体的意味における経済」である。ロビンズ流の経済学の定義（希少性定義）を批判的に定式化し，それを「形式的意味における経済」と呼んだこととともに，ポランニー［2003］に所収された論文「制度化された過程としての経済」（1957年）を見よ。なお，希少性定義の内容は，次の引用から知られるであろう。「経済学は，諸目的と代替的用途をもつ希少な諸手段との間の関係としての人間行動を研究する科学である」（ロビンズ［1957］, 25頁。原著初版は，1932年，第2版1935年）。「人間行動のうちで経済学の主題をなす側面は，……与えられた目的の達成に対して与えられた手段が希少である，ということによって規定されている」（同上，70頁）。

からだろうか。国民所得等の集計量（aggregate）だけに限定された推計の歴史は統計学の歴史とともに古い（17世紀の政治算術学派のペティーやキングの推計がある）。しかし，経済の営みを勘定システムとして（フリッシュが考察したように，同じことであるから経済循環として）はじめて認識したのは，18世紀のケネー『経済表』においてであった。20世紀に入ってから，こうした勘定システムや経済循環図のアイディアに沿って，統計を作成する試みが次々に行なわれるようになる。3つのルーツがあるとされている。戦間期から第2次大戦にかけての英国（ケインズ・サークル[2]），米国（クズネッツ，コープランドら，NBER）そして北欧（フリッシュのエコ・サーク，オークルスト）である。とくに，英国における展開はSNAに至る国民勘定統計の国際基準づくりに大きな役割を果たした。

実際，この分野のケインズの後継者ストーンは，やはりケインズ・サークルに属する（ジェームズ・）ミードとともに，英国の国民勘定統計の枠組み（ストーン・ミード体系，1941年）を考案し，実際に推計を行なった。この枠組みはそのまま英国の公式統計（『国民所得青書』）に受け継がれてゆく。さらに，SNAの前身ともいえる国際連盟体系（1947年）の構築に関してもストーンは指導的役割を果たした。第2次大戦後，国際連合は，ストーンの指導の下に，国民勘定統計作成上の基準，「国民勘定の体系」（System of National Accounts）を提示する。その略称がSNAである。

このように，SNAとは，ケインジアンの考え方に沿って設計されたひとつの国民勘定体系の名称である。といっても，それが，現在いわば国際標準の地位にあることも事実である。最初に国連が各国にSNAを提示したのは，第2次大戦後，1953年のことであったが，国連による指針であったといっても，SNAは，当初から国民勘定統計作成上の国際標準の地位にあったわけではない。早い時期から国民勘定統計を作成していた国は独自の体系をもっていたし，社会主義諸国は，MPS（Material Product System）と呼ばれる共通体系の構築を進めていた。「SNAへの収束」ということばで表現されるように，市場経済諸国の間で，さらに，移行経済諸国を含めて，それが国際標準の地位を確立していったのは，SNA体系が1968年と1993年に改訂されてゆく過程において

---

[2] ケインズの『雇用・利子・貨幣の一般理論』（1936年）に含まれる$Y=C+I$, $C+S=Y$, $S=I$というモデルは勘定枠組みをもったものであった。上の3つの式は，理論モデルとしても勘定モデルとしても考察できる。ケインズは，その弟子のひとりストーンにこの分野の研究を託した。

であった[3]。とくに，1968年の改訂は，大改訂であり，産業連関表，国際収支表，国民・部門貸借対照表，資金循環統計など勘定統計であり，国民勘定統計との関連性がありながら，異なる沿革をもった諸統計を統合（integrate）する枠組みを設定した意欲的な体系であった。国民生産概念（GNP）を明確に否定し，国内生産概念に基づく国内総生産（GDP）を唯一の集計生産物概念としたこと，実物と金融の二分法を採用し，生産／消費支出／資本形成といった経済の営みの中でも，実物分野を記録する勘定で用いられる部門分類と所得・支出／資本調達といった金融的分野を記録する勘定で用いられる部門分類とを区別したことなど，まさに，一時代を画する体系であった。長い間，「SNAへの収束」とは，68SNAへの収束のことであった。

日本がSNAという統計基準に準拠した国民勘定統計を発表するようになったのは，1978年，いわゆる「新SNA移行」が行なわれた際である[4]。経済企画庁（当時）は，新しい統計に「国民経済計算」という名称をつけた。この統計は，準拠した体系（68SNA）の当時の呼称から，「新SNA」とも呼ばれたが，2000年秋に，93SNAへの移行（準拠基準の変更）が行なわれた。なお，日本の国民勘定統計である「国民経済計算」は，『国民経済計算年報』という刊行物のかたちで，あるいはインターネット上で，年ベース・四半期ベースのデータ（「確報」「確々報」）を入手できるほか，四半期の速報データ（「四半期別GDP速報，QE）が利用可能である（1次速報，2次速報）。ただし，日本の勘定統計はいくつかの点で現在の国際基準としての93SNAからの離脱がある。たとえば，93SNAの中心的勧告のひとつと考えられる制度部門・制度単位に完全な勘定系列をつくることは行なわれていない（制度部門についての生産勘定の推計は見送られた）。

93SNAの中で68SNAの体系を直接継承し発展させた，体系の中核部分のことを「中枢体系」（central framework）と呼ぶ[5]。68SNA体系がそうであったように，中枢体系は，経済生活を記述する統合された（インテグレートされた）体系であり，同時に首尾一貫した（コンシステントな）体系である。すな

---

3 United Nations [1953], United Nations [1968], United Nations et al. [1993]。かつて，53年の体系を「旧SNA」，68年の体系を「新SNA」と呼ぶ習慣があった。現在は，53SNA，68SNAおよび93SNA（あるいは，1953SNA，1968SNAおよび1993SNA）と呼ばれる。
4 倉林・作間 [1980] 第1章を見よ。一般的理解とは異なるかもしれないが，それ以前の日本の「国民所得統計」の準拠基準はOEECの58年版の体系 *Standardized System of National Accounts*（OEEC [1959]）であった。
5 単に「体系」ということばで，「中枢体系」を意味する用語法もある。

わち，すべての勘定に適用される概念，定義および分類は同一であり，各々のフローまたはストックは，あらゆる当事者単位に対して同じものとして測定される。

SNAが国民勘定作成上の国際的ガイドラインである以上，作成されるべき国民勘定統計には，当然のことながら国際比較可能性が要求される。しかし，各国の勘定統計作成当局には，それぞれ異なった政策上，分析上の関心があることも事実であろう。各国の経済発展の段階に大きな差がありうることも考慮しなければならない。このように，国際標準は，相反する2つの要請に答える必要がある。国際比較可能性を維持するためには，体系の中心的概念には，いわば，「一枚岩」的性格が要求される。しかも，体系は，経済全体の営みをバランスよく特定の分野に偏ることなしに表現するものでなければならない。しかし，それだけでは，各国の国民経済計算専門家を引きつけるだけの魅力に乏しい，硬直的な体系となってしまうだろう。実際，93SNAは，その設定する概念の定義や分類体系が，唯一正しいものではないことを明瞭に言明している。体系は，さまざまな分析に向けられた柔軟性をもったものでなければならない。93SNAがサテライト勘定をはじめとして，いくつかのフレクシビリティー・スキームを用意しているのはそのためである。

サテライト勘定とは，「中枢体系」の周辺に配置される，勘定形式を持った構築物であり，「中枢体系」と密接な結びつきはあるものの，統合の度合いを意図的に弱めることによって，中枢体系に過重な負担をかけずに，その国のもつ政策課題や経済分析上の諸問題を分析するうえでの自由度を高めようとして設計される勘定統計のことである。たとえば，環境経済統合勘定（SEEA）では，経済活動が行なわれる前提であると同時に経済活動から多大な影響を受ける環境と経済との関わりをより明示的に取り込んだものである。

日本では，これまでに，政府が関わったサテライト勘定として，この環境経済統合勘定の推計が行なわれた[6]ほか，勘定形式ではないが，サテライト分析として無償労働の貨幣評価の推計が行なわれた[7]。また，NPIサテライト勘定やツーリズムのサテライト勘定の研究も行なわれている。

最後に，2003年に1993SNAの〈2008年改訂〉がスタートしていることに言及しよう。決して大改訂をめざしたものではないが，93SNA移行時に見送っ

---

  6 United Nations［1993］に準拠したものである。グリーンGDPを推計したものという理解があるが推計範囲はより広い。日本総合研究所［1995，2001］などを見よ。
  7 経済企画庁経済研究所国民経済計算部［1997］。

た項目を含め，対応方法の検討をする必要があるだろう[8]。

(作間逸雄)

2　経済循環・グラフ・国民勘定体系・SAM

人々は，生活するうえで，自然に働きかけ，また，互いに関係をもつ。ポランニーが書いているように，「経済的という言葉の実体的意味は，人間が生活のために自然とその仲間たちに依存することに由来する」[9]。自然に働きかけることによって実物対象を獲得するプロセスでも，社会的分業というかたちを

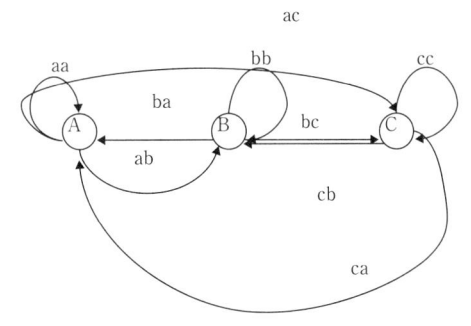

図1a　ダイグラフ

とって，人々は関係を取り結ぶ。生産をどのように協同して行ない，その生産物がどのように分配されるかということは，その社会の特有のあり方に依存するだろう。

図1aは，人々の協同のありさまを示したもの。3人がそれぞれの畑をもち，労働を提供しあう状況を，畑を〇で，労働の提供を→で表している。このような，〇と→を組み合わせた図をダイグラフ（有向グラフ）という。このような図で，ひとびとの協同の状況を示すことができるが，経済ということばにある，人間が自然に働きかけるプロセス，生産物を取り出すことや生産物を自然に返すプロセス，つまり生産や消費を表現することができない。

そこで，二種類の〇（ダイグラフの用語では点ないし頂点）を用意する。図1bで黒丸は，入ってくる矢印が対象の消滅，出てくる矢印が対象の出現を表すような特別な場所（出現・消滅の場所）である。言い換えれば，生産活動や消費活動，すなわち人間と自然との交流が行なわれる場所である。実物的対象の生成も消滅もない倉庫型の場所（非出現・非消滅の場所）は，前図と同様に白丸で表した。

その場所への入を左側（借方）に，その場所からの出を右側（貸方）に記入

8　作間 [2008]
9　ポランニー [2003], 361頁。

する。生産の場所の場合，前者の例が中間消費，後者の例が産出である。貨幣（価値尺度・計算単位）が存在する社会では，両者を金額表示にし（後者の金額表示が産出額），その差額を計算することができる。それがバランス項目である「付加価値」である。この，中間消費＋付加価値＝産出額というバランス関係によって，「生産勘定」が構成される。すなわち，「勘定」とは，場所の状況をそこに入ってゆく・出てくる矢印（フロー）の観点からバランス項目を含めて記述したものである。

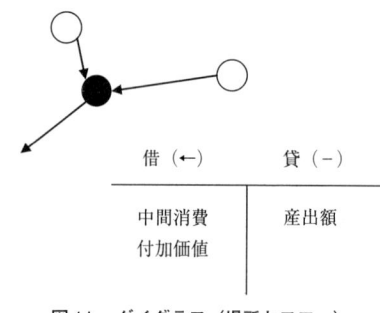

図1b　ダイグラフ（場所とフロー）

借（←）	貸（−）
中間消費 付加価値	産出額

ひとつの経済主体は，様々な活動を行なっている（複数の場所がひとつの経済主体に管轄されている）。

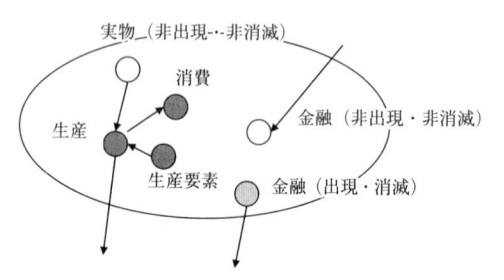

図2　経済主体のさまざまな場所

図2は，そのことを示している[10]。それぞれの場所について勘定が構成される。生産勘定における「付加価値」のようなバランス項目を置き，その矢印を他の場所（勘定）に結びつけておくことは常に可能だが，他の経済主体との取引がバランスしていないかぎり，すべての勘定をバランスさせることはできない。

社会全般の市場経済化が進んでいれば，下の図3のように，経済主体間の「取引」は，二重の複式記入つまり四重記入[11]が可能な，等価物の交換になっているだろう。その場合，上の条件が満たされるから，バランス項目を適宜導入するだけで，すべての勘定をバランスさせることができるであろう。

しかし，経済主体間の交流の中には，税金の支払いのように等価物の交換にならないものもある。その場合，問題のフロー（矢印）の逆方向に「移転」と

10　なお，図中では，金融資産（負債）のための場所も用意されている。金融出現・消滅勘定から発する矢印は，負債の発行を示したものである。

11　双方の経済主体に「複式記入」（現金増と商品減，商品増と現金減）が行なわれ，合計4つの項目がひとつの「取引」に対して記入されることに注意する。

訳者解説 | 261

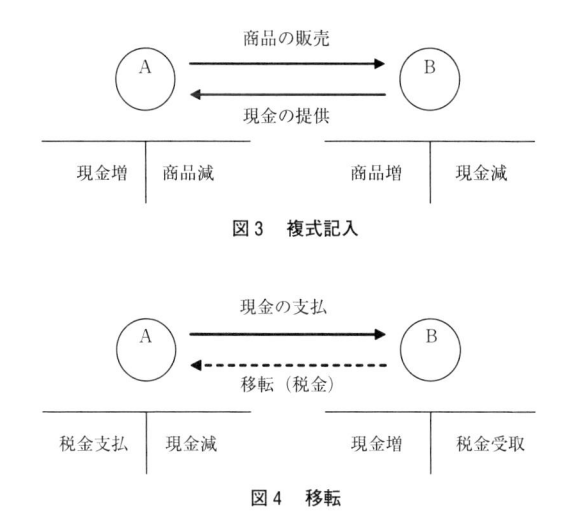

図3　複式記入

図4　移転

呼ばれる特別なフローを付け加えることにより，その場合にも四重記入ができるようになる（**図4**）。

このようにして，1経済主体のさまざまな経済活動を1組の勘定によって記録するとともに，経済全体の営みを，相互につながりのある勘定の組の中で，あるいは，場所とそれらを結ぶフロー（グラフ理論では「弧」）の集合すなわちダイグラフのかたちで——一種のネットワークとして——，記録することが可能になる。なお，後者は，ある仮定（移転の記入でほぼ十分）のもとに閉じた（出発点に戻ってくる）小道（トレール）となるように構成できることが知られており[12]，それが経済の営みを「経済循環」として認識させる論理的基礎を提供したと考えてよいと思われる。

バランス項目は，勘定体系の構成という点からばかりでなく，経済分析上も，重要な役割を担っていることに注目したい。また，既出の生産勘定の「付加価値」のほか，所得形成勘定の「営業余剰／混合所得」[13]，所得・支出勘定の「貯蓄」，蓄積勘定（実物取引・金融取引）の「純貸出」[14]等，バランス項目を

12　作間 [2006]。
13　68SNAの生産勘定は，93SNAの生産勘定と所得形成勘定とをあわせたものである。93SNAでは，粗（＝総，固定資本減耗を控除しない）純（固定資本減耗を控除する）の併記を行なう方針が貫徹されているので，付加価値，営業余剰/混合所得，貯蓄といったバランス項目はすべて粗，純の2通りで表章される。
14　貯蓄投資差額＝資金過不足でもある。

生産勘定	
中間消費 付加価値	産出額

所得形成勘定	
雇用者報酬 生産・輸入品に課される税（控除） 補助金 営業余剰／混合 所得（総）	付加価値

所得・支出勘定	
財産所得の支払 その他の経常移転の支払 最終消費支出 貯蓄	営業余剰／混合 所得（総） 雇用者報酬 生産・輸入品に課される税（控除） 補助金 財産所得の受取 その他の経常移転の受取

蓄積勘定（実物取引）	
固定資本形成 在庫品増加 非生産有形資産の純購入 非生産無形資産の純購入 純貸出	貯蓄（粗） 資本移転純受取

蓄積勘定（金融取引）	
金融資産の純取得	純貸出 負債の純発行

図5　簡単な勘定系列

うまく配置することにより，勘定は，区分されるだけでなく，並べることができるかもしれない。言い換えれば，それは「勘定系列」として整理されるかもしれない。**図5**は，ごく単純化された93SNAの勘定系列である。勘定の序列がバランス項目の設定に依存していることにも注意すべきである。

　各々の経済主体について，勘定系列が作られたわけだが，経済主体はグルーピングされ，部門を構成する。ある程度集計化しておかないと統計作成は不可能であるからである[15]。集計には「結合」と「連結（統合）」の2つの方法がある。これは，フロー"→"の両端が同一の部門内にある場合の処理をめぐる

15　もっとも，ミクロの個別主体レベルの勘定がそのまま分析されるケース（ミクロ経済計算，ミクロ経済会計）もある。その場合にも，概念は国民経済計算のものだから，企業会計とは異なる。

記号：C 最終消費支出　I 資本形成（粗）　Y 付加価値（粗）　S 貯蓄（粗）

生産勘定		所得・支出勘定		蓄積勘定	
Y	C	C	Y	I	S
	I	S			

図6a　ケインズ・モデル（Y＝C＋I　C＋S＝Y　I＝S）

図6b　同経済循環図表示

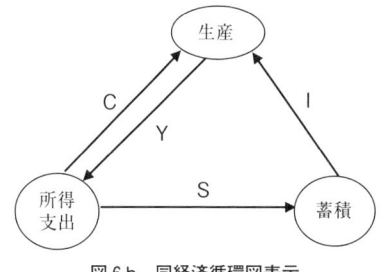

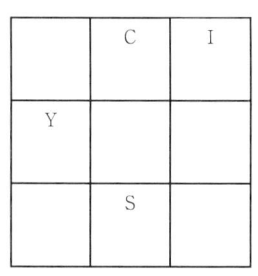

	C	I
Y		
S		

図6c　同行列表示

違いである。結合という方法では，そのような場合でも，単純にそのまま貸方，借方を合計する。連結においては，そのような場合，貸方，借方の双方から，問題のフロー金額を控除する。ここでは，後者，すなわち，連結という集計方法を使うことにしよう。それは連結の方がよいということではない。結合と統合とには，それぞれメリットがあり，使い分ける必要がある。部門間の関係に注意を集中したいときには，連結が望ましいが，たとえば，一国経済の金融資産の取引総額を知りたいときには，結合という方法を採用する必要がある。

　部門の設定の仕方も，勘定の設定の仕方も勘定設計者の腕の見せ所ということになる。集計度を最大限高め，1国全体——しかも閉鎖経済——を1部門とし，さらに，所得形成勘定と所得・支出勘定をまとめてあらためて所得・支出勘定と呼ぶことにし，蓄積勘定の上段，下段をまとめると，**図6a**のような「ケインズ・モデル」が構成される。ケインズ・モデルの経済循環図表示が**図6b**である。

　上の体系は，「完全接合体系」である。すなわち，勘定の借方（等式の左辺）に1度現れた項目は，（別の）勘定の貸方（等式の右辺）に再び現れ，勘定の貸方（等式の右辺）に1度現れた項目は，（別の）勘定の借方（等式の左辺）に再び現れる。よく知られていることだが，完全接合体系は，行列によって表

現することができる（図6c）。

この行列では第1行と第1列のペアで生産勘定を，第2行と第2列のペアで所得支出勘定を，第3行と第3列のペアで蓄積勘定を表している。行列表示の具体的方法は次のとおりである。すなわち，行を貸方に列を借方に割り当てることにすれば，たとえば，Cは所得支出勘定の借方と生産勘定の貸方にあるから，第2列と第1行の交点に表示する。他の項目も同様である。次の表を参照されたい。

フロー項目	借方（列）	貸方（行）
C	所得支出（2）	生産（1）
I	蓄積（3）	生産（1）
Y	生産（1）	所得支出（2）
S	所得支出（2）	蓄積（3）

行列で表現された国民勘定体系のことを「社会会計行列」（SAM, Social Accounting Matrix）と呼ぶこともある。ただし，より限定的意味でSAMという言葉を使う[16]こともあるから，国民勘定行列（NAM, National Accounting Matrix）と呼ぶべきかもしれない。

SAMは，モデルとの対応付けを容易にしながら，国民経済計算統計が経済の営みを示すデータのシステム（並列された個別指標のあつまりではない！ましてや，GDPという単独の集計指標を推計することに中心的意義があるのではない[17]）であることを最大限に生かす表現法であるといえるだろう。

(作間逸雄)

3　MPSについて

世界にはかつてMPS体系とSNA体系があった。中国は当初，MPS体系を採用していたが，1980年代後半にSNA体系を併用採用し，1993年にMPS体系とSNA体系の併用をやめてSNA体系での統計作成に切り替えた。現代では，

---

[16] それを「社会的」と表現するからには，家計の内訳分類がなされていることなど，その行列に何らかの社会的要素が存在することを要請する。
[17] 多くのエコノミストがQE中心の見方をしているように見えるが，経済の営みを単独の集計量とその内訳で表現することは，もちろん不可能である。しかし，一方で，『国民経済計算』や『県民経済計算』に含まれている情報のどれだけが分析され，政策策定に生かされているかというと心許ない。

SNA概念でのGDPが中国のマクロ経済政策の中心的な指標として採用されるに至っている。MPSについて，以下で簡潔な説明を付す。

　第2次大戦後，市場経済諸国の国民勘定統計の標準体系（recommended system of national accounts）がSNA（System of National Accounts）に収束していったことは前述の通りであるが，同じ時期に国民勘定統計のもうひとつの標準体系として存在していたのが国民経済バランス体系（System of Balance of the National Economy, SBNE），より一般的な呼称を用いるならば，MPS（Material Product System, 物的生産体系）である。

　MPSは，旧ソ連一国の勘定体系として1920年代に開発された（最初の本格的推計作業は，1923年/1924年の財政年度）。第2次大戦後，旧ソ連圏に属したすべての国（16カ国），すなわち，旧ソ連のほか，アルバニア，ブルガリア，中国，キューバ，チェコスロバキア，東ドイツ，ハンガリー，カンボジア，北朝鮮，ラオス，モンゴル，ポーランド，ルーマニア，ベトナム，ユーゴスラビアで用いられ，1990年にその標準としての機能を停止するまで，MPSは，中央計画経済諸国の標準国民勘定体系とみなされてきた。SNAが市場経済諸国の戦後の（ケインズ的な）政策運営を支えた勘定体系であったのに対し，MPSは，同じ時期に中央計画経済諸国の経済運営を支え，それに根差した体系であった。

　物的生産体系というその呼称に表れているように，MPSは，スミス＝マルクスの「生産的労働」概念に基づく体系であり，財の生産または物的サービスの提供だけが生産境界内の活動とされる。もちろん，統計体系としてのMPSには，生産境界の問題に必ずしも還元できないいくつかの特徴があり，Árvay [1994] は，それを①生産志向の体系であること，②取引者の一元的分類，③集計度の高い表章の3点に集約している。とくに，①は中央計画経済諸国が当初直面したきびしい経済状況に根差したものではあったが，同時に，それは，MPSの価格面，所得フロー面の弱さをもたらすとともに，経済の営みを理解し，分析するための指標の弱さにもつながったとする。実際，営業余剰，可処分所得，貯蓄，純貸出といったSNAの主要な質的指標（バランス項目）は，MPSには欠如している。なお，玄羽 [1985] にMPSとSNAの比較表がある。

　標準勘定体系としてのMPSの公式文書化は，60年代後半に行なわれ，経済相互援助会議（コメコン，CMEA）常設統計委員会によって1968年に採択され，当初ロシア語で出版されたが，その後国連統計委員会に提出，選択可能な国際標準体系のひとつとして広く普及すべきことが承認され，国連出版物

(United Nations [1971]) として刊行された。それによると，MPSあるいは国民経済バランス体系は以下の4つの基本表を持つ。
  ① 社会的総生産に関する生産，消費，蓄積バランス（物財バランス）
  ② 社会的総生産と国民所得の生産，分配，再分配，最終使用バランス（資金バランス）
  ③ 労働資源バランス
  ④ 国富指標と固定資産バランス

MPSでは，一国経済は物的生産分野と非物的分野に分かれ，物的生産分野は工業，建設業，農業，林業，輸送，通信，商業，その他が含まれ，非物的分野は住宅提供・地域サービス・公益業務，教育・文化・芸術，保健サービス・社会保障・スポーツ，科学・科学的サービス，財政・信用・保険，一般政府，その他からなる。このような部門分類のほかに，資本の所有形態に基づき，社会主義セクターと私的セクターが区別される。

MPSには，生産の主要な集計量が2つある。それは，社会的総生産（global social product），すなわち，物的分野で生産される財および物的サービスの産出額およびそこから財・物的サービスの中間消費と固定資本減耗を差し引いた国民所得（市場価格表示）あるいは物的純生産（Net Material Product）である。国民所得は，第1次分配，再分配（サービスの購入や金融取引を含む）を経て，財・物的サービスの最終消費と純蓄積に向けられる最終所得が形成される。以上のプロセスは，4つの基本表のうち，物財バランス表，資金バランス表で記述される。

SNA的な勘定体系をもつ諸国とMPSを実施する諸国との間の交流は，国連ヨーロッパ経済委員会（UNECE）の下部機構であるヨーロッパ統計家会議（CES）を舞台に盛んに行なわれた。そうした動きから両システムの改善につながる成果が得られていることには注目される。その中のひとつを以下に摘記する。

国連統計委員会が，ヨーロッパ統計家会議に2つのシステムの概念的・数値的比較検討を行なうことを要請したのを受け，ヨーロッパ統計家会議（第6回総会）は，東側（旧ソ連，チェコスロバキア，ポーランド，ハンガリー）および西側（米国，英国，フランス，イタリア）のそれぞれ4カ国からなる委員会（Group of Rapporteurs）を1958年に組織した。その検討作業の中で，英国とハンガリーは，両システムの消費概念の問題点を明らかにしていった。すなわち，当時のMPSは保健，教育など基本的サービスが記録されていないという

欠陥があったし，SNAの側にも，そうした基本的サービスの中で政府予算によって賄われている部分が適切に表章されていなかった。こうした概念的検討が「住民の全消費」（Total Consumption of the Population）概念の創設につながった。この概念は，MPSには，1971年に組み込まれ，SNAには，現実最終消費概念として，1993年に取り入れられた。

（谷口昭彦・作間逸雄）

4　中国GDP統計の歴史的変遷

(1)　中国GDP統計の整備

中国の国民経済計算は1993年以降，かつての中央計画経済諸国が採用していたMPS体系から，多くの市場経済諸国が採用しているSNA体系に準拠するそれに移行した。表1に中国国民経済計算の変遷の概略を示したが，中国で（MPS体系に基づく）国民勘定推計が始まったのは，1956年のことである。

その後中国を取り巻く政治経済情勢の変化が，統計の改革に重要な影響を与えることとなった。中国は1978年に改革開放路線を選択し，1980年にはIMF（国際通貨基金）に加盟，2001年にはWTO（世界貿易機関）に加盟した。国際機関に加盟を果たすことを通じて，中国の統計を各国と比較する必要性が生じることとなった。さらに1991年のソ連解体や1992年の社会主義市場経済の宣言は，中国国家統計局が政府統計作成などに関して世界を意識した改革とその発展を推し進める上で，大きな影響を与えた。国家統計局は，社会主義市場経済移行のためのプロセスとして，さらに統計改革を実施したのである。

SNA体系に基づく国民勘定統計（GDP統計）の作成は，1985年からMPS体系を併用したまま開始されたが，1993年にMPS体系に基づく推計を廃止し，SNA体系への一本化が行なわれた。

MPSは，計画経済に基づいて物的部門で生産された財とそれに付随する運輸部門や商業飲食部門におけるサービスの合計を，「社会総生産」として国民所得の源泉とする一方，金融・保険，不動産業，科学研究事業，教育等々といった活動は非物的部門であるとされ，そうした活動に関わる貨幣支払は移転取引とみなされ，第2次分配勘定で計測される。一方，SNAでは「第三者基準」に基づいて「他人に代わってやってもらえる活動」かどうかによって「一般的な生産の境界」が定義され，さらに一般的な生産の境界に含まれる活動のうち，市場で取引される活動が基本的に「体系における生産の境界」と定義さ

表1　中国国民経済計算の変遷

西暦	MPS体系	SNA体系
1956	統計作成開始	
1981, 82	産業連関表作成	
1985		GDP推計開始
1987		産業連関表作成開始
1992		資金循環表作成開始
1993	推計は廃止したが若干の用語を併用	中国国民経済計算体系（試行案）公表
2003	すべての用語を削除	中国国民経済計算体系2002公表

れている。その結果，市場で取引されるサービスは，生産の境界内の活動とみなされている。このサービス部門の取扱いがMPSとSNAでは大きく異なるのである。したがって，MPSからSNAに移行するにあたって，非物的部門として定義されていたサービス部門をどのように正確に把握するかが問題となることはいうまでもなく，1985年にはそれを正確に把握することを目的として第三次産業統計作成の必要性が説かれ，1993年「第三次産業センサス」となって結実した。

　1984年に作成が始まった『中国国民経済計算体系（試行案）』は，以上で取り上げた大きな社会変動の最中の1992年に完成した[17]。『試行案』は，いわば，GDP統計作成上のマニュアルとなることを意図したものであったが，MPSの内容を残しながら，93SNAの枠組みを大幅に取りいれた体系であった。さらに『中国国民経済計算体系（試行案）』に対する全面的な改訂が始まったのは，1999年のことであった。その成案として，SNA体系に準拠した新たなマニュアル『中国国民経済計算2002』（李潔訳［2006］，日本統計研究所『統計研究参考資料』No.94）[18]が作成され，2003年以降，これを目標体系としての段階的移行が進められた。2005年5月には，日本の『国民経済計算年報』にあたる『中国国民経済計算年鑑』［2004版］を初めて刊行した。

　以下，**図7**で，2002年改定前後の基本的フレームワークの比較を行なった後，**表2～4**で，改定前後の資金循環表（実物取引），国際収支表，貸借対照表の比較を要約している。

17　『中国国民経済計算体系（試行案）』について，張塞主編［1993］と許憲春［1997］を参照。
18　ただし，このマニュアルは中国の統計整備の目標体系としての側面が強く，必ずしも実際の統計作成の指針といえるものではない。

訳者解説 | 269

```
中国国民経済計算体系（試行案）
├─ 社会再生産表
│   ├─ 改定前
│   │   基本表
│   │   ├─ 国内総生産とその使用表
│   │   ├─ 産業連関表（商品×商品表）
│   │   ├─ 資金循環表
│   │   ├─ 国際収支表（フロー表のみ）
│   │   └─ 貸借対照表
│   └─ 補充表
│       ├─ 人口バランス表
│       ├─ 労働力バランス表
│       ├─ 自然資源表
│       ├─ 主要商品の資源と使用のバランス
│       ├─ 企業部門産出表
│       ├─ 企業部門投入表
│       ├─ 財政貸付資金バランス表
│       └─ 総合価格指数表
└─ 経済循環勘定
    ├─ 国民経済勘定
    ├─ 制度部門勘定
    ├─ 産業部門勘定
    └─ 経済循環マトリックス

中国国民経済計算体系2002
├─ 基本表
│   ├─ 国内総生産表
│   │   ├─ 国内総生産全体表
│   │   ├─ 生産アプローチ国内総生産表
│   │   ├─ 所得アプローチ国内総生産表
│   │   └─ 支出アプローチ国内総生産表
│   ├─ 産業連関表
│   │   ├─ 供給表
│   │   ├─ 使用表
│   │   └─ 商品×商品表
│   ├─ 資金循環表
│   │   ├─ 実物取引表
│   │   └─ 金融取引表
│   ├─ 国際収支表
│   │   ├─ 国際収支(フロー)バランス表
│   │   └─ 国際投資ポジション表
│   └─ 貸借対照表
│       ├─ 期首貸借対照表
│       └─ 期末貸借対照表
├─ 国民経済勘定
│   ├─ 一国経済勘定
│   │   ├─ 生産勘定
│   │   ├─ 所得分配および支出勘定
│   │   ├─ 資本勘定
│   │   ├─ 金融勘定
│   │   └─ 資産負債勘定
│   ├─ 国内制度部門勘定
│   │   ├─ 生産勘定
│   │   ├─ 所得分配および支出勘定
│   │   ├─ 資本勘定
│   │   ├─ 金融勘定
│   │   └─ 資産負債勘定
│   └─ 海外部門勘定
│       ├─ 経常勘定
│       ├─ 資本勘定
│       ├─ 金融勘定
│       └─ 資産負債勘定
└─ 付属表
    ├─ 自然資源実物表
    └─ 人口資源と人的資本実物表
```

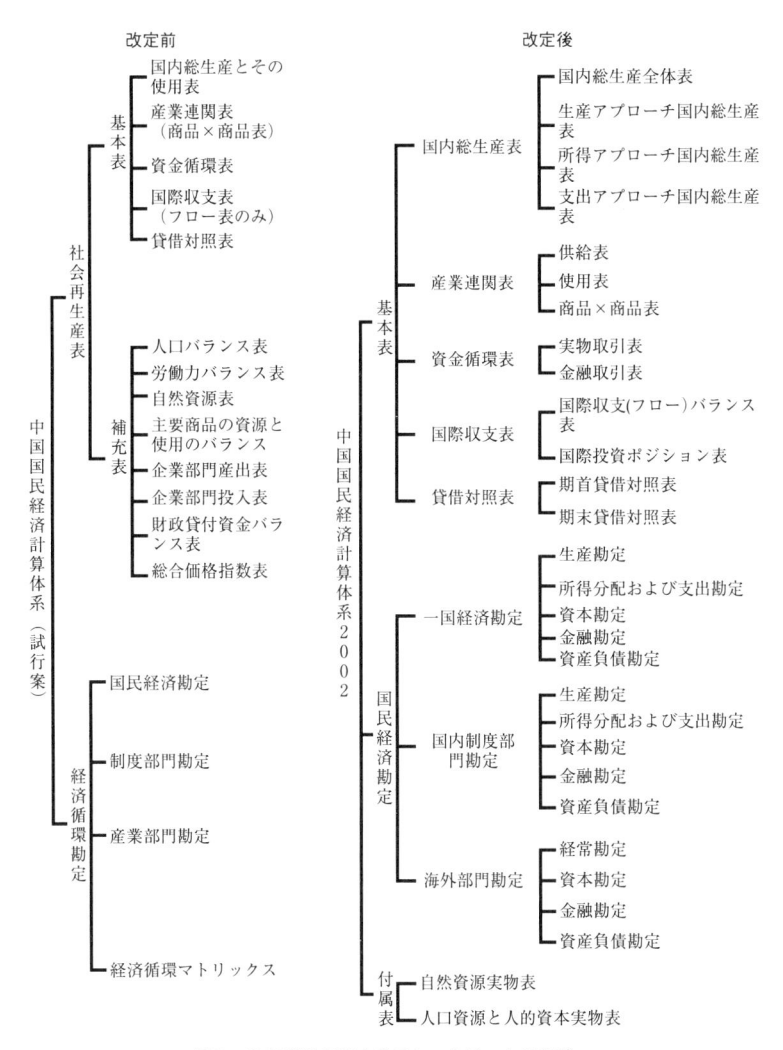

図7　改定前後の基本的フレームワークの比較

出所：改定前については，張塞主編（1993）『新国民経済計算全書』pp.205-208による。改定後については，中国国家統計局（2003）『中国国民経済計算体系2002』p.2による。

表2 改定前後の資金循環表（実物取引）の比較

改定前の名称：資金循環表（所得分配部分）　　改定後の名称：資金循環表（実物取引）

取引項目（表側）	取引項目（表側）
一．付加価値	一．純輸出
二．住民所得	二．付加価値
職工給与とボーナス	三．労働者報酬
職工保険と福祉	1．賃金及び賃金的所得
農家の貨幣所得	2．単位社会保険負担
農家の自家消費	四．純生産税
都市部個体労働者	1．生産税
その他の職業者所得	2．生産補助金（−）
住民のその他の貨幣所得	五．財産所得
三．財政上納金	1．利子
国家財政予算内収入	2．配当
税金	3．土地賃貸料
利潤	4．その他
エネルギー・交通の重点建設基金	六．第一次所得バランス（総）
予算調節資金	七．経常移転
その他の収入	1．所得税
国家財政予算外収入	2．社会保険負担
小計	3．社会保険給付
四．財政支出	4．社会扶助
国家財政予算内支出	5．その他
経常支出	八．総可処分所得
資本支出	九．最終消費
国家財政予算外支出	1．家計消費
五．その他の移転	2．政府消費
六．可処分所得	十．総貯蓄
七．消費	十一．資本移転
八．総貯蓄	1．投資補助金
純貯蓄	2．その他
減価償却	十二．総資本形成
九．実物投資	1．総固定資本形成
固定資産投資	2．在庫増加
流動資産投資	十三．その他非金融資産の取得マイナス処分
十．純金融投資	十四．純金融投資
十一．誤差	十五．統計上の不突合

出所：改定前については，張塞主編（1993）『新国民経済計算全書』p.298による。改定後については，中国国家統計局（2003）『中国国民経済計算体系2002』p.40による。

表3　改定前後の国際収支表の比較

項目（表側）　改定前	取引項目（表側）　項目（表側）　改定後
一．経常項目 　（一）対外貿易 　　1．輸出 　　2．輸入 　（二）貿易外取引 　　1．貨物輸送 　　　その内，運賃 　　　　　　　保険 　　2．港での供給とサービス 　　3．旅行収支 　　　その内，国際旅客輸送 　　4．投資収支 　　　①利潤 　　　②利子 　　　③銀行 　　5．その他の貿易外取引 　　　①郵便収支 　　　②政府交流収支 　　　③労務請負収支 　　　④その他の収支 　（三）無償移転 　　1．国際機関との移転 　　2．無償援助と寄付 　　3．華僑送金 　　4．住民のその他の送金 二．資本（資金）項目 　（一）長期資本（資金）移動 　　1．直接投資 　　　(1)外国と香港・マカオ・台湾の対内直接投資 　　　(2)我が国の対外国と香港・マカオ・台湾の直接投資 　　2．証券投資 　　　(1)外国と香港・マカオ・台湾の対内証券投資 　　　(2)我が国の対外国と香港・マカオ・台湾の証券投資 　　3．国際機関との貸借 　　4．外国政府との貸借 　　5．銀行借款 　　6．地方及び行政部門による借款 　　7．延支払 　　8．延受取 　　9．加工組立補償貿易中の外国企業に支払われるべき設備費対価のみなし金額 　　10．リース 　　11．対外貸借 　　12．その他 　（二）短期資本（資金）移動 　　1．銀行借款 　　2．地方及び行政部門による借款 　　3．延支払 　　4．延受取 　　5．その他 　　10．リース 　　11．対外貸借 　　12．その他 　（三）誤差脱漏 　（四）準備資産変動額 　　1．貨幣用金 　　2．外貨準備 　　3．SDR 　　4．IMFリザーブ・ポジション 　　5．IMF借款の利用	一．経常項目 　（一）財貨及びサービス 　　1．財貨 　　2．サービス 　　　運輸 　　　観光 　　　通信サービス 　　　建設サービス 　　　保険サービス 　　　金融サービス 　　　電子計算機と情報サービス 　　　特許権使用料およびその他のロイヤルティー 　　　コンサルタント 　　　広告 　　　映画・音声画像 　　　その他の商業サービス 　　　他の勘定で未記録の政府サービス 　（二）所得 　　1．労働者報酬 　　2．投資収益 　（三）経常移転 　　1．一般政府 　　2．その他の部門 二．資本と金融項目 　（一）資本項目 　（二）金融項目 　　1．直接投資 　　　我が国の対外直接投資 　　　外国の対内直接投資 　　2．証券投資 　　　資産 　　　　株式 　　　　債券 　　　　（中）長期債権 　　　　　　貨幣市場手段 　　　負債 　　　　株式 　　　　債券 　　　　（中）長期債権 　　　　　　貨幣市場手段 　　3．その他の投資 　　　資産 　　　　貿易信用 　　　　　長期 　　　　　短期 　　　　貸付金 　　　　　長期 　　　　　短期 　　　　通貨と預金 　　　　その他の資産 　　　　　長期 　　　　　短期 　　　負債 　　　　貿易信用 　　　　　長期 　　　　　短期 　　　　貸付金 　　　　　長期 　　　　　短期 　　　　通貨と預金 　　　　その他の負債 　　　　　長期 　　　　　短期 三．準備資産 　（一）貨幣用金 　（二）SDR 　（三）IMFリザーブ・ポジション 　（四）外貨 　（五）その他の債権 四．誤差脱漏

出所：改定前については，張塞主編（1993）『新国民経済計算全書』p.315による。改定後については，中国国家統計局（2003）『中国国民経済計算体系2002』pp.42-43による。

表4 改定前後の貸借対照表の比較

改定前	改定後
項目（表側）	項目（表側）
一．非金融資産	一．非金融資産
1．固定資産	（一）固定資産
1）固定資産原価	そのうち，建設中工事
2）固定資産減価償却	（二）在庫
2．在庫	そのうち，完成品と商品在庫
3．その他の資産	（三）その他の非金融資産
二．国内金融資産・負債	そのうち，無形資産
1．通貨	二．金融資産と負債
2．預金	（一）国内金融資産と負債
3．貸付	通貨
4．証券	預金
5．その他	長期
三．対外金融資産・負債	短期
1．長期資本	貸付
2．短期資本	長期
四．準備資産	短期
五．資産負債差額	証券（株式を含まず）
	株式とその他の持分
	保険準備金
	その他
	（二）対外金融資産と負債
	直接投資
	証券投資
	その他の投資
	（三）準備資産
	そのうち，貨幣用金
	外国為替資産
	三．資産負債差額（純資産）
	四．資産，負債と差額合計

出所：改定前については，張塞主編（1993）『新国民経済計算全書』p.324による。改定後については，中国国家統計局（2003）『中国国民経済計算体系2002』p.45による。

　すでに見たように，中国の国民経済計算の改定以前の諸表は，中国経済の研究者（同時に，社会主義経済の研究者でもある）だけが通暁しているような用語が随所に見られたが，数次の改定，特に2002年改定によって，「労働者報酬」，「固定資産減価償却」等のいくつかの例外はあるものの，SNAの用語が一貫して使われていることが知られる[19]。このことは，SNAというツールの有効性を確認することにもなるが，一方で，実体経済の背景を十分吟味することなく，

日本のような先進国との比喩で中国経済を分析してしまうという危険をはらんでいる。その点で，本書第9章で示された変更点を確認しておくことは重要であろう。たとえば，今回の改定で，計画経済時代の集団消費が労働者報酬の中の現物報酬に組み込まれたことなど，分析者が注意すべき諸点となるからである。しかし，ここで提示された体系が，現在のところ，そのまま実施されているわけではないことにも注意すべきである。実際，たとえば，貸借対照表は未公表である。

また，日本の「国民経済計算」と比べて，きわだった特色は，資金循環勘定（実物取引）に見いだすことができるであろう。93SNAの統合経済勘定方式と近似した形式で生産，所得支出，蓄積（実物）勘定が一望できるように表章されている[20]。その一方で，所得・支出勘定の細分化が進んでいない。

このように，「社会主義市場経済」の建設をめざす中国で市場経済を前提としたSNA体系に基づいたGDP統計の作成が行なわれているが，その統計制度にはMPS時代の報告型制度の名残があるうえに，改革開放以降の急速な中国経済の変化に統計作成の体制作りが十分対応できているとは言い難い側面もある。

MPSからSNAへ移行したが，産業別付加価値の推計方法が統一されていないこと，産業分類と支出項目分類が粗すぎること，基礎統計資料の制限から支出ベースの四半期推計が実施されていないこと，不変価格表示のGDPの推計に弱点があること，定期的なサービス業統計が存在しない，統計資料の収集が地方政府に干渉されやすい，といったいくつかの問題点が指摘される。

(2) 中国GDP論争

中国当局の努力にも関わらず，中国のGDP統計への利用者からの不信は根強い。1990年代のものとしては，本書第2章で触れられた世界銀行やマディソン・グループ[21]の批判や再推計がよく知られているが，2000年代にそれがマスコミにまで広がりをもつかたちで再燃するきっかけになったのは，2001年12月に発表された，米ピッツバーグ大学教授・ロースキーの論文［Rawski, 2001］

---

19 93SNAの完全勘定系列がそうであるように，粗（総）概念が徹底されている。
20 その分析事例は，張南［2005］に見いだすことができる。
21 Maddison［1998］のほか，Wu［1993］，Wu［1997］，Wu［2002］など。中国の公式GDPを再推計するその他の試みとして，Wang and Meng［2001］，Keidel［2001］，Wu［2003］，Shiau［2005］ほかがある。

である。

　本書第7章に収録したのは，当時国民経済計算司長としての許氏が，ロースキーによる中国のGDP統計に対する批判を，それをめぐる中国内外の論評とともに紹介し，必要な反論を試みた論攷である。個人の立場で書かれたものではあっても，この問題（ロースキー見解とくに1998年問題）に対する国家統計局の見解を（言及される論評や引用箇所の選択も含めて）言外に読みとることができるかもしれない。

　中国の公式統計によれば，1997年から2000年にかけて中国の実質GDPは24.7％成長した。年平均成長率は約8.2％である。アジア経済危機のさなかにもかかわらず，中国がこのような高成長を実現できたのかどうか，ロースキーは次のような疑問を呈している。

① 同期間内のエネルギー消費が12.8％減少している。
② 1998年の大洪水にもかかわらず農業産出が1省を除いて増加している。
③ 鉱工業の主要94品目のうちその物的産出が2桁成長したのは14品目にとどまり，53品目については，物的産出が減少しているにもかかわらず，鉱工業生産額は10.75％成長している。
④ 同期間の設備投資額は13.9％の増加であったが，鉄鋼消費とセメント生産は5％以下の増加にとどまっている。
⑤ 2000年を除く同期間の小売調査販売額の伸び（41％）が家計調査の1人あたりの消費支出の伸び（30％）よりも大きく，その差は人口増加率より大きい。

　とくに，焦点となった年が1998年であった。中国政府がその年の目標成長率に設定していた8.0％をわずかに0.2％下回る7.8％というGDP成長率に対して政治的操作の疑惑が取り沙汰された。ロースキーはその年の成長率上限を2％としていることは第7章の通りである。

　日本でロースキー論文が紹介されたのは，2002年5月の『SAPIO』誌の記事「中国のGDP成長は7～8％どころか±2％にすぎない」（SAPIO編集部［2002］）と『文藝春秋』2002年8月号の「中国不信」特集中の「経済成長7％の噓八百」（岩瀬［2002］）であった。時期を置かずに，ロースキー論文や岩瀬［2002］に対する反論，張［2002］，大西［2002］が発表されている。

　大西［2002］にも述べられている通り，問題とされた時期，中国の公式経済統計データに，不整合があることは明らかである。とくに公式経済成長率数値とエネルギー消費データとの不整合は著しい。しかし，とはいっても，GDP

が過大なのではなく，エネルギー消費統計に過小バイアスがあった可能性もある。たとえば，堀井［2001］は石炭統計に脱漏があるとし，李［2002］もエネルギー消費データの不備について指摘している[22]。エネルギー消費効率が改善している可能性もある。第7章中の任［2002］の見解にもそうした可能性が示唆されていると見ることができるが，小川［2003c］は，エネルギー効率の要因分析を1997年から1999年付加価値ベース全43産業部門について分析している。また，任・黄［2003］は，1995年産業連関表を用いてエネルギー消費効率の要因分析を[23]，Fishr-Vanden, K. *et al*［2004］は，詳細な企業データを用いてミクロレベルでのエネルギー消費効率の分析を，Zhang［2003］は，1990年から1996年までを付加価値ベース29産業部門についてエネルギー消費効率の要因分析を行なっている。これらすべての論稿でエネルギー消費効率の改善が確認されていることが注目される。

さらに，GDPの過大評価とエネルギー消費の過小評価とが同時に存在したと見ることもできる。本解説で採用する見解もこれに近い。ただし，エネルギー消費の過小評価の度合いのほうがやや大きかったと見る。もちろん，多くの研究によって指摘されている通り，ロースキーが成長率の上限値とした数字は根拠を欠く。結局，その過激なタイトルに反して岩瀬［2002］が書いているように，1998年もほどほどに成長した年だったと見るわけである。

GDP推計の側にも問題が発生していたと見られることの傍証を，最近，中国国家統計局が発表したGDP修正値から得ることができるように思われる。2006年1月9日，中国国家統計局は，2004年経済センサスの結果を反映した1993年-2004年のGDPの修正値を発表した[24]。**表5**に，その改訂状況を示している。従来統計で十分に捕捉されていなかったサービス業のカバレッジが向上した結果，全体として見ればかなり大きな上方修正になったが，問題の1998年の経済成長率については，改訂前後で数字の変化がないことが注目される。

---

22 エネルギー消費データの過小バイアスについては，以上のほかにSinton, J.E.［2001］，Sinton, J.E. and Fridley, D.G.［2000］を見よ。

23 ただし，1997年から2000年までは付加価値ベース5部門の推計。

24 2006年1月10日付各紙。なお，2005年12月20日には，経済センサスの結果に基づいた2004年のGDP推計値を公表している。同日夕刊各紙に「中国，GDP世界6位に」（『日本経済新聞』）などと報道されている。国家統計局［2006］「中国国内総生産の遡及改訂結果に関する公告」には簡単であるが，遡及方法についての説明があり，本書第16章には遡及方法のほか，遡及改訂にともなういくつかの変更について解説している。Wu［2006］には，国家統計局が用いた修正方法の詳細な検討が含まれている。Xu［2006］は，2006年の国際所得国富学会（フィンランド，ヨエンスウ大学）で行なわれた責任者による説明である。

表5　経済センサス後のGDP推計値（単位：億元，%）

年	改訂前後のGDP 改訂後	改訂前	改訂幅	改定前後の経済成長率 改訂後	改訂前	改定幅
1993	35334	34634	2	14	13.5	0.5
1994	48198	46759	3.1	13.1	12.6	0.5
1995	60794	58478	4	10.9	10.5	0.4
1996	71177	67885	4.8	10	9.6	0.4
1997	78973	74463	6.1	9.3	8.8	0.5
1998	84402	78345	7.7	7.8	7.8	0
1999	89677	82067	9.3	7.6	7.1	0.5
2000	99215	89468	10.9	8.4	8	0.4
2001	109655	97315	12.7	8.3	7.5	0.8
2002	120333	105172	14.4	9.1	8.3	0.8
2003	135823	117390	15.7	10	9.5	0.5
2004	159878	136876	16.8	10.1	9.5	0.6

出所：中国国家統計局（2006）「中国国内総生産の遡及改訂結果に関する公告」より。

Wu［2006］も指摘する通り，そのことは，事実上，1998年の成長率が〈相対的に〉引き下げられたことを意味するからである。

(3) 中国の統計制度に関して

　中国の統計制度は，かつて中央計画経済時代の伝統に沿った報告ベースのそれであったが，中央計画経済から（社会主義）市場経済への移行の中で，報告ベースから調査統計ベースの統計制度へと変貌しつつある[25]。その中で，全国第三次産業センサス，全国鉱工業センサス，全国農業センサスなどの全数調査を実施し，標本調査についても農産物生産量調査，都市と農村の家計調査，価格調査などが実施されて，調査統計ベースの統計作成が大幅に拡大している。さらに人口センサス（10年ごと），農業センサス（10年ごと），経済センサス（5年ごと）などの統計調査を定期的に行なうことを制度化している。

　従来の報告型の制度では地方政府の影響を払拭できなかったが，本書でも言及されているように，現在では，中国国家統計局の直接管轄下に企業調査隊，社会経済調査隊と農村・社会経済調査隊を設置して改善が図られている。図8に示した。また，地方政府にも独自の統計担当部署がある。なお，同図から見られる通り，政府各部門にも統計部があり，それらは，国家統計局の直接指揮

25　東欧諸国でも移行期の国民勘定の推計には，中国と同様の問題があった。Bartholdy［1997］を見よ。

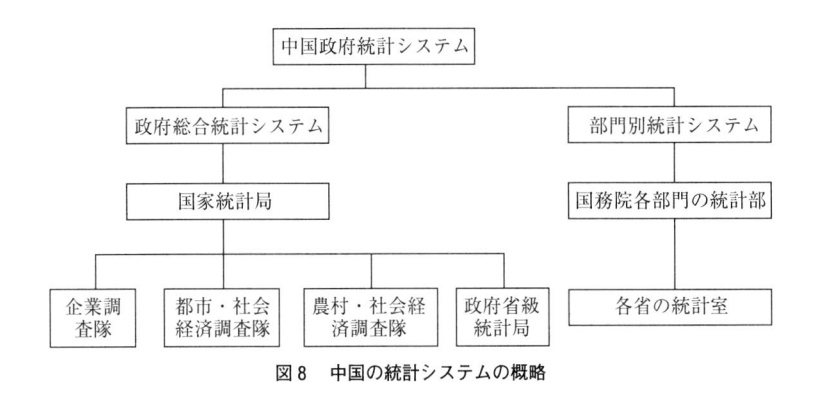

```
                    ┌─────────────────────┐
                    │ 中国政府統計システム │
                    └──────────┬──────────┘
                ┌──────────────┴──────────────┐
      ┌─────────┴─────────┐         ┌─────────┴─────────┐
      │ 政府総合統計システム │         │ 部門別統計システム │
      └─────────┬─────────┘         └─────────┬─────────┘
           ┌────┴────┐                 ┌──────┴──────┐
           │ 国家統計局 │                 │ 国務院各部門の統計部 │
           └────┬────┘                 └──────┬──────┘
   ┌──────┬────┴────┬──────┐                 │
┌──┴──┐┌──┴──┐┌──┴──┐┌──┴──┐          ┌──────┴──────┐
│企業調││都市・社会││農村・社会経││政府省級│          │ 各省の統計室 │
│査隊 ││経済調査隊││済調査隊  ││統計局 │          └─────────────┘
└─────┘└─────┘└─────┘└─────┘
```

図8　中国の統計システムの概略

下にあるのではない。ただし，それらについても，国家統計局は総合調整機能を有する。さらに統計法などの法令の遵守，審査制度の導入などの改善策が導入されていることにも注意する。

本解説で論じてきた1998年の経済成長率をめぐる問題も，報告ベースの統計から調査統計ベースの統計へと，中国の統計制度が改革される過渡期のひとつのエピソードと見られるような時が来るのかもしれない。

（李　潔・谷口昭彦・作間逸雄）

5　不変価格表示の付加価値推計について

よく知られているように，不変価格表示の付加価値の推計に，「他のはるかに粗野な諸方法」を退け，ダブル・デフレーション法の使用を勧告したことは，68SNA（United Nations［1968］）の大きな特徴のひとつであった。実際，その4.41段には，次のように述べられていた。「定義により，付加価値の指数は，産出額の測度と中間消費の測度との差額から導き出されるべきである。この指数作成法はダブル・デフレーション法と呼ばれる」。日本でも，この勧告を受け，1978年の「新SNA」移行において，GDPと産業別付加価値の実質化にダブル・デフレーション法が全面的に採用された。

68SNAの編纂に携わった人々にとって，不変価格表示の付加価値の推計に関してダブル・デフレーション法を使用するのは，（当期価格表示の）付加価値の定義からもたらされる当然のものであるというニュアンスで捉えられるであろう。その点のほかにも，ダブル・デフレーションは，実質二面等価（支出

アプローチによる実質GDPと生産アプローチによる実質GDPとが等価になること）を実現する方法であったことも重要な根拠であったと考えられる。68SNAの刊行後10年を経てT.P.ヒルによって執筆された『不変価格表示の国民経済計算に関するマニュアル』（United Nations [1979]）では，不変価格表示の付加価値の推計方法として再びダブル・デフレーション法が勧告されるとともに，シングル・デフレーション法との比較等を含め，その詳細な検討がなされた。

93SNA（United Nations, et al. [1993]）でも，不変価格表示の付加価値の推計方法としてダブル・デフレーション法が依然として勧告されている。「U行列や産業連関表における，財・サービス・フローに関連するような価格・数量測度の統合された枠組みの中では，総付加価値はダブル・デフレーションによって測定されなければならない。そうでないと，使途側と源泉側とをバランスさせることができなくなる」（93SNA，16.61段）。しかし，93SNAは，同時に，あくまでセカンドベストの方法としてであるが，シングル・インディケーター法（シングル・デフレーション法および外挿法）による不変価格表示の付加価値の推計をも容認している。

実際，「ダブル・デフレーション法は，産出と中間消費の両系列の測定誤差の影響を受けるため，誤差が累積しやすく，付加価値系列を極端に誤差に敏感にしてしまう。とくに，その産出に対して付加価値の比率が小さい産業では問題が大きい」。そこで，93SNAでは，「場合によっては，誤差をもつような2つの系列の差額として付加価値を測定するという方法を放棄して，ただ1つの時系列を用いて付加価値の数量的な動きを直接的に推計する方が──すなわち，ダブル・デフレーションではなくて〈シングル・インディケーター〉を用いる方が──よい」と述べている（93SNA，16.68段）。

シングル・インディケーター法には，シングル・デフレーション法と外挿法とがある。「当期価格表示の総付加価値のよいデータがあるならば，ダブル・デフレーションに代わる一つの方法は当期価格の付加価値を産出の価格指数によって直接デフレートすることである。この方法はシングル・デフレーションと呼ぶことができる。これは，少なくとも短期においては，不変価格表示の付加価値の変化に対するよい近似をもたらすものと思われる。考えられるもうひとつの手続きは，基準年の付加価値を産出数量指数で外挿することである。後者の方法でも前者の方法と類似の結果が得られ，当期価格表示の付加価値のデータがないときに使うことができる」（93SNA，16.69段）。

表6　中国における不変価格表示の付加価値の推計

産業部門	推計方式	利用する指数等
農林水産業	ダブル・デフレーション	産出に農産物生産者価格指数を，中間消費に農業生産資料価格指数を使用してそれぞれデフレートし，その差額を不変価格表示の付加価値とする。
鉱工業	シングル・デフレーション	鉱工業品出荷価格指数で当期価格表示の付加価値をデフレートする。
建設業	シングル・デフレーション	固定資産投資価格指数における「建築据付工事価格指数」を用いて当期価格表示の付加価値をデフレートする。
運輸・通信業	数量指数による外挿法	運輸業は旅客貨物運送数量指数を，通信業は郵政通信業務数量指数を，それぞれの産業の前期の不変価格表示の付加価値額にかける。
商業・飲食業	シングル・デフレーション	商品小売価格指数で当期価格表示の付加価値をデフレートする。
金融業	シングル・デフレーション	消費者物価指数と固定資産投資価格指数の加重平均指数で当期価格表示の付加価値をデフレートする。
不動産業	シングル・デフレーション	固定資本減耗は固定資産投資価格指数で，純付加価値は不動産価格指数でそれぞれデフレートする。
その他のサービス業	シングル・デフレーション	いずれも消費者物価指数などの価格指数で当期価格表示の付加価値をデフレートする。

出所：中国国家統計局『中国国民経済計算体系2002』より作成。

　『中国国民経済計算体系2002』で示された，中国国民経済計算統計における不変価格表示の付加価値の推計法は，中国国家統計局によるこの領域における93SNAの勧告内容の検討を受けたものであると考えられるが，上記の3つのアプローチ（ダブルデフレーション法，シングルデフレーション法および数量指数を使った外挿法）を産業区分によって使い分けるものとなっている。それを表6にまとめた。

　なお，不変価格表示の国民勘定（さらに，不変価格表示の付加価値の推計）に関する93SNAのもうひとつの特徴は，連鎖方式の勧告である。

　「その生産過程が使用されている時点に存在しているものとは大きく異なる価格ベクトルを用いた付加価値の測定を行なうことは，分析目的にとって積極的には容認し得ない結果をもたらすことがある。時系列についていうと，このことは，基準年次の相対価格が当年の相対価格とあまりかけ離れているべきでなく，したがって，基準年次を頻繁に更新して，なんらかの形の連鎖法が用いられねばならない，ということを意味する」（93SNA, 16.62段）とし，16.73

段で,GDP等の集計値の年々の推移を表すような系列の推計に連鎖方式を利用することが勧告された。

連鎖方式について,ドリフト,加法的整合性の欠如等の欠陥があることは早くから知られていたが,デフレーターの「下方バイアス」[26]傾向に苦慮していた内閣府は,この勧告を受け,2004年12月以降,支出アプローチのGDPとその内訳項目の推計に連鎖方式を利用するようになった。

背景として従来は固定基準年方式を採用し,企業物価指数,企業向けサービス価格指数,消費者物価指数をダイレクトに利用して固定基準方式のデフレーターを作成していたが,昨今の技術革新による経済構造変化に基準年固定方式インプリシットデフレーターでは「下方バイアス」が発生しているとの批判が大きくなった。こうした批判を受けて,内閣府は固定基準年方式によるパーシェ型デフレーターの作成を改め,毎年基準年を変更する「連鎖指数」を導入し,「デフレーターのバイアス」を除去する努力を行なおうとしているのである。

しかし,93SNA16.75段に明記されているように,「経済における各種のフローの間の相互関係を主たる関心の的とするような多くのタイプの分析にとって(連鎖方式の)加法的整合性の欠如は重大な欠点となり得ることは,認識されなければならない。ほとんどのマクロ計量経済モデルはこのカテゴリーに当てはまる。したがって,主要集計値についての連鎖指数に加えて,内訳別の不変価格データを作成して公表することが勧告されていることに留意しなければならない。93SNAで勧告されたのは,実質系列の二元化だと理解するべきであろう。中国では連鎖方式は未導入である。

(李　潔・谷口昭彦・作間逸雄)

6　海外勘定と経常収支

(1)　居住者概念

まず,国民経済計算上の居住者概念について説明する。さしあたって,「居住者」は,居住,つまり住んでいることを基準としているのであり,国籍を基準としているわけではない。

「住んでいるかどうか」の判定が微妙になることがあるだろうが,1年未満

26　「バイアス」の語の使用に関しては,美添[2005]で注意が促されている。

の期間，観光商用等の目的でその国の国内領域に滞在している場合，「居住」していないとみなされる。ワン・イヤー・ルール＝一年基準である。

1年以上その国に滞在するひとでも，留学，治療等の目的で滞在している場合，利害の中心が滞在中の国ではなく母国にあると考えられる（仕送りなどにより母国の家計に依存していることであろう）ので，この場合も，居住者からははずされる。「利害の中心基準」である。

個人や家計ではなく，企業・機関の居住者属性の判定をするさいには，「居住」を「活動」（営業，操業）と読み替えればよい。その国の国内領域に恒常的な拠点をもつなどして，1年以上，活動している企業・機関がその国の居住者である。シティバンクの銀座支店は，国民経済計算上，日本の居住者である。日本では法人格をもたず（現地法人を作らず）支店を設けて経済活動をしている場合，SNAは，そうした単位を準法人と呼び，法人企業と同様に扱う。ただし，法人企業ではないから，配当を行なうことができない。利潤送金は，「準法人企業の企業所得の引き出し」という項目をつくって計上している。なお，国際連合のような国際機関はどの国の居住者でもない。

(2) 海外部門を含む国民勘定

海外部門の連結勘定を含む国民勘定を作成する（**図9**）。添え字1は，国内部門，添え字2は，海外部門。右側の添え字から左側の添え字に購買力（ダイグラフの矢印の向きの逆）が流れてゆくように見る。Pは，輸出入を表すための項目（中間消費），Tは，経常移転，Kは，資本移転等（資本移転ばかりでなく，非生産無形資産の取引を含む：**図5**と比較せよ）[27]，Fは，第1次所得の受取・支払，Lは，純貸出。また，今回は，固定資本減耗（D）を明示している。たとえば，

$$\begin{aligned}
\text{国内総生産GDP} &= Y_{11} + D_{11} \\
&= C_{11} + I_{11} + P_{12} + C_{12} - P_{21} \\
&= \underbrace{(C_{11} + C_{21})}_{\text{国民消費}} + \underbrace{I_{11}}_{\text{資本形成}} + \underbrace{(P_{12} + C_{12})}_{\text{輸出}} - \underbrace{(P_{21} + C_{21})}_{\text{輸入}}
\end{aligned}$$

である。

国民総所得（gross national income）GNI

---

[27] しかし，SNA規定上，土地の所有者は，自動的に居住者となる（居住者である準法人単位が設置される）ので，非生産有形資産の取引は，居住者・非居住者間で発生しない（その準法人単位の持分が取引されたものとみなされる）。

図9　海外部門の連結勘定を含む国民勘定

		国内部門			海外部門
		生産	所得支出	蓄積	連結
国内部門	生産		C_{11}	I_{11}	$P_{12}+C_{12}$
	所得支出	Y_{11}			$F_{12}+T_{12}$
	蓄積	D_{11}	S_{11}		K_{12}
海外部門	連結	P_{21}	$C_{21}+F_{21}+T_{21}$	$K_{21}+L_{21}$	

　　＝国民総生産（gross national product）＝GDP＋F_{12}－F_{21}
純表示では，

　　　NDP＝GDP－D_{11}，NNP＝GNP－D_{11}

である。それぞれ，国内純生産（net domestic product），国民生産概念の国民純生産（net national product）である。伝統的に，「狭義の国民所得」は，「要素費用表示の国民純生産」として定義されてきた。「市場価格表示の国民純生産」から生産・輸入品に課される税（純）を差し引いたものである。現在では，それぞれ，要素費用表示の国民所得，市場価格表示の国民所得と呼ばれている。

　蓄積勘定は，図5と同様に，小勘定（sub-accounts）に分けられている。純貸出をその定義にあわせて金融資産の純取得側（L＋21）と負債の純発行側（L－21）にわけてみる。このかたちにすると，上段側を（資本移転等を含めた「貯蓄投資差額」＝SIバランス，下段側を「資金過不足」として理解できる。日本でもこのかたちで表章されてきた。

I_{11} L_{21}	S_{11} D_{11} $K_{12}-K_{21}$
L_{21}^{+}	L_{21}^{-} L_{21}

　次に勘定体系の中の海外部門の連結勘定に注目する。「経常対外収支」「海外部門資金過不足」をバランス項目としてあらたに導入することにより，3つの小勘定に分ける。「経常対外収支」は，国際収支統計の「経常収支」を海外部門の側から見たものである。経常収支と絶対額は，原理的に等しく符号が逆になる。「海外部門資金過不足」も，海外部門から見た資金過不足＝純貸出であるから，日本から見た資金過不足とは符号が逆になることに注意する必要がある。日本の国民勘定統計では，このようなかたちで海外勘定の表章が行なわれ

ている。

海外部門の統合勘定

（借）	（貸）
財・サービスの輸出（P_{12}） 第1次所得の受取（F_{12}） その他の経常移転の受取（T_{12}） 経常対外収支	財・サービスの輸入（P_{21}） 第1次所得の支払（F_{21}） その他の経常移転の支払（T_{21}）
資本移転の受取等（K_{12}） 海外部門資金過不足	資本移転の支払等（K_{21}） 経常対外収支
負債の純発行（L_{21}^-）	金融資産の純取得（L_{21}^+） 海外部門資金過不足

(3) 経常収支・貯蓄投資差額（SIバランス）・海外に対する債権の純増

　一方，国内部門の海外部門に対する純貸出（海外部門資金過不足の符号を逆にしたもの＝対外金融資産の純取得－対外負債の純発行）は，「海外に対する債権の純増」とも呼ばれる。上の勘定を見ると，資本移転等が存在しなければ，ストレートに

　　　経常収支（＝－経常対外収支）＝海外に対する債権の純増

であること，資本移転等を考慮すると，

　　　経常収支（＝－経常対外収支）
　　　　　　＝海外に対する債権の純増－資本移転の純受取等

となる。蓄積勘定について述べたことから，海外に対する債権の純増＝貯蓄投資差額＋資本移転の純受取等であるから，結局，

　　　経常収支（あるいは，経常対外収支にマイナスの符号をつけたもの）
　　　　　　＝貯蓄投資差額

という重要な関係が成り立っていることがわかる。この関係によって経常収支の分析を行なう方法を"SIバランス"アプローチと呼ぶ。

　経常収支の分析で伝統的に知られている手法では，たとえば，為替レートの変動によって輸出や輸入がどのような影響を受けるかを弾力性の測定によって分析しようとした（弾力性アプローチ）のだが，このSIバランス・アプローチ（ISバランス・アプローチと呼んでも同じ）では，まったく違った観点から経常収支を見ることができる。日本のような貯蓄率が高い国の経常収支は黒字になりやすいこと，景気変動の局面で投資が変動することによる経常収支の変動があることなどがただちにわかる。

　　　　経常収支＝貯蓄投資差額
　　　　　　　＝民間貯蓄投資差額＋政府貯蓄投資差額
　　　　　　　＝民間貯蓄投資差額＋政府黒字

　さらに，上のように書き換えてみれば，いわゆる「双子の赤字」の背景にある関係を示すことができる。かりに，民間貯蓄投資差額を一定とすれば，経常黒字（経常赤字）と政府黒字（政府赤字）とは，つねに同じ方向に，同じ大きさだけ動くことになる。「双子の赤字」とは，米国のレーガン・ブッシュ政権下で経常赤字の拡大と財政赤字の拡大とが平行して生じた現象をさして当時よく使われた言葉である。もっとも，民間貯蓄投資差額は，一定でなく，景気の局面で変動するから，実際には，ふたつの赤字にそれほど密接な関係があるわけではない。クリントン政権下で，経常赤字は持続したものの，政府赤字が劇的に減少したことはよく知られている。

(4) 国際収支統計

　国際収支統計上の「経常収支」を国民勘定に含まれる海外部門勘定（海外勘定），蓄積勘定から考察し，経常収支＝貯蓄投資差額という重要な関係が成立することをみたが，実は，国際収支統計と海外勘定とは，互いに〈鏡映〉（鏡に映ったもの）の関係にあるといわれる。両者の関係をさらに見てゆくことにする。

　国際収支統計も，海外勘定も，居住者と非居住者とのさまざまな取引を勘定の形式で記録するという点は共通している。記録しようとする対象は同一なのだが，どちらの側から見るかという立場・視点の違いがある。海外勘定は，海外の立場から取引を記録している。「経常対外収支」（日本の公式統計上の呼称）は，海外部門の経常収支である。このように，国民勘定統計も国際収支統計も勘定統計（勘定という形式をもった統計）である。しかし，国民勘定統計を作成するうえの国際基準としてのSNAの展開が国際連合を舞台として行なわれたのに対して，国際収支統計の国際基準（『国際収支マニュアル』）は，国際通貨基金（IMF）主導のもとで成立したものである。

　実は，両者が国民経済計算という共通の土台のうえに立ったものであるということは，早い時期から認識されていたが，概念の共通化は，なかなか進まなかった。(たとえば，国際収支統計には，移転を経常，資本に区別するというSNA慣行は採用されていなかった)。しかし，1993年に完了したSNAの改定を契機として，国民勘定統計と国際収支統計との〈統合〉の飛躍的進展が見られ

た。ある部分では，国際収支側が譲歩し，ある部分ではSNA側が譲歩することにより，ようやく，国際収支統計上の概念と国民勘定の概念との間の大きな違いはなくなった。

日本の国際収支統計は，財務省の委託のもとに，IMFの基準に準拠して日本銀行が作成している。上に見たように，1996年改定以降の国際収支統計には，国民勘定統計との概念上の差はほぼなくなっているが，バランス項目（「分析上の収支」）をどのように設定するか，という点では，国際収支統計特有の慣行がある。

まず，経常勘定を見る。経常収支にいたるまでに，さまざまな中間的なバランス項目が用意されていることがわかる。「貿易収支」が財貨＝〈もの〉の貿易の収支であることに注意する。なお，鏡映関係をきわだたせるために，借方を右側，貸方を左側においてある。

国際収支統計（経常勘定）

（貸）	（借）
財貨の輸出	財貨の輸入 貿易収支
サービスの輸出	サービスの輸入 サービス収支
貿易収支 サービス収支	貿易・サービス収支
第1次所得の受取	第1次所得の支払 所得収支
その他の経常移転の受取	その他の経常移転の支払 経常移転収支
貿易サービス収支 所得収支 経常移転収支	経常収支

所得収支は，雇用者報酬と投資収益とから構成されている。特許権使用料等は，この項目でなく，サービス収支に含まれている。1996年改定以前の旧国際収支統計の「貿易外収支」は，現在のサービス収支と所得収支をともに含む概念であった。なお，投資収益には，直接投資企業の再投資収益（出資の割合が10％以上の現地法人および支店の未分配収益）が含まれている。

投資収支は，直接投資，証券投資，その他の雑項目の合計である。直接投資とは，企業を支配する目的をもった投資のことをさす。直接投資には，前述の

再投資収益が再び含まれる。なお，従来は，金融資産，負債に関して，長期（当初満期1年超）と短期（1年まで）への分類が重視されていた。現在でも，この区別はないわけではないが，以前ほど重視されていない。投資収支や資本収支は，負債がふえれば，黒字になる（！）ことに十分注意。

　金融資産の一部が「外貨準備」と呼ばれる項目を構成する。「外貨準備」に何が入るかは，統計作成国の事情による。貨幣用金（通貨当局が外貨準備として保有する金），SDR，IMFリザーブポジションその他，通貨当局が国際収支の不均衡是正のために利用可能で，かつ通貨当局の管理下にある対外資産の（取引に基づく）増減を計上する。符号に関しては，投資収支項目と同様な注意が必要である。

　国際収支統計の4つの主要項目（経常収支，資本収支，外貨準備，誤差脱漏）の合計は，ゼロになる。

（作間逸雄）

7　中国の国際収支統計と国際収支分析

　中国は，1980年に国際通貨基金（IMF）の加盟国としての地位を回復して以降，加盟国の義務である国際収支統計の作成に取り組み，許氏が本書第13章において記載されているデータの開始年となっている1982年から同統計を正式に作成している[28]。同統計は，国民経済計算体系の基本表の一部となる統計ながら，この作成に関しては，国家統計局ではなく，外貨管理の実務を担う国家外貨管理局が行なっている。

　中国の現在の国際収支統計は，基本的に，国際収支統計の作成に関してIMFが定めた規則「IMF国際収支統計マニュアル第5版」[29]に則っている。国内における根拠法令としては，「中華人民共和国統計法」に基づき，中国人民銀行が「国際収支統計申告方法」を公布。これに基づき，国家外貨管理局が「国際収支統計申告方法実施細則」を制定している[30]。

28　戴相龍［2001］
29　中国が現行のIMF国際収支統計マニュアル第5版による国際収支統計に移行したのは1996年。
30　こうした法令に基づく報告の義務を怠った場合等には罰金を課す旨の規定も，定められている。

(1) 作成・公表方式[31]

①計上の原則

「IMF国際収支統計マニュアル第5版」に則り，原則として，複式計上方式（1つの取引に起因して同金額を貸方・借方双方に記録する方式[32]），市場価格ベース，発生主義（所有権または債権・債務の移転が発生した時期を計上時期とする方式）を採用している。

②通貨単位

中国の国際収支統計は「米ドル」で表示されている。この点は，自国通貨での公表を行なっている日本や欧米諸国と異なる点である。なお，異なる通貨間の換算は，国家外貨管理局が定めた「各種通貨と米ドルの統一換算率」に基づいて計算している。

③公表頻度

公表頻度は半年に1度である。米国，英国等が四半期，日本，ユーロエリア，韓国等が月ごとに公表していることに比べ，やや見劣りする状況。ただし，国家外貨管理局では四半期ごとに国際収支統計を作成しているとのこと[33]であり，近い将来，四半期ごとに国際収支統計の公表が行なわれることが期待される[34]。

上述の点を含めて，米国，英国，ユーロエリアおよび日本と中国の国際収支統計作成概要を比較すると**表7**の通りである。

(2) データの収集

国際収支統計作成に用いるデータは，**表8**の通り，国家外貨管理局に対して報告されたデータに加え，税関，商務部，国家観光局，公安部，中国人民銀行

---

31 主として，杜金富［2006］による。
32 たとえば，輸出取引が発生した場合，輸出金額が貸方に計上される一方，その代金の受取（預金の増加）が借方に計上されるという考え方をとっている。ただし実際には，両方の取引は異なるルートで報告されるため，必ずしも同タイミングで，かつ正確に報告されるとは限らないこと等により，誤差脱漏が生じる。
33 国家外貨管理局が同局HPにおいて公表した資料（2006年3月時点におけるGDDS〈IMFが定めたデータ公表基準〉の適用状況）で，国際収支統計の作成頻度に関して「1998年以来，四半期ごとに1−3月分，1−6月分，1−9月分，1−12月分の国際収支統計を作成しているが，四半期ごとの対外公表は未だ行なっていない。2001年から，1−6月分および1−12月分の年2回，国際収支統計を公表している」とある。
34 中国国家外貨管理局は，国家外貨管理局［2008］において，1998年以降の四半期ごとの年初来累計データを掲載した。

表7　主要国等の国際収支統計作成の概要

	米国	英国	ユーロエリア	日本	中国
公表当局	商務省	国家統計局	欧州中央銀行	財務省	国家外貨管理局
作成当局	商務省,財務省,FED	国家統計局,イングランド銀行	欧州中央銀行,欧州委員会統計局	日本銀行	国家外貨管理局
公表頻度	四半期	四半期	月次	月次	半年
公表時期	翌四半期	翌四半期	約8週間後	6～7週間後	4～5カ月
国内での公表通貨	米ドル	ポンド	ユーロ	円	米ドル

出所：中国以外は原則として日本銀行国際収支統計研究会［2000］による。

表8　国際収支統計作成に用いる主な原データ・作成方法

データ種類	原データ・作成方法等
貿易	税関データをベースとして，価格等に関する調整を行なう。調整は，税関統計における輸入がCIFベースとなっているが，これをFOBベースに修正するもの等。
サービス	国家外貨管理局に報告されたデータをベースとして，税関や国家観光局等の機関のデータによって検証を行なう。たとえば，輸送費の推計には税関の輸入データ，旅行収入の推計には国家観光局が毎年公表する旅行外貨収入データ，旅行支出の推計には公安部の出入国者数データが，それぞれ重要な参考データとなる。
所得	主として国家外貨管理局に報告されたデータをベースとして，対外債務データ，証券統計データ等を組み合わせて作成する。そのうち，投資収益については，以下の通り。 直接投資収益——国家外貨管理局に報告されたデータおよび商務部による外資の直接投資データをベースとする。 証券投資収益——国家外貨管理局に報告されたデータ，対外債務データ，および証券監督管理委員会のデータをベースとする。 その他投資収益——国家外貨管理局に報告されたデータおよび対外債務データをベースとする。
経常移転	国家外貨管理局に報告されたデータおよび一部の税関のデータをベースとする。
直接投資	商務部データおよび国家外貨管理局に報告されたデータをベースとする。
証券投資	中国人民銀行データおよび国家外貨管理局に報告されたデータをベースとする。
その他投資	対外債務データおよび中国人民銀行データをベースとして作成される。このうち，貿易信用に関してはサンプル調査によって収集したデータを用いる。
外貨準備	中国人民銀行および国家外貨管理局の資料による。

訳者解説 | 289

表9 国家外貨管理局への主な報告方法

	報告主体	報告の内容	報告頻度
直接報告	中国国内に投資している外資企業，および国外に投資を行なっている中国企業	投資収益，(親子の) 債権・債務状況，配当利払いの状況	四半期毎
	中国国内で外貨業務を営む金融機関	対外資産・負債・損益の状況，およびクロスボーダーの外貨両替業務の状況	
	国外で上場した中国企業，国内B株市場（外国人投資家を中心とする市場）上場企業，中央登記結算公司（証券決済機関），および証券取引所	株式保有者の変動，個人・企業・外国機関の間における証券取引および配当利払いの状況	
間接報告	中国国内企業，機関，団体，個人	国内金融機関を通じて国外に支払った金額，および国外から受け取った金額	取引発生の都度

等の機関からデータを収集するほか，一部サンプル調査による統計データをも用いている。

表8で言う「国家外貨管理局に報告されるデータ」には，企業や金融機関が定期的に国家外貨管理局に直接報告を提出するものと，企業や個人が取引の都度，金融機関を通じて間接的に報告するものがある（金融機関には顧客の報告状況を監督・補助する義務がある）。

主な例を挙げると**表9**の通り。
(本書中の意見は筆者個人のものであって，筆者が属する日本銀行のものではない。)

(新川陸一)

8　中国の資金循環統計と資金循環分析

中国の資金循環勘定に関する研究は1980年代初期から始まった。その後，資金循環勘定の研究は，1985年より国務院の指導の下で，国家計画委員会，財政部，中国人民銀行，国家統計局合同研究グループが結成され進められた。国家統計局は1986年に全国資金循環簡略表の作成を試行し，1987年に7省・市の統計局を組織し，資金循環勘定の試行作業を展開してきた。理論から実践へというプロセスを経て，中国の国情に適応した資金循環勘定及び作成方案を試作し，

SNA体系に組み入れた。
　その後，1992年には国家統計局と中国人民銀行の組織分業体制が確定した。国家統計局は資金循環勘定の実物取引部分を作成し，中国人民銀行は資金循環勘定の金融取引部分を作成することになった。同年，国家統計局国民経済計算司と中国人民銀行の2つの機関による，資金循環勘定の作成が始まった。
　資金循環勘定の部門分類では，1990年代初期に，企業，行政事業部門，財政，金融機関，家計と海外の6部門とし国際基準とは異なっていた。この違いは政府部門を行政事業部門と財政の2部門に分けていたために起こったものである。この分類は財政部門の配分機能をより詳細に反映させるために，必要なものであったと考えられる。その後，中国の市場化は次第に進展し，対外開放も拡大したことにより，当時の資金循環勘定の分類は限界に達した。中国の資金循環勘定の国際比較を可能とし，SNA体系との協調性と整合性を改善させるために，1997年，中国の資金循環勘定に対し，制度部門と主要取引項目の調整を含む比較的大きな見直しが行なわれた。新たに設けられた制度部門は，非金融企業法人部門，金融機関部門，政府部門，家計部門及び海外部門である。主要取引項目もSNA体系のニーズに応じて改められ，第1次所得分配などの取引項目も加えられた。修正後の資金循環勘定は，その制度部門と国民所得勘定の制度部門とが一致し，分析応用力が高められた。
　中国人民銀行は，1998年から資金循環勘定（金融取引）を公表している。資金循環勘定の制度部門の分け方は国際基準と一致している。国家統計局が担当する資金循環勘定（実物取引）は，中国統計年鑑により公表されている。資金循環勘定（金融取引）は，中国人民銀行季報，中国人民銀行年報，中国金融年鑑，中国統計年鑑により公表されている。
　中国の資金循環勘定の特徴については次の通りである。まず，①対象範囲が広い。国内総生産及び支出表から計算された付加価値を制度部門ごとに調整し，制度部門別の付加価値を資金循環勘定の出発点として，所得，分配，再分配，消費，投資，金融取引を対象範囲としている。このほか，実物取引と金融取引を作成しているため分配関係の変化を確認することが容易である。日本の資金循環統計と比較すると，後者が金融取引に限定されていることと対照的である。しかし，②残高統計はなく，日本の資金循環統計では作成されているストック表（金融資産・負債残高表）が作成されていない[35]。

35　張［2005］を見よ。

本書第14章で著者は，1992—1997年の資金循環統計を利用して，所得分配分析，貯蓄投資分析を試みている。所得分配分析では，国民総所得に占める第1次所得分配の割合について，家計，企業，政府の各制度部門のうち，家計部門が他の部門より高いことを指摘している。再分配においては，家計と政府が純受取部門で，企業が純支払部門となっており，再分配政策は家計と政府へ傾斜していると述べている。

　貯蓄投資分析では，国民総貯蓄に占める各制度部門の総貯蓄の割合について，家計部門が最も高く，その次に企業部門で，政府部門が最も低いとし，国民総貯蓄と総資本形成については国民総所得が総資本形成を上回っており，つまり，中国は資金不足ではなく，資金余剰であることを指摘している。

　中国の非金融企業は金融機関に対する依存度が非常に高く，間接金融が資金調達の主な方法となっている。これは，中国資本市場がまだ十分に発達しておらず，非金融企業の融資需要が満たされていないことが推測される。

　以下では，1992年から1997年まで，あるいは2003年まで延長したそれを含めて，中国の資金循環についていくつかの特徴的な論点を掲げ，若干の分析を試みる。

　論点は3つある。その3つとは，まず，政府の貯蓄率（**図14−4**）が1998年以降，急上昇していること。次に，制度部門別の資金過不足（**表14−11**）のうち，政府が急速に資金不足部門になっていること。最後に，国民総貯蓄―総資本形成の資金過不足（**表14−9**）が1990年代プラスになっていること，である。

(1)　政府の貯蓄率が1998年以降，急上昇していること。

　図14−4を再度，確認すると政府の貯蓄率が1998年以降急上昇していることがわかる。まず，中国の財政制度について簡潔にまとめる。1978年の改革開放以後，財政制度は，幾度かの修正が行なわれたが，改革開放政策の本質が，地方政府に大幅な権限を与えて，地方の活力によって経済成長を達成しようというものであったため，財政面でも地方政府に自主権を認める制度が採用されていた。1994年の分税制改革直前の制度は「財政請負制度」と呼ばれ，これは各省がそれぞれ徴税機関を有して徴税を行ない，中央政府と交わしたルールに則り，税収の一部を中央政府に上納し，それ以外の収入は自由に使用することができるというものであった。この制度は地方政府の積極的な経済政策を引き出したが，一方で経済の混乱や地域間格差の拡大をもたらした。1994年の分税制改革は，地方政府への権限委譲とは逆となる政策であり，租税制度とその執行体制を全国で同一の体制とし，地方政府の裁量の余地を少なくし，かつ中央政

表10　中央と地方の財政収入の推移と構成比率（億元）

| | 財政収入（名目値） || 財政収入（実質値） || 中央と地方の比率（%） ||
	中央政府	地方政府	中央政府	地方政府	中央政府	地方政府
1992	980	2504	980	2504	28.1	71.9
1993	958	3391	1019	3608	22.0	78.0
1994	2907	2312	3334	2651	55.7	44.3
1995	3257	2986	4041	3705	52.2	47.8
1996	3661	3747	4287	4388	49.4	50.6
1997	4227	4424	4578	4791	48.9	51.1
1998	4892	4984	5029	5124	49.5	50.5
1999	5849	5595	5802	5550	51.1	48.9
2000	6989	6406	6891	6316	52.2	47.8
2001	8583	7803	8617	7835	52.4	47.6
2002	10389	8515	10461	8575	55.0	45.0
2003	11865	9850	11770	9771	54.6	45.4

2006年『中国統計年鑑』より作成。財政収入はCPIでデフレートした値である。

府の財政力を拡大しようとしたものであった。

　1994年の分税制改革の主な内容は次のような項目からなっている。
○各種税項目を中央税，共有税（同一の税収を中央と地方で一定の比率で分ける），地方税の3つに分けた。たとえば，増値税は中央75％，地方25％の共有税とし1993年の地方政府の税収を保証するものの，今後見込まれる税収増加分を中央政府の財源とした。
○徴収機関を2系統とし，国家税務総局を創設した。国家税務総局は中央税，共有税を担当し，地方税は各省に所属する地方税務局が担当する。

　表10は中央政府と地方政府の財政収入（名目値と実質値）と中央政府と地方政府の財政収入の比率を示している。1993年まで20％台であった中央政府の比率が1994年以降50％前後まで上昇しているのが確認できる。また，中央政府の財政収入が上昇し，地方政府の収入が減少するという結果を招くこととなった。

　図10は財政収入の1992年から2003年までの推移を示している。税収が大きく上昇して，政府の収入の増加に寄与しているのがわかる。分税制改革によって徴税力の強化は税収の増加となって表れていると考えられる。

　図11は政府税収の各種税項目の推移を表している。1994年以降，増値税の増大が確認できる。増値税は財に賦課される付加価値税であり，営業税はサービスに賦課される付加価値税である。消費税はたばこなどの特定の財に賦課される個別消費税である。消費税，関税は中央税で，増値税，企業所得税は共有税

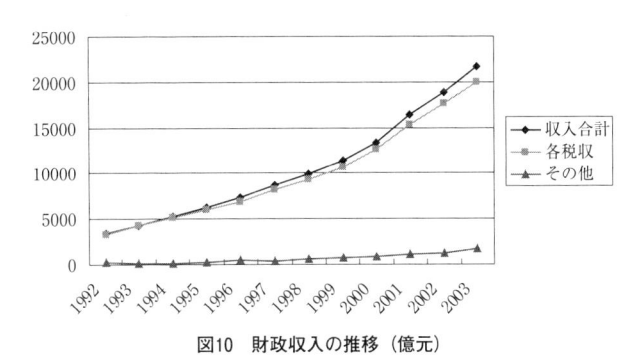

図10 財政収入の推移（億元）
出所：2006年『中国統計年鑑』より作成。

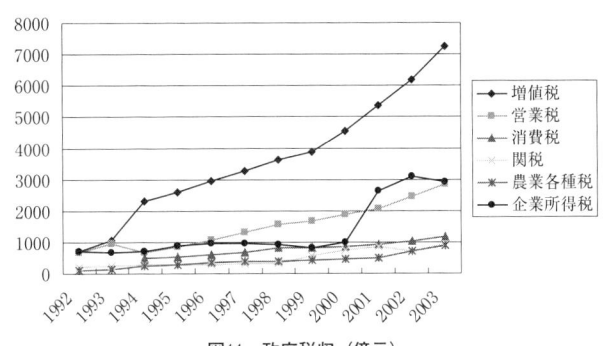

図11 政府税収（億元）
出所：2006年『中国統計年鑑』より作成。

で，営業税は地方税である。

　中国の行政組織は中央政府，省政府，市政府，県政府，郷鎮政府，村民委員会という階層になっている。先に指摘した中央税と地方税の区分は中央政府と省政府の区分でもある。市政府以下の各級政府の財源は上級政府よりも限られた範囲で行なわれ，郷鎮政府レベルの財政状態は分税制度改革以降，行政の業務に支障をきたすところまで悪化している。そのため，郷鎮の居住者に対するさまざまな費用徴収が問題になっている。そこで，中央政府は地方政府に対し補助金を手当てしているが，実態が定かではないこともあって郷鎮政府の財政的困窮は，解消されているとは必ずしもいえない状態にある。**表11**は中央政府の財政収入と支出，中央から地方への分配を表している。1994年以降，中央政府から地方政府への補助金の増加が確認できる。中国全体の財政収入を見れば，

表11　中央と地方との分配（億元）

	全国財政収入	中央政府収入	中央収入	地方からの収入	全国財政支出	中央政府支出	中央支出	地方への支出(補助)
1992	3483	1538	980	559	3742	1767	1170	597
1993	4349	1558	958	600	4642	1857	1312	545
1994	5218	3477	2907	570	5793	4144	1754	2389
1995	6242	3867	3257	610	6824	4529	1995	2534
1996	7408	4265	3661	604	7938	4874	2151	2723
1997	8651	4831	4227	604	9234	5389	2533	2857
1998	9876	5489	4892	597	10798	6447	3126	3322
1999	11444	6447	5849	598	13188	8239	4152	4087
2000	13395	7588	6989	599	15887	10185	5520	4665
2001	16386	9174	8583	591	18903	11770	5768	6002
2002	18904	11027	10389	638	22053	14123	6772	7352
2003	21715	12484	11865	619	24650	15682	7420	8261

出所：2004年『中国財政年鑑』より作成。

徴税力の強化と経済の好調によって税収は伸びている。しかし，各級政府の収入と支出のバランスを考えた配分になっていない。たとえば，義務教育に掛かる費用は郷鎮政府が支払っている。しかし，これをまかなうだけの収入がないため，給与未払いの状態が発生している。このため，資金の豊富な中央政府と資金のない地方政府との格差が広がっている。この中央と地方のアンバランスが貯蓄率に現れているのではないだろうか。

(2)　制度部門別の資金過不足のうち，政府が急速に資金不足部門になっていること。

　政府が資金不足部門となった時期は，アジア通貨危機直後と重なる。1998年以降，中国政府はそれまでの緊縮財政から積極財政に転換している（大西，2004）。この影響があるのではないかと考えられる。末尾の中国政府部門の資金調達構造（表14－13）を見ると政府の資金調達が主として債券によって行なわれ，しかも，1998年以降それが増加している。これは，公共投資を増加させてアジア通貨危機以降の景気刺激策を試みた政策とも整合的である。

(3)　国民総貯蓄—総資本形成の資金過不足が1990年代にプラスになっていること。

国民総貯蓄と総資本形成との差額は経常収支にあたるから，1990年代には経常収支がプラスになっていることになる。この点に関連して，資本逃避（Capital Flight）があったとする多くの研究が存在する。

本来，貯蓄は，投資（資本形成）の原資を提供するから，経済成長の貴重な源泉となるはずである。ところが多くの途上国の政策当局を悩ませているのが，この資本逃避の問題である。すなわち，居住者の投資可能資金が海外の金融資産を購入し，保蔵することに使われ，当該国の経済成長に貢献することがない。また，それは，しばしば，当該国の規制に反して行なわれるものであり，腐敗（corruption）との関連が指摘されることも多い。

資本逃避の定義は広狭さまざまなものがある[36]し，国際収支統計やIMF金融統計から得られる項目のどれを用いて推計するかという点に関しても，さまざまなバージョンがある。たとえば，Residual法とも呼ばれる世界銀行が開発した方式では，次式によって，資本逃避を推計する[37]。

　　資本逃避＝経常収支＋外貨準備増減
　　　　　　＋直接投資純入フロー＋対外debt負債純増

ここで，debtとは，SNAの用語では，株式その他の持ち分を除く負債のことである。他の項は，SNA（BPM）概念として理解できる[38]。この方法は，間接接近法であり，投資可能資金＝貯蓄＋直接投資純入フロー＋対外debt負債純増から，実際の資本形成額＋外貨準備増を控除して，資本逃避とみなしている。国際収支統計の恒等式から，経常収支＋外貨準備増減＋資本収支＋誤差脱漏＝0だから，Residual法の資本逃避概念に対して別の解釈を与えることができる。すなわち，

　　資本逃避＝－資本収支－誤差脱漏＋直接投資純入フロー＋対外debt負債
　　　　　　純増

さらに，資本収支＝投資収支＋その他資本収支，また，投資収支＝直接投資＋証券投資＋金融派生商品＋その他投資である。この方法が1980年代に開発されたことを考慮し，その他資本収支と金融派生商品は無視しておくと，

　　資本逃避＝（対外金融資産純増－対外負債純増）－誤差脱漏
　　　　　　＋直接投資純入フロー＋対外debt負債純増
　　　　　　＝（対外直接投資純増＋対外証券投資純増＋対外その他投資純増）

36　たとえば，Lessard and Williamson [1987]，Kant [2002] を見よ。
37　World Bank [1985]。
38　対外debt純増をその残高の変動として考える場合もある。

$\qquad$ －（対内直接投資純増＋対内証券投資純増＋対内その他投資純増）
$\qquad$ －誤差脱漏＋（対内直接投資純増－対外直接投資純増）
$\qquad$ ＋対外debt負債純増
$\quad$ ＝（対外証券投資純増＋対外その他投資純増）
$\qquad$ －（対内証券投資のうち株式純増）－誤差脱漏

　このように書いてみると，Residual法は，民間の資金流出を広範に資本逃避と認定する方法であり，誤差脱漏は考慮されているが，直接投資ではない対内株式投資は控除項目であることがわかる。一方，直接接近法と呼ばれる一連の方法では，国際収支統計やIMF金融統計のいくつかの項目をピック・アップして，残渣としてではなく，直接，資本逃避を推計する。そのうち，Balance of Payments法は，短期資金移動（hot money）に注目し，誤差脱漏＋民間短期資金流出を資本逃避の指標とする[39]。上記のResidual法では，資本逃避が存在すれば，プラスの数値が得られるが，Balance of Payments法では，国際収支統計の慣行上，マイナスの数値が得られることに注意する。貿易信用，貸付・借入，現預金，雑投資等を含むその他投資項目に焦点をあてる論者もいる[40]。

　居住者の対外金融資産の取得のうち，どの部分を資本逃避とみなすかは，議論が分かれるところかもしれない。「資本逃避」という語には悪いものであるというニュアンスが含まれているが，当該国経済の成長に貢献せず，当該経済にとって悪影響をもたらすもの，という判断はかなり微妙である。もちろん，多くの途上国は，資本不足状態からの経済成長を余儀なくされているのだから，資本逃避が問題にされるのは理解できるが，たとえば，投資を所与として，貯蓄＝投資を国内だけで成立させようとすると，場合によっては，国民所得が低下する可能性がある。貯蓄の一部を海外にもってゆくことができる場合，かえって，国民所得に対する悪影響を抑えることができるかもしれない。民間居住者の対外金融資産の取得そのものが有害であるとするのは，行き過ぎであろう。

　輸出代金は海外の金融資産となったまま，長い間，当該国に戻ってこない可能性がある。その金融資産が捕捉されていなければ，誤差脱漏のマイナスの数字として現れる。さらに，輸出の過少申告，輸入の過大申告がありえるとされている。これらは，統計に捕捉されない可能性もあるが，もし，代金が金融資産側には計上されていれば，それらは誤差脱漏にプラスの数字として含まれて

39　Cuddington [1986]。
40　張 [2005]。

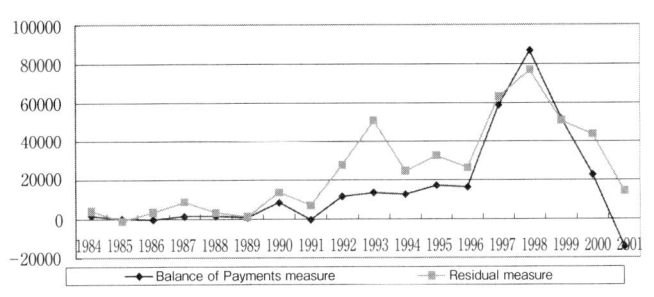

Gunter (2004) Table1より引用

Balance of Payments measure : Sum of nonbank private short-term capital, net errors and omissions
Residual measure : Sum of the Current account balance, net foreign investment, change in reserves, change in foreign debt

図12　中国資本逃避推計

表12　中国資本逃避推計

	Balance of Payments measure	Residual measure
1984	1,775	4,247
1985	310	-1,047
1986	-209	3,462
1987	1,493	8,807
1988	1,598	3,267
1989	869	1,268
1990	8,546	13,810
1991	-207	7,143
1992	11,698	27,787
1993	13,663	50,857
1994	12,802	24,771
1995	17,333	32,631
1996	16,418	26,445
1997	58,624	63,223
1998	86,734	76,877
1999	51,646	50,840
2000	22,799	43,801
2001	-14,322	14,395

いるはずである。誤差脱漏の内容を固定的に考えるのには困難がある。

ほとんどの発展途上国について，資本逃避の推計がある。中国も例外ではない。ただし，中国は，ロシアとともに，資本逃避が存在するとともに，経常収支が黒字である国であるという点が多くの他の途上国と異なる。以下の**表12**は，Gunter（2004）のものである。Gunterは，いくつかの方法を試みているが，表では，Residual 法，Balance of Payments法の2種類の方法による推計結果を示した。数字がプラスであれば，資本逃避が存在すると解釈ができるように表示してある。

大橋［2003］は，1990年代に入り資本逃避が顕著になり，1997年ころピーク（GDPの3.5％）を迎えたと指摘している。その手段として，移転価格（輸入

価格を過大申告し,輸出価格を過小申告する),直接投資の虚偽報告,地下銀行を通した非合法な移転,金融機関と外貨管理部門での便宜等をあげている。中国の資本逃避は,アジア通貨危機により,人民元の切り下げ観測からホットマネー(短期運用資金)が国外に流出したことにより増加したが,通貨危機を脱し成長軌道に乗ると減少した。また,中国政府が採用した輸出戻し税制度の不当申告の是正,密輸撲滅キャンペーンの施策により大幅に減少したと論じている。

(谷口昭彦)

9　中国GDP統計改革の進展と経済センサス——日本との比較

(1) 経済センサスの実施

ここでは経済センサスを受けた中国GDP統計を客観的に評価するために,中国経済センサスの実施状況を説明し,日本の経済センサス(活動調査)との比較を行なった上でサービス業を中心に改定されたGDP統計の結果を取り上げる。

中国国家統計局は,整合的な統計調査の不備などを考慮し,2004年12月31日を基準日とした初めての経済センサスを実施した。今後経済センサスは,5年に一度西暦の末尾が3と8の年次に行なわれる。表13は中国がこれまで行なってきたセンサスの調査対象年を示したものである。

経済センサスは,従来の基本単位センサス,鉱工業センサス,サービス業センサス,建設業センサスを含む統計調査であるが,調査対象はこれまで調査が難しかった個人事業主を含むように拡大されて精度が上昇する一方,調査客体のコスト軽減につながった。

他調査との比較において2004年経済センサスを特徴付ける上で,調査の実施状況を見ていくことが特に重要である。経済センサスでは,産業毎に規模別に対応が分かれ,特に一定規模以上の企業に対して産業毎に詳細な調査票が設計された。内容は,企業及び事業所に関する基本的な情報に加え,売上の内訳,損益計算,貸借対照表,生産能力といった詳細な記入事項が列挙され,産出投入構造の捕捉にとって重要な二点のポイントが満たされた。

第1に,売上に関して財・サービス毎に25分類で記述した上で,内訳(卸売,小売)を書かせることとした。通常日本の調査は,調査対象について製造業には製造物を,サービス業にはサービスを記述させることを想定することから,供給表において製造業×サービス(あるいはその逆)の産出を正確に捕捉する

表13 中国におけるセンサスの調査対象年

	1982	1985	1990	1993	1995	1996	2001	2004
人口センサス	○		○				○	
農業センサス						○		
基本単位センサス						○	○	↓
鉱工業センサス		○			○			↓
建設業センサス								↓
サービス業センサス				○				↓
経済センサス								○

注：↓は経済センサスに吸収されたことを示す。
出所：王［2005］などから作成

ことが難しいという問題を抱える。しかし，中国の経済センサスでは複数の事業所に産業別調査票をそれぞれ配布できるようにすることで，こうした問題を回避する工夫を行なった。実際に実施できるかどうかは，調査実施の体制に依存しているが，同一企業内で製造業とサービス業が併存する事業所であっても適切な調査が行なえる体制を整えられた結果，正確な供給表を作成できる環境が整備された[41]。

第2に，今回のセンサスから一定規模以上の産業に対して投入構造の捕捉が可能となった。推計方法や通常の情報収集の状況に合わせて調査票の設計を大きく変えたため，調査内容は様々であったが，主に製造業を中心に財別に期首の原材料在庫，生産額，外部購入分，消費分，期末の原材料在庫を調査できたことによって，使用表にとって捕捉が難しい中間投入構造や在庫のデータといった有益な情報が得られたのである。

表14は，中国経済センサスの調査方法の概要を議論するために，主に工業を中心に調査票の項目をまとめたものである。

中国経済センサスについて，一定規模以上を対象とした調査票は概ね詳細に作成され，しばしば日本で調査が実務上難しいと判断される問題もクリアできる水準に達した。経済センサスの実施方法に関して中国国家統計局が今回の調査で貴重な基礎資料を得て，GDP推計の精度を向上させた点に正当な評価を与えるべきだろう。

中国に引き続き，日本においても経済センサスを巡る議論が近年盛んに行な

---

41 この場合の供給表とは，基本価格表ではなく，あくまで購入者価格表もしくは生産者価格表のことを指している。

表14 中国経済センサスの主な調査票

コード	調査票の種類[42]	対象	主な調査事項
601	企業単位の基本情報	全企業	連絡先,産業区分,(行政への)登録状況,事業形態,管理・組織状況,労働組合の有無,雇用者数,年間収入と資産,PC利用状況,親族企業の有無等
602	事業所の基本情報	全事業所	産業区分他基本情報に加えて,商品別売上額
B603	工業企業に関する生産状況	一定規模以上の工業企業	工業生産額,工業製品販売額,輸出額,製品別在庫額・生産額・販売額・自己消費額他
B604	工業企業に関する財政状況	一定規模以上の工業企業	在庫,資産・負債,利益・損失,税,人件費,中間投入等
B605	工業製品に関する生産能力	一定規模以上の工業企業	生産額,工業製品販売額,財別生産・販売・在庫,財別生産能力
B606	工業企業に関するエネルギー購入,消費,在庫	一定規模以上の工業企業	エネルギー毎の期首在庫,外部購入分,消費分,期末在庫,エネルギー消費量・利用額
B607	主な原材料及び工業用水の使用	全工業企業	原材料別の数量(期首在庫,購入分,利用分,期末在庫),及び供給源別の工業用水(量・額)
L608〜B612	その他調査票	工業企業	科学技術プロジェクトのリスト,一定規模以下の売上・投入調査票,建設業調査票
C616〜G641	サービス産業別調査票	規模別産業別	主にサービス活動の生産,損益,財政状況,貸借対照表等

　われてきた。GDP統計から見た論点をより明確にするために,以下では経済センサス(活動調査,以下表示省略)に絞って議論しよう。平成20年に内閣府統計委員会の下で検討を進める中で,経済センサスをどのように位置づけるのかという議論が多く行なわれた。しかしながら,経済センサスについて利点以上に,数多くの問題点があるということが分かった。中でも重要な課題は,通常GDP年次推計に利用する推計値と経済センサスで捕捉される数値との間に大きな差が出現するというものであった。年次推計に利用する基礎統計と経済センサスとの間の捕捉状況に差がある場合に,問題が表面化することが知られている。中国では年次推計の捕捉状況に課題があり,日本では従来とは異なる本社一括調査等による捕捉率や記入内容の検証が現段階では十分とは言えず,互いにGDP推計の基礎統計における精度面で共通した問題を抱えている。そこで中国と日本の経済センサスの課題を比較して検討するために,**表15**を作成した。

　中国と日本の経済センサスを評価する上で,経済センサス年と中間年の

表15　日中経済センサスの導入における課題比較[43]

比較対象	中国　経済センサス	日本　経済センサス（活動調査）
比較実施年	2004年	平成23年（予定）
頻度	5年に1回	5年に1回．（ただし，別途母集団情報は平成21年から5年に1回基礎調査を予定）
対象	農業を除く民間企業（ただし一部事業所）	民間企業及び事業所（農林漁家を除く），政府機関，民間非営利団体
対応既存調査	基本単位センサス，鉱工業センサス，建設業センサス，サービス業センサス	事業所・企業統計調査，工業統計調査，特定サービス業実態調査，本邦鉱業の趨勢，商業統計調査，サービス業基本調査　＊ただし，投入調査，民間非営利実態調査は対象に含まない．
メリット	サービス業に多いインフォーマル・セクターの捕捉，詳細な産出・投入構造，国富情報の捕捉．	サービス業の捕捉精度の向上が見込まれる．
導入によるGDPの推計課題	①年次推計の精度，特にサービス業の捕捉が不十分なことによって定期的な段差調整が求められる． ②年次推計基礎資料の拡充が求められる． ③遡及推計の精度に疑念が残る．	①工業統計が行なわれない場合，平成23年以降の国民経済計算の年次フレーム及び公表スケジュールに，少なからず悪影響が及ぶ恐れ． ②本社一括調査等の導入による精度面の問題． ③調査項目は，既存の統計調査項目を網羅する一方で，経済センサスとして本来求められる国富調査や投入構造調査としての役割はかなり制約される見通し．
GDP改定幅	GDP16.8%の上方修正	現段階で不明

GDP推計精度の違いと経済発展段階の違いの2点が非常に重要となる．

　日本のGDP推計から経済センサスを事前に評価する場合，ベンチマーク年調査の精度が年次推計と比較して低下する可能性が懸念される．例えば，平成22年工業統計調査が行なわれない場合，代替推計が難しいことから経済見通しやOECD National Accountsへのデータの手交といった多くの範囲で影響が出る恐れがある[44]．この問題に加え，経済センサスで採用される予定の本社一括方式は，支社数がどんなに多くとも本社にて調査票の記入を求められる．支社

42　調査票の名称をそのまま翻訳すると意味が通じにくいことから，調査票の内容を示すこととした．
43　日本の経済センサスは，主として総務省政策統括官（統計基準担当）新調査検討室［2008］などを参考とした．
44　内閣府経済社会総合研究所国民経済計算部［2008］．

を多数抱える大企業が，こうした記入負担を嫌がって大企業を中心に捕捉漏れが生じることが懸念される。さらに，20種類程度の調査票を調査員が使い分けるとか，調査員が産業を分類するという調査方式は，地方統計行政と調査員調査の弱体化が進行する中にあって，少なからず誤差を生む恐れがある。こうした問題は，これまで日本の一次統計に関して生じてこなかった問題であるから，決して経済センサスの精度を高める要因とはならないであろう。

　これまで高いとされてきた日本の年次推計におけるGDPの推計精度は，いくつかの地味な基礎統計によって支えられてきた。年次推計を行なうコモディティ・フロー法（コモ法）で推計される産出額推計品目の90%程度は，製造業を捕捉する工業統計調査・生産動態統計調査，サービス業を捕捉する特定サービス業実態調査，特定サービス業動態調査という年間最大で50万を超える程度の企業サンプルによって支えられている。こうした調査の果たす役割は，産業連関表作成時の産出推計，コモ法，それぞれにおいて概ね共通している。日本は，サービス業の捕捉が良くないという問題を抱えつつも，精度の高いGDP推計を人的・物的資源を節約しつつ行なってきたのである。

　日本の場合，これまで事業所・企業統計調査のように母集団情報を整備する調査（隔年），大規模標本調査（隔年），頻繁に行なう標本調査（月次・四半期・年次）を組み合わせることで精度の高いGDP推計を行なえていることから，経済センサスは既存の統計以上に精度が高くなければならないが，実際には年次推計よりも多くの課題が存在することから精度が低くなる恐れがある。このことが日本の経済センサスに対する評価を低くする原因となっている。

　しかしながら，中国のようにインフォーマル・セクターが経済活動全体に占める割合が小さくない場合，日本における状況と異なって事実上裾切りを実施する調査（基本単位センサス等を含む）では自ら捕捉力に限界がある。こうした状況では，経済センサスの実施が極めて重要な意義を持ってくる。中国国内産業の発展段階から考えて経済センサスのような調査でなければ，小規模な経済活動を捕捉しにくいことから，推計誤差によって経済センサス年のGDPが大幅に修正された事情はやむをえぬ事情であったと判断できる。つまり，中国では日本と比べて既存調査の精度が低いことが，中国の経済センサスに対する評価をより高めることとなるのである。こうした日本と異なる事情は，経済発展段階の違いにも起因していると考えることができる。

　ただし，今後中国は経済の急速な発展とともにインフォーマル・セクターの経済活動に占める割合が低下し，捕捉しやすい大規模企業の台頭が予想される。

それにともなって，登記簿情報や行政記録，徴税記録，会計情報などの活用を通じて，経済センサスに頼らなくても母集団情報の更新や必要情報を一定程度入手できる環境は整うであろう。日本の実例を考慮すると，経済センサスに頼る手法を採用して定期的なGDP改定幅に悩むよりも，年次のサンプル調査に人的・物的資源を投下することで精度向上に努める道を選択することも可能となる。つまり，将来的に基礎統計の充実によって，経済センサスの役割がもう一度問われる可能性がある。したがって，中国経済センサスに対する正当な評価は，経済発展の進行や基礎統計の充実を待って，より長い目で考えるべきであろう。

以上はあくまで中長期的な議論である。ここからは再び経済センサス後の中国GDP統計の評価に関する議論に戻りたい。

(2) 経済センサス実施の影響

中国では，長い間MPS（A System of Material Product Balances）体系が採用されていたこともあって，サービス業に関する統計が非常に不足している。

表16は経済センサス後に行なわれた第三次産業GDPの改定結果を示している。多くのサービス業企業と個体経営単位について定期的な統計調査制度が存在しないため，経済センサスの結果によって，運輸・通信業，商業・飲食業とその他のサービス業が大きく上方改定された。上述のように経済センサス資料を用いた推計が行なわれたほか，家計による営利目的の家屋の賃貸や有給の家事スタッフによるサービスが，家計調査の資料によって今回の改定でGDPに新たに含まれることになった。また，金融仲介サービスの取扱いの変更（家計預金利子所得を金融部門の付加価値に加算するという従来の方法を改め，各産業の付加価値に配分した），持ち家の帰属減耗率の推計方法の変更（従来では，持ち家の取得費用価格で評価したが，それを当期価格評価に変更した），コンピューター・ソフトウェアの取扱い（中間投入から固定資本減耗へ）の変更も今回の改定で合わせて実施された。こうした変更によって，**表17**に示されたように，金融部門の付加価値が大幅に下方修正され，また，不動産業の付加価値が大幅に上方修正された。

経済センサスが実施された結果，2004年のGDPは16.8%上方修正され，そのうち第三次産業のGDP構成比は40.7%上方修正された。表16のGDPの変遷を経済センサス前後で比較すると，90年代半ば頃から調整幅が大きくなり，2000年以降では10%を超えている。

表16 中国第1回経済センサス後のGDPおよび経済成長率の遡及改訂（億元，％）

年	改訂後GDP 実数	改訂幅	うち第三次産業による改訂	第三次産業の構成比 改訂後	改訂前	経済成長率 改訂後	改訂前
1993	35334	2.0	95.4	33.9	32.7	14.0	13.5
1994	48198	3.1	93.9	33.8	31.9	13.1	12.6
1995	60794	4.0	92.7	33.1	30.7	10.9	10.5
1996	71177	4.8	92.0	33.0	30.1	10.0	9.6
1997	78973	6.1	91.7	34.4	30.9	9.3	8.8
1998	84402	7.7	92.6	36.5	32.1	7.8	7.8
1999	89677	9.3	92.7	38.0	32.9	7.6	7.1
2000	99215	10.9	92.7	39.3	33.4	8.4	8.0
2001	109655	12.7	93.0	40.7	34.1	8.3	7.5
2002	120333	14.4	93.1	41.7	34.3	9.1	8.3
2003	135823	15.7	92.9	41.5	33.4	10.0	9.5
2004	159878	16.8	92.6	40.7	31.9	10.1	9.5

出所：中国国家統計局（2006）「中国国内総生産の遡及改訂結果に関する公告」より作成。

表17 中国第1回経済センサス後の2004年第三次産業GDPの改訂（億元，％）

	改訂後 実数	構成比	改訂前 実数	構成比	改訂幅（％）
国内総生産	159878	100.0	136876	100.0	16.8
第一次産業	20956	13.1	20768	15.2	0.9
第二次産業	73904	46.2	72387	52.9	2.1
第三次産業	65018	40.7	43721	31.9	48.7
うち，運輸・通信業	12148	7.6	7694	5.6	57.9
商業・飲食業	15250	9.5	10099	7.4	51.0
金融・保険業	5393	3.4	7026	5.1	-23.2
不動産業	7174	4.5	2712	2.0	164.5
その他のサービス業	25054	15.7	16190	11.8	54.7

出所：中国国家統計局［2006］「経済センサス後の中国GDP読解その二．GDPの第一・第二・第三次産業の構造および国際比較」より。

　この経済センサスの実施によって，統一的な枠組みの中で第二次産業と第三次産業の発展規模，産業構造などの把握が可能となり，GDP統計の精度が向上した。また，この経済センサスは，単体の事業センサスでは調査されてこなかった個人事業主を含むことから，1990年代のセンサスよりも広い範囲をカバーしている。表18の経済センサス前後の産業別の構成比をみると，第一次産業は経済センサス後に13.1％（－1.9％）に，第二次産業は経済センサス後

表18 経済センサス前後の名目GDPと産業構成比の比較（億元，％）

	経済センサス後				経済センサス前				開差
	GDP	構成比（％）			GDP	構成比（％）			（％）
		第一次	第二次	第三次		第一次	第二次	第三次	
1978	3645.2	27.9	47.9	24.2	3624.1	28.1	48.2	23.7	0.58
1979	4062.6	31.0	47.1	21.9	4038.2	31.2	47.4	21.4	0.60
1980	4545.6	29.9	48.2	21.9	4517.8	30.1	48.5	21.4	0.62
1981	4891.6	31.6	46.1	22.3	4862.4	31.8	46.4	21.8	0.60
1982	5323.4	33.1	44.8	22.1	5294.7	33.3	45.0	21.7	0.54
1983	5962.7	32.9	44.4	22.7	5934.5	33.0	44.6	22.4	0.47
1984	7208.1	31.8	43.1	25.1	7171.0	32.0	43.3	24.7	0.52
1985	9016.0	28.2	42.9	28.9	8964.4	28.4	43.1	28.5	0.58
1986	10275.2	26.9	43.7	29.4	10202.2	27.1	44.0	28.9	0.72
1987	12058.6	26.6	43.5	29.9	11962.5	26.8	43.9	29.3	0.80
1988	15042.8	25.5	43.8	30.7	14928.3	25.7	44.1	30.2	0.77
1989	16992.3	24.9	42.9	32.2	16909.2	25.0	43.0	32.0	0.49
1990	18667.8	26.9	41.3	31.8	18547.9	27.1	41.6	31.3	0.65
1991	21781.5	24.3	41.8	33.9	21617.8	24.5	42.1	33.4	0.76
1992	26923.5	21.5	43.5	35.0	26638.1	21.8	43.9	34.3	1.07
1993	35333.9	19.5	46.6	33.9	34634.4	19.9	47.4	32.7	2.02
1994	48197.9	19.6	46.6	33.8	46759.4	20.2	47.9	31.9	3.08
1995	60793.7	19.8	47.2	33.0	58478.1	20.5	48.8	30.7	3.96
1996	71176.6	19.5	47.5	33.0	67884.6	20.4	49.5	30.1	4.85
1997	78973.0	18.1	47.5	34.4	74462.6	19.1	50.0	30.9	6.06
1998	84402.3	17.3	46.2	36.5	78345.2	18.6	49.3	32.1	7.73
1999	89677.1	16.2	45.8	38.0	82067.5	17.6	49.4	33.0	9.27
2000	99214.6	14.8	45.9	39.3	89468.1	16.4	50.2	33.4	10.89
2001	109655.2	14.1	45.2	40.7	97314.8	15.8	50.1	34.1	12.68
2002	120332.7	13.5	44.8	41.7	105172.3	15.3	50.4	34.3	14.41
2003	135822.8	12.6	46.0	41.4	117390.2	14.4	52.2	33.4	15.70
2004	159878.3	13.1	46.2	40.7	136875.9	15.2	52.9	31.9	16.81

出所：中国統計年鑑2005年版と2006年版から作成

46.2％（－6.7％）へと下方修正されている。最後に，第三次産業は経済センサス後40.7％（8.8％）に上方修正されたことから，第三次産業だけが上方にシフトし，第二次産業は大きく下方にシフトしたことがわかる。経済センサス前後の産業構成比の時系列的な変化は，表18において参照することができる。

図13は2006年1月に国家統計局が公表したセンサス前後の実質成長率，第三次産業の実質成長率である。実質成長率はセンサス前と比較すると約0.5％上方修正され，第三次産業では約2％上方修正された。センサス前後では第三次産業の成長率がGDP成長率よりも上方修正されたため，1997年以降，実質成

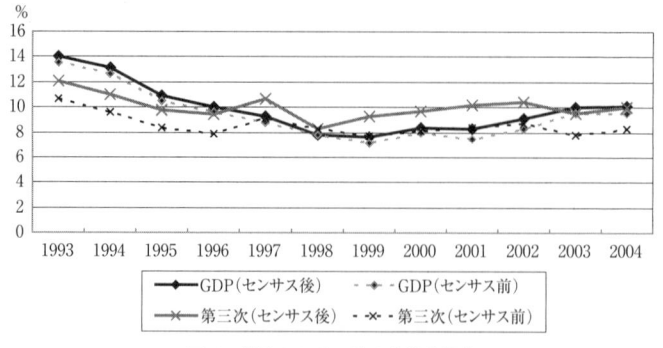

図13 経済センサス前の実質成長率

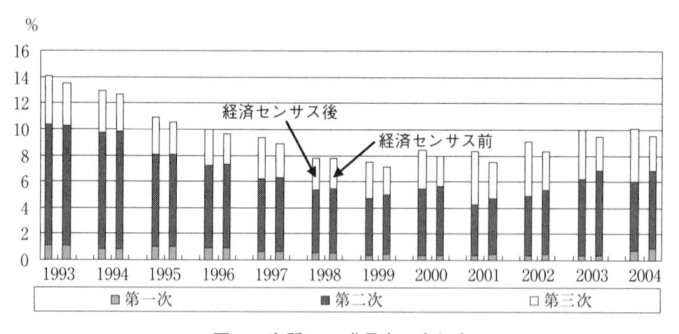

図14 実質GDP成長率の寄与度

長率の逆転が見られた。

図14は経済成長に対して，各産業の寄与度である。経済センサス後の1997年以降，第三次産業の寄与度が大きくなった。

(3) サービス業の捕捉と経済センサス

MPSでは，農業，林業，漁業，工業，建設業および直接これらの財を生産する部門に関連したサービスだけが生産的であると考えられた。つまり，小売業，卸売業，および貨物輸送は生産の境界に含まれたが，金融業，保健サービス，公益事業，教育などは生産的であると見なされなかった。これらのサービスの生産と消費は，移転とみなされたため，Net Material Product（NMP＝GDPに最も近いMPS上の集計値）に含まれなかった。MPSでは，NMPとともに社会的総生産（Global Social Product：GSP）という集計量を持つ。GSPと

は物的分野だけの産出額を合計したもので，NMPとはGSPから中間消費と固定資本減耗を差引いたものである。NMPとGDPとの違いは固定資本減耗分の取扱を除けば，サービス業のカバーされる範囲の差である。このサービス業の部分をどう推計するかが，またどのように調査するかが中国において重要な懸案となっていた。

　1993年に国家統計局は最初のサービス業センサスを実施したが，個人事業主を含まないこと，中小企業の一部が調査から漏れること，分類が粗いなどの問題があった。1990年代のサービス業について，現実的な問題として許氏は12章において教育と住宅サービスの問題を挙げた。まず，教育については，教育に対する需要に供給が追いつかない現状から市場における教育サービス価格が総合消費者物価指数より上昇速度が速かったことを指摘している。これは，同章**表20**の「公的教育支出の対GDP比」に示されるように，公的教育サービスへの支出が低く，高まる教育需要に対して不十分なためである。このような教育に対する需給ギャップは不変価格を推計する際の問題にもなってくると指摘している。中国では，不変価格表示の推計は，実施できる業種にはダブル・デフレーションで実質付加価値を推計しているが，サービス業では商業・飲食業，金融業，不動産業などはシングル・デフレーションによって推計し，その精度を高める努力をしている。しかしながら，教育は公的教育と民間教育の制度整備が十分に機能しておらず，それにともなって教育サービス価格を厳密に推計することの難しさが指摘されている。

　次に不動産業付加価値の推計については，持ち家住宅サービスの付加価値推計法として，市場家賃アプローチとコストアプローチという2つの選択肢が存在する。日本は前者の市場家賃アプローチによって算出しており，GDPに占める住宅サービスの割合が12％弱となっている。一方，中国は不動産の賃貸市場がまだ成熟していないことから，後者のコストアプローチを採用している。この方法は，まず，住宅の可住面積合計に1㎡当たりの平均建設費を掛け合わせることによって家計住宅ストックの合計評価額を算出し，適切な減耗率を用いて家計住宅固定資産の帰属減耗額を計算する。次にこの帰属減耗額に家計住宅サービスにかかわるその他の本源的な投入費用を計上して，家計住宅サービスの付加価値を算出する方法である。しかしながら，実際には，都市部と農村部の持ち家住宅を推計することにあたって，その付加価値の推計に減価償却のみを考慮し，他のコストが含まれていないことから，過小評価となっている。推計の際に使用された帰属減耗率は，都市部は4％，農村部は2％とした（許

表19　不動産業の対GDP比（％）

1997	1998	1999	2000	2001	2002	2003	2004
1.7	1.9	1.9	1.9	1.9	2.0	2.0	4.5

出所：中国統計年鑑各年版より作成

[2002]による）。また，持ち家の帰属減耗率のデータは取得費用価格によって推計されているため，過小評価の可能性がある。その結果，**表19**にも示されたように2004年までの「不動産業の対GDP比」はわずか2％弱である。

　都市部の住宅は農村部より良質で，使用年数も長いことから，推計の際に使用された帰属減耗率は，都市部は2％，農村部は3％に変更し，また，持ち家の帰属減耗率のデータも当期建設コスト価格評価に変更した（許[2006]による）。こうした推計手法の変更によって，2004年の「不動産業の対GDP比」が4.5％に上方修正になった。今後，中国不動産の賃貸市場の発展にともなって市場家賃アプローチが採用されれば，不動産業付加価値の推計額がさらに上方修正される可能性も出てくる。

　次に不動産業に関連して福祉型の住宅は，これまで自由な売買はできなかったが，無期限で，定年や死亡と関係なしに本人及び家族が住み続けることができた。その後，1988年に，こうした土地制度の抜本的な見直しが行なわれ，具体的には土地使用権を独立の権利として譲渡可能とし，その後，1995年までの間に，土地使用権の払い下げ，転売等の関係規定も整備された。土地使用権とは日本で言えば定期借地権のことである。1998年には国務院が「新たな都市住宅制度の改革」を発表し住宅への新たな需要が増加した。この改革の骨子は，以下の通りである。

　○政府や国有企業が，福祉住宅を低家賃で支給する従来の制度を廃止し，代わりに住宅補助金を支給する。
　○既存の福祉住宅の家賃を建設コストや改築費用に見合うレベルまで引き上げる。
　○福祉住宅の払い下げを推進する。
　○住宅金融制度を整備し，個人の住宅購入を促進する。

　都市住宅制度の改革は不動産市場に影響を与え，これまで統計的な補足が困難であった福祉型住宅の存在がサービス業付加価値の捕捉に影響を与えていた可能性がある。

　表20は中国と世界各国の公的教育支出の対GDP比を示している。中国の数

表20　公的教育支出の対GDP比（%）

	2000	2001/2002	2002/2003	2004
中国	2.1	2.2	2.2	3.1
ネパール	3.7	3.4	3.4	3.4
インドネシア		1.3	1.3	1.1
バングラデシュ	2.5	2.3	2.4	2.2
モンゴル	2.3	6.2	9.0	7.5
南アフリカ	5.5	5.7	5.3	5.4
タイ	5.4	5.0	5.2	4.2
韓国	3.8	3.6	4.3	4.3
ドイツ	4.6	4.5	4.6	4.8
フランス	5.8	5.8	5.7	5.6
イタリア	4.5	4.6	5.0	4.7
オーストラリア	4.7	4.6	4.9	4.9
イギリス	4.5	4.4	4.7	5.3
米国	4.8	4.9	5.7	5.7
日本	3.5	3.6	3.6	3.6
世界	4.4	4.1	4.4	4.4

出所：各国及び世界のデータはWorld Development Indicators（2003年版，2004年版，2005年版，2006年版）から作成した。

値はインドネシアより高いが，多くの途上国あるいは日本，韓国，欧州諸国などの先進国との比較において低い。

　最後に経済センサスの結果をふまえて教育について検討しよう。中国の教育ニーズは元々高く，沿海部の都市住民は裕福であるため子弟に教育費をかけることが可能で，農村戸籍を持つ農村出身者の中には，都市の大学に進学し都市の企業に就職することで都市戸籍の取得を目指す者がいる（丸川［2002］）。しかし，前述のように，公的教育支出の対GDP比は低いから，より良い教育を受けるために民間教育への需要が高まり，それが結果的には，民間教育サービスの価格上昇を招いている。このことは同時に，低所得者層の高等教育を受ける機会をより乏しいものにしてしまう。教育機会の格差は訓練の行き届いた優秀な人的資本の供給に影響を与えることになるため，優秀な労働力の奪い合いが産業間で発生し，結果的に生産性の低い集約型労働サービスを提供している業種への安価な労働力の流入がさらに市場価格を押し下げている可能性がある。結果として教育を受ける際の格差が人的資本の蓄積に影響を与し，今後，経済成長にも影響を及ぼす恐れがある。
（原稿を作成するに当たり，内閣府経済社会総合研究所内の方々より実務的見

地からご指導いただいた。なお，本稿は専門的な組織としての見解を表すものではなく，内容に関してすべての責任は著者にある）

(櫻本　健)

10　国民経済計算体系の整備及び地域経済計算の整備について

　中国国家統計局はMPSからSNA移行にあたって，計算体系の変更にともなう様々な問題点をクリアにしたうえで，GDP統計の整備とその精度を向上させるための様々な努力を払ってきた。それは，統計分類体系の整備や統計調査の整備の実施を行なうための統計制度の改革でもあった。統計調査の整備の内「経済センサス」調査は，従来から脆弱と指摘されていたサービス業や零細自営業の経済活動を把握することに成功し，GDP統計の精度向上に大きく貢献している。同様に推計方法も極力付加価値推計を実施するなどの大幅な見直しも積極的に実施されている。

　また，中国では各省がそれぞれ自身の地域内総生産（いわゆるRDP（Regional Domestic Productの略称）を推計し公表している。RDPは各省の責任の下に実施されているが，地域経済は他地域との経済依存度が高いゆえ，域際間取引を十分に把握できる統計資料がない（日本も同様である）ことや，省自身の統計調査の未整備または推計方法の未熟さゆえに統計誤差を多く含んでいるかもしれない。この統計精度をチェックする端的な方法は，各省のRDPを積み上げて合計値（全省値）としてGDP値（国値）と比較してみることであろう。一般的には，RDP合算値とGDP値が近似していれば相互の統計精度は高いとされる。

　今後の中国経済を見る上で，GDP統計に対する課題を考えるならば，GDP関連統計の整備は欠かせないと思われる。ここでは，1番目としてGDP統計作成の基礎となっている「国民経済計算体系」(System of National Account)で，中国国家統計局として未整備のGDP関連統計部分を「(1)　課題としての国民経済計算体系の整備」として述べる。2番目として，RDPは地域間経済格差を測る上で重要な指標であるが，その推計方法は地域間で共通の推計方法でなければならないし，また共通の調査を前提として測ることが望ましい。しかしながら，それぞれの地域によって予算規模や人的パワー等々が異なっていることや，RDP推計はGDP推計とは異なった課題を抱えているので，合理的な手法でどのように統計精度を保ち詳細な地域経済マクロ指標としていくかが

課題となってくる。ここでは,「(2) RDP合算値とGDP値の開差を最小化するための中国の取組み」として,そして,日本における経験を「(3) 日本の取組み」として考えてみたい。

(1) 課題としての国民経済計算体系の整備

許氏自身,中国の統計整備の方向についていくつかの検討課題を提示している。ここでは,その検討課題に2つの追加を提案したい。SNA体系の制度部門のひとつである「対家計民間非営利団体」の導入とSNA勘定体系の重要な構成要素である「その他の資産変動勘定」については中国では未着手のように見える。「対家計民間非営利団体」の活動はSNAでは政府と同じように生産＝消費をする主体として定義されている。この非営利団体はGDPの構成項目となっている。他方,「その他の資産変動勘定」は「期首・期末貸借対照表間の資産・負債及び正味資産の変化を制度単位の取引や保有利得及び損失によるものではないものを記録する」（93SNA,12.4.段）勘定で,直接GDP統計とは呼べないが,間接的には,在庫品を含め資産を再び生産活動で使用する場合の「量的変化」と「価格変化」を記録しておくためのものであるため,あえて論じることとした。

①対家計民間非営利団体について

93SNAにおける「制度単位」の定義は,「それ自身の権利により,資産を所有し負債を負い,経済活動に従事し,他の主体との取引に携わることができる経済主体制度単位」とし,かつそれぞれの制度単位は5つの制度部門に分けることが出来るとしている。ただし,「非営利団体」は「その目的や支配・資金供給単位の類型によって,家計部門を除く5つの主要な部門に分類される可能性がある。」〔93SNA,4.14.段〕とし,さらに「そもそも非営利団体の特徴は,それが当該団体を支配する単位の所得や利益の源泉になりえない」〔93SNA,4.14.段〕団体と定義している。その特徴として,①設立主体があること,②有限責任であること,③利益非分配であること,④自律統治であること,⑤構成員の金融利得権がないことがあげられている。要は法人格を持ち,営利を目的とせず,自律的な意思で活動する主体といえる。この非営利団体は各制度部門に存在するが,特に教育や福祉といったサービスを市場価格として成り立たない価格で家計に対して供給することを目的とした団体である。SNAでは対家計民間非営利団体は生産の3主体のうちの1主体と位置づけられている。そ

の活動の根源となる資金は，寄附金であったり，政府交付金であったりする。中央計画経済では「教育」や「福祉」は国家事業と位置づけられており「非営利団体」という概念はなかったと思われる。しかしながら，第12章で，教育サービスが取り上げられ，「その中には，非義務教育の段階において生徒から学費を徴収すること，社会的資金による学校運営への参画を奨励すること，寄付による学校運営などの政策がある。これらの措置は教育費の不足を解決する有効な手段となっている。」と論及し，すでに学校運営に対して「寄附金」をつのったり，「社会的資金」が投入されたり，「学費」の徴収がなされていることが記述されている。これは，まさしく対家計非営利団体活動の源泉を意味し，経済活動としてはすでに実体を持っていると考えられる。この対家計非営利団体活動は「政府」活動の代替あるいは民間経済活動の代替としてみることが出来る。その意味で，この「対家計非営利団体」をGDP上に組み込む意味合いは大きいと考えられる。なお，93SNAでは，市場経済移行国に対して，雇用者のために教育や福祉といった社会的支出を行なっている場合は対家計民間非営利団体の創設を求めているが，「勘定が不完全な記録しかない場合……対家計「準」非営利団体を創設すべき」(93SNA, 19.34.段)として，資金の源泉と消費の関係を「個別消費は，親企業からの移転によって資金提供された対家計民間非営利団体または対家計民間準非営利団体に記録され……」(93SNA, 19.35段)といった示唆をし，統計資料上，対家計民間非営利団体の推計が困難な場合は対家計民間準非営利団体として記録することを勧告している。

②その他の資産変動勘定について

次に「その他資産変動勘定」が未整備であることである。93SNAにおける「その他の資産変動勘定」とは，取引以外の期首・期末貸借対照表間の資産，負債および正味資産の変動を記録する勘定で，具体的には地下資源の発見や部門分類の変更，自身による資産の喪失などを記録する「その他の資産量変動勘定」と資産を保有することにより当該会計期間中に生じた正または負の保有利得を記録する「再評価勘定」によって成り立っている。この再評価勘定は，期首と期末の資産評価額の差を「名目保有利得」とし，そのうち一般物価変動分を「中立保有利得」とし，「名目保有利得」から「中立保有利得」を引くことによって「実質保有利得」が表される。この「実質保有利得」はいわゆるホールディングゲイン・ロスである。中国では，すでに国民貸借対照表が試算レベルで推計可能となっている。昨今「資産バブル」がささやかれている中国では，

この「その他の資産変動勘定」特に実質保有利得を推計する意味は大きい。そして，この勘定を導入することにより，在庫品評価調整でも出庫時と入庫時の価格変動分が整合的に記録されることになり，生産側GDPを推計する上でも支出側GDPの在庫品増加を精度の高いものにする勘定であろう。

(2) RDP合算値とGDP値の開差を最小化するための中国の取組み

2004年日本で開催された日中統計専門家会合で，許［2004］はGDPとRDP合計値に関して次のような表現をしている。「中国のGDPは国家統計局が方法と制度を統一的に制定し，国家統計局が全国GDPを計算し，各省・自治区・直轄市統計局がそれぞれの地域のRDPを計算している。様々な原因により，地域合計のデータと国家データとの間は常にずれが存在している。」と指摘している。すなわち，国家統計局は各地域レベルに対して共通のマニュアルを提供し，各地域自身は自らの管理の下でRDP推計を行なっている。しかしながら，RDP合算値とGDPとの間には開差が生じている。論文ではさらに次のような表現をして国家統計局はGDPとRDP合算値の統計誤差に対しての対策に乗り出している。「地域合計のデータと国家のデータとの間の差を縮小するべく，国家統計局は1999年から地域GDPデータの質に対して，再評価を行なった。……両者間の差は3ポイント以上から約2ポイントまでに縮小された。しかし，2002年と2003年のデータから見れば，地域合計データと国家データの間の差はむしろ拡大の傾向を見せている。」としている。その理由として，①地域間の成長率競争意識による推計歪曲化，②サービス業統計の欠如など統計制度に起因する問題，③地域データと国データの差異を挙げている。そのための方策として，①統計データにおける虚偽行為に対して法の執行と統計検査を通して強力な威嚇を作り上げる，②サービス業統計調査制度特に自営業との関係を地域で確立させること，③業務統計の地域データに対する検査強化をあげている。

ここでは，GDPとRDP合算値との開差について，2002年から2006年までを「中国統計年鑑」から作成し確認してみることとする。

中国のRDP合算値と国値（GDP）の開差率は2002年では0.2％であったが2006年では9.6％に拡大している。ここでは，中国のこの開差率の要因を詳しく見ていくために産業別の開差率を見ていくこととする。中国統計年鑑では産業別の省内総生産（RDP）の公表は2003年から表章されているので，2003年からの省内総生産と比較してみると**表21**と**表22**の2006年の開差率は等しいが，

表21 中国と日本のRDP合算値と国値（GDP）の開差率比較[注1]（%）

	2002	2003	2004	2005	2006[注2]
中国	0.2	2.5	4.8	7.5	9.6
日本	2.5	1.9	1.8	2.4	

出所：中国は2007中国統計年鑑より作成
　　　日本は2008年国民経済計算年報及び県民経済計算年報より作成
注1）開差率＝（全省値／国値－1）×100
注2）2006年における日本の開差率については，県内総生産は1部を国値から利用推計を行なう関係上国値より1年遅れのため未計上

表22　2003年と2006年の産業別RDP合算値と国値の開差率の推移（%）

	省内総生産	第一次産業	第二次産業	製造業	建設業	第三次産業	運輸・通信	卸売・小売	その他
2003年	13.7	0.5	8.4	6.9	17.8	33.6	52.2	43.2	24.3
2006年	9.6	0.0	12.1	12.3	10.3	9.3	63.9	50.8	13.8

出所：2007中国統計年鑑より作成
　　　開差率＝（全省値／国値－1）×100

表23　県民経済計算のための都道府県担当者との意見交換会議

会議	開催回数	開催主旨
県民経済計算主管課長会議	年1回	都道府県統計主管課長と内閣府県民経済計算主管課が県民経済計算の整備方針について検討を行なう
ブロック会議	年1～2回	全国を6ブロック（北海道・東北，関東・甲信静，北陸，関西，中国・四国，九州）にして，ブロック内県民経済計算担当者が集まり推計等々の問題点を持ち寄り検討する会議
県民経済計算初任者研修会議	年1回	都道府県の初任の県民経済計算推計担当者に対して研修を行なう
県民経済計算担当者会議	年1回	都道府県の県民経済計算推計担当者の研究公表と討論など交流の場

2003年の開差率は大幅に異なっている。おそらく表21の2003年の時系列データは遡及改定されているが表22の産業別データは遡及訂正されていないと思われる。ここでは開差率の拡大となった要因を見るため産業別の開差率の推移をみていくこととする。表22では，第一次産業はいずれの年も一定の開差であるのに対して，第二次産業及び第三次産業の開差は大きく離れている。第三次産業のうち，「その他」の開差に比較して「運輸・通信」，「卸売・小売」の開差が

2003年，2006年とも非常に大きい。この開差の特徴がよく表しているように，地域経済は移出入の依存度が非常に高く，それを測る精度の高い統計調査がないと考えられるため，移出入の代表的な産業である「卸売・小売業」と「運輸・通信業」の開差が非常に高いのはやむをえない。第三次産業の内「その他」の開差は2003年に比して2006年は小さくなっている。これは2005年経済センサスが実施され，サービス業の詳細な情報が得られた結果によるものかもしれない。むしろ問題は，第二次産業における国値との開差であろう。2003年と2006年における開差の拡大要因として考えられることは，国では経済センサスで詳細な産業情報把握が出来ているが，地域では，推計の基礎となる統計情報が生産情報を正確に把握できていない可能性がかなり高いのではないかと思われることや，推計段階で他省に対するむき出しの競争意識にこだわった推計がなされているかもしれないと許[2004]が示唆しているようなことがあるかもしれない。日本でも他県に対する競争意識があることは言うまでもない。

(3) 日本の取組み

日本は47都道府県の行政単位が県民経済計算を自主事業として行なっているが，都道府県行政単位は必ずしも経済圏と同一ではないため，経済循環の自律性は低く且つ完全な統計調査が行なわれているわけでもないので，その計測は困難をともなう。それは人の移動や財の移動にともなう経済取引量の推計だけではなく，域際間で取引される金融取引の把握や域際間にまたがった本社と工場あるいは本社と支社といった企業間の内部取引といった問題もあり，国のGDP推計とは異なった意味での困難な推計作業を行なわざるを得ない。したがって，日本の県民経済計算の特長は統計精度を維持するために産業連関表をベースにした国民経済計算とは異なり，事業所単位から出発した生産側を主軸とした付加価値推計法を前提にしている。需要側は移出入など域際間取引の推計が困難であるため，誤差が発生しやすいためである。よって，日本の県民経済計算は，二面等価を維持するために統計上の不突合を支出側に置いている。国民経済計算は統計上の不突合を生産側においている。これは統計精度を保つための実務的処理方法が大いに異なるということを表している。

このように，地域のマクロ経済を測る上で県民経済計算のネックは，域際間を自由に移動する財貨・サービスの移出入の測定の困難さだけではなく，実物経済を支える金融取引の把握が出来ないことも大きな要因である。それは地域別の資金循環表が作成されていないためである。したがって，県民経済計算の

金融取引はRDPを構成する帰属利子の推計を含めて，資金循環表をベースに推計されている国民経済計算の金融取引の推計値を使って按分推計を行なっている。そのため，県民経済計算は国民経済計算より1年遅れの推計を行なうことを余儀なくされ，昨今の経済の動きが早い時代に実体経済の動きから2年遅れのRDPの公表に疑問を呈する声があることも事実である。このように，地域では経済活動が行なわれているにも係らず，それを反映した統計データがないというケースは多いのである。このようなことに対処するために国と都道府県との協力体制の構築は欠かすことが出来ない。協力体制は2つある。ひとつは，国と都道府県が協力して共通の尺度で推計できるように「県民経済計算標準方式推計方法」マニュアル整備を進めていること，もうひとつは，推計するうえで，県が入手できないデータを国が県に提供している。

　以上述べたことは，県民経済計算推計に直接反映される協力であるが，さらに，県民経済計算推計精度向上のために，国と都道府県ではSNA担当者と県民経済計算担当者との間で表23に示したようにいくつかの意見交換会議を設定している。国と都道府県がこうした密接な関係を構築しておくことによって，間接的に国値と全県値の開差を最小にする努力を払っている。

　このように，日本ではマニュアル整備やデータ提供のほかに意見交換会議を開催して県民経済計算の推計精度の向上に努力を払った結果，表21の日本の国値（GDP）と全県値（RDP）開差率に見られるように，2％台の開差で比較的安定的に推移している。しかしながら，県民経済計算推計時の最大の問題は前述のとおり，金融取引に代表されるように基礎統計が少ないため国値を按分する手法が取られ，そのことにより開差率が小さいともいえ手放しで喜んでいるわけにはいかない。本来国民経済計算や県民経済計算のような加工統計は統計調査された情報から推計されるべきであり，国値の按分は最後の手段でなければならないが，地域における統計作成環境は人事制度や財政悪化による統計調査の見直しなど悪化傾向にあり，その裏腹の関係として国値を按分する傾向が強くなる可能性を秘めている。統計誤差及び統計開差の問題は様々な問題を提起しており，統計担当者はこの開差について強い監視と関心を投げかけていかねばならないのは各国の共通の課題なのである。

（佐藤勢津子）

参考文献（訳注・コラム・解説）

Árvay, János [1994] "The Material Product System (MPS): A Retrospective," Z. Kenessey (ed.), *The Accounts of Nations*, 1994.

Bartholdy, K. [1997] "Old and new problems in the estimation of national accounts in transition economies," *Economics of Transition*, Vol.5, No.1, pp.131-146.

Cuddington, J. T. [1986] "Capital Flight: Estimates, Issues, and Explanations," *Studies in International Finance*, no.58, Princeton, NJ: Economics Department, Princeton University.

Gunter, F. R. [2004] "Capital Flight from China: 1984-2001," *China Economic Review*, vol.15, pp.63-85.

Department of Statistical Design and Management, Census Center, Department of International Cooperation of National Bureau of Statistics, China. [2005] "First National Economic census forms".

Field, R. M. [1996] China : The Dollar Value of Gross Domestic Product, ed. D. S. Prasada Rao and J. Salazar-Carrillo, *International Comparisons of Prices, Output and Productivity* North-Holland.

Fishr-Vanden, K. et al [2004] "What is Driving China's Decline in Energy Intensity?" *Resource and Energy Economics*, March 2004, vol.26, issue.1, pp.77-97.

Hawrylyshyn, O. [1977] "Towards a Definition of Non-market Activities," *Review of Income and Wealth*, Ser.23, No.1, pp.79-96.

Hill, T. P. [1977] "On Goods and Services," *Review of Income and Wealth*, ser.23, 1977.

Hill, T. P. [1979] "Do-it-yourself and GDP," *Review of Income and Wealth*, ser.25, 1979.

Holz, C. A. [2004] "China's Statistical System in Transition: Challenges, Data problems, and institutional innovations," *Review of Income and Wealth*, Sep. 2004, ser.50, No.3, pp.381-409.

Lessard, D. R. and Williamson, J. [1987] *Capital Flight and Third World Debt*, Institute for International Economics.

Kant, C. [2002] "What is Capital Flight?" *The World Economy*, Vol.25, pp.341-358.

Keidel, A. [2001] "China's GDP expenditure accounts," *China Economic Review*, Vol.12 No.4, pp.355-367.

Kravis, I. B. [1981] "An Approximation of the Relative Real Per Capita GDP of the People's Republic of China," *Journal of Comparative Economics*, No.5, 1981.

Maddison, A. [1998] *Chinese Economic Performance in the Long Run*, OECD.

Marer, P. [1985] *Dollar GNPs of the U.S.S.R. and Eastern Europe*, The Johns Hopkins University Press.

Mizoguchi, T. Wang, H. L. and Matsuda, Y [1989] "A Comparison of Real Consumption Level between Japan and People's Republic of China," *Hitotsubashi Journal of Economics*, Vol.30, No.1, June 1989.

OECD [2006] *Understanding National Accounts*, OECD.

OECD: Measuring the Non-Observed Economy: A Handbook.

OEEC [1959] *A Standardized System of National Accounts*, 1958 edition.

Ren, R. and Chen, K. [1994] "An Expenditured-based Bilateral Comparison of Gross Domestic Product between China and The United States," *Review of Income and Wealth*, Ser.40, No.4.

Ren R. [1997] China's Economic Performance in an International Perspective OECD Development Center.

Shiuu, Allen [2005] "Has the Chinese Government Overestimated the Economic Growth?", Yue Ximing, Zhang Shuguang, and Xianehun Xu, *China's Economic Growth : Studies and Debates*, pp.297-355., CITIC Publication.

Sinton, J. E. [2001] , "Accuracy and Reliability of China's Energy Statistics," *China Economic Review*, Vol.12, pp.373-383.

Sinton, J. E. and Fridley, D. G. [2000] "What Goes Up: Recent Trends in China's Energy Consumption," *Energy policy*, Vol. 28, pp.671-687.

Taylor, J. R. [1991] "Dollar GNP Estimates for China," *CIR Staff Paper*, No.59, Center for International Research U.S.Bureau of the Census, Washington D. C.

Thage, B. [2006] "SNA Revision (1)," The 29th Conference of The International Association for Research in Income and Wealth Homepage http://www.iariw.org/papers/2006PPT/Thage.ppt

United Nations [1953] A System of National Accounts and Supporting Tables, *Studies in Methods*, Series F. No.2.

United Nations [1968] A System of National Accounts, ST/STAT/SER.F/2/Rev.3.Sales No. E.69. XVII. 3.

United Nations [1971] Basic Principles of the System of Balances of the National Economy, *Studies in Methods*, Series F. No.17. (盛田常夫, 作間逸雄訳「国際連合：国民経済バランス体系の基本原理」『労働社会研究』, 23巻3・4号, 1977年, 24巻1・2号, 1978年, 24巻3号, 1978年。)

United Nations [1979] Manual on National Accounts at Constant Prices (作間逸雄訳 [1981]「不変価格表示の国民経済計算に関するマニュアル」『季刊国民経済計算』No.51・53)。

United Nations [1993] Integrated Environmental and Economic Accounting, 1993. Sales No.

E.93. XVII.12.
United Nations, Commission of the European Communities, International Monetary Fund, Organization for Economic Co-operation and Development, and World Bank [1993] System of National Accounts 1993, prepared under the auspices of the Inter-Secretariat Working Group on National Accounts, 1993, Sales No. E.94. XVII.4.
United Nations, et al. [1993] "System of National Accounts 1993". (日本語訳:経済企画庁経済研究所国民所得部「1993年改訂 国民経済計算の体系」〔上巻・下巻〕。)
Wang, X. and Meng, L. [2001] "A reevaluation of China's economic growth," *China Economic Review*, Vol.12, pp.338-346.
World Bank [1985] World development report, World Bank.
World Bank [1991] China: Statistical System in Transition, Document of the World Bank, No.9557-CHA, 1991, Washington, D. C.
World Bank [1994] China GNP per Capita, Document of the World Bank, No.13580-CHA, 1994, Washington, D. C.
World Bank [2000] China: Services Sector Development and Competitiveness, World Bank.
Wu, F. [2003] "Chinese Economic Statistics-Caveat Emptor!" *Post-Communist Economies*, Vol.15, No.1, pp.127-145.
Wu, H. X. [1993] "The 'Real' Chinese Gross Domestic Product (GDP) for the pre-reform period 1952-77," *Review of Income and Wealth*, Ser.39, No.1, pp.63-87, March 2002.
Wu, H. X. [1997] "Reconstructing Chinese GDP According to the National Accounts Concept of Value Added: the Industrial Sector, 1949-1994," *COPPAA working paper series*, No.4.
Wu, H. X. [2002] "How fast has Chinese industry grown? —measuring the real output of Chinese industry, 1949-97," *Review of Income and Wealth*, June 2002 ser.48, No.2, pp.179-204.
Wu, H. X. [2006] "The Chinese GDP growth rate puzzle: How fast has the Chinese economy grown?" paper presented at the 29th general conference of the International Association for Research in Income and Wealth, Joensuu, Finland, August 20-26, 2006.
Xu Xianchun [2002] "Study on some problems in estimating China's Gross Domestic Product" *Review of Income and Wealth* ser.48, Number 2, June 2002 pp.205-215.
Xu, X. [2006] "Recent Progress in China on the SNA and Challenges for the New Revision," The 29th Conference of the International Association for Research in Income and Wealth Homepage [http://www.iariw.org/c2006.asp].
Xu, X. [2007] "The Development, Reform and Challenge of China's National Accounts," International Conference on Experiences and Challenges in Measuring National Income and Wealth in Transition Economies Homepage [http://www.iariw.org/chinaconfer-

ence.asp].

Zhang, Z. X. [2003] "Why did the energy intensity fall in China's industrial sector in the 1990's? The relative importance of structural change and intensity change", Energy Economics, Vol.25, pp.625-638.

泉弘志・李潔・梁炫玉 [2007]「購買力平価と産業連関表の多国間比較——日中韓2000年を対象に」『産業連関』15（2），pp.3-16.

岩瀬彰 [2002]「経済成長7％の嘘八百」『文藝春秋』80（10），pp.230-235。

王在喆・清水雅彦 [2003]「中国における「工業統計」の変化と現状——日中比較の視点による考察」『経済学季報』53（1／2），pp.195-231，立正大学経済学会。

王在喆・胡祖耀 [2005]「中国における第一回経済センサス——中国の統計調査制度の変遷について」『経済学季報』55（2），pp.125-159，立正大学経済学会。

王在喆・宮川幸三・清水雅彦 [2006]「中国における工業統計調査制度」『経済学季報』55（3／4），pp.173-209，立正大学経済学会。

大西広 [2002]「中国GDP論争と社会統計学の課題」『統計学』83，pp.87-92。

大西靖 [2004]『中国財政・税制の現状と展望——全面的な小康社会実現に向けた改革』大蔵財務協会。

大橋英夫 [2003]『シリーズ現代中国経済　経済の国際化』名古屋大学出版会。

小川雅弘 [2003a]「中国GDPに関する諸論」『統計学』84，pp.93-96。

小川雅弘 [2003b]「中国GDP統計について」『大阪経大論集』54（2），pp.397-406。

小川雅弘 [2003c]「1997から99年の中国エネルギー消費の変動要因」『大阪経大論集』54（4），pp.237-246。

小島麗逸 [2003]「中国の経済統計の信憑性」『アジア経済』44（5／6）。

許憲春 [1997]『中国国民経済計算の改革と発展』経済科学出版社。

許憲春 [2004]「中国国民経済計算の展望と回顧」日中統計専門家会合開催報告論文。

倉林義正・作間逸雄 [1980]『国民経済計算』，東洋経済新報社。

経済企画庁経済研究所国民経済計算部 [1997]『あなたの家事の値段はおいくらですか？——無償労働の貨幣評価についての報告』。

玄羽昭 [1985]「SNAとMPS——概念上の対象と比較」『統計局研究彙報』。

財務省HP　http://www.mof.go.jp

作間逸雄 [1994]「93SNAのフレクシビリティー——サテライト勘定を中心に」『季刊国民経済計算』No.100。

作間逸雄 [1997a]「わが国における環境・経済統合勘定の開発とその課題」『専修経済学論集』31（3）。

作間逸雄 [1997b]「無償労働の推計について——その意義と課題」『季刊国民経済計算』No.113。

作間逸雄 [1998]「『無償労働の推計について——その意義と課題』訂正と代替推計」『季刊国民

経済計算』No.116。
作間逸雄［2002］「交易条件効果をめぐって」経済統計学会第46回全国総会，北海学園大学。
作間逸雄編著［2003］『SNAがわかる経済統計学』有斐閣。
作間逸雄［2004］「FISIMをめぐる覚え書き」，内閣府経済社会総合研究所ホームページ。
作間逸雄［2006］「国民経済計算の公理化の試み」『産業連関』14（1），2006年2月。
作間逸雄［2008］「1993SNAの改訂と無形資産──知識は資本か」『産業連関』近刊。
SAPIO編集部［2002］「中国のGDP成長は7～8％どころか±2％にすぎない」『SAPIO』14（10），2002年5月22日。
篠崎美貴・趙晋平・吉岡完治［1994］『日中購買力平価の測定──日中産業連関表実質化のために』Keio Economic Observatory Occasional Paper.
真家陽一［2005］「中国 中国の経済統計はどこまで信用できるのか（特集 目からウロコの15項目 統計のワナ 数字のウソ）」『エコノミスト』83（27）（通号 3756），pp.86-87，毎日新聞社。
真家陽一［2006］「04年GDP統計を大幅上方修正，"それでも過小評価か"（エコノミスト・リポート 揺らぐ中国国家統計への信認）」『エコノミスト』84（5）（通号 3805），pp.84-86，毎日新聞社。
総務省政策統括官（統計基準担当）新調査検討室［2008］「平成23年経済センサス──活動調査の実施計画策定に向けた課題と検討状況（中間取りまとめ）」第8回経済センサス企画会議資料2－2。
高橋克秀［2004］「中国GDP統計の信頼性 未完の移行期，MPS体系とSNA体系の接合と矛盾」『神戸大學經濟學研究年報』51，pp.35-53，神戸大学大学院経済学研究科。
戴相龍［2001］，『指導者幹部金融知識読本（改定版）』，中国金融出版社。
竹澤秀樹［2007］，「所得収支へ依存高まる日本経済」『週刊東洋経済』（6085）2007.6.9，東洋経済新報社。
中国人民銀行HP　http://www.pbc.gov.cn
中国国家外貨管理局［2007］，『中国外貨管理年報2006』，国家外貨管理局。
中国国家外貨管理局［2008］，『中国国際収支統計年報2008』，国家外貨管理局。
中国国家外貨管理局HP　http://www.safe.gov.cn
中国国家統計局［2003］『中国国民経済核算体系2002』中国統計出版社（李潔訳［2006］日本統計研究所『統計研究参考資料』No.94）。
中国国家統計局［2006］「中国国内総生産の遡及改訂結果に関する公告」http://www.stats.gov.cn/tjdt/zygg/t20060109_402300176.htm
中国国家統計局国民経済計算司［2007］『中国国内総生産歴史資料（1952～2004）』中国統計出版社。
張塞主編［1993］『新国民経済計算全書』中国統計出版社。
張南［2002］「中国GDP統計批判の統計的検証」『統計学』83，pp.79-86，2002年9月。

張南［2005］『国際資金循環分析の理論と展開』ミネルヴァ書房.
陳言［2006］「陳言の中国縦横無尽（41）初の経済センサス実施でGDP増　サービス業の拡大の意味は何か」『週刊東洋経済』（5998），p.56，東洋経済新報社.
唐成［2005］『中国の貯蓄と金融――家計・企業・政府の実証分析』慶應義塾大学出版会.
杜金富［2006］，『通貨と金融　統計学（第二版）』，中国金融出版社.
内閣府経済社会総合研究所国民経済計算部［2008］「これまでの経緯について」第3回国民経済計算部会配布資料4－2　http://www5.cao.go.jp/statistics/meetings/sna_3/sna_3.html
任文・黄愛珍［2003］「増大するエネルギー消費と環境政策」，大西広・矢野剛編『中国経済の数量分析』，世界思想社.
日本銀行国際収支統計研究会［2000］『入門　国際収支』，東洋経済新報社.
日本銀行国際局［2007］「2006年末の本邦対外資産負債残高」，日本銀行HP　http://www.boj.or.jp
日本総合研究所［1995］『国民経済計算体系に環境・経済統合勘定を付加するための研究報告書』，平成6年度経済企画庁委託研究，平成7年3月.
日本総合研究所［2001］『環境・経済統合勘定の確立に関する研究報告書』，平成12年度経済企画庁委託研究，平成13年3月.
ポランニー，カール［2003］『経済の文明史』（玉野井芳郎，平野健一郎編訳，石井溥，木畑洋一，長尾史郎，吉沢英成訳），ちくま学芸文庫版.
堀井伸浩［2001］「中国におけるエネルギー消費減少の背景――石炭流通の実態からの一考察」『コール・ジャーナル』2001年1月号.
松田芳郎［1987］『中国経済統計方法論』アジア経済研究所.
丸川知雄［2002］『労働市場の地殻変動』名古屋大学出版会.
美添泰人［2005］「経済統計の読み方と将来展望」『経済セミナー』611号.
李潔［1995］「PPPによる中国と日本産業連関表実質値データの構築」『産業連関』5（4）.
李潔［2001］「購買力平価による中国と日本産業連関表実質値データの構築――1995年を対象として」『産業連関』10（1）.
李潔［2002］「中国の経済成長に伴うエネルギー消費の分析」『統計学』83，pp.1-9，2002年9月.
李潔［2005］『産業連関構造の日中・日韓比較と購買力平価』大学教育出版社.
李潔［2006］「中国のGDP　統計と経済センサス」経済統計学会第50回全国研究大会報告要旨　http://wwwsoc.nii.ac.jp/ses/Underconstruction/katudo/kenkyusoukai/osaka2006/houkoku2006/lee2.pdf
ロビンズ，ライオネル［1957］『経済学の本質と意義』（辻六兵衛訳），東洋経済新報社，昭和32年．初版1932年，第2版1935年．

監修者あとがき

　本書の翻訳作業がスタートしたのは，2005年のことである。その前年11月，京都大学経済研究所の佐和隆光教授が代表を務める京都大学21世紀COEプログラム「先端経済分析のインターフェイス拠点の形成」が主催する，第7回日中経済統計専門家会議が，東京田町のキャンパス・イノベーションセンターで開催された。日中の官庁統計の実務担当者の交流を図ることを主たる目的として，佐和教授のご尽力で数次にわたって実施されてきた日中経済統計専門家会議に，作間が参加するのは，この時で3回目であった。いずれも，アカデミックな立場から日中の討論に参加するという役割のものであったが，この会合には，作間のほか，本書の翻訳作業の中心となったばかりでなく，版権の交渉でも骨を折られた李潔教授がやはりアカデミックな立場から，本書の解説・コラムの一部を担当した佐藤勢津子氏が，内閣府で統計実務に携わる立場から参加していたが，その折り，作間は，中国側の団長であった本書の著者許憲春氏（国家統計局国民経済計算司，当時）より，原書の恵与に与った。あとでわかったことは，許氏と李教授とが家族ぐるみのおつきあいをするほど親密な関係であったことである。

　これが，本書により，中国のGDP統計，国民経済計算の研究をしてみようというきっかけである。もちろん，移行経済であり，アジアの隣国でもある中国が統計基準としてのSNAをどのように実施しているかということには，強い関心があった。もっとも，中国語がわかるわけではないので，李潔教授に中国語の章（大部分である）の翻訳をお願いし，英文の章も含めて，その訳文を検討するかたちで研究が進められた。中国の経済統計に関心のある日本人研究者，日本に滞在する若い中国人研究者の協力が得られるかもしれないという期待もあった。専修大学神田校舎で週1回のペースで4年間ほど続けられた研究会には，作間，李のほか，本書の訳者として，解説やコラムの執筆者として名前のあがっている谷口昭彦（専修大学大学院経済学研究科博士後期課程，当時），寧亜東（埼玉大学大学院経済科学研究科博士後期課程，当時），新川陸一（日本銀行国際局，当時），櫻本健（内閣府），佐藤勢津子（内閣府，のちに専修大学大学院経済学研究科博士後期課程兼統計開発機構）の諸氏が参加した。

当初から，訳書の出版も，われわれの念頭にあり，早い時期に原著者の許諾をえていたものの，周知の出版事情の問題もあり難航していたが，佐和教授のご紹介で，新曜社から出版することができることになった。ご推薦の言葉をいただいたこととともに，佐和教授に感謝したい。また，出版に関して，新曜社の髙橋直樹氏に大いにお世話になった。感謝する。なお，訳書の出版に際し，日本の読者にとって意義の乏しいと思われる一部の章を削除し，中国における経済センサスの実施に関するものなど，原書出版後の展開として重要と思われる，許氏の雑誌所収論文２点を収録することにした。快諾された許氏に感謝する。

　その後も，国際学会などで許氏にお目にかかることがあるが，欧米中心に推進されてきた国際基準としてのSNAの展開に，日中の経験の交流が一石を投じることができれば，との思いは共有していることと思う。本訳業がその一助となることを希望する。

　　　2009年3月8日

　　　　　　　　　　　　　　　　　　　　　　　　　　　　　　作間逸雄

索　引

人　名

Arvay, Janos　265
Aukrust, Odd　オド・オークルスト　256
Bo, Yibo　薄一波　143
Bush, George H. W.　ジョージ・ブッシュ　284
Clinton, William J.　ビル・クリントン　284
Copeland, Morris A.　モリス・コープランド　256
Deng, Xiaoping　鄧小平　145
Frisch, Ragnar Anton Kittil　ラグナル・フリッシュ　256
Hua, Erh-Cheng　華面誠　165
King, Gregory　グレゴリー・キング　86, 105, 256
Klein, Lawrence R.　ロレンス・クライン　99, 104
Kuznets, Simon Smith　サイモン・クズネッツ　256
Lardy, Nicholas R.　ニコラス・ラーディ　99, 105, 106
Leontief, Wassily　ワシリー・レオンチェフ　21
Liu, Ta-Chung　劉大中　38, 42
Maddison, Angus　アンガス・マディソン　25, 26, 36-43, 61, 71, 273
Meade, James Edward　ジェイムズ・ミード　256
Naughton, Barry J.　バリー・ノートン　99, 106
Ozmucur, Suleyman　スュレイマン・オズマク　104
Petty, Sir William　ウイリアム・ペティー　256
Polanyi, Karl　カール・ポランニー　255, 259
Rawski, Thomas G.　トーマス・ロースキー　99, 101-107, 273-275
Reagan, Ronald Wilson　ロナルド・レーガン　284
Ren, Ruoen　任若恩　99, 103
Robbins, Lionel Charles　ライオネル・ロビンズ　255
Stone, John Richard Nicholas　リチャード・ストーン　256
Wu, Harry Xiaoying　伍暁鷹　38, 41
Yeh, Kung-Chia　葉孔嘉　38, 42

事　項

あ　行

ICP　109, 124, 125
RDP　310, 311, 313, 316
アクティヴィティ・ベース　21, 76
一国経済勘定　131-133, 138, 269
一般的生産境界　45, 46
飲食業調査　32
印税　8
インターバンクレート　239
V表　22
ウクラード　113, 149, 150
売上税　8
運輸通信統計　10
営業税　8, 242, 292, 293
営業余剰　8, 22, 53, 63, 64, 77, 114, 134, 138, 230, 261, 262, 265
営利的サービス　62
エコ・サーク　256
"SIバランス"アプローチ　283
SAM　264
SNA
　1953——　257
　1993——　31, 47-57, 62, 65, 75, 77, 111, 113, 115, 118, 120, 127-131, 134, 140, 141, 144, 147, 230-232, 235-237, 239, 240, 245, 252, 253, 257, 258, 261, 262, 268, 273, 278-280, 311, 312
　1968——　53-55, 75, 77, 230, 231, 239, 240, 245, 252, 257, 261, 277, 278
X表　22
NBER　256
NBS　61, 62
NPIサテライト勘定　258
MPS　1, 2, 5, 6, 16, 26, 62, 110-112, 128, 133, 142-146, 152, 178, 224, 256, 264-268, 273, 303, 306, 310
　——体系　2, 6, 110, 111, 120, 127, 133, 142-146, 264, 267
　——方式　2, 3, 112, 145, 146

OEEC　257
卸売・小売業販売額調査　32

　　か　行

海外に対する債権の純増　283
海外部門勘定　132, 269, 284
海外部門資金過不足　282, 283
改革開放　1, 2, 5, 6, 17, 39, 110-114, 120,
　　142, 143, 145, 146, 150-152, 155, 163,
　　267, 273, 291
外貨準備変動　189, 191-198
外貨両替業務統計　193
外資企業　13, 151, 152, 163, 172, 201, 289
外挿法　11, 37, 38, 82, 278, 279
　　シングル——　11, 82
　　ダブル——　11, 82
外部性　178
家屋コスト資料　10, 14
価格補助金　8, 65, 66
華僑送金　179, 271
家計消費　27, 56, 78, 79, 81, 82, 102, 125,
　　128, 135, 146, 161, 209, 234, 246, 270
家計貯蓄率　212
家計部門　13, 56, 130, 203, 205-207, 209-
　　213, 215, 218-220, 290, 291, 311
貸出利子　54, 230, 239
貸付　53, 136, 140, 180, 189, 215, 217-
　　219, 222, 223, 230, 235, 239, 271, 272,
　　296
可処分所得および支出勘定　132
家事労働　45, 48, 75
家族経営体　242, 243
株式　136, 137, 140, 150, 179, 215-217,
　　219, 220, 222, 271, 272, 289, 295, 296
株式制企業　13, 151
貨幣賃金　8
加法的整合性　83, 109, 280
環境経済統合勘定（SEEA）　258
勘定体系　1, 31, 47, 62, 122, 131, 142,
　　255, 256, 259, 261, 264-266, 282, 311
完全接合体系　263
企業所得税　292
企業部門産出表　131, 133, 134, 269
企業部門投入表　131, 133, 134, 269
企業ベース　50
希少性定義　255
貴重品　56, 120, 140, 141
金融機関取引　221-223
基本価格　51, 56, 232, 299

基本単位センサス　32, 151-153, 298, 299,
　　301, 302
期末貸借対照表勘定　132, 133
供給表　117, 118, 131-134, 269, 298, 299
共有税　292
居住者　12, 13, 30, 34, 54, 55, 130, 131,
　　185, 203, 226, 280, 281, 284, 293, 295,
　　296
居住者概念　280
金融勘定　48, 77, 132, 133, 138, 185, 269
金融収支　179, 180, 183, 185, 186, 189,
　　191-193, 195-197
金融統計　10, 295, 296
グラフ　259, 261
経営状況調査票　242
計画経済　13, 32, 113, 127, 142, 151, 162,
　　267, 273
経済企画庁　257, 258
経済循環　255, 256, 259, 261, 263, 315
経済循環勘定　131, 132, 269
経済循環マトリックス　132, 269
経済センサス　7, 9, 115, 153, 228, 234,
　　241-250, 252, 253, 275, 276, 298-306,
　　309, 310, 315
経済相互援助会議　265
形式的意味における経済　255
経常移転　135, 136, 138, 179, 205, 206,
　　208, 270, 271, 281, 288
経常移転収支　182-184, 285
経常収支　179, 180, 182-184, 189, 191-193,
　　195-197, 200, 201, 280, 282-286, 295,
　　297
経常対外収支　282-284
経常取引勘定　132
ケインジアン　256
ケインズ・サークル　256
建設部　9, 10, 14, 241
建設業統計　7, 10, 23
建築据付工事価格指数　12, 279
現物給付　12
現物収入　14, 15
恒久棚卸法　122
工業統計年次報告　68, 69
工場法　50
鉱工業センサス　16, 31, 34, 61, 68, 69,
　　92, 94, 151-154, 172, 173, 276, 298,
　　299, 301
鉱工業統計　7, 10, 19, 23, 49, 50, 85, 87,
　　88, 90, 92, 116, 154, 156, 173-175

索　引 | 327

鉱工業統計年報　16，87，154
鉱工業品出荷価格指数　89，279
郷鎮企業　17，28，34，68，90，152，153，155，175，230
交通部　9，10，14
購買力平価　109，124-126
5ヵ年計画　112，145，148
国際資本　215，217-219，221-223
国際収支統計（BOP）　7，14，23，147，158，179-181，184-186，188-195，197，200，240，246，255，282，284-288，295，296，317
国際収支バランス表　136，147，183，185，187，257，268，269，271
国際収支マニュアル　129，136，147，284
国際投資ポジション表　132，136，137，147，148，269
国勢調査　14
国内制度部門勘定　132，133，138，269
国内総生産勘定　122，132
国内総生産総括表　131，133
国内総生産統計　2，145
国内総生産表　131-134，269
　支出アプローチ——　131，269
　所得アプローチ——　131，269
　生産アプローチ——　131，269
国富指標と固定資産バランス　266
国民および部門貸借対照表（NBS）　255
国民可処分所得および支出勘定　132
国民勘定　21，22，24，39，46，59，61-64，68，97，141，255-258，265，267，276，279，281，282，284，285
　——行列　21，264
　——の体系　256
国民経済勘定　111，131，132，138，144，148，255，269
国民経済計算年報　257，268
国民経済バランス体系　265，266
国民所得　1，2，110-112，121，127，133，143，145，146，255，256，266，267，282，296
国民所得勘定　2，3，5，110，111，143-145，224，255，290
国民所得青書　256
国民所得統計　143，145，257
国民総貯蓄　209-211，213，214，291，294，295
国務院　1，2，4，7，16，86，88，111，116，127，143-146，149-151，155，224，228，277，289，308
国有企業　9，10，14，65，66，68，150，152，241，308
国連食糧農業機関（FAO）　37
国連ヨーロッパ経済委員会（UNECE）　266
誤差脱漏　191-194，196，198-200，271，286，287，295-297
庫存増加　128　→在庫増加，存貨増加
個体経営戸　242
国家国民経済行業分類標準　3，146　→中国標準産業分類
固定基準年方式　97，98，280
固定資産　6-8，14-16，27，52，57，63，64，107，114，118，119，122，134，137，140，141，151，154，232，236，242，250，270，272，307
固定資産減価償却　52，137，138，272
固定資産投資価格指数　12，15，82，234，279
固定資産投資統計　10，14，23，56
固定資本形成　6，11-16，56，57，78，79，81，82，128，140，154，232，234，236，245，246，250，262，270
固定資本減耗　2，5，8，10，14，15，22，47，52，128，138，231，232，261，266，279，303，307
小道（トレール）　261
コモディティ・フロー法　22-24，302
雇用者報酬　8，22，52，53，128，183，230，262，285
娯楽，文学または芸術作品の原本　57，120
混合所得　8，22，47，52，53，77，128，230，261，262
混合法　12
コンピュータ・ソフトウェア　56，57，174，232，236，245，246

さ　行

サービス消費　12，14，15
サービスの輸出　5，6，12，14，15，179，180，182，246，283，285
サービスの輸入　14，15，180，283，285
存貨増加　128　→庫存増加，在庫増加
財貨の輸出　285
財貨の輸入　285
債券　136，179，215-223，271，294
在庫増加　27，32，56，78，79，81，128，270　→庫存増加，存貨増加
最終支出調整　28
財政請負制　291

財政貸付資金バランス表　133, 269
財政支給金　135
財政支出金　134
財政上納金　134, 135, 270
財産所得　53, 111, 129, 135, 138, 140, 204, 230, 231, 235, 262, 270
財政補助金　61, 62, 65-67, 72
再調達費用　52, 118, 119
再評価勘定　77, 120, 312
財務状況調査票　242
原材料価格指数　12
サテライト勘定　46, 258
産業×産業表　117
産業別勘定　132
産業連関表（IO）　21-24, 28, 31, 36-38, 41, 68, 110, 111, 117, 118, 122, 129, 131-134, 143, 144, 146-148, 255, 257, 268, 269, 275, 278, 302, 316, 317
産出額調整　28
参照利子率　54, 230, 235, 239, 240, 252, 253
GNI　135, 204, 281
GNP　1, 25-27, 31, 36, 68, 124, 125, 170, 171, 204, 224, 255, 257, 282
GK法　109
GDDS　162, 163, 250, 287
GDP
　グリーン——　258
　四半期——　3, 113, 116, 122, 146, 249
　時価表示——　78-80, 82
　中国——推計マニュアル　3
　中国四半期——の推計方法　3
　中国年次——の推計方法　3
　不変価格表示——　78-82
　——価格指数　78-80
　——数量指数　78-81
私営企業　13, 151, 229, 242
自家消費　12, 14, 15, 19, 45, 270
事業所ベース　21, 50
資金過不足　77, 213-218, 261, 282, 291, 294
資金循環統計（FOF）　203-214, 217, 219-222, 255, 257, 289-291
資金調達　215-222, 291, 294
資金バランス　266
資質等級　9, 10, 241
支出アプローチ　2, 7, 8, 11, 19, 23, 56, 115, 117, 128, 132-134, 224, 243, 277, 280

市場家賃法　64, 65
自然資源表　133, 269
自然資源物量表　133
事前の合意　178
実事求是　122
実質保有利得　77, 312, 313
実体的意味における経済　255
現物賃金　8
実物と金融の二分法　75, 257
C.I.F.価格　134
資本移転　13, 135, 136, 179, 209, 212, 213, 215, 270, 281-283
資本勘定　77, 131-133, 269
資本逃避　295-298
資本と金融項目　136, 271
資本（資金）取引項目　136
社会再生産表　131, 269
社会主義市場経済　13, 35, 112, 114, 120, 122, 127, 145, 147-151, 267, 273
社会消費　111, 128
社会消費品小売総額　10, 14, 23
社会的総生産（GSP）　143, 266, 306
社会扶助　135, 270
社会保険給付　135, 270
社会保険負担　135, 270
社会保険料　8, 206
車両船舶使用税　8
集団企業　14
集団消費　128, 273
住民消費　128
住民の全消費　267
住民部門　130
主生産活動　49
取得費用価格　52, 118, 119, 122, 231, 245, 303, 308
主要商品の資源と使用のバランス表　133
純金融投資　134, 135, 215, 270
純生産税　8, 114, 134, 270
準備資産　129, 137, 222, 223, 271, 272
純輸出　11, 12, 78, 79, 81, 128, 134, 135, 270
商業・運輸マージン　134
証券投資　136, 137, 179, 183, 185-190, 271, 272, 285, 288, 295, 296
　——統計　193
消費者物価指数（CPI）　12, 15, 18, 81, 97, 100, 101, 117, 158, 169-171, 233, 234, 279, 280, 292, 307
消費税　292

索　引

使用表　22, 117, 118, 130-134, 269, 299
商品小売価格指数　12, 15, 279
商品消費　12, 14, 15
商品×商品表　117, 118, 132, 134, 269
所得アプローチ　8-10, 23, 113, 114, 117, 121, 132-134, 232, 243, 245
所得収支　182-184, 201, 285
所得税　135, 138, 206, 270
所得の第1次分配勘定　132, 135
所得分配および支出勘定　132, 133, 269
シングル・デフレーション法　11
人件費価格指数　12
人口資源と人的資本物量表　133
人口バランス表　133, 269
推移性　109
ストーン・ミード体系　256
生産アプローチ　8-10, 19, 23, 113, 114, 117, 121, 131-133, 224, 226, 228, 232, 243, 245, 278
生産勘定　2, 21, 22, 48-50, 52, 56, 75, 77, 115, 121, 122, 128, 132, 133, 245, 246, 249, 257, 260-264, 269
生産者価格指数　18, 19, 91, 116, 233, 237
生産者価格　22, 51, 52, 134, 232, 299
生産税　8, 65, 135, 204, 270
生産の境界　45-48, 59, 178, 267, 268, 306
生産補助金　8, 135, 204, 270
制度部門勘定　131, 132, 138, 269
政府消費　5, 6, 78, 79, 81, 115, 128, 135, 209, 270
政府自己消費　13
政府貯蓄率　212
政府補助金　8, 28
総合価格指数表　133, 269
総消費　111, 128
総投資　27, 111, 128
その他の移転　135, 270
その他の経常移転　262, 283, 285
その他の資産変動勘定　311-313
その他非金融資産の取得マイナス処分　134, 135, 270
損失補助金　8, 65, 66

た　行

第1次所得の受取　281, 283, 285
第1次所得バランス　134, 135, 270
第1次分配総所得　135
対外金融資産の純取得　283
対外取引勘定　48, 132
対外負債の純発行　283
対外貿易　31, 136, 164, 185, 271
対家計民間非営利団体　55, 75, 76, 311, 312
ダイグラフ　259, 261, 281
体系の生産境界　45, 46
第三次産業センサス　6, 16, 31, 34, 146, 151-153, 247, 249, 268, 276
第三者基準　45, 267
大中型商業飲食業企業財務統計　10
WTO　114, 160-164, 267
ダブル・デフレーション法　11, 84
弾力性アプローチ　283
地域経済計算　110, 119, 122, 310
地下経済　18, 117, 233　→非合法生産活動
蓄積勘定　77, 143, 261-264, 282-284
地方税　292, 293
中立保有利得　77, 312
中央計画経済　62, 265, 267, 276, 312
中央税　292, 293
中間投入　8, 11, 12, 22, 37, 47, 49-51, 53, 54, 57, 82, 89, 133, 230, 231, 235, 252, 299, 300, 303
中国共産党　112, 120, 127, 143, 145, 148, 150
中国金融年鑑　290
中国人民銀行　9, 10, 147, 200, 223, 286-290
中国人民銀行季報　290
中国人民銀行年報　290
中国統計年鑑　4, 6, 7, 34, 37, 39, 68-72, 159, 169, 170, 201, 204-208, 210-212, 214, 217, 219-223, 290, 292, 293, 305, 308, 313, 314
中国統計要覧　4
中国標準産業分類　3, 130, 146, 149, 225-228, 246, 249　→国家国民経済行業分類標準
中枢体系　46, 257, 258
調整勘定　77, 132
直接投資　136, 137, 179, 183, 185-190, 200-202, 271, 272, 285, 288, 295, 296, 298
直接投資企業の再投資収益　285
直接投資統計　193
直接分解法　118
貯蓄投資差額　77, 261, 282-284
賃金及び賃金的所得　135, 270
貸借対照表変動勘定　132
統計法　142, 150, 151, 158, 163, 277, 286

投資勘定　131
投資収益　136, 183, 271, 285, 286, 288, 289
投資収益収支　183
投資補助金　135, 270
都市家計調査　14, 23
都市不動産管理部門財務決算資料　10
土地　8, 14, 30, 31, 35, 120, 129, 135, 153, 250, 281, 308
土地改良　14, 52
土地賃貸料　129, 135, 270
特許権使用料　129, 138, 271, 285
特許実体　141
ドリフト　97, 280

な 行

2:3:4　143
negative equity　59, 60
農業製品生産価格指数　176
農業センサス　31, 33, 61, 70, 71, 151, 152, 173, 174, 276, 299
農業生産財価格指数　89
農産物生産者価格指数　94, 95, 279
農村家計消費価格指数　89
農村家計調査　14, 23, 33, 151
農村商品小売価格指数　89
農村都市住宅調査　10
農林水産業産出価格指数　15
農林水産業統計　10, 11, 23

は 行

配当　129, 135, 140, 270, 281, 289
反教条主義運動　110, 143
BLS　21
非公式部門　18, 117, 233
非合法生産（活動）　18, 48, 117, 233
非市場サービス　63
非物的サービス　1, 2, 5-7, 35, 89, 145, 152, 174
非貿易取引　136
費用法　64, 65
FISIM　53, 54, 60, 239, 240, 245, 252, 253
――配分　240, 252, 253
付加価値税　8, 51, 292
副次的生産活動　49, 242-244
物財バランス　266
物的純生産（Net Material Product）　260, 306, 307

物的生産　1, 2, 5, 6, 26, 31, 62, 110, 115, 142, 143, 152, 174, 224, 265, 266
不動産売上価格指数　12
不動産開発統計　10
不動産税　8
文化大革命　110, 143, 145
貿易外収支　285
貿易価格指数　18, 19, 117, 233, 234, 237
貿易・サービス収支　179-184, 285
報告制度　13, 23, 25, 26, 29, 151, 161
保険準備金　137, 138, 219-223, 272
保険福祉統計　14
保険統計　10
hot money　296

ま 行

未観測経済　18, 19, 117, 122, 233, 237
ミックス法　114, 121
無償労働　45, 75, 258
名目保有利得　77, 312
持ち家住宅サービス　9, 48, 63, 307

や 行

郵政通信業務数量指数　12, 279
U表　22
ヨーロッパ統計家会議（CES）　266
預金利子　54, 230, 231, 235, 239, 252, 253, 303
与時倶進　120

ら 行

利鞘　239, 240
利子　53, 54, 129, 135, 140, 230, 231, 235, 239, 240, 252, 256, 270, 271, 316
旅客貨物運送数量指数　12, 279
連鎖指数　17, 97, 98, 155, 175, 280
連鎖パーシェ　97
連鎖方式　97, 98, 279, 280
連鎖ラスパイレス　97
労働資源バランス　266
労働者報酬　8, 53, 114, 128, 134-136, 204, 230, 270-273
労働力　8, 27, 105, 110, 143, 309
労働力バランス表　133, 269

わ 行

ワン・イヤー・ルール＝一年基準　281

監修者・訳者・解説者紹介

作間逸雄（さくま・いつお）【監修，4章訳，解説1―6，コラム2―7・9・11】
一橋大学大学院経済学研究科博士課程単位取得退学。専修大学経済学部教授。専攻は，国民経済計算。国民経済計算調査会議委員，統計委員会専門委員。
主な著作：『SNAがわかる経済統計学』（編著），有斐閣アルマ，2003年。Studies in International Comparisons of Real Product and Prices, Kinokuniya, 1990.（Yoshimasa Kurabayashiとの共著）

李　潔（リー・ヂェー）【序文・1・3・5・6・8―10・13―16章訳，解説4・5，コラム1・8・14】
1986年来日，立命館大学大学院経済学研究科博士後期課程終了。現在，埼玉大学経済学部教授，経済学博士。専攻は経済統計学。国民経済計算調査会議専門委員。
主な著作：『産業連関構造の日中・日韓比較と購買力平価』大学教育出版，2005年。

谷口昭彦（たにぐち・あきひこ）【2・11章訳，解説3―5・8】
専修大学大学院経済学研究科博士後期課程修了。博士（経済学）。

寧　亜東（ニン・ヤードン）【7・12章訳】
大連理工大学　能源与動力学院　准教授。

新川陸一（にいかわ・りくいち）【解説7，コラム10・12】
日本銀行　北京事務所長。

櫻本　健（さくらもと・たけし）【解説9，コラム1】
内閣府経済社会総合研究所国民経済計算部。

佐藤勢津子（さとう・せつこ）【解説10，コラム1】
内閣府経済社会総合研究所国民経済計算部価格分析課長，地域・特定勘定課長を経て，統計開発機構理事。

著者紹介

許 憲春（シュイ・シエンチュン）

　1956年11月生まれ，中国遼寧大学，上海財経大学と北京大学を卒業（修了）して，それぞれ理学学士，経済学修士と経済学博士学位を取得。

　中国国家統計局国民経済計算司長を経，現在，中国国家統計局副局長（中国国家統計局局長は，日本でいえば大臣級のポストである），上級統計師，北京大学中国国民経済計算・経済成長研究センター常務副センター長，中国人民大学国民経済計算研究所名誉所長，北京大学・中国人民大学・アモイ大学など複数の大学の客員教授または兼任教授。

　長年国民経済計算の理論研究と実務作業に従事。中国1987年産業連関表（中国におけるはじめての本格的な産業連関表）の立案と作成，中国新国民経済計算体系の立案・設計と実施，中国の第1回第三次産業センサス実施案の設計と調査技術指導等に携わった。

　中国の『経済研究』と国外の*Review of Income and Wealth*（米国），『統計学』（日本）等で発表論文100編以上。その中で，論文「中国国民経済計算における若干の問題」は1996年第3回中国統計科学技術進歩優秀論文一等賞，「中国新国民経済計算体系をより一層の改善に関する若干の構想」は1998年第4回中国統計科学技術進歩優秀論文一等賞受賞，論文「世界銀行による中国GDPデータに対する調整とその問題点」は第9回（2000年）孫冶方経済科学論文賞と第5回（2000年）全国科学研究優秀成果（論文）一等賞を受賞。

　参加した研究課題「中国1987年投入産出モデル研究と作成」と「中国国内総生産勘定歴史資料（1952～1977年）研究」はそれぞれ1991年第1回中国統計科学技術進歩課題一等賞と1998年第4回中国統計科学技術進歩課題二等賞を受賞。

　主な著書，編著，訳著に『中国国民経済計算の理論方法と実践』（単著：中国統計出版社，1999年），『中国国民経済計算体系の改革と発展』（単著：経済科学出版社，1997年），『中国国民経済計算体系の理論・方法・応用』（共著：中国統計出版社，1992年），『国民経済計算体系（SNA）,1993』（共訳：中国統計出版社，1995年）など多数。

詳説 中国GDP統計
MPSからSNAへ

初版第1刷発行　2009年4月17日 ©

著　者　許　憲春
監修者　作間逸雄
訳者代表　李　潔
発行者　塩浦　暲
発行所　株式会社 新曜社
　　　　〒101-0051 東京都千代田区神田神保町2-10
　　　　電話(03)3264-4973・Fax(03)3239-2958
　　　　e-mail info@shin-yo-sha.co.jp
　　　　URL http://www.shin-yo-sha.co.jp/

印刷　亜細亜印刷　　　　　Printed in Japan
製本　イマヰ製本所
ISBN978-4-7885-1152-1　C3033

──新曜社の関連書──

中国民衆の欲望のゆくえ　消費の動態と家族の変動

改革・開放によって膨張する人々の欲望。一人っ子政策による家族の変動とそこに生じる社会問題。パンドラの箱をあけた中国はどこへゆくか？　社会主義体制下の資本主義経済という未知の経験を生きる民衆の希望と絶望に焦点を当てた臨床分析。

鍾　家新 著　　　　　　　　　　　　　　　　　　　四六判224頁／定価1900円

大国の難　21世紀中国は人口問題を克服できるか

人口問題はたしかに中国最大の難問だ、しかし中国はこの難問をテコに活気ある未来を開くことができる──中国人口学の第一人者が、巨大人口の圧力を食糧生産との関係を中心に包括的に検証し、「誰が中国を養うのか」という世界の疑問に力強く答える。

田　雪原 著／筒井紀美 訳／若林敬子 解説　　　　A5判352頁／定価4800円

中国出版史話

文字の起源以降三千年に及ぶ中国の出版史を初めて通観した貴重な業績。各時代の重要な出版物を歴史的背景に的確に位置づけ、出版事業の展開とその文化的・社会的役割を詳しく紹介する。「中国出版史年表」等、今後の研究にとって重要な資料を付す。

方　厚枢 著／前野昭吉 訳　　　　　　　　　　　　A5判464頁／定価6500円

海を越えた艶ごと　日中文化交流秘史

清時代、中国人の間に巻き起こった東洋妓女＝日本の遊女ブーム。彼らと彼女たちを結びつけたのは、単なる欲情ではなく、琴棋書画、詩詞管弦の教養であり、多彩な交流だった。端倪すべからざる歴史の深みを切り開いた、もう一つの日中文化交流史。

唐　権 著　　　　　　　　　　　　　　　　　　　四六判400頁／定価3200円

文化大革命の記憶と忘却　回想録の出版にみる記憶の個人化と共同化

文化大革命とは何だったのか、そこで何が起こったかではなく、人びとの多様な記憶と回想を手がかりに、当事者にとっての意味を探り、国家の言説を相対化する。歴史研究に「事実」から「記憶と忘却」の問題系への壮大なパラダイムチェンジを企図する。

福岡愛子 著　　　　　　　　　　　　　　　　　　A5判408頁／定価4400円

（表示価格は税を含みません）